진수(陳壽) 중국 정통 역사서 24사(史) 가운데 하나인 『삼국지』의 저자로 서진(西晉) 때 역사가인데 사천성 성도와 중경 사이 낭중(閬中) 남쪽의 남충(南充) 사람이다. 당시에는 촉한에는 관방 역사서가 없었고, 위(魏)의 역사서는 관방의 역사서로 왕심(王沈)의 『위서(魏書)』, 사가의 역사서 어환(魚豢)의 『위략(魏略)』과 오나라 관방 역사서로는 위소(韋昭)의 『오서(吳書)』가 있었는데 이 역사서들을 기본자료로 참고하여 진수가 촉한의 역사서 『삼국지』를 편찬하였다. 진수는 환관 황호(黃皓)의 배척을 받아 뜻을 얻지 못했고 촉한이 위나라에게 멸망당한 후 저작랑(著作郎)에 임명되었으며 말년에 여러 차례 유배되는 가운데 최후 10여 년 동안에 각고의 노력으로 『삼국지』를 완성하였다. 『삼국지』는 최초에 『위서』, 『촉서』, 『오서』가 독립적으로 존재하다가 북송 함평(咸平) 6년(1003년)에 이르러 하나의 책으로 합쳐졌다. 한나라 말경에서부터 진(晉)나라 초에 이르기까지의 백여 년 동안의 분열에서 통일로 향하는 역사를 총괄하였다. 그러나 『삼국지』는 왕후(王侯)와 표(表)뿐만 아니라 지(志)도 없어서 『사기』와 『한서』가 확립한 정사(正史)에는 부합되지 않는다. 또 서술이 너무 간략하여 원문보다 양이 많은 배송지(裴松之)의 주(注)를 참조하여 읽어야 한다.

나관중 나관중기념관 안에 있다. 산서성 태원(太原) 남쪽 근교의 청서(清徐)에 있다. 산동성 태안(泰安)시 동평(東平)현 신구(新區) 나장촌(羅莊村)에도 기념관이 있다. 나관중 동상과 나중당(貫中堂), 수호원(水滸苑), 삼국원(三國苑), 관중거(貫中居), 나원(羅園) 등이 있다.

도원결의(桃園結義) 베이징 서남쪽의 하북성 탁주(涿州) 장비묘 안에 있다. 우물 안에 고기를 숨겨놓고 그 위에 놓인 큰 돌을 들어 올리는 사람에게 고기를 준다고 했을 때 관우가 들어 올리고 주위 사람들에게 나누어 주었다는 장비 우물도 있다. 장비묘 남쪽에는 삼의궁(三義宮)이 있다. 유비, 관우와 장비의 도원결의를 기념하기 위해 당대 건녕(乾寧) 4년(897년)에 창건되었고, 명대 정덕(正德) 3년(1508년) 무종(武宗) 황제가 칙령으로 중수하고 산문(山門) 편액 「敕建三義宮(칙건삼의궁)」을 하사하였다. '삼의(三義)'란 유비의 인의(仁義), 관우의 충의(忠義), 장비의 장의(仗義)를 뜻하여 중국인이 숭상하는 의(義)의 상징이다. 삼의궁에는 산문 외에 마신전(馬神殿), 관우전(關羽殿), 장비전(張飛殿), 정전(正殿), 무후전(武侯殿), 소삼의전(少三義殿) 등이 있다. 『삼국지연의』 1회에 나온다.

조조상 하남성 허창 승상부의 조조 소상(塑像)이다. 『삼국지연의』 14회에 태위 양표의 건의로 산동에 있던 조조를 조정으로 불러들였는데 조조가 이끄는 군대가 이각과 곽사의 군대를 무찌르고 낙양성 바깥에 주둔하였다. 순욱(荀彧)의 계책을 받아들인 조조는 황제에게 도읍을 허도(許都)로 옮기도록 하였다. 조조는 어가를 모시고 허도로 천도하여 동승(董承) 등 13명을 열후(列侯)에 봉하고 대신들의 상벌을 마음대로 정하였다. 이때부터 천하의 권세는 조조에게 넘어갔고 조정의 대사는 조조가 장악했다. 허도의 조승상부(曹丞相府)에는 「구현령(求賢令)」을 반포하여 순욱, 순유, 정욱, 곽가 등과 같은 인재를 구했던 영현당(迎賢堂), 작전 계획도 세웠던 곳으로 허저, 가후, 하후연 등과 국정을 논하던 의사청(議事廳)과 지하에 군사를 숨겨놓았던 장병동(藏兵洞)도 있다.

파릉교(灞陵橋) 하남성 허창 기차역에서 서쪽으로 4km에 있다. 정사『삼국지』「관우전」에 동한 건안 5년(200년) 하비(下邳) 전투에서 조조가 관우와 유비의 두 부인을 사로잡고 예의를 갖추어 대우하였는데 유비의 소재를 알고 난 관우가 떠났고 조조의 부하가 추격하려 하자 조조가 각자 주인이 있는 것이니 추격하지 말라고 하였고,『삼국지연의』27회에서는 파릉교에서 관우가 조조와 헤어지며 조조가 준 전포를 칼끝으로 끌어 올려 가져갔고, 건안 3년(208년)에 적벽싸움에서 조조가 패하여 도망가다가 화용도에 매복한 관우를 만나 옛 은혜를 생각하여 조조를 살려줬다고 하여 후세 사람들은 관제묘를 세워 관우의 충(忠), 의(義), 인(仁), 용(勇)의 품격을 추앙하게 되었다. 파릉교는 명대 홍무(洪武) 연간에 세워졌고 현재는 40m 정도만 남아 있다. 조조가 준 전포를 관우가 칼끝으로 끌어 올린 곳이라는「漢關帝挑袍處(한관제도포처)」라는 석비가 세워져 있다.

토산(土山) 관제묘(關帝廟) 강소성 서주(徐州) 동쪽 비주(邳州)에 있다. 삼국 시대 때는 하비(下邳)였는데, 이 하비 전투에서 관우가 조조에게 세 가지 조건으로 항복한 『삼국지연의』 25회 '둔토산관공약삼사(屯土山關公約三事)'로 유명한 곳이다. 정욱의 계책으로 조조는 하비성을 공격하였다. 하후돈이 관우를 욕하자 관우가 성을 나와 싸우다가 하후돈이 달아나니 관우가 쫓아갔고 서황과 허저가 협공하여 그 틈에 조조가 하비성을 함락하였다. 관우는 흙산에 군대를 주둔하였고 장료가 관우를 찾아가 설득하니 관우가 세 가지 조건을 내세워 항복한다. 토산 관제묘는 명대 천순(天順) 3년(1460년)에 창건되었는데 4대 관제묘 중의 하나이다. 관제전(關帝殿), 현량전(賢良殿), 충용전(忠勇殿), 의사당(議事堂), 산정에는 마적정(馬迹亭)이 있고 관우와 장료의 말발굽 흔적도 남아

한수정후(漢壽亭侯) 인장　하남성 허창(許昌)의 춘추루(春秋樓)에 있다. 조조와 싸우다 유비와 헤어진 관우가 유비의 소재를 알게 되면 가겠다는 조건으로 사로잡혀 있던 곳이다. 관우가 유비의 두 형수를 밤마다 지켰다는 '병촉달단(秉燭達旦)'의 고사로도 유명하다. 춘추루는 원대 지정(至正) 원년(1271년)에 창건되어 명·청대를 거치면서 중수되었는데, 거대한 관우 동상과 관평(關平), 주창(周昌)과 왕보(王甫)와 요화(廖化) 동상이 있는 관성전(關聖殿), 감부인과 미부인이 기거하던 감미이후궁(甘糜二后宮), 관우가 아침마다 문안을 두 부인에게 드렸다는 문안정(問安亭), 나중에 유비의 소재를 파악한 뒤 조조로부터 받은 한수정후 인장을 걸어놓은 인루(印樓) 등도 있다. 관우가 조조와 헤어져 유비에게로 가면서 조조로부터 하사받은 인장을 걸어놓고 금을 봉하다는 '괘인봉금(掛印封金)' 고사도 여기에서 비롯되었다. 『삼국지연의』 25회에 나온다.

수경장(水鏡莊) 초려(草廬)에서 은거하며 거문고를 켜는 사마휘(司馬徽) 207년 유비는 '마약단계(馬躍檀溪)'하여 양양(襄陽)에서 위기를 모면하고 수경장에 와서 수경선생(水鏡先生) 사마휘를 방문하게 되는데, 『삼국지연의』 35회에 "유현덕은 동자를 따라 한두 마장쯤 가서 장원 앞에 이르렀다. 말에서 내려 주문(中門)으로 들어서니 아름다운 거문고 소리가 들린다. 유현덕이 (거문고를 켜는) 그 사람을 보니 모습은 소나무 같고 등은 학과 같은데, 가상이 비범하였다. 수경선생이 유비의 행색이 초라한 것을 보고는 유비에게 좌우에 훌륭한 인물을 두지 못했다고 하면서 유비가 장차 천명을 받아 용이 하늘로 오를 듯하다고 하면서 복룡(伏龍)과 봉추(鳳雛) 두 사람 중 한 사람만 얻어도 천하를 안정시킬 수 있다"라고 하였다. 복룡은 제갈량이요, 봉추는 방통(龐統)을 가리킨다. 또 36회와 37회에는 서서(徐庶)가 유비에게 제갈량을 추천하여 유비가 융중(隆中)으로 떠나는데 사마휘가 서서를 만나기 위해 유비를 찾아왔다가 유비가 제갈량에 대해 사마휘에게 묻자 사마휘가 대답하길, 제갈량은 자신을 관중(管仲)과 악의(樂毅)에 비교하니 그 재주를 가늠하기 어렵다고 하였다. 수경장은 호북성 양양 서쪽의 남장(南漳)에 있다.

삼고당(三顧堂) '삼고초려(三顧草廬)'의 장소이다. 호북성 양양 서쪽 근교 융중(隆中)에 있다. 『삼국지연의』 37회에 삼고초려 고사가 나오는데, 세 번째 방문 때 유비가 제갈량을 만났는데 제갈량 초려의 중문에 붙어 있는 글씨는 '담박명지(淡泊明志), 영정치원(寧靜致遠)'이라고 하였는데 융중 입구 패방에도 새겨져 있다. 이 글씨는 "마음을 비워야 세상의 이치를 깨달을 수 있고, 심성(心性)이 안정되어야 더 멀리 내다볼 수 있다"라는 뜻이다. 제갈량의 『계자편』(誡子篇)에 "군자의 몸가짐은 고요함으로 몸을 닦고 검소함으로 덕(德)을 기르는 것이니, 마음이 맑고 깨끗하지 않으면 뜻을 밝게 할 수 없고, 편안하고 고요하지 않으면 포부를 원대하게 하지 못한다"라는 문구에서 비롯되었다. 삼고당에서 제갈량은 유비에게 천하 삼분의 계책을 내놓았는데 후세 사람들은 이 계책은 융중대(隆中對)라고 하였고 이후 수십 년간 촉한과 유비의 기본 국책이 되었다. 제갈량은 이때 나이가 27세였다.

박망파(博望坡) 제갈량이 유비의 요청으로 하산한 뒤 첫 번째 벌인 전투로 화공(火攻)으로 조조의 군대를 무찌르고 승리를 거두었다. 당시에 이 들판은 갈대밭이었고 숲이 우거졌는데 비석 뒤 왼쪽에는 당시에 불에 탔던 나무 한 그루가 남아 있다. 박망파는 하남성 남양시 방성(方城)에 있다. 건안 5년(200년) 관도 전투에서 조조가 원소에게 승리를 거두었고, 그 이듬해에 유비는 형주의 유표에게 의탁하였다. 유표는 유비를 형주의 북방 요충지 신야(新野)에 파견하여 지키도록 하였다. 건안 7년(202년) 유표는 조조가 북상하여 원상(袁尙)을 공격하는 틈을 타서 조조의 승상부가 있는 허도(許都)를 습격하기 위해 유비를 파견하였다. 유비가 북벌하여 엽현(葉縣)을 공격하여 점령하여 허창에 접근하자 위협을 느낀 조조는 유비의 북벌을 제어하기 위해 조조는 하후돈(夏侯惇), 우금(于禁), 이전(李典)을 보내어 유비와 교전하도록 하였다. 유비는 철수하여 박망파에서 조조의 군대와 대치하였다. 『삼국지연의』 39회에 조자룡이 하후돈의 군대를 유인하고 유비가 출격하여 하후돈과 접전을 벌이다 일부러 달아난다. 하후돈을 따르던 우금과 이전이 갈대밭이 우거진 좁은 길에 이르자 제갈량의 화공 계책을 사용하였다. 양쪽 갈대밭에서 불길이 치솟으며 삽시간에 사면팔방이 불바다로 변하여 하후돈의 군사들이 달아나다가 관우와 장비가 나타나 조조의 군사들을 무찔러 시체들이 박망파 들에 가득하였다고 하였다. 후에 형주는 조조가 점령하고 유비는 동오의 손권을 손잡고 남하하는 조조에 맞서 적벽 싸움을 벌이게 된다.

동작대(銅雀臺) 조조가 세운 임장(臨漳) 업성(鄴城) 유적이다. 하북성 한단(邯鄲)과 하남성 안양(安陽) 사이에 있다.
『삼국지연의』 48회에 적벽싸움 전에 조조는 장수들에게 말하길, "강남을 얻으면 나만 아는 기쁨이 있는데 옛날 강남의 교공(喬公)과 절친한 사이였다. 교공에게 두 딸이 있는데 모두 천하일색이라. 그런데 각각 손책과 주유의 아내가 되었다. 동작대를 세웠으니 강남을 얻기만 하면 교공의 시집간 두 딸을 데려다가 동작대 위에 두고 만년을 즐기리라"라고 하였다.

시금석(試金石) 강소성 진강(鎭江) 북고산(北固山) 중봉(中峰) 서쪽에 있다. 『삼국지연의』 54회에 주유가 상처한 유비에게 손권의 여동생 손상향(孫尙香)과의 결혼을 제의하여 유비를 동오로 유인하고 사로잡은 다음 형주 땅과 맞바꾸는 계략을 세워 이 산의 감로사(甘露寺)에서 두 사람이 만났고, 돌을 발견한 유비가 마음속으로 천하의 왕업을 성취할 수 있다면 한칼에 돌을 두 조각 나게 해달라고 빌며 칼을 내려치니 돌이 두 조각으로 갈라졌고, 이 모습을 본 손권이 유비에게 역적 조조를 격파할 것이라면 이 돌을 끊게 해달라고 축원하는 말을 하면서 마음속으로는 형주 땅을 얻고 동오가 크게 흥할 것이라면 이 돌을 두 조각 나게 해달라고 하고 칼을 들어 내리치니 큰 돌이 두 조각 났다고 하였다. 『삼국지연의』에 기록한 「天下第一江山(천하제일강산)」이란 석각, 북고산 정상의 다경루(多景樓), 가화(賈華)의 복병(伏兵)이 숨어 있던 복도, 조조의 백만 대군이 남하했을 때 손권이 유비(혹은 제갈량)와 대책을 논의했다는 한석(狠石) 일명 석양(石羊), 유비가 후에 이릉에서 육손에게 패하고 백제성으로 후퇴한 후 병사했다는 소식을 들은 손상향이 남편을 제사 지낸 뒤 장강에 뛰어내려 자살했다는 제강정(祭江亭) 등이 있다.

장판파(長阪坡) 조자룡 동상 『삼국지연의』 41회에 형주목(荊州牧) 유표(劉表)의 아들 유종(劉琮)이 어머니 채부인과 함께 인수(印綬)와 병부(兵符)를 가지고 번성(樊城)에 가서 조조에게 바쳤고, 조조는 유종과 채부인을 청주(淸州)로 보내면서 후환을 없애기 위해 우금을 시켜 유종과 채부인을 죽였다. 양양이 평정되자 순유가 조조에게 강릉을 차지할 계책을 올린다. 유표에게 의탁했던 유비가 강릉으로 가다가 당양(當陽)에 이르러 조조의 군사와 격전을 벌이게 되는데 유비와 조자룡이 서로 행방을 알지 못하게 된다. 조자룡이 유비의 감부인과 미부인을 찾아내고 미부인은 선주의 아기 아두(阿斗)를 땅바닥에 밀어 보내더니 자신은 우물 속으로 몸을 던져 죽었다. 조자룡은 아두를 품고 창을 들고 말에 올라타고는 적군을 무찌르며 적진의 포위를 뚫고 조조 진영을 벗어나 장판교 쪽으로 달리는데 장판교 위에서 있는 장비를 만난다. 42회에는 조자룡이 유비를 만나 아두를 바쳤으나 유비는 아기를 받아 땅바닥에 내던지며 "어린놈 때문에 하마터면 내 대장 하나를 잃을 뻔했다!"라고 말하였다.

절륜일군(絶倫逸群) 편액 이 편액의 글씨는 정사 『삼국지』「촉서」〈관우전〉에 나오는 말이다. 유비가 서쪽으로 익주를 평정하고, 관우에게 형주를 감독하고 관리하는 일을 맡겼다. 관우는 마초(馬超)가 투항해왔다는 소식을 듣고, 마초란 인물에 대해 잘 알지 못하였으므로 제갈량에게 편지를 써서 마초의 인물과 재능에 견줄 만한 사람이 누군지 물었다. 제갈량이 관우가 자존심이 강한 것을 알고 대답했다. "마초는 문무를 겸비한 사람으로 용맹함이 보통 사람을 뛰어넘는 당대 걸출한 인물로서 한나라의 경포(鯨布)와 팽월(彭越)과 같아 장비와 나란히 선두를 달릴 수 있지만, 미염공의 두드러지게 뛰어나 무리 가운데에서 걸출함에는 미치지 못하오." 여기에서 "두드러지게 뛰어나 무리 가운데에서 걸출하다"라는 것이 바로 '절륜일군'의 뜻이다. '군계일학'이란 의미가 포함되어 남과 비교될 수 없는 다른 사람보다 훨씬 재주가 뛰어나서 걸출한 인물이라는 것이다. 『삼국지연의』 65회에 나온다.

장료(張遼) 동상 안휘성 합비(合肥) 소요진(逍遙津)공원 안에 있다. 『삼국지연의』 53회에 손권이 합비를 공격해도 패하자, 태사자(太史慈)가 자기 수하의 과정(戈定)이 장료의 수하 중에 마구간의 말을 보살피는 사람과 형제간인데 장료에게 꾸중을 듣고 원한을 품고 있어 불을 질러 신호를 올리면 장료를 찔러 죽이기로 계략을 세워 합비성으로 진격하였으나 이전(李典)이 과정과 마구간지기를 잡아 와서 장료가 심문하고 참했으며, 꾀가 많은 장료는 성문을 열어주자 태사자가 성 안에서 호응하는 줄 알고 말을 달려 성 안으로 들어갔다가 화살에 맞아 죽었다. 합비는 위나라 속했는데 강회(江淮)의 길목으로 군사 요충지였다. 손권과 조조는 60여 년 동안 합비 쟁탈전을 벌였는데 그 가운데 가장 유명한 전투는 건안 20년(215년)에 손권이 합비를 공격하여 장료가 이에 맞서 용감하게 싸운 전투이다. 『삼국지연의』 67회에 나온다. 조조가 군사를 일으켜 한중의 장로(張魯)를 정벌하여 합비가 비어 있는 틈을 타서 동오의 손권이 군사 10만으로 합비를 공격하였는데 합비성을 지키는 위장 장료가 군사 7천 명이라는 수적으로 부족한 상태에서도 결사 항쟁하여 손권을 포위하고 겨우 손권이 포위를 뚫고 도망하다 미리 끊어 놓은 작은 다리를 몇 발짝 뒤로 물러났다가 말을 달려 다리를 뛰어넘고 위기에서 탈출하여 이 싸움으로 강남 사람들은 밤에 울던 아이들까지도 장료가 온다고 하면 울음을 멈췄다고 하였다. 손권이 뛰어넘은 다리를 기릭 위해 후세에 시인이 "물러난 후 채찍질하여 준마를 달리니, 소요진 위로 옥룡이 날랐다(退後著鞭馳駿騎, 逍遙津上玉龍飛)"라고 읊었고, 사람들은 이 다리를 비기교(飛騎橋)라고 하였다.

가맹관(葭萌關) 『삼국지연의』 65회에 장비와 마초(馬超)가 서로 백여 합을 싸워도 승부가 나지 않자 밤에 횃불을 켜놓고 싸웠다고 하는 곳이다. 승부가 나지 않아 두 장수가 물러섰는데 공명이 한중의 뇌물을 좋아하는 양송(楊松)을 이용하는 계책으로 장로(張魯)에게 마초를 비방하게 하여 마초가 진퇴양난에 빠져 결국 유비에게 투항하게 된다. 사천성 광원(廣元) 소화고성(昭化古城)에 있는데 교통과 군사의 요충지로 육로로 위로는 한중(漢中), 진령산맥을 넘으면 장안에 이르고, 아래로는 성도(成都)로 통하고 가릉강(嘉陵江)을 따라 남하하면 파서(巴西)의 중진(重鎭)으로 장비가 7년 동안 지켰다는 낭중(閬中)에 이르러 지리적 위치가 아주 중요한 곳이다. 그런데 이 싸움은 역사에 없었다. 『삼국지』 「마초전」에 마초가 양주에서 양부(楊阜) 등에게 격파당하여 오갈 데 없이 낭패를 겪다가 한중으로 달아나 장로에게 의탁했는데 유비가 성도에서 유장을 포위하고 있다는 소식을 듣고 밀서를 보내 항복했다고 하였다. 배송지 주에 인용한 『전략(典略)』에 건안 19년에 장로의 부하 장수 양백(楊白)이 마초의 재능을 시기하여 그를 해치려고 하여 마초는 촉 땅으로 달아났다고 하여 마초가 자청하여 유비에게 항복했으므로 유비의 장수 장비와도 교전할 필요가 없었다.

정군산(定軍山) 섬서성 한중(漢中)시 서쪽 면현(勉縣) 남쪽 5km 거리에 있다. 삼국시대 전쟁터로 정군산을 차지하면 한중을 얻을 수 있고, 한중을 차지하면 천하를 얻을 수 있을 정도로 당시에 군사요충지였다. 『삼국지연의』 71회에 촉한의 노장 황충(黃忠)이 조위의 장수 하후연(夏侯淵)을 두 동강 낸 곳으로도 유명하다.

괄골료독(刮骨療毒) 호북성 형주시 형주의원(荊州醫院) 뜰 안에 있다. 『삼국지연의』 75회에 나온다.

화조암(華祖庵) 화타묘(華佗廟). 화타기념관이라고도 하는데 동한 때 신의(神醫) 화타를 제사 지내는 곳으로 현재 하남성 박주(亳州)에 있다. 당송 때 창건되었고, 화타 옛집 원화초당(元化草堂), 고약원(古藥園), 환자를 치료하던 익수헌(益壽軒), 화타중의약(中醫藥)문화박물관 등이 있다. 『삼국지연의』에 화타는 세 번 나오는데 15회에 태사자를 얻은 손책이 동생 손권과 주태(周泰)를 선성(宣城)으로 보내 지키게 하였는데 어느 날 산적 떼들을 만나 한밤중에 손권을 구해내다가 몸에 열두 군데나 창에 찔렸고 상처가 곪아 부어서 위급해져 손책이 우번(虞飜)의 소개로 화타가 약을 쓴 지 한 달 만에 나았다. 75회에서는 독화살을 맞은 관우의 팔을 치료하였으며, 78회에서 두통에 시달리던 조조를 치료하였는데 두통의 원인은 풍(風)으로 생긴 병인데 뇌수에 박힌 풍연(風涎)이라는 점액 때문이니 날카로운 도끼로 두개골을 열고 뇌수에 고인 풍연을 씻어내면 병의 뿌리를 없앨 수 있다고 진단하였으나 조조가 화를 내며 자신을 죽일 작정이라며 화타를 옥에 가두었고 화타는 열흘이 지나 죽었다고 하였다.

형주성(荊州城) 건안 24년(219년), 『삼국지연의』 73회에 유비는 면현에서 한중왕이 올랐는데, 조조가 동오와 동맹을 맺고 관우가 지키는 형주를 치려고 한다는 첩자의 보고를 받고, 관우에게 번성을 치라고 명한다. 조조는 번성을 구원하도록 우금과 방덕을 파견하였으나 관우는 우금을 사로잡고 방덕을 참했다. 관우가 형주를 잃은 것은 그의 교만함에서 비롯되었는데 그러한 관우의 성격을 적도 이미 알고 있었고 이를 이용하여 형주를 탈취하였고 관우는 결국 맥성에서 목숨을 잃었다. 적이 관우의 성격을 간파하고 있었다. 첫째, 동오의 육손이 여몽에게 말하길, "관우는 스스로의 영웅 기질만 믿고 적을 업신여긴다. 다른 사람이 관우를 칭송하면 관우는 교만한 성격이 들어서 형주를 나와 번성을 칠 것이니 그때 기습하면 형주를 손아귀에 넣을 수 있소"라고 하였다. 둘째, 육손이 예물을 갖춰 사자를 관우에게 보냈으나 관우는 "손권은 식견이 없어서 어린아이 같은 육손을 장수로 삼다니!"라며 힐난한다. 적의 장수를 멸시하는 관우의 교만한 성격을 엿볼 수 있다. 관우의 교만한 성격은 그의 행동에 잘 나타나 있다. 첫째, 조조가 방덕을 파견하여 번성을 구원하도록 하자 관우가 "천하의 영웅들이 내 이름만 들어도 두려워하지 않는 자가 없거늘 어린 방덕이 어찌 감히 나를 멸시하는가!"라고 호언장담하였지만, 실제 싸움에서는 방덕이 쏜 화살이 관우 왼쪽 팔에 꽂혀 부상당한다. 둘째, 관우가 번성 북문에 이르러 적에게 항복을 권했으나 조인이 궁노수 5백여 명에게 명하여 화살을 쏘게 하여 관우가 오른팔에 독화살을 맞는다. 여기에서도 관우는 가슴만 가려주는 갑옷만 입고 전투에 임하여 적을 무시하는 등 교만하다가 화살을 맞고 말에서 떨어졌다. 셋째, 『삼국지연의』 77회에 맥성을 나와 성도로 도주하는 관우에게 왕보(王甫)가 좁은 길에 적군이 매복하고 있으니 큰길로 달리라고 간언하였으나 관우는 매복한 적군은 두렵지 않다고 적을 무시하고 자신만을 믿는 교만함에 빠져 결국 반장의 부하 마충에게 사로잡혔으며, 손권은 관우를 죽이지 않으면 큰 후환이 있을 것이란 좌함(左咸)의 말에 관우를 참했다. 관우의 나이 58세였다.

이릉(夷陵) 효정고전장(猇亭古戰場)의 부동(傅彤) 『삼국지연의』 84회에 유비는 관우의 원수를 갚기 위해 군사를 이끌고 동오의 땅 깊숙이 들어가 효정을 점령한 다음 천구(川口) 땅까지 7백 리에 앞뒤로 40개소의 영채를 늘어세웠고, 동오의 어린 장수 육손(陸遜)이 대도독이 되어 군사를 총지휘했는데 험준한 요충지만 지키게 하고 새로운 변화가 있기를 기다리며 출전하지 못하게 명했다. 유비의 선봉 장수 풍습(馮習)이 날씨가 너무 더워 군사들이 불 속에 있는 것과 같고 물을 길어오는 데도 불편하다고 하여 선주는 영채를 산림이 울창한 시원한 곳으로 옮기고 시냇물이 가까운 곳에 주둔시켰다. 육손이 화공으로 공격하니 유비의 어영(御營)에 불이 붙어 장비의 아들 장포(張苞)와 부동이 선주를 구출하여 달아난다. 유비를 추격하던 육손이 조자룡이 오자 후퇴 명령을 내린다. 선주가 조자룡과 함께 백제성으로 달아나는데 부동은 유비의 뒤를 끊다가 추격해온 동오의 군사들에게 사면팔방으로 포위를 당했는데 "나는 한나라 장수다! 어찌 동오 놈들에게 항복하리오."라고 외치며 동오 군사를 욕하고 창을 높이 들고 촉군을 거느리고 용맹하게 좌충우돌하며 싸웠으나 결국 포위를 벗어나지 못하고 동오 군사 속에서 죽었다고 하였다.

검문관(劍門關) 사천성 북부 검각(劍閣) 30km 거리의 대검산(大劍山)에 있는데 검문(劍門)이라고도 한다. 양쪽 산이 칼 모양으로 버티고 있다. 제갈량이 잔도(棧道)를 수리하고 검문관을 설치했다. 263년에 위군이 촉을 공격하자 강유(姜維)가 3만을 거느리고 검문으로 퇴각하여 지켰는데 종회(鍾會)가 13만 대군을 이끌고 와서 공격하였으나 3개월 동안 함락시키지 못했다. 당대 대시인 이백(李白)이 「촉도난(蜀道難)」을 지어 "한 명이 관을 지키면, 만 명의 군사도 뚫지 못하네(一夫當關, 萬夫莫開)"라고 읊어 천고의 절창(絶唱)이 되었다.

백제성(白帝城) 탁고당(托孤堂) 『삼국지연의』 85회에 이릉 전투에서 동오의 어린 장수 육손에게 패해 영안궁(永安宮)으로 퇴각하였는데 중병에 걸려 병석에 누운 유비가 성도로 사신을 보내 공명을 부르자 공명은 태자 유선을 성도에 남기고 유선과는 이복동생들인 차남 노왕(魯王) 유영(劉永)과 삼남 양왕(梁王) 유리(劉理)와 함께 백제성을 향해 급히 떠났다. 선주 유비가 공명에게 유언을 하기를, 자신의 아들을 도울 만하거든 돕되, 인품이 부족하거든 공명이 스스로 성도의 주인이 되라고 하였다.

오장원(五丈原)　제갈량은 출사표를 올리고 북벌하여 여섯 번 기산(祁山)에 출격하였으나 끝내 중원을 평정하지 못하고 사마의(司馬懿)와 위하(渭河)를 마주하고 대치하던 중 오장원에서 세상을 떠나고 말았다. 섬서성 서안 서쪽의 보계(寶鷄) 동북쪽 기산(岐山)에 있다. 바둑판 같은 모양인데 삼면이 절벽이어서 천연의 요새로 근처에는 제갈천(諸葛泉)이 있다. 『삼국지연의』 104회에 위연(魏延)이 기양법(祈禳法)으로 명을 연장하려고 공명이 켜놓은 본명등(本命燈)을 밟아 일이 망쳐지게 되었는데, 제갈량은 임종 때 양의(楊儀)에게 비단 주머니를 주면서 위연이 반드시 배반할 것이니 그때 열어보라고 분부하였고, 사마의가 추격해 올 경우 자신의 목상(木像)을 수레 위에 앉히고 앞으로 밀고 나가면 사마의가 놀라 물러날 것이라고 지시하였으며, 이어서 정신을 잃었을 때는 큰 소리로 울며 "내가 국가의 큰일을 그르쳤도다!"라고 외치면서 상서(尙書) 이복(李福)에게 말하길, 자신이 죽으면 큰일은 장완(蔣琬)에게 맡기고 장완의 뒤는 비의(費禕)가 계승하도록 했다. 건흥(建興) 12년(234년) 공명의 나이 54세였다고 하였다. 정사 『삼국지』 「제갈량전」에는 제갈량이 오장원을 점거하고 사마의와 위남(渭南)에서 대치하였는데 서로 대치한 지 백여 일이 지나 그해 8월에 제갈량이 죽었고, 촉군이 물러나자 사마의는 제갈량의 군영, 보루와 거처를 일일이 돌아보고는 천하의 기재(奇才)라고 말했으며, 제갈량은 임종할 때 한중의 정군산에 묻어달라고 유언하였고 무덤은 관을 넣을 수 있을 정도로만 하며 염할 때는 평소 입던 옷으로 하고 제사용품은 쓰지 못하게 하였다고 하였는데, 현재 정군산 아래에는 무후사와 무후묘가 있다.

제갈촌 승상사당 제갈촌(諸葛村)은 절강성 성회(省會) 항주(杭州) 남쪽 난계(蘭溪) 서쪽 18km에 있다. 제갈팔괘촌(諸葛八卦村)이라고도 하는데 제갈량 후손들이 모여 사는 곳이다. 승상사당은 승상 제갈량을 모시는 사당이다. 마을의 건축물들이 팔진도(八陣圖) 양식으로 배치되어 있고 명·청대 옛 건축물들이 잘 보존되어 있다.

* 화보의 모든 사진은 필자가 직접 중국 현지를 여러 해 동안 답사하여 촬영함

삼국지 성어명구

이해원

삼국지 성어명구

KOREA
UNIVERSITY
PRESS
고려대학교
출판문화원

이 책은 2018년도 고려대학교 글로벌비지니스대학 특성화연구비 지원의 결과물임.

머리말

보통 『삼국지』라고 하면 조조, 유비, 손권이라는 세 영웅을 중심으로 천하를 다투는 역사를 14세기 후반 명대(明代)에 나관중(羅貫中)이 창작한 전체 명칭이 『삼국지통속연의(三國志通俗演義)』 혹은 『삼국지연의(三國志演義)』인 120회 구어체(口語體) 역사소설 『삼국연의(三國演義)』와 진대(晉代) 진수(陳壽)가 3세기 말경에 편찬한 「위서(魏書)」 30권, 「오서(吳書)」 20권, 「촉서(蜀書)」 15권으로 구성된 총 65권의 정통 역사서 중의 하나인 『삼국지』가 있다.

특히 『삼국지연의』 120회에는 우리가 흔히 사용하는 '도원결의(桃園結義)', '삼고초려(三顧草廬)', '읍참마속(泣斬馬謖)', '수어지교(水魚之交)' 등의 성어뿐만 아니라 '출사표(出師表)', '단도부회(單刀赴會)', '군영회(群英會)', '공성계(空城計)', '고육계(苦肉計)'와 같은 유명한 고사나 명구가 많이 있고 그러한 용어는 지금도 일상 언어생활에서도 사용하고 있다.

성어(成語)는 오랫동안 사용되어 온 숙어(熟語)의 일종으로 습관적으로 사용하는 간결하고 고정된 단어의 조합으로 대부분 네 글자로 구성된다. 성어의 문자는 정련되어 있고 품은 뜻과 철학적 이치가 풍부하며 이야기와 상황을 개괄적으로 대표하여 말하고자 하는 뜻이 쉽게 전달되는 성격이 강하다.

중국인이 사용하는 성어는 광범위하여 『논어』, 『맹자』, 『노자』, 『장자』와 같은 선진제자백가(先秦諸子百家), 중국 정통 역사서인 이십오사(二十五史), 시사(詩詞), 필기소설(筆記小說), 불교 경전 등에 많이 있다.

숙어에는 성어, 언어(諺語)라는 속어(俗語), 격언(格言), 헐후어(歇后語) 등이 포함된다. 그러나 성어와 속어, 격언은 엄격하게 구분하기가 어렵다. 예를 들면 '도리불언(桃李不言), 하자성혜(下自成蹊)'는 『사기』「이장군열전(李將軍列傳)」에 언(諺)이라고 하였는데 "복숭아나무와 오얏나무는 말이 없지만, 그 밑에 저절로 샛길이 생긴다"라는 뜻으로 "복숭아나무와 오얏나무는 꽃이 곱고 아름다우며 열매도 맛있으므로 누가 오라고 손짓하지 않아도 찾아오는 사람이 많아 두 나무 밑에는 저절로 길이 생긴다"라는 의미인데, 사람들에게 신뢰받고 칭송받는 사람은 강제로 사람들을 불러모으지 않더라도 믿고 따르는 사람들이 많이 모여듦을 비유하는 말이다. 언(諺)은 속어를 말한다.

조비(曹丕)의 『전론(典論)』「논문(論文)」에 말하길, "이어(里語)에 '가유폐추(家有敝帚), 향지천금(享之千金)'이라고 했는데 이는 스스로를 보지 못하는 병이다"라고 하였다. "닳아빠진 빗자루이지만 이를 천금으로 여긴다"라는 말이다. 조비는 문학 이론에 조예가 깊었는데 그는 문학의 양식이 다양하여 한 사람이 두루 잘할 수는 없고, 각자 자기가 잘하는 분야만 중시하고 다른 분야는 경시한다며 이 말을 인용하여 비판했다. 자기가 가지고 있는 것을 무조건 다 좋다고 생각하고, 실제로는 보잘것없는 것이지만 자기의 것을 귀하게 여기거나, 자신의 분수를 모를 때 쓰는 성어가 되었다. 하찮은 자기의 것을 귀하게 여기는 것을 '폐추천금(敝帚千金)' 또는 '향추(享帚)'라고 한다. 자신이 그렇다고 하면 아끼는 것을 내보이며 하는 겸손한 말이 되지만, 남에 대해 그렇게 말한다면, 객관성을 잃고 제 것만을 맹목적으로 선호해 높이 평가하는 것에 대한 풍자가 된다. 이어는 이어(俚語)와 같은 말로 속어, 속담을 말한다.

언과 이어는 야어(野語), 속어, 이언(俚諺) 등으로 일컫는데 오늘날 어휘학에서는 속어의 범주에 속한다.

이 밖에 어떤 성어는 '망매지갈(望梅止渴)', '자두연기(煮豆燃萁)'처럼 우언

(寓言)이나 고사(故事)에서 왔고, '악불사촉(樂不思蜀)', '비육복생(髀肉復生)'처럼 역사적 사실과 관련이 있는 전고(典故)도 있어 성어와 전고는 서로 관계가 있다.

한 가지 성어만 예를 들어 분석해보면, '망매지갈'이란 "매화나무를 보니 갈증이 멈추다"라는 뜻으로 상상을 통해 마음의 위안 삼는 것을 비유하는 성어다. 그러나 욕구를 충족시켜 희망을 줄 뿐 실제로는 문제를 해결하지 못함을 비유하는 말로 쓰이기도 한다. 이 성어의 출전은 『세설신어(世說新語)』「가휼(假譎)」에 나온다. 조조가 군사들을 거느리고 행군을 하는데, 샘물을 찾아내지 못해 병사들이 기갈에 허덕였다. 조조는 꾀를 내어 병사들을 향해 외쳤다. "저 산 너머에 매화나무 숲이 있는데 열매가 엄청 많다. 새콤달콤해서 갈증을 풀 수 있을 것이다." 이 말을 들은 병사들은 입에서 침이 돌아 갈증이 해소되어 계속 앞으로 나아가 샘물을 찾아냈다고 한다. 『삼국지연의』 21회에 동승(董承)이 유비를 만나 천자의 조서를 전달하고 난 뒤로 유비는 채소밭을 가꾸며 자신의 존재를 감추었는데, 하루는 조조가 유비를 불러 자리를 함께하고는 유비의 손을 잡으며 "마침 후원의 매실이 익은 것을 보니 지난해에 장수(張繡)를 치던 때가 생각났소"라고 하며 이 이야기를 유비에게 들려줬고, "이제 매화나무에 매실이 열린 것을 보니 먹고 싶은 생각도 나고 지난번에 담근 술이 잘 익어 저 정자에서 한잔 하려고 그대를 불렀소"라고 말하였다. 이 성어 고사에 뒤이어서 조조가 유비에게 천하의 영웅은 유비와 자신 두 사람뿐이라고 말하자 유비가 젓가락을 떨어뜨렸다는 유명한 '자주논영웅(煮酒論英雄)' 고사가 이어진다.

우리나라에서 출판된 『三國志故事成語辭典』은 430여 개의 성어를 수록하였으나, 체제상 성어의 첫 글자를 (가) (나) (다)순으로 목차를 정하여 스토리의 전개를 이해할 수 없는, 다시 말해 몇 회에 등장하는지 알 수 없다는 단점이 있다. 그리고 중국에서 출판된 『三國成語典故』에는 330여 개의 성어를 수록하고 있는데, 이 책은 전고 출처와 원문의 내용을 축약하여 줄거리만 정리한 성어에 대한 해설이 비교적 간단하여 성어의 앞뒤 문맥을 살피기 어렵게 편집되었다. 본서는 중국에서 출판된 여러 성어 사전 등을 참고하여 성어를 엄선하였다. 다만 "기세를 보고 쏠린다"라는 뜻으로, 놀라서 맞서 보려고 하지도 않고 뿔뿔이 도망감을 이르는 1회에 4, 50만 명에 이르는 황건군의 형세가 의외로 커서 관군이 도망가는 모습을 형용한 성어 '망풍이미(望風而靡)'처럼 어떤 상황이나 상태만을 묘사한 성어는 제외하였다. 또 어느 한 지역 혹은 사건, 고사 등과 관련된 성어는 모두 기술하지 않았다. 예를 들면 정군산(定軍山)은 삼국지에서 형주(荊州), 기산(祁山) 등과 더불어 중요한 지역으로 27개의 성어에 이른다. '반객위주(反客爲主)', '계륵(鷄肋)', '고량자제(膏粱子弟)', '출류발췌(出類拔萃)', '국궁진췌(鞠躬盡瘁)', '공성계(空城計)'만 기술하였다.

우리의 성어와의 관계에서 용례가 서로 다른 것이 있다. 예를 들면 소 잃고 외양간 고치기는 중국에서는 소 대신 양이 쓰인다. '망양보뢰(亡羊補牢)'라는 성어인데 "양 잃고 우리를 고친다"는 뜻으로 우리는 미리 예방하지 않아 모든 것을 잃거나 망친 뒤에 손을 써봐야 아무 소용 없다는 의미로 사용되는데, 중국에서는 그래도 늦지 않는다는 의미를 담고 있다. 『전국책』「초책(楚策)」(4)에 장신(莊辛)이 음탕과 사치만 일삼으면 나라가 위험해진다고 초양왕(楚襄王)을 비판하자 왕이 화를 냈고 장신은 네 명의 총신만 사랑하면 나라가 망할 것이라고 말하고는 조나라로 몸을 피했는데 과연 진(秦)나라가 초나라를 침범하자 양왕이 눈물을 머금고 피신하였다가 장신을 모셔오게 하였다. 양왕이 장신에게 대책을 물으니 장신이 대답하길, 속담에 "토끼를 보고 사냥개를 그때 가서 돌보면 늦다고 할 수 없고, 양을 잃고 우리를 고치는 것도 결코 늦은 것은 아니다"라고 했다. 옛날 상나라 때 탕(湯)과 주나라 때 무왕은 백 리 좁은 땅으로 창업했고 하나라의 걸(桀)과 은나라의 주(紂)는 천하를 모두 차지한 자였으나 멸망했다고 하면서 초나라도 수천 리나 되는 큰 나라이니 국정을 잘 돌봐야 한다고 직언하여 집규(執珪)라는 벼슬을 받고 양릉군(陽陵君)에 봉해졌다고 하였다.

서술의 형식은 성어의 네 글자의 우리말 번역을 먼저 달고, 한자 성어를 병기하였고, 해당 성어의 개별 한자를 각주에서 풀어 기본 뜻과 성어 속에서의 뜻을 함께 기재하고 이어서 출처, 본문, 간체자, 발음, 회수, 해설의 순서로 기술하였다.

출처 는 해당 성어의 정체를 밝힌 부분으로 누가 한 말이라든지 누군가의 행동, 상황 등을 말한다.

본문 은 해당 성어가 등장하는 부분의 앞뒤를 인용하였다. 가능하면 문장이 길지 않게 성어와 관련된 단락만 가려서 배치하였다. 불필요한 부분은 삭제하였다.

간체자 는 성어의 중국어 한자의 번체자를 간체자로 표기하였다.

발음 은 성어의 중국어 발음을 소리 나는 대로 적고 괄호 속에 한어 병음을 달았다.

회수 는 성어가 등장하는 『삼국지』 전체 120회 가운데 소속된 회(回)를 말한다.

해설 은 성어에 대한 구체적인 의미와 분석적 설명 부분이다. 성어의 자의적 해석에서부터 비유적 상징적 의미까지 고찰하였으며, 삼국 시대를 통일한 진대(晉代)에 편찬된 정사보다 명대에 창작된 소설은 어떻게 역사적 사실을 변형시켰는지 살펴보고 소설과 정사와의 차이가 무엇인지 밝혀 소설적 상상과 실제 역사와의 관계를 규명했다.

전란의 시대 와중에서 살아간 영웅들의 기개, 모사들의 지혜, 장수들의 용기가 담긴 그들의 말과 행동으로 엮어진 『삼국지』의 성어와 명구를 다시 읽으면 삶의 지표가 되는 귀중한 지혜와 폐부를 찌르는 교훈을 얻을 수 있어, 『삼국지』 성어 명구는 예측 불가능한 미래와 세대 간의 가치관의 혼란을 겪고 있는 현재를 사는 우리들의 반면교사이자 모범이 될 수 있다.

『삼국지』 성어의 출처와 유래 및 정확한 내용을 탐구하고 내포하고 있는 상징적 의미를 파악하며 그것을 통해 인간 군상들의 다양하고 풍부한 성격을 파악하는 것이 중국인을 이해하는 방법이기도 하여 『삼국지』 성어 연구의 의미가 크다고 할 수 있다.

2020. 1. 15.
오봉산 아래에서
이해원

차례

* 괄호 속의 숫자는 삼국지 120회 중 소속된 회수를 의미함

삼국지 성어명구

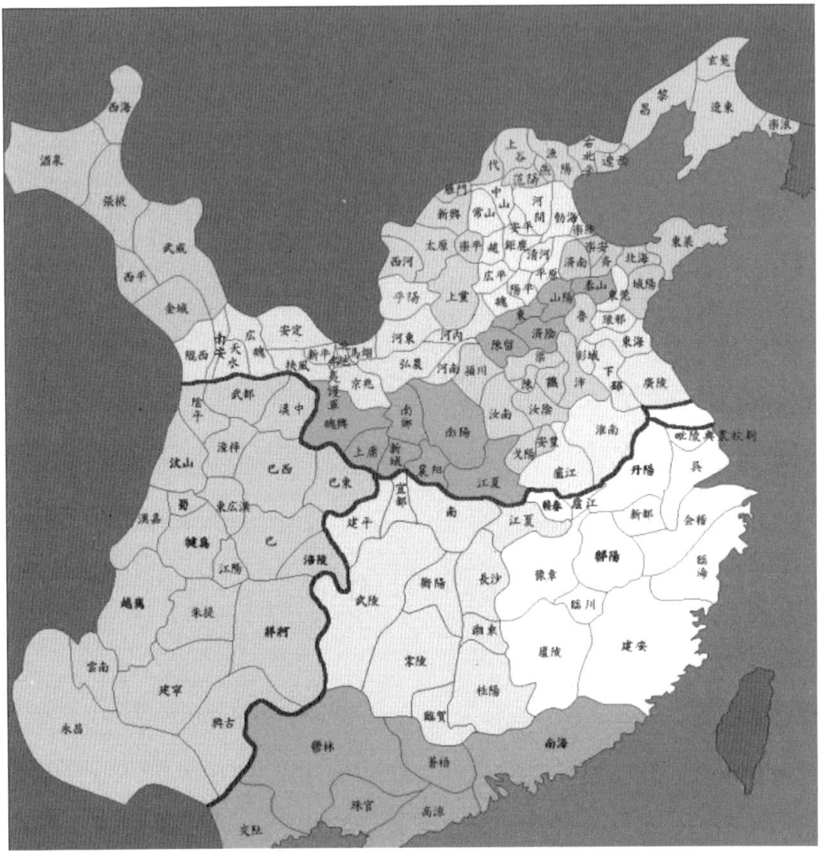

위·촉·오 삼국의 분열

❖『삼국지연의』의 원문은 허반청(許盤清) 주편 중국지도출판사(中國地圖出版社) 2011년도에 출판된 책 군사지도본(軍事地圖本) 『三國演義』를 사용하였고, 인민문학(人民文學)출판사의 『三國演義』와 솔출판사의 김구용 번역본을 주로 참고하였음.

1

복숭아 뜰에서 의형제를 맺다

도원결의桃園結義

桃 복숭아 도, 園 뜰 원, 結 맺을 결, 義 뜻 의

출처 유비, 관우, 장비 세 사람이 복숭아 뜰에서 의형제를 맺다.

본문

연도원호걸삼결의(宴桃園豪杰三結義)	도원에서 잔치 벌여 세 사람이 의형제를 맺고,
참황건영웅수입공(斬黃巾英雄首立功)	황건적을 죽여 영웅이 처음으로 공을 세우다.

천하의 대세는 나뉜 지 오래면 반드시 합쳐지고, 합한 지 오래면 반드시 나뉜다. 동한(東漢)의 헌제(獻帝) 때 천하는 마침내 셋으로 나뉘었다. 환제(桓帝)와 영제(靈帝) 때부터 천하가 어지러워졌다.

한조(漢朝) 주요 제왕(帝王) 가계도

시호(諡號)	명휘(名諱)	생년월일 및 재위기간	
고황제(高皇帝)	유방(劉邦)	기원전 256-기원전 202-기원전 195	전한(前漢)
	…		
	왕망(王莽)	기원전 46-8-23	신(新)
광무제(光武帝)	유수(劉秀)	기원전 6-25-57	후한(後漢)
	…		
환제(桓帝)	유지(劉志)	132-146-167	
영제(靈帝)	유굉(劉宏)	156-168-189	

소제(少帝)　　유변(劉辯)　　176-189-190
영제 적자. 홍농왕. 생모는 하태후

헌제(獻帝)　　유협(劉協)　　181-189-220-234
영제의 차남, 소제 유변의 이복동생. 생모 왕미인이 하황후에게 독살되어 두태후가 양육. 잔류왕에 봉해졌다가 동탁에게 옹립되어 9세에 등극. 조조에게 이용당하다가 조비의 위협으로 제위를 선양한다.

후한

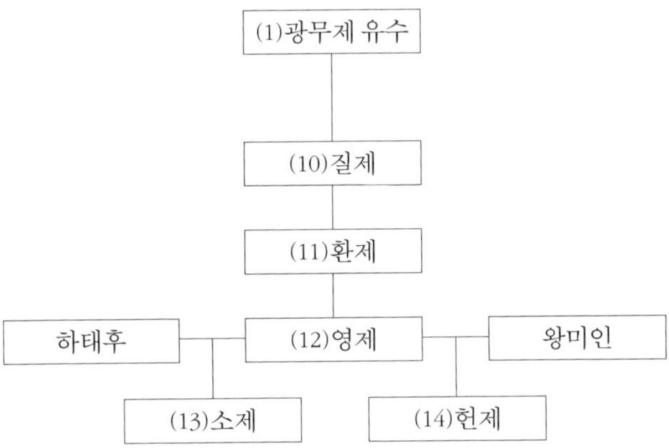

조정에서 무리를 지어 갖은 나쁜 짓을 일삼는 10명의 환관들이 자신을 일컫는 십상시(十常侍)라고 불렀고, 영제(靈帝)는 십상시를 신임하였다. 조정의 정치가 날로 바르게 다스려지지 않았고, 천하의 백성들은 마음에 반란을 품게 되어 도둑들이 벌떼처럼 일어났다.

당시 거록군(巨鹿郡)에 형제 세 사람이 살았는데 장각(張角), 장보(張寶), 장양(張梁)이다. 중평(中平) 원년(184년)에 역병이 유행하자 장각은 불에 탄 부적을 섞은 물을 마시게 하여 많은 사람의 병을 고치자 신도들이 날로 많아졌다. 사방의 백성들은 황건(黃巾)을 머리에 두르고 장각을 따라 모반한 사람이 4, 50만 명이나 되었다. 황건군의 세력이 커져서 관군이 바라만 보다가 도망을 쳤다.

한편, 장각의 군사는 지금의 북경 유주(幽州)를 향해 쳐들어갔다. 이때 유주의 태수 유언(劉焉)은 황건군에 대항하기 위해 방(榜)을 내걸고 의병(義兵)을 모집하였다. 그 방이 유주에서 그리 멀지 않은 서남쪽의 탁현(涿縣)에도 내걸렸다.

이리하여 탁현 땅에서 한 영웅이 출현하게 되니, 그는 중산(中山)의 정왕(靖王) 유승(劉勝)의 후손이며 한나라 경제(景帝)의 현손으로 성은 유(劉)이고 이름은 비(備)이며 자(字)는 현덕(玄德)이라고 했다. 양쪽 귀는 어깨 근처까지 늘어졌으며 두 손은 무릎 밑까지 내려오며 눈은 제 귀를 볼 수 있을 정도로 길었다.

유현덕은 어려서 부친을 잃고 모친을 모시는 효성이 지극했는데 집안이 가난하여 짚신을 만들고 돗자리를 짜서 시장에 내다 파는 것으로 생계를 꾸렸다.

현덕이 열다섯 살이었을 때 모친의 배려로 현덕은 정현(鄭玄)과 노식(盧植)을 스승으로 모시고 공부를 했으며, 공손찬(公孫瓚)을 친구로 사귀었다.

탁현 태수 유언이 방을 내걸고 의병을 모집할 때 현덕의 나이는 28세였다. 현덕은 격문을 보다가 머리는 표범 같은데 눈은 고리눈이고 턱은 제비 같으며 수염은 범 같고 목소리는 우레 같으며 기상은 달리는 말과 같은 사람을 만났는데, 자는 익덕(翼德)이며 대대로 탁현에서 살아온 사람으로 장원(莊園)과 땅도 있고 술을 팔고 돼지도 잡으며 오로지 천하 호걸들과 사귀기를 좋아하는 성이 장(張)이고 이름은 비(飛)라고 하였다.

황건군 도둑들을 쳐부수어 백성들을 구제하고 싶어도 힘이 없어서 한스러워하는 현덕에게 장비가 자신의 재산으로 고을 사람들을 모집하여 함께 의병을 일으키자고 제안하자, 현덕은 기뻐하며 장비와 함께 주막으로 가서 술을 마셨다.

여기에서 9척이나 되고 수염의 길이는 2척이며 당당하게 위엄이 있는 사람을 만났다. 그의 자는 운장(雲長)인데 원래 하동(河東) 해량(解良) 사람으로 그곳에서 행세하고 세도만 믿고 사람을 업신여기는 자를 맨손으로 때려죽이고 몸을 피해 세상을 5, 6년 떠돌다가 이곳에 군사를 모집하여 황건적을 친다기에 달려왔다는 성은 관(關)이고 이름이 우(羽)라는 사람을 만났다.

이에 세 사람은 장비의 장원으로 가서 한자리에 앉아 거사할 일을 상의했다.

장비가 의견을 말한다.

"우리 집 뒤에 복숭아나무가 울창한 동산이 있는데 지금 꽃이 한창이오. 내일 거기서 하늘과 땅에 제사를 드려 뜻을 고하고 우리 세 사람이 형제의 의를 맺읍시다. 우리가 한마음 한뜻으로 뭉쳐야만 큰일을 도모할 수 있소."

이튿날 세 사람은 장비의 집 뒷동산에 있는 도원(桃園)에서 희생으로 쓸 검은 소와 흰 말, 그밖에 제사 지낼 예물을 갖추었다. 세 사람은 향을 피우고 두 번 절하고 함께 엄숙하게 맹세한다.

> 유비와 관우와 장비는 각기 성은 다르나 형제가 되었으니, 마음을 함께하고 힘을 합쳐 서로 역경과 위험을 도와서 위로는 나라의 은혜에 보답하고 아래로는 백성을 편안하게 하리라. 같은 해 같은 달 같은 날에 함께 태어나지 못한 것은 어쩔 수 없는 일이나, 같은 해 같은 달 같은 날에 함께 죽기를 원하오니, 황천후토(皇天后土)는 우리를 굽어 살피소서. 만일 세 사람 중에서 의리를 저버리거나 은혜를 잊은 자가 있거든, 하늘이여! 그를 죽이소서.

현덕은 형님이 되고 관우는 둘째, 장비가 막내가 되었다.

하늘과 땅에 제사를 끝내자, 다시 소를 잡고 술을 준비한 다음, 고을의 장정을 모으니 3백여 명이 와서 그들은 함께 도원에서 통쾌하게 술을 마시며 취했다.

간체자 桃园结义

발음 타오 위안 제 이(táo yuán jié yì)

회수 1회

해설 뜻이 맞는 사람끼리 목적을 이루기 위해 의형제(義兄弟)를 맺고 행동을 같이할 것을 약속하는 것을 말한다.

'도원삼결의(桃園三結義)' 고사는 대략 송대와 원대 때부터 유행하였다고 한다. 원잡극(元雜劇) 『유관장도원삼결의(劉關張桃園三結義)』 중에도 비교적 완벽한 고사가 기록되어 있고, 또한 원대에 『삼국지평화(三國志平話)』 중에도 이 고사가 실려 있다.

삼국 시대 때 백마를 희생으로 동맹을 맺는 풍속이 있었다. 건안 7년(202년)에 조조가 남피(南皮)를 격파하고 원담(袁譚)을 죽였는데, 원담의 아우 원희(袁熙)의 부장(副將) 초촉(焦觸), 장남(張南)이 원희를 배반하고 조조에게로 가서 그들이 거사할 때 백마를 희생으로 결맹하였다. 이는 맹세를 하는 것이지 의형제를 맺는 것은 아니었다. 후에 농민봉기를 하는 수령이 거사하여 의형제를 맺을 때 이러한 형식을 사용하였다고 한다. 예를 들면, 원대(元代) 유복순(劉福順) 등의 홍건(紅巾) 봉기 때, 『원사(元史)』「순제본기(順帝本紀)」에 그들이 결의할 때의 상황을 기록하였는데 "백마와 검은 소를 잡아 천지에 맹세를 알리고 함께 군사를 일으켜 반란하려고 하였다"라고 하였다.

세 사람이 도원에서 맹세한 말 가운데 '황천후토(黃天后土)'라고 하였는데 황천은 하늘 또는 천제(天帝), 후토는 땅 또는 지신(地神)을 가리키며 황천후토란 천지신령(天地神靈)의 총칭으로 천지(天地)를 말하며 천지가 만물을 주재한다는 뜻이다.

『삼국지』「선주전」에 유비는 장무(章武) 3년(223년)에 죽었는데 그의 나이 63세였다고 하였으니 출생연도는 환제(桓帝) 연희(延熹) 4년(161년)으로 『삼국지연의』에 중평(中平) 원년에 그의 나이가 28세라고 하였으니 분명 23

세라고 해야 한다. 청대 강희 연간에 출토된 「관후조묘비기(關侯祖墓碑記)」에 관우는 환제 연희 3년(160년)에 출생하였고 『삼국지』 「관우전」에 건안(建安) 24년(219년)에 관우가 죽었다고 하였으니 60세가 맞는데 『삼국지연의』에는 58세라고 하였다. 여러 사료에 근거하여 계산해보면 관우가 25세, 유비가 24세, 장비는 20세였다.

『삼국지』 「장비전」에 장비의 자가 익덕(益德)이라 했는데 『삼국지연의』와 『화양국지(華陽國志)』에는 익덕(翼德)이라고 하였다.

'익(益)'은 더하다의 뜻으로 '비(飛)'와 합쳐져 품덕이 날로 더해지다라는 뜻이고, '익(翼)'은 날개란 뜻으로 날아가는 데 도움이 되므로 장비의 비(飛)와 관련이 있다. 여러 문헌으로 볼 때 익(翼)과 익(益)은 전혀 다른 글자이지만 아마도 송원(宋元) 이후에 뒤바뀌었을 가능성이 있다. 날개 익(翼)의 연상에서 날 비(飛)라는 의미가 생겨난 것이 아닐까 추정된다.

2

가시덤불 속에 난새와 봉황은 둥지를 틀지 않는다

지극총중 비서난봉지소枳棘叢中 非棲鸞鳳之所

枳 탱자나무 지, 棘 가시나무 극, 叢 모을, 때 총, 中 가운데 중,
非 아닐 비, 棲 거처할 서, 鸞 난새 난, 鳳 봉황새 봉, 之 갈, 어조사 지, 所 곳 소

출처 지방을 순찰 중이던 독우(督郵)에게 유비가 모욕을 당하자 관우가 유비에게 한 말.

본문

동탁(董卓)은 농서(隴西) 임조(臨洮) 사람이다. 하동(河東)의 태수를 지냈으나 천성이 오만했다. 동탁이 유비를 소홀히 대하자, 장비가 화가 나서 동탁을 죽이려고 하였으나 유비와 관우가 말렸다.

유비와 관우, 장비는 중랑장(中郎將) 주준(朱儁)에게로 갔다. 주준이 극진히 대접하고는 군사를 합쳐서 황건군의 우두머리 장각(張角)의 동생 장보(張寶)를 치러 갔다.

장각은 병으로 사망하였는데, 무장 황보숭(皇甫嵩)이 곡양(曲陽)에서 십상시의 우두머리 장양(張梁)을 죽였고, 장각의 무덤을 파헤쳐 시체를 난도질한 다음에 그의 목을 잘라 성 위에 걸었더니 황건적들이 항복해 왔다.

황건적의 잔당들이 수만 명의 군사를 모아 이곳저곳을 돌아다니면서 노략질을 하였다. 조정에서 주준에게 명하여 황건적의 잔당을 소탕하도록 하였다. 이때 황건적의 잔당들은 완성(宛城), 지금의 하남 남양(南陽)을 점령하고 있었다. 주준이 완성을 공격할 때 이마가 넓고 얼굴이 크며 몸은 호랑이

를 닮았고 허리는 곰과 같은 손무(孫武)의 후손 손견(孫堅)이 나타나자, 그를 환영하며 완성의 남문을, 유비에게는 북문을 치게 했다. 황건적의 잔당을 소탕하였다.

손견은 연줄이 있어서 뇌물을 썼기 때문에 별군사마(別郡司馬)가 되었으나, 유비는 상당한 시일을 기다려도 아무 벼슬을 제수받지 못했다.

유비는 낭중(郎中)으로 있는 장균(張鈞)을 만났다. 유비는 장균에게 그동안 자신의 공로에 대해 말하자, 장균은 벼슬을 받지 못한 유비를 위해 황제에게 아뢰어 고향 탁현에서 멀지 않은 중산부(中山府) 안희(安喜), 지금의 하북(河北)성 바오딩(保定)과 스좌장(石家莊) 사이 정주(定州)의 현위(縣尉)에 부임하게 되었다.

유비가 안희현에 온 지 4개월이 되지도 않았는데 조정에서 황건군과 싸워서 공을 세우고 관리가 된 자는 차차 감원한다는 조서가 내려왔다.

이때 독우(督郵)가 감독하는 지방을 순회하던 차에 안희 마을에 왔다.

독우는 큰소리로 유비를 꾸짖으며, 유비가 황상의 먼 친척이라고 속이고 공을 세웠다고 허위 보고했다고 하면서 정원 이상의 관리와 탐관오리를 추방하는 중이라고 하였다. 아전이 유비에게 일러주길, 독우가 뒷구멍으로 뇌물을 바치라는 수작이라고 하였다.

이튿날 독우는 마을 아전을 잡아들여 유비가 백성을 해친 사실을 이실직고(以實直告)하라고 하였다. 유비가 여러 번 독우에게 가서 아전을 놓아달라고 간청했으나 문지기가 들여보내 주지 않았다.

장비는 관역(館驛)으로 가서 독우의 상투를 잡아채서 고을 관가 앞까지 가서 말을 매는 기둥에 매달고는 버들가지를 꺾어서 두 다리를 치니 버들가지 10여 개가 한꺼번에 부러졌다.

독우가 살려달라고 애원하니, 유비는 장비를 옆으로 밀어낸다. 관우가 와서 말한다.

"형님은 큰 공을 세우고도 겨우 시골구석의 현위 자리를 얻었는데, 독우에게 모욕을 당하다니. 가시덤불 속에 난새와 봉황은 둥지를 틀지 않는다고 들었습니다. 차라리 독우를 죽이고 벼슬을 버리고 고향으로 돌아가서 원대한 계략을 세웁시다."

유비는 인수(印綬)를 꺼내어 독우 목에 걸어준 다음에 안희현을 떠났다.

독우는 정주(定州) 태수에게 이 일을 알렸다. 정주 태수는 사람을 보내 유비를 잡아 오게 하였다.

탁군으로 돌아온 유비는 그 소식을 듣고 대주목(代州牧) 유회(劉恢)에게 몸을 의탁했는데, 그가 같은 한나라 황실 종친이라고 숨겨주었다.

간체자 枳棘丛中, 非栖鸾凤之所

발음 즈 지 총 중(zhǐ jí cóng zhōng), 페이 시 롼 펑 즈 쉬(fēi xī luán fèng zhī suǒ)

회수 2회

해설 '지극(枳棘)'은 탱자나무와 가시나무를 뜻하는데, 일에 방해가 되는 것을 비유하는 말로 여기에서는 독우를 가리킨다. '난봉(鸞鳳)'은 난새와 봉황을 뜻하는데, 뛰어난 인물을 상징하며 여기에서는 유비를 가리킨다. 부패한 관리들이 설치는 곳에 군자가 머물 수는 없다는 뜻을 포함하고 있다.

유비를 황제에게 추천하여 작은 고을의 관직을 얻게 해준 장균은 『삼국지연의』 2회에는 영제에게 십상시가 매관매직하여 천하가 어지러워졌으니 그들의 목을 베라고 진언하였으나 오히려 조정에서 축출당했다고 하였으나, 『삼국지』 「영제기(靈帝紀)」에는 그는 시중(侍中)이었고 십상시를 죽여서 천하에 사죄하라고 요구하다 하옥되어 죽었다고 하였다.

황건적의 난은 후한 때 전국의 13곳에서 일어나고 이에 후한 황제 영제는 외척이자 대장군 하진과 대책을 의논한다. 이리하여 옛 유비의 스승이었던 노식과 황보숭, 주준 등 3명의 장수가 황건적과의 전투 부대로 편성되고, 패국(沛國) 초군(譙郡) 땅 출신의 조조(曹操)도 기도위(騎都尉)에 임명되어 황건적 토벌에 나선다. 한편 강동의 손견도 하비에서 부하 황개, 한당, 정보, 조무와 함께 황건군 토벌에 참여한다. 그리고 유주의 탁현에서는 유비가 장비, 관우와 함께 의형제를 맺고 모집한 수백여 명의 장정들을 이끌고 황건군 토벌에 나섰다.

한나라 때 무관의 직급은 장군(將軍), 중랑장(中郎將), 교위(校尉)의 세 등급으로 나뉘었는데, 장군은 상설 직급이 아니고 전쟁이 있을 때만 병사를 통솔하였고 평상시에는 무관의 최고 관직이 중랑장으로 황실 근위대를 관장하였으나 삼국시대 때 군공(軍功)을 세운 자가 많아 대량으로 장군에 봉해져서 중랑장은 오히려 중하급 군관으로 전락하였다.

3

발본색원하다

참초제근斬草除根
斬 벨 참, 草 풀 초, 除 제거할 제, 根 뿌리 근

출처 십상시를 모두 죽이기를 주저하는 하진에게 원소가 한 말.

본문

십상시는 황건적을 무찌른 장군들에게 황금과 비단을 뇌물로 바치도록 강요했고 말을 듣지 않으면 황제에게 상주하여 벼슬을 빼앗았다. 황제는 그들을 모두 열후에 봉하였다. 나라가 점점 나빠지자 백성들의 원성이 높아졌다.

중평(中平) 6년(189년) 여름 4월에 영제(靈帝)는 병이 위독해지자 대장군 하진(何進)을 궁으로 불러 뒷일을 상의했다. 하진은 백정 출신으로 누이동생이 궁에 뽑혀 들어가서 귀인(貴人) 이란 여관(女官) 벼슬로 있다가 황제의 아들 변(辨)을 낳고 황후가 되자 하진은 그 덕에 권력을 잡고 높은 벼슬에 올랐다.

그 후 황제가 왕미인(王美人)을 총애하여 협(協)을 낳자, 하진의 누이동생은 왕미인을 질투한 끝에 그녀를 독살하였다. 협은 동태후(董太后)가 거처하는 궁에서 자라났다. 동태후는 바로 영제의 모친이며 유장(劉萇)의 아내였다.

환제(桓帝)는 아들이 없어 유장의 아들을 양자로 삼았는데 그 양아들이 영제(靈帝)였다. 영제는 임금의 자리에 오르자 친모를 태후로 높였다.

동태후는 협을 황태자로 책봉하도록 권했고, 황제도 협을 총애하여 장차 황태자로 책봉하려고 하던 참에 영제가 병이 위독해진 것이다.

중상시(中常侍)가 황제에게 협을 태자로 세우려면 하진을 죽여야 훗날 탈이 없다고 아뢰었다. 황제가 하진을 궁으로 불렀으나 사마(司馬) 반은(潘隱)이 하진에게 그가 궁으로 들어가면 중상시가 죽일 것이라고 알려주자, 하진은 대신들과 환관들을 죽이기로 상의했다.

반은이 와서 보고한다.

"황제가 운명하였소. 중상시가 십상시와 상의한 후에 황제의 장례를 극비로 하고 거짓 조서를 꾸며 하진을 궁으로 불러들여 처치하여 후환을 없애는 동시에 협을 새 황제로 삼자는 계책을 꾸미고 있습니다."

하진이 어림군(御林軍) 5천 명을 사례교위(司隷校尉) 본초(本初) 원소(袁紹)에게 주고 함께 궁으로 들어갔다.

영제의 영구 앞에 나아가서 하진의 누이동생 소생의 태자 변을 부축해서 황제 자리에 모셨다. 하진이 사람을 시켜 중상시를 죽였다.

원소가 하진에게 환관들을 죽여야 한다고 하자, 이 소식을 들은 십상시들은 하진의 누이동생 하후(何后)에게 달려가서 살려달라고 애원했다.

하후가 하진을 불러 말한다.

"우리는 모두 원래는 미천했어도 환관이 도와주어 이런 부귀를 누리고 있다. 넌 누구의 말만 듣고 환관을 모두 죽이려고 하느냐?"

하진이 대신들에게 말한다.

"나머지는 함부로 죽일 필요가 없다."

원소는 갑자기 변한 하진에게 충고한다.

"발본색원하지 않으면 다시 화근이 자라나서 나중에 신세를 망치게 된다는 것을 모르시오?"

하진은 이미 결심했다고 대답했다.

간체자 斩草除根

발음 잔 차오 추 건 (zhǎn cǎo chú gēn)

회수 2회

해설 걱정이나 재앙이 될 만한 일은 뿌리째 없애야 한다는 뜻으로, 화근(禍根)을 제거하고 후환(後患)을 남기지 않음을 비유하는 말이다.

『좌전』「은공(隱公)」6년에 나온다. "5월, 정백(鄭伯)이 진(陳)나라를 쳐서 이겼다. 지난날, 정백이 진나라에 친선 도모를 청했으나 진나라가 허락하지 않았다. 진나라의 오보(五父)가 충고하길, '어진 마음으로 이웃과 친하게 지내는 것은 나라의 보배입니다. 군주께서는 정나라의 요청을 허락하십시오'라고 하자, 진백이 말하길, '송과 위나라가 우리를 상대하기 어려운데, 정나라가 어찌 우리를 상대할 수 있겠느냐?'라고 하면서 허락하지 않았다. … 주임(周任)이 말하길, '국가를 다스리는 자는 악을 보면 농부가 잡초를 베어 없애는 데 힘을 쓰듯이 해야 한다. 잡초를 모조리 뽑아 쌓아 썩혀 그 뿌리를 없애어 번식하지 못하게 한다면, 좋은 것이 잘 자랄 것이다'라고 하였다."

좋지 않은 일의 근본 원인이 되는 요소를 완전히 없애버려서 다시는 그런 일이 생기지 않도록 함을 이르는 성어 '발본색원(拔本塞源)'과 이음(異音) 동의어이다.

4

손바닥을 뒤집는 것처럼 쉽다

여반장如反掌

如 같을 여, 反 돌이킬, 뒤칠 반, 掌 손바닥 장

출처 동태후가 하태후를 꾸짖으며 하태후의 오빠 하진을 죽이겠다며 한 말.

본문

하태후는 친오빠인 대장군 하진에게 황제의 조서와 칙서를 작성하는 녹상서사(錄尙書事)를 겸하게 하고, 자기 소생 변을 황제에 등극시킨 대신들을 승진시켰다.

한편 죽은 영제의 생모 동태후는 십상시들을 궁으로 불러들여 상의한다.

"하진의 누이동생을 천거한 사람은 나인데, 이제 그것이 제 몸에서 난 자식을 황제로 즉위시켰다. 조정의 대신들도 다 그들 심복이 되었고 그들의 위세와 권력이 너무나 커졌으니 내가 어떻게 해야 합니까?"

장양이 상주한다.

"수렴청정하십시오. 우선 협을 왕으로 봉하고, 태후마마의 친정인 국구(國舅) 동중(董重)에게 큰 벼슬을 내리시어 병권을 잡게 하고, 신들을 중용하시면 일을 도모할 수 있습니다."

이튿날 동태후는 협을 진류왕(陳留王)으로 봉하고, 동중을 표기장군(驃騎將軍)으로 삼았으며, 환관들을 정사에 참여시켰다.

하태후는 시어머니인 동태후가 권세를 좌지우지하는 것을 보고 잔치를 벌여 동태후를 초청했다. 하태후가 동태후에게 두 번 절을 하고 말한다.

"저희 둘은 여자이니 정사에 참여하는 것은 피하는 것이 좋을 듯합니다. 옛날 여태후가 나라 권세를 휘두르다가 마침내 종족이 몰살당했습니다. 이제는 나라의 대사는 대신들과 원로들에게 맡겨 상의해서 결정하도록 하는 것이 나라의 복입니다."

동태후는 크게 화를 낸다.

"너는 원래 왕미인을 독살한 질투 많은 여자다. 네가 낳은 아들이 황제가 되었고, 네 친정 오라비 하진의 권세만 믿고 이젠 감히 함부로 입을 놀리는구나! 내가 표기장군 동중에게 명령만 내리면, 네 친정 오라비 하진의 목 하나쯤 끊는 것은 손바닥 뒤집는 것처럼 쉽다."

하태후도 크게 노한다. 동태후는 하태후에게 백정 출신인 네 오빠가 뭘 아느냐고 꾸짖는다.

시어머니와 며느리 사이인 두 사람은 서로 욕설을 하며 다툰다.

그날 밤, 하태후는 하진을 궁으로 불러 이를 말하고, 밤중에 하진은 궁에서 집으로 돌아와 삼공(三公)을 불러 상의한 후에 심복인 조정의 신하 한 사람에게 뭔가를 말한다.

하진은 심복들에게 동태후를 몰아내게 하였고, 동시에 금군(禁軍)에게 시켜서 동태후의 국구 동중의 집을 포위하고 그의 관인을 찾아오게 하였다. 동중은 후당으로 들어가 칼로 목을 찔러 자결하였다.

간체자 如反掌

발음 루 판 장(rú fǎn zhǎng)

회수 2회

해설 반장(反掌)은 손바닥을 뒤집다는 뜻으로, 일이 매우 쉬움을 이르는 말이다. 이여반장(易如反掌)이라고도 한다.

표기장군은 한무제 원수(元狩) 2년(기원전 121년)에 처음 설치하였는데 곽거병(霍去病)이 맡았고 삼공(三公)과 지위가 같았다. 동한 때 표기대장군이라고 하였고, 2품 혹은 1품에 해당되었으나 일반적으로 대장군보다 직급이 낮았다.

5

눈 가리고 아웅한다

엄목이포연작掩目而捕燕雀

掩 가릴 엄, 目 눈 목, 而 어조사 이, 捕 잡을 포, 燕 제비 연, 雀 참새 작

출처 원소가 지방의 호걸들을 불러들여 십상시를 죽이려고 결정한 뒤 하진이 지방에 격문을 보내려고 하자 진림이 말리면서 한 말.

본문

십상시들은 동태후 일파가 실각하는 것을 보고, 즉시 하진의 동생 하묘(何苗)에게 금은보화를 뇌물로 주고, 환심을 사려고 아침저녁으로 하태후 궁에 드나들면서 좋은 말로 비위를 맞추었다. 이리하여 십상시들은 궁중에서 신임을 받는 존재가 되었다.

그해 6월, 하진은 심복 부하를 시켜 동태후를 독살했다.

원소가 하태후를 찾아와서 말한다.

"요즘 십상시를 대표하는 장양이 유언비어를 퍼뜨리고 있는데 아십니까? 대감이 동태후를 암살했다고 하는군요. 이 기회에 환관들을 죽이셔야 합니다."

하진은 주저한다. 그러나 원소가 하진에게 한 말을 엿들은 하진의 좌우 사람들이 그날로 장양에게 밀고하였다. 장양은 즉시 하진의 동생 하묘에게 가서 이 일을 알리고 또 많은 뇌물을 바쳤다.

하묘는 곧바로 하태후 궁으로 가서 말한다.

"대장군 형님이 십상시를 무단으로 죽이려고 하니 이는 국가를 어지럽히

는 일입니다."

하진이 들어와서 하태후에게 환관들을 죽여야겠다고 말하자, 하태후는 하진을 꾸짖는다.

"환관들이 궁을 다스리는 것은 예로부터 있었소. 황제께서 붕어하신 지도 얼마 되지 않았는데 지난날의 신하를 죽이려 드니 이 나라의 종묘사직을 존중한다고 할 수는 없소이다."

하진은 원래 결단력이 없는데다가 태후의 꾸중을 듣자 그저 알겠다고 하였다.

원소는 하진의 말을 듣고 각 지방에 있는 호걸들을 불러들여 환관을 죽이기로 한다. 하진이 이에 찬동하고 즉시 각 지방 진영으로 격문을 보내려고 하는데, 주부(主簿) 진림(陳琳)이 말린다.

"속담에 이르기를, '눈을 가리고 제비와 참새를 잡으려는 것은 결국 자기를 속이는 것이다'라고 했습니다. 조그만 날짐승을 잡는데도 자기 자신을 속이면 뜻대로 되지 않습니다. 더구나 국가의 큰일이 되겠습니까? 장군은 황제의 위엄에 의지하여 병권을 잡고 용과 호랑이의 기세로 모든 사람을 거느리는 처지입니다. 환관을 죽이는 일은 화로에 머리털 하나를 태우는 것보다도 쉬운 일입니다. 지방의 호걸들을 불러올리면 영웅들이란 것들이 딴생각을 품을 것입니다. 창을 거꾸로 쥐고 창 자루를 남에게 내주는 격입니다. 성공은 차치하고라도 큰 혼란만 일어날 것입니다."

하진이 웃으며 겁 많은 선비의 소견이라고 무시하였다.

간체자 掩目而捕燕雀

발음 옌 무 얼 부 옌 췌 (yǎn mù ér bǔ yàn què)

회수 2회

해설 눈을 가리고 새를 잡는다는 뜻으로 자기를 속이는 짓을 비유하는 말이다.

『삼국지』「위서(魏書)」〈진림전(陳琳傳)〉에 "속담에 '눈을 가리고 참새를 잡는다'라고 했는데, 작은 짐승도 자신을 속이면 뜻대로 되지 못하는데 하물며 국가의 큰일은 속일 수 있겠습니까?"라고 하였다. 여기에서 '눈을 가리고 참새를 잡는다'라는 속담은 원문에 '엄목포작(掩目捕雀)'이라고 하였다.

유사 성어로는 '자기기인(自欺欺人)'이 있는데, "자기 자신을 속이는 것은 남을 속이는 것이다"라는 뜻으로, 분명히 진실을 알면서도 오히려 자신을 속이고 남도 속여 진실을 인정하지 않으려는 것을 가리킨다. 반대말은 '실사구시(實事求是)'이다.

"창을 거꾸로 쥐고 창 자루를 남에게 내주다"라는 성어는 '도지간과(倒持干戈), 수인이병(授人以柄)'이다. 남에게 권한을 주어 오히려 그 해를 입는다는 뜻이다.

6

끓는 물을 퍼내어 식히다

양탕지비揚湯止沸

揚 떠오를, 퍼낼 양, 湯 끓일, 끓는 물 탕, 止 그칠, 막을 지, 沸 끓을 비

출처 동탁이 황제에게 올린 표문에서 십상시를 없애려는 것에 대해 한 말.

본문

전장군(前將軍) 오향후(鰲鄕侯) 서량(西涼) 자사(刺史) 동탁(董卓)은 황건적 토벌에 공을 세우지 못하여 조정에서는 그 죄를 다스리려고 논의하였다. 동탁은 십상시에게 많은 뇌물을 주고 겨우 형벌을 면했다. 동탁은 조정의 세도가와 결탁하여 조정의 높은 벼슬에 오르고 서주(西州), 즉 지금의 감숙성 양주(涼州)의 군사 20만 명을 거느리게 되자 한나라를 찬탈하려는 마음을 품었다.

동탁은 황제의 조서를 받고 낙양을 향해 떠났다. 동탁은 그의 모사 이유(李儒)의 건의대로 황제에게 표문을 올렸다.

> 천하가 혼란한 것은 십상시 정양 등이 하늘의 이치에 어긋난 짓을 일삼기 때문입니다. 옛날 사람이 말하길, '끓는 물을 퍼내어 식히기보다 땔나무를 빼내어 불을 끄는 것이 첩경이요, 종기를 째는 것은 아프지만 고름의 독을 키우는 것보다는 낫다'라고 했습니다. 신은 낙양으로 들어가서 십상시를 없애버릴 것이니, 이는 종묘사직의 복이요 천하의 다행입니다.

노식(盧植)이 간한다.

“동탁은 겉으론 착한 체하지만, 속마음은 늑대입니다. 그가 궁궐에 들어오는 날이면 재앙을 일으킬 것이니 오지 말라고 하여 변란을 사전에 방지하시기 바랍니다.”

하진은 그 말을 듣지 않았다. 노식은 탄식하고 벼슬을 그만두었다.

간체자 扬汤止沸

발음 양 탕 즈 페이 (yáng tāng zhǐ fèi)

회수 3회

해설 임시방편으로 위급함을 면하거나 고통을 줄여주는 행위로, 근본적으로 문제를 해결하지 못하는 것을 비유하는 말이다. 그래서 원문에 이 성어 뒤에 ‘불여거신(不如去薪)’, 즉 “땔나무를 빼내어 불을 끄는 것만 못하다”라고 하였다. 물을 완전히 식히는 방법은 끓는 물을 퍼내어 식히는 것보다 물을 끓이기 위한 땔나무를 타는 불에서 빼내어 물이 더 끓지 않게 하면 되는 것이다.

“근본적으로 문제를 해결하지 못하는 미봉책이다”라는 뜻의 이 성어와 유사한 성어로는 ‘음짐지갈(飮鴆止渴)’이 있는데, “목마르다고 하여 독이 든 술을 마셔 갈증을 풀다”라는 뜻으로, 후환을 생각하지 않고 눈앞의 위급함만을 면하기 위해 임시방편을 사용함을 비유하는 말이다. 또한 ‘포신구화(抱薪救火)’도 같은 뜻의 성어다. 반대 성어로는 ‘부저추신(釜底抽薪)’, ‘추신지비(抽薪止沸)’가 있다.

7

세 치의 썩지 않을 혀

삼촌불란지설三寸不爛之舌

三 석 삼, 寸 마디, 치 촌, 不 아닐 불, 爛 문드러질 란, 之 갈, 어조사 지, 舌 혀 설

출처 여포에게 패해 달아나는 동탁에게 그의 부하 이숙이 여포를 설득하여 항복하게 하겠다며 한 말.

본문

동탁은 무장한 군사를 거느리고 도성을 제 맘대로 드나들었다. 결국 동탁은 하진 소속의 군사를 꾀어 병권을 완전히 장악했다. 동탁은 모사(謀士) 이유(李儒)와 상의한 다음 조정에 잔치를 벌이고 문무 대신들을 초청했다. 동탁이 허리에 칼을 찬 채로 들어와서 자리에 앉는다. 동탁이 말한다.

"내가 황제를 폐위시킨 뒤에 동태후의 진류왕(陳留王) 협을 새 황제로 세우려고 하는데 대신들의 뜻은 어떠하오?"

형주(荊州)의 자사(刺史) 정원(丁原)이 반대한다.

"천자는 바로 전 황제의 적자이시고 허물이 없는데도 망령되게 폐위한단 말이냐! 네가 분명 역적의 뜻이 있구나!"

동탁이 분노한다.

"순종하는 자는 살고, 대항하는 자는 죽으리라!"

문무백관의 권고로 정원은 말을 타고 떠나갔다.

이튿날 정원이 그의 수양아들 여포(呂布)와 함께 군사를 거느리고 동탁에게 싸움을 걸었다. 동탁은 도성 밖으로 나와 진을 쳤다. 여포에게 패하여 달

아난 동탁에게 심복 부하 이숙(李肅)이 말한다.

"여포는 용맹하나 꾀가 없고 이익을 위해서는 의리도 버리는 자입니다. 제가 아직 이 썩지 않은 세 치의 혀를 놀려 여포가 스스로 항복해오도록 하겠습니다."

동탁이 어떻게 설득할 것인지 물었다.

"듣건대 공께서 적토마(赤兔馬) 한 필을 가지고 계시다고 들었습니다. 여포에게 그 말을 빌려 준 후에 다시 금은보화를 뇌물로 유인한다면 제 주인인 정원을 버리고 주공께 항복해올 것입니다."

간체자 三寸不烂之舌

발음 싼 춘 부 란 즈 서(sān cùn bù làn zhī shé)

회수 3회

해설 말이 청산유수와 같다는 뜻으로, 남을 설득시킬 수 있는 뛰어난 말솜씨를 비유하는 말이다. 『사기』「평원군열전(平原君虞列傳)」에 '모수자천(毛遂自薦)'으로 일을 성공시키자, 평원군이 모수에게 말하기를, "그대의 세 치의 썩지 않을 혀는 백만 대군보다 강하다"라고 평가했다.

불가(佛家)에서는 사람이 짓는 업보(業報) 가운데 비중이 큰 것으로 구업(口業)을 꼽고 있다. 그 항목으로는 거짓말인 망어(妄語)와 헐뜯는 말인 악구(惡口), 이간질하는 말인 양설(兩舌), 거짓으로 꾸미는 말인 기어(綺語)가 있다.

자신의 지식과 경력을 뽐내려고 내뱉는 말이 요설(饒舌)이고, 시비를 불러일으키는 말이 장설(長舌)이다. 이런 말을 내뱉는 세 치의 혀를 삼촌설(三寸舌)이라고 하는데, 이런 혀를 가진 사람은 죽더라도 썩어 문드러지지 않을 것이라는 뜻에서 '삼촌불란지설'이라고 하였다. 43회에도 나온다.

『사기』「회음후열전」에 괴통(蒯通)이 한신(韓信)에게 한 말 가운데 역생

(酈生), 즉 역이기(酈食其)가 겨우 혼자서 수레 앞턱 가로나무인 식(軾)에 기대어 세 치 혀를 놀려 제나라의 70여 개 성을 항복시켰다고 하였는데 이 세 치 혀를 '삼촌지설(三寸之舌)'이라고 하였다.

적토마(赤兎馬)는 본래 이름이 적토(赤菟)이다. 菟는 음이 둘인데 호랑이 도, 새삼 토이다. 기생식물 새삼 '토(菟)'는 호랑이의 이칭(異稱)으로 '오도(於菟)'라고 하는데 호랑이의 별칭이다. 『좌전(左傳)』「선공(宣公)」 4년에 초나라 사람은 호랑이를 모두 오도라고 부른다고 하였다. '적토'란 몸체가 붉은색이고 호랑이처럼 용맹한 말을 가리킨다. 『삼국지』「조만전(曹瞞傳)」에 "사람 중에는 여포가 있고, 말 중에는 적토가 있다"고 하였는데 적토마는 좋은 말을 대표하여 하루에 천 리를 달릴 수 있다고 하여 천리마(千里馬)라고도 부른다.

『삼국지연의』에 후에 적토마가 조조의 전리품이 되었고 조조는 또 이 말을 관우에게 주었으며 관우가 죽은 후에 적토마는 절식(絶食)하여 죽으니 의마(義馬)가 되었다.

8

주머니 속의 물건을 꺼내듯 하다

탐낭취물探囊取物
探 찾을 탐, 囊 주머니 낭, 取 가질 취, 物 물건 물

출처 동탁의 부하 이숙이 적토마를 여포에게 주고 아첨하며 한 말.

본문

이숙이 여포를 만나 동탁의 적토마를 선사하니 여포(呂布)는 너무나 기뻤다.

여포는 술자리를 마련하여 이숙을 대접한다.

이숙이 여포가 정원의 부하로 있는 것을 나무란다.

여포가 이숙에게 말한다.

"내가 정원 밑에 있는 것은 어쩔 수 없어서 그런 것이오."

"아우는 하늘을 떠받들고 바다라도 걸머질 인물인데, 이 세상에 누가 존경하지 않으리오. 주머니 속의 물건을 꺼내듯이 부귀공명을 취할 수 있을 텐데, 어쩔 수 없이 남의 밑에 있다니 그게 무슨 말이오?"

"주인을 만나지 못해 한스럽소이다."

"'좋은 날짐승은 나무를 가려서 앉으며, 어진 신하는 주인을 골라서 섬긴다'라고 하오. 기회가 왔는데도 속히 행동하지 않으면 나중에 후회해도 소용없소."

"누가 당대의 영웅입니까?"

"조정의 어떤 신하도 동탁만 못합니다. 동탁은 어진 사람을 존중하고 선

비를 대우할 줄 알며 상벌을 분명하니, 큰일을 할 것이오."

"나도 동탁을 따르고 싶은데 연줄이 없어서 한이오."

이숙이 황금 보화와 옥대를 여포 앞에 내놓는다.

"사실은 동탁이 오랫동안 그대의 용맹함을 흠모하셨소. 특별히 나를 시켜 그대에게 갖다 드리라고 하신 예물이오. 저 적토마도 동탁 대감이 보내셨소."

여포는 정원을 죽이고 동탁에게 투항하겠다고 약속했다.

그날 밤 2경에 여포는 장막에서 촛불을 밝히고 책을 읽고 있는 정원의 목을 단칼에 베어 죽였다. 이튿날 여포는 정원의 머리를 들고 동탁에게로 갔다.

동탁이 기뻐했다.

"장군을 얻은 것은 마치 가뭄에 단비를 만난 것과 같소."

"대감께서 버리지 않으신다면, 여포는 대감을 수양 아버지로 삼겠소."

동탁은 여포의 호위를 받으며 궁중으로 들어갔다. 동탁이 칼을 쥐고 말한다.

"황제는 나이가 어려 나약하니 종묘사직을 받들 수 없다. 나는 이윤(伊尹)을 본받아 황제를 폐하고 진류왕(陳留王)을 새 황제로 삼으려니 복종하지 않는 자는 참수하리라."

원소와 동탁은 칼까지 뽑아가며 술자리에서 맞섰다.

간체자 探囊取物

발음 탄 낭 취 우(tàn náng qǔ wù)

회수 3회

해설 주머니에서 물건을 꺼내듯이 힘들이지 않고 아주 쉽게 할 수 있음을 비유하는 말이다.

『삼국지연의』 5회와 25회에도 나온다.

이숙이 여포를 설득할 때 말한, "좋은 날짐승이 나무를 가려서 앉듯이, 어진 신하는 주인을 골라서 섬긴다"라는 성어는 '양금택목이서(良禽擇木而棲), 현신택주이사(賢臣擇主而事)'이다.

여포를 얻은 동탁이 기뻐하며, "가뭄에 단비를 만나다"라는 성어는 '한묘지득감우(旱苗之得甘雨)'이다.

이윤은 탕(湯)을 보좌하여 하(夏)나라를 멸망시키고 상(商)나라를 건립하는데 지대한 공을 세운 인물이다.

이숙이 여포에게 한 말 가운데 "하늘을 떠받들고 바다라도 걸머질 사람"이란 '경천가해지재(擎天駕海之才)'라는 성어다. 능력이 뛰어난 인재라는 뜻인데, '경천지주(擎天之柱)'라는 성어와 같다.

유비가 관우와 장비의 원수를 갚기 위해 70만 대군을 이끌고 백제성에 주둔하고 오나라와 싸워 여러 번 승리하자 두려움에 떠는 손권에게 감택(闞澤)이 육손(陸遜)을 추천하며 육손을 '경천지주', 즉 하늘을 떠받칠 기둥이란 뜻으로 국가의 중책을 맡을 만한 인재라고 하였다.

9

참새가 어찌 봉황의 뜻을 알랴

연작안지홍곡지燕雀安知鴻鵠志
燕 제비 연, 雀 참새 작, 安 어찌 안, 知 알 지,
鴻 기러기 홍, 鵠 고니 곡, 志 뜻 지

출처 왕윤이 빌려준 보검으로 동탁을 찔러 죽이려고 하다가 실패한 조조가 달아나다 관을 지키는 군사에게 검문을 당하고 붙들려 현령에게 끌려갔을 때, 현령이 조조를 알아보고는 왜 불행을 자초하는지 묻는 말에 조조가 대답한 말.

본문

동탁은 모든 문무백관을 모은 뒤 칼을 뽑아 들고 소리친다.

"황제를 폐하여 홍농왕(弘農王)으로 강등하고, 하태후를 정사에 참여하지 못하도록 하며 진류왕(陳留王)을 황제로 삼을 것이다."

소제(少帝)는 4월에 등극하여 10월에 쫓겨난 것이다.

진류왕은 이름이 협이고 영제의 둘째 아들로 그가 바로 헌제(獻帝)다. 이때 그의 나이가 겨우 아홉 살이었다. 연호를 초평(初平)으로 고쳤다.

동탁은 스스로 상국(相國)이 되어 황제에게 절을 할 때도 자기 이름을 부르지 않고 나라고 하였으며 조정에 들어갈 때는 몸도 숙이지 않았고 언제나 허리에 칼을 차고 전각에 오르니 그의 위엄과 세도는 견줄 데가 없었다.

황제 자리에서 쫓겨난 소제는 영안궁(永安宮)에서 감금당하고 의복이나 음식이 점점 줄어들어 궁핍한 생활을 하니 눈물이 마르지 않았다. 하루는 우

연히 제비 한 쌍이 뜰에 날아들어 시 한 수를 지었다. 마지막 연을 보면,

원망벽운심(遠望碧雲深) 멀리 비췻빛 구름 깊은 곳 바라보니,
시오구궁전(是吾舊宮殿) 바로 내가 살았던 옛 궁전이로구나.
하인복충의(何人伏忠義) 누가 충성과 의리를 엎드려 받들며,
설아심중원(泄我心中怨) 마음에 쌓인 원한을 풀어줄 것인가?

동탁은 심복 부하를 시켜 영안궁을 늘 살피게 했는데, 그 부하가 소제가 읊은 시를 동탁에게 바쳤다. 동탁이 이유에게 분부를 내렸다.

"원망하는 시를 지었으니 죽여도 명분이 선다."

이유가 영안궁으로 들어가서 소제에게 독이 든 짐주(鴆酒)를 바치면서 동상국(董相國)께서 특별히 하사하는 수주(壽酒)라고 말한다.

하태후가 의심하며 이유에게 저주하는 말을 하자 이유가 격분하여 하태후를 번쩍 들어 누각 아래로 내던졌고, 또한 소제의 입을 벌리고 독주를 들이부어 죽였다.

이때부터 동탁은 밤마다 궁에서 궁녀와 간음하고 용상에서 잠을 잤다.

한편 원소는 동탁이 갖은 나쁜 짓을 일삼는다는 소문을 듣고 사도(司徒) 왕윤(王允)에게 밀서를 보냈다.

동탁이 하늘을 속이고 황제를 폐하더니 못된 짓만 하는데도 대신들은 못 본 체하니 어찌 국가에 충성하는 신하라고 할 수 있겠소. 대감께서도 나와 같은 뜻이 있거든 기회를 보아 거사합시다.

왕윤은 밀서를 읽고 곰곰이 생각을 해보아도 별 계책이 없었다.

왕윤은 자신의 생일날 대신들을 초청했다. 왕윤이 슬피 울면서 말한다.

"동탁이 임금을 속이고 권세를 농락하여 국가가 조만간 결딴이 날 지경

에 이르렀소."

조조가 대답한다.

"동탁이 나를 신임하기 때문에 언제든지 그에게 가까이 갈 수 있소. 소문에 왕윤께서 보검이 있다고 하던데 그걸 빌려주시면 상국부에 가서 동탁을 죽이겠소."

왕윤은 칠보로 장식한 보검을 조조에게 건네주었다.

이튿날 조조는 동탁을 만나러 상국부(相國府)에 갔다.

동탁은 의자에 앉았는데 곁에 여포가 서 있었다.

"맹덕은 왜 이제야 왔소?"

"말이 워낙 늙어서 잘 걷지도 못합니다."

동탁은 여포에게 서량(西凉)에서 진상한 좋은 말 중에서 하나를 골라서 맹덕(孟德) 조조에게 주라고 한다. 여포는 동탁의 분부를 받자 말을 고르러 밖으로 나갔다.

동탁은 너무 살이 쪄서 오래 앉아 있지를 못해 벌떡 눕더니 얼굴을 반대편으로 돌렸다. 조조는 급히 칼을 뽑아 동탁을 찌르려고 하였지만 드러누운 동탁이 마침 거울에 비친 자기 모습을 보고 있었다. 거울 속에서 자기 뒤에 있는 조조가 칼을 뽑는 것이 아닌가!

동탁이 급히 몸을 돌리면서 묻는다.

"맹덕, 너 지금 뭐 하냐!"

이때 여포가 이미 말을 이끌고 누각 밖에 서 있었다. 조조는 놀라서 엉겁결에 무릎을 꿇고 동탁에게 칼을 바친다.

"제게 칠보로 장식한 보검이 있어 은혜로운 상국께 바치려던 참이었습니다."

동탁이 받아보니 몹시 날카로운 것이 과연 보검이었다. 동탁은 칼을 여포에게 내준다.

동탁은 조조를 데리고 누각에서 나와 여포가 끌어온 말을 보았다.

조조가 고맙다며 말한다.

"시험 삼아 한 번 타보겠습니다."

조조는 말에 올라타더니 채찍질을 하여 나는 듯이 동남쪽을 행해 달아나 버렸다.

여포가 말한다.

"조금 전에 제가 들어오다 보니까, 조조는 칼을 뽑아 마치 찌르려는 자세였습니다. 들키자 일부러 칼을 바친 것이 아닐까요?"

이유가 와서 일러준다.

"조조를 오라고 하십시오. 조조가 오면 진정으로 칼을 바친 것이고, 안 오면 승상을 찌르려고 한 것이니 그때는 사로잡아서 물어보십시오."

동탁이 조조를 불러오라고 했는데 옥졸이 와서 말한다.

"조조는 도성에 있는 처소에 가지 않고 말을 달려 동문 밖으로 나갔다고 합니다. 동문 문지기가 어디를 가느냐고 물었더니, 승상의 급한 심부름을 간다고 하고 말을 황급히 달려 가버렸다고 합니다."

이유가 말한다.

"승상을 찌르려고 했던 것이 분명합니다."

동탁은 각 지방에 조조의 얼굴 그림을 발송했다. 조조를 사로잡는 자에게는 상금 천금을 주는 동시에 만호후(萬戶侯)에 봉한다고 하였다.

한편 조조는 낙양 성문을 빠져나가 그의 고향 초군(譙郡)으로 말을 달려가다가, 중모(中牟)를 거쳐 가게 되었다. 조조는 관을 지키는 군사에게 검문을 당했다. 군사가 조조를 수상하게 여겨 붙들려 현령에게 데라고 갔다. 현령이 조조를 뚫어지게 보고는 그가 조조라는 것을 알아보고 조조를 옥에 가두었다.

현령이 심문한다.

"동탁 정승이 널 매우 대우했다던데 어째서 스스로 이런 불행을 자초했느냐?"

조조가 대납한다.

“참새가 어찌 봉황의 큰 뜻을 알랴.”

“그대는 날 우습게 보지 마소. 나는 속된 벼슬아치들과는 다르오. 다만 주인을 만나지 못했을 뿐이오.”

“내가 몸을 굽혀 동탁을 섬긴 뜻은 기회를 엿보아 그를 없애고 나라를 안정시키기 위해서였소. 그런데 이번에 실패했으니 이것이야말로 하늘의 뜻이었소.”

“맹덕은 어디로 갈 것이오?”

“천하 제후들을 불러 모아 함께 동탁을 죽이는 것이 나의 소원이오.”

현령은 조조의 결박을 풀어주고 윗자리로 모시더니 두 번 절을 하였다.

“현령의 존함은 어떻게 되시오?”

간체자 燕雀安知鸿鹄志

발음 옌 췌 안 즈 훙 후 즈(yàn què ān zhī hóng hú zhì)

회수 4회

해설 “제비나 참새처럼 작은 새가 기러기나 고니처럼 큰 새의 깊고 큰 뜻을 알 수 없다”라는 뜻으로, 개인의 사리사욕만을 탐하는 소인배가 덕망이 높은 군자의 큰 뜻을 헤아리지 못함을 비유하는 말이다. 줄여서 ‘홍고지지(鴻鵠之志)’라고도 한다.

『사기』「진섭세가(陳涉世家)」에도 나온다. “진섭이 젊었을 때, 다른 사람들과 함께 밭갈이하는 머슴살이를 했다. 어느 날 밭두둑에서 일손을 멈추고 불평과 한탄을 하며, ‘만약 부귀하게 된다면 우리 서로를 잊지 맙시다’라고 하였다. 머슴들은 웃으면서 대꾸하길, ‘당신이 고용되어 밭갈이하는 머슴살이를 하고 있는데, 무슨 부귀가 있겠소?’라고 비웃자, 진섭이 탄식하며 ‘제비와 참새가 어찌 기러기 고니의 뜻을 알리오!’라고 하였다.”

조조가 동탁을 왕윤에게서 빌린 칠보도로 죽이려고 한 영화 같은 고사는 사서에는 없다. 『삼국지』「무제기」에는 "동탁이 표를 올려 태조를 효기장군으로 삼고 함께 일을 도모하고자 하였다"라고 하였을 뿐이다. 태조는 무제(武帝) 조조를 가리킨다. 배송지 주에 『위서』를 인용하여 "태조는 동탁이 끝내 실패하리라는 사실을 알고 벼슬을 받지 않고 도망쳐서 고향으로 돌아왔다"라고 하였다.

『삼국지』「무제기」에 "태조는 성명을 바꾸고 몰래 동쪽으로 돌아갔다. 관문을 나와 중모(中牟)를 지나다가 정장(亭長)의 의심을 받아 잡혀서 현으로 끌려갔다. 도중에 읍(邑) 사람이 알아보고 그의 요청으로 풀려났다"라고 하였는데 정장은 진궁이 아니었다.

10

차라리 내가 세상 사람을 저버리는 한이 있더라도 세상 사람이 나를 저버리지 못하게 하다

영교아부천하인 휴교천하인부아寧教我負天下人 休教天下人負我
寧 차라리 영, 教 가르칠, 하여금 교, 我 나 아, 負 짊어질, 저버릴 부,
天 하늘 천, 下 아래 하, 人 사람 인, 休 말 휴

출처 조조가 여백사를 죽였지만 진궁이 왜 죽였냐고 묻자 조조가 한 말.

본문

"제 이름은 진궁(陳宮)입니다. 그대의 충성과 의리에 감동받았소. 나도 벼슬을 버리고 그대를 따라가겠소."

그날 밤에 두 사람은 길을 떠나갔다.

그들은 사흘 만에 성고(成皐)에 이르렀다. 해가 저물어 조조가 숲이 우거진 곳을 가리킨다.

"저 숲속에 여백사(呂伯奢)라는 사람이 사는데 나의 부친과 의형제를 맺은 분이오. 거기 가서 고향 소식도 듣고 하룻밤 묵고 가십시다."

두 사람은 여백사를 만났다. 여백사가 조조에게 묻는다.

"조정에서 널 잡으려고 방을 붙이고 얼굴 사진을 돌리고 난리가 났던데, 네 부친은 몸을 피해 진류로 갔다."

여박사가 안으로 들어갔다가 한참 만에 나오더니 진궁에게 말한다.

"늙은이 집에 좋은 술이 없어 내 서쪽 마을에 가서 술을 받아올 것이니 기다리시오."

여백사가 나귀를 타고 서쪽 마을을 향해 떠나갔다.

조조는 진궁과 함께 앉아 있는데, 갑자기 집 뒤에서 칼 가는 소리가 들린다.

조조와 진궁은 방을 나와 집 뒤로 가서 말하는 소리를 듣는다.

"결박해서 죽이면 어떻겠소?"

조조가 말한다.

"내 짐작이 맞았소. 우리가 선수를 치지 않으면 저들에게 붙들릴 것이오."

조조는 진궁과 함께 칼을 뽑아 들고 집 안으로 뛰어들어가 남자여자 할 것 없이 닥치는 대로 모두 찔러 죽였다. 순식간에 여덟 식구를 몰살하고 부엌으로 나오는데 바로 옆에서 꿀꿀거리는 소리가 났다. 돼지가 한 마리 매여 있었다. 집안 식구들이 손님을 대접하려고 돼지를 잡으려던 것이 분명했다.

진궁이 탄식했다.

"맹덕이 의심이 많아 착한 사람들을 죽였구나!"

진궁은 조조를 따라 나와 급히 말을 타고 떠나갔다. 여백사는 나귀 안장에 술병 둘을 달고 과일과 채소를 사서 돌아오다가 앞에서 오고 있는 두 사람을 발견하고 외친다.

"어찌 떠나가는가?"

조조가 대답한다.

"쫓기는 몸이라, 감히 오래 머물 수가 없어서 떠납니다."

여백사가 청한다.

"내 이미 집안사람들에게 돼지를 잡으라고 일렀소. 오랜만에 서로 술을 한잔하려던 참이오. 하룻밤 자고 가는 것이 그리도 싫은가? 어서 말고삐를 돌려 돌아가세."

조조는 돌아보지도 않고 말에 채찍질하여 몇 걸음을 달려가다가 갑자기 칼을 뽑아 들더니 다시 돌아오면서 여백사를 부른다.

여백사가 머리를 돌려 바라볼 때 조조는 칼을 휘둘러 여백사를 쳤다. 진궁이 놀란다.

"무엇 때문에 죽인 것이오?"

조조가 대답한다.

"그가 집에 돌아가 식구가 모두 죽은 걸 알면 어찌 그냥 있으리오. 만약 많은 사람을 데리고 우리를 추격한다면 반드시 화를 입을 것이오."

"알면서 고의로 죽인다면 큰 불의다!"

"차라리 내가 세상 사람을 저버리는 한이 있더라도, 세상 사람이 나를 저버리지 못하게 하겠다."

진궁은 아무 말도 하지 않았다.

그날 밤, 몇 리를 가다가 밝은 달빛에 객사가 보여 문을 두드리고 들어가서 자게 되었다. 조조는 말을 배불리 먹이고 방에 들어오더니, 먼저 잠이 들었다. 진궁은 잠을 이루지 못하고 여러 가지 생각에 잠겼다.

"내가 조조가 좋은 사람인 줄 알고 관직을 버리고 그를 따라왔는데 원래 그는 늑대 같은 놈이었구나! 지금 저런 놈을 살려뒀다간 반드시 후환이 생길 것이다."

진궁은 마침내 칼을 꺼내 조조를 찔러 죽이려고 하였다.

간체자 宁教我负天下人, 休教天下人负我

발음 닝 자오 워 푸 톈 샤 런(níng jiào wǒ fù tiān xià rén), 슈 자오 톈 샤 런 푸 워(xiū jiào tiān xià rén fù wǒ)

회수 4회

해설 여백사가 집으로 돌아가서 자신의 가족이 몰살당한 것을 알게 되면 관가에 신고하거나 마을 사람들을 데리고 와서 복수하게 되는 일이 벌어질까 두려웠을까 아니면 여백사만 죽이면 아무도 이 살인사건을 아는 사람이 없으니 차라리 여백사를 죽이는 것인 낫다고 생각한 것일까? 조조는 이렇게 잔인무도한 냉혈한임에 틀림이 없는 간사한 인물이다. 어차피 엎지른 물을 다시 담을 수 없고, 여백사를 죽여서 여백사가 가족이 몰살당한 것 자체를 알지도 못하고 죽는 것이 낫다고 생각했을지도 모른다. 이 성어는 '영아부인(寧我負人), 무인부아(毋人負我)'로도 쓰인다.

『삼국지』「무제기」에는 이 고사가 없고 다만 배송지 주에서 인용한 전적의 내용이 각기 다르다. 『위서』 에서는 성고(成皐)의 여백사 집을 지나게 되었는데 그는 부재중이었고 여백사의 아들이 빈객들과 합세하여 조조를 협박하여 말과 재물을 뺏으려 하였으므로 조조가 칼을 쥐고 몇 명을 죽였다고 하였고, 『세어(世語)』에는 여백사는 집을 나갔고 아들 다섯이 있었으며 주인과 손님의 예를 갖추었는데 조조는 동탁의 명을 어겼으므로 자신을 죽일까 의심하여 밤에 검을 쥐고 여덟 사람을 죽이고는 도망쳤다고 하였으며, 『잡기(雜記)』 에는 조조가 그 집에서 나는 식기 소리를 듣고 자기를 죽이려고 한다는 생각이 들었는데 밤이 되자 그들을 죽이고는 "차라리 내가 남을 버릴지언정 남이 나를 버리도록 하지는 않으리라!"라고 하고는 가버렸다고 하였다. 위나라 조정에서 비서감(秘書監)을 지낸 왕침(王沈)이 편찬한 『위서』가 삼국을 통일한 진(晉)나라 사람이 지은 『세어』와 『잡기』보다 시기적으로 빠르다. 이 문제는 아직도 해결이 안 된 상태다.

11

닭 잡는 데 어찌 소 잡는 도끼를 쓰랴

할계언용우도割鷄焉用牛刀

割 나눌, 벨 할, 鷄 닭 계, 焉 어찌 언, 用 쓸 용, 牛 소 우, 刀 칼 도

출처 동탁 토벌대가 사수관(汜水關)에 쳐들어온다는 소식을 접한 후 여포를 대신하여 화웅이 나서며 한 말.

본문

진궁(陳宮)은 조조를 죽이려다가 갑자기 생각을 바꾼다.

"내가 조조를 따라 여기까지 온 것은 나라를 위해서였다. 그를 죽이면 의(義)가 아니다. 차라리 다른 곳으로 가느니만 못하다."

진궁은 칼을 도로 칼집에 넣고 처자가 있는 동군(東郡)으로 갔다.

조조가 잠에서 깨어나 보니 진궁이 보이지 않았다.

조조는 진류(陳留)에 이르러 숨어 사는 부친을 뵈었다.

조조는 의병을 모집하는 거짓 조서를 만들어 각 지방에 보낸 다음 의병을 모집한다는 '忠義'(충의) 두 글자가 씌어 있는 흰 기를 세웠다. 며칠 후에 군대 모집에 응하는 젊은이들이 비가 쏟아져 한곳으로 모이듯이 몰려왔다.

이때 원소(袁紹)는 조조가 보낸 조서를 받자, 군사 3만 명을 거느리고 발해를 떠나 조조에게로 와서 서로 동맹하였다.

마침내 조조는 격문(檄文)을 전국 모든 고을에 발송하였다.

동탁은 하늘을 속이고 땅을 모독하였으며, 나라를 망치고 임금을 죽였으며,

궁궐을 더럽히고 어지럽히었으며 백성을 잔혹하게 해쳤으므로 이리처럼 탐욕스럽고 어질지 못하여 그 죄악이 가득 찼다. 이제 천자께서 보내신 비밀 조서를 받들어 우리는 크게 의병을 모집하여 맹세코 천하를 청결하게 하고 모든 흉악한 무리를 소탕하기로 하였다. 모두 다 의병을 일으켜 만천하의 분노를 함께 풀고 황실을 도와 도탄에 빠진 백성을 구제할 것이니, 이 격문을 받는 날 즉시 거사하라!

조조의 격문이 전국에 퍼지자, 천하의 제후들이 군사를 일으켜 호응하였다. 그 인물을 살펴보면, 원술(袁術)을 비롯하여 장막(張邈), 포신(鮑信), 공융(孔融), 도겸(陶謙), 마등(馬騰), 공손찬(公孫瓚), 장양(張楊), 손견(孫堅), 원소(袁紹) 등이었다.

북평(北平) 태수 공손찬은 군사 5만 명을 거느리고 덕주(德州) 평원(平原)을 지나가는 중에 유비를 만나 함께 조조 군영으로 갔다.

조조는 소와 말을 잡아 음식을 차려 크게 모임을 열고 제후들과 함께 낙양으로 쳐들어갈 계획을 상의했다. 조조가 원소는 조상 때부터 4대를 거쳐 삼공(三公)의 높은 벼슬을 한 집안이기 때문에 우리의 맹주로 추대하자고 제의하였는데, 제후들도 이에 동의하자 원소가 승낙하였다.

이튿날 3층 단 위로 원소가 올라가서 맹세하는 글을 읽고 나서 입술에 희생의 피를 바르며 천지신명 앞에 맹세하고 맹주가 되었다. 제후들은 일제히 맹주의 명령만을 따르겠다고 외쳤다. 원소는 사수관(汜水關)으로 쳐들어갔다.

한편 사수관을 지키던 장수가 급히 달려가서 낙양 승상부로 가서 고한다.

"제후들 군사가 쳐들어옵니다."

동탁은 대권을 장악한 후로 날마다 술자리를 열었다. 이유(李儒)가 급한 소식을 전하는 문서를 받고 즉시 동탁에게 전달하자, 동탁이 장수들을 물러 모아 상의한다. 온후(溫侯) 여포(呂布)가 앞으로 나서며 말한다.

"아버님, 걱정하지 마십시오. 성 밖의 제후들은 제가 초개(草芥)로 여기니, 이리와 호랑이 같은 군사들을 거느리고 나가서 놈들의 머리를 모조리 잘라 도성 문 위에 걸겠습니다."

동탁이 크게 기뻐했다.

"나는 봉선(奉先)이 있으니, 높은 베개를 베고 근심 없이 지낼 수 있도다."

말이 끝나기도 전에 여포 뒤에서 어떤 사람이 큰소리로 외친다.

"닭 잡는 데 어찌 소 잡는 도끼를 쓰겠소? 수고롭게 온후께서 친히 가실 필요 없소이다. 내가 제후들 목을 자르는데, 주머니에서 물건 꺼내듯이 할 것이오."

동탁이 보니, 그 사람은 키가 9척에 범과 같은 체격이고 늑대 허리에 표범 머리를 하였으며 원숭이 팔이었다. 그는 화웅(華雄)이었다.

동탁은 그에게 군사 5만 명을 주었고, 이에 화웅은 사수관으로 밤을 새워 달려갔다.

원소와 조조는 화웅에 맞서 싸울 수 있는 장수를 찾고 있는데, 키가 9척이고, 수염 길이가 2척이며, 봉황의 눈에 누에 같은 눈썹이고 얼굴은 삶은 대춧빛 같으며, 큰 종소리 같은 목소리로 청하는 자가 있었다. 관우였다. 그가 거듭 청한다.

"이기지 못하면 그때는 나를 참하시오."

조조는 따뜻하게 데운 술 한잔을 관우에게 주며 마시고 말에 오르도록 했으나, 관우가 말한다.

"술은 잠시 따라 내려놓으시고, 제가 갔다가 얼른 오겠소."

관우는 장막을 나가 칼을 들고 몸을 날려 잽싸게 말 위에 올랐다. 제후들은 관 밖에서 진동하는 북소리와 크게 울리는 함성 지르는 소리를 들었는데, 마치 하늘이 무너지고 땅이 뒤집히며 산이 흔들리다가 무너지는 듯 모두가 대경실색하였다. 때마침 결과를 기다리는데 말방울 소리가 나는 말이 중군(中軍) 앞에서 멈췄다. 관우는 화웅의 머리를 들어 땅에 던졌다. 술잔은 여전히 따뜻하였다. 술이 식기 전에 이미 화웅의 목을 벤 것이다.

간체자 割鸡焉用牛刀

발음 거 지 옌 융 뉴 다오 (gē jī yān yòng niú dāo)

회수 5회

해설 작은 일을 처리하는 데 큰 힘 들일 필요가 없음을 비유하는 말이다.

『논어』「양화(陽貨)」에 "공자가 무성(武城) 마을에 가서 현악에 맞추어 부르는 노래를 들었다. 부자께서 빙그레 웃으며 말하길, '닭 잡는데 어찌 소 칼을 쓰느냐?'라고 하였다."

"비가 쏟아져 한곳으로 모이는 듯하다"라는 표현은 '여우병집(如雨駢集)'이라고 한다.

"높은 베개를 베고 근심이 없이 지낸다"라는 표현은 '고침무우(高枕無憂)'라고 한다.

"늑대를 없애기 위해 호랑이를 불러오게 하다"라는 표현은 '제랑득호(除狼得虎)'라고 한다.

'술이 식기 전에 화웅의 목을 베다'라는 이 유명한 고사는 관우의 영웅적 모습을 부각하기 위한 허구이다. 화웅은 실제 인물이지만 관우에게 죽지 않았고, 손견(孫堅)의 부하에게 죽었다. 『삼국지』「손견전」에 손견이 동탁의 군대를 대파하고 동탁의 도독인 화웅의 목을 효수하였다고 하였다.

18로(路) 연합군의 제후가 동탁을 토벌하는 고사 가운데 여포가 유비, 관우, 장비 세 형제와 싸운 전투는 실제로는 없었다. 『삼국지연의』에는 18로 제후가 연맹했다고 했는데 실제는 최초에 11로 제후만 참가하였고, 『삼국지』 배송지 주에 인용한 『영웅기(英雄記)』에 유비도 군대를 일으켜 동탁 토벌에 종사했다고만 하였다. 『삼국지평화』에 이 고사를 재창조하여 세 영웅이 여포와 싸우는 고사가 생겨났다. 여포가 다시 싸움을 돋우자 여러 제후가 요새를 나와 여포와 대진하였고, 장비와 싸워 승부가 나지 않자 관우가 나와 두 장수와 싸우게 되었으며 선주도 나와 싸우니 세 사람이 여포와 싸웠는데 여포가 패주하여 호뢰관으로 달아났다고 하였다.

온후는 여포의 봉작(封爵)의 이름인데 식읍(食邑)이 온현(溫縣)이란 뜻이다. 『삼국지』 「여포전」에 동탁이 주살된 뒤 왕윤은 여포를 진급시켜 온후에 봉하여 함께 조정의 권력을 잡았다고 하였으므로 동탁이 생전에는 온후라는 작위를 받지 못했음을 알 수 있으니 『삼국지연의』에서 동탁을 토벌할 때 온후라고 지칭한 것은 사실이 아니다. 또 『삼국지연의』 20회에 헌제가 유비에게 항렬을 따져서 황숙(皇叔)이라고 불렀는데 20회 이전에 황숙이라고 부른 것은 저자가 유비를 높여서 부른 것으로 아마 나관중이 위나라 중심의 정사 『삼국지』와는 달리 촉나라 중심으로 서술한 것과 관련이 있다. 제갈량도 죽은 후에야 무향후(武鄕侯), 충무후(忠武侯)라는 시호를 추증받았지만 『삼국지연의』 여러 곳에서 무향후, 무후(武侯)라는 호칭을 사용한 것도 같은 경우라고 할 수 있다. 『삼국지연의』에는 관직과 작위의 기록에 역사적 사실과 부합되지 않는 경우가 여러 군데 있고 심지어 제후에 봉해진 적이 없는 인물들도 제후에 봉해졌는데 조조는 형주의 주인이 된 유표의 아들 유종(劉琮)이 항복하자 유종의 외삼촌이자 조조에게 항복을 권유한 채모(蔡瑁)를 진남후(鎭南侯)에 봉하기도 했다.

관우의 경우는 다르다. 적의 장수가 관우를 관공(關公)이라 부를 수는 없는데 높여서 불렀고, 조조를 조공(曹公), 태조라고 높여서 부르지 않았다. 여기에 후세 사람들의 끊임없는 존경심의 발로로 관우는 추앙을 받는데 심지어 낙양에 관림(關林)을 설치하였고 관제(關帝), 재물의 신으로 추앙하고 있다.

12

속수무책이다

속수대폐束手待斃
束 묶을 속, 手 손 수, 待 기다릴 대, 斃 죽을 폐

출처 손견이 유표(劉表)를 공격하자 성을 지키며 원소에게 구원을 청하자는 의견에 반대하며 채모(蔡瑁)가 한 말.

본문

손견은 유표의 군사에게 포위되었다가 정보, 황개, 한당 세 장수의 도움으로 죽음에서 벗어났다. 손견은 강동으로 달아났다. 이때부터 손견은 유표와 원수지간이 되었다.

손견에게는 아들이 넷이나 있었다. 모두 오부인(吳夫人) 소생이었다. 큰아들은 손책(孫策), 둘째 아들은 손권(孫權)이었다.

손견은 손책과 함께 전함을 타고 번성(樊城)으로 달려갔다. 손견의 전함들과 유표의 장수 황조(黃祖)의 군사가 싸웠다. 황조가 패하여 유표에게로 돌아갔다. 괴양(蒯良)이 유표에게 말한다.

"성을 굳게 지키면서 동시에 원소에게 구원병을 요청하면 포위를 풀 수 있습니다."

채모가 반대한다.

"적군이 성 아래까지 임박했고, 머지않아 호(壕)에 이를 것인데, 손 놓고 죽을 때만을 기다리자는 말입니까? 청컨대 군사를 거느리고 밖으로 나가 싸워 결정을 내겠소."

유표는 채모의 요청을 허락했고, 채모는 군사 만여 명을 거느리고 양양(襄陽) 성 밖으로 나가 현산(峴山)에서 진을 쳤다.

간체자 束手待毙

발음 수 서우 다이 비(shù shǒu dài bì)

회수 7회

해설 "손 놓고 죽음 때만을 기다린다"라는 뜻으로, 위기에 봉착하여 벗어날 생각도 없어 죽음이나 실패를 기다린다는 뜻이다. 10회에는 '속수대사(束手待死)'라고 하였다.

반하전(磐河戰)은 원소와 공손찬이 반하에서 싸운 전투를 말한다. 원소가 공손찬에게 기주를 점령하고 서로 나누어 갖자고 제의해놓고, 원소가 기주성을 빼앗자 공손찬이 자신의 동생을 원소에게 보내 약속대로 기주의 땅 반을 요청하였다. 원소의 부하 장수 국의(鞠義)가 공손찬의 동생을 죽이자, 원소와 공손찬이 반하에서 맞붙어 싸웠다. 공손찬이 원소의 부하 장수 안량과 문추에게 패하자, 조운이 공손찬을 구해줬다. 반하는 유주(幽州) 동평군(東平郡)에 있는데, 동평은 지금의 북경 일대의 유주(幽州)에서 산동의 청주(青州)로 통하는 요로이다. 반하의 남쪽은 원소의 근거지인 발해성(渤海城)과 인접하였다.

13

한 명의 병사도 돌아오지 못하다

편갑불회片甲不回

片 조각 편, 甲 갑옷 갑, 不 아닐 불, 會 모일 회

출처 자신의 계책으로 목이 베인 손책과 황조의 머리를 맞바꾸기로 하자, 괴양이 이를 반대하며 동오의 군사를 모두 동오의 땅으로 되돌아가지 못하게 하겠다고 한 말.

본문

손견의 부하 장수 정보(程普)가 출전하여 채모와 싸웠다. 채모가 패하여 달아나 양양성(襄陽城)으로 도망쳐 돌아오자, 괴양(蒯良)이 말한다.

"채모가 크게 패했으니 마땅히 군법에 따라 목을 참해야 하오."

그러나 유표는 채모의 누이동생을 후처로 삼았기 때문에 형벌을 내리지 않았다.

손견은 양양성을 포위하고 공격하였다.

어느 날 광풍이 일어나더니 영채의 기가 부러져 떨어졌다. 한당(韓當)은 좋은 징조가 아니니 군사를 거두어 일단 돌아가자고 권했는데 손견은 한당의 말을 듣지 않고 더욱 세게 양양성을 공격하라고 명하였다.

양양성의 유표는 원소에게 구원병을 요청하는 한편, 괴양은 포위망을 뚫기 위해 여공(呂公)에게 계책을 일러준다.

"네게 활 잘 쏘는 기병 5백 명을 줄 것이니, 적의 포위를 뚫고 나가서 강 건너 현산(峴山)으로 도망쳐라. 그러면 적군이 뒤쫓을 것이니, 너는 현산에 이

르거든 군사 백 명만 산으로 올려보내고 돌을 모으게 하라. 또 활을 잡은 군사 백 명은 숲속에 매복시켜라. 쫓아오는 적군을 숲속에 매복시킨 아군들이 있는 곳까지 유인하라. 그러면 산 위에선 일제히 돌을 굴려 내리고, 숲속에서는 일제히 활을 쏘아라. 이길 것 같으면 포를 쏴라. 그러면 우리가 성에서 나와 도울 것이다. 그러나 적군이 너희들을 추격하지 않으면 그냥 내버려 두어라."

양양성에서 한 떼의 군사가 나와 현산으로 달아났다는 보고를 듣자, 손견은 수하 장수를 대동하지 않고 기병 30명만 거느리고 적군을 뒤쫓았다. 여공이 손견과 싸우다가 산속으로 달아났다. 손견이 그 뒤를 쫓아 산길로 들어섰으나 여공은 어디로 갔는지 보이지 않았다.

손견이 산 위로 올라가는데 사방에서 징 소리가 나더니 산 위에서 많은 돌이 굴러 내려왔다. 동시에 숲속에서 화살이 빗발치듯 날아왔다.

손견은 돌과 화살에 맞아 머리가 깨져 골수가 흘러나왔다. 현산에서 손견이 죽으니 이때 그의 나이가 37세였다.

여공은 말 탄 적군 30여 명이 오기를 기다렸다가 모두 죽여 버린 다음 잇달아 포를 쐈다.

현산에서 쏘는 포 소리를 들은 양양성 안의 유표의 장수 황조, 괴양, 채모는 각기 군사를 거느리고 일제히 성문을 열어 물밀 듯이 쏟아져 나와 손견의 군사들을 무찔렀다.

전함을 지키던 황개는 놀라 양양성으로 달려왔다. 황개는 황조와 싸워 그를 사로잡았고, 정보는 여공을 찔러 죽였다. 양쪽 군사들은 싸우다가 날이 샐 무렵에 각기 군사를 거두었고 유표의 군사는 양양성으로 돌아갔다.

손책은 적군이 부친의 머리를 베어 양양성 안으로 가지고 들어갔다는 사실을 알게 되었다. 손책이 대성통곡을 한 후에 울음을 참고 말한다.

"부친의 시체가 적군에게 있으니, 내 어찌 고향으로 돌아갈 수 있으리오!"

황개가 말한다.

"사람을 양양성으로 보내 우선 강화를 하고 황조와 주공의 머리를 서로 바꾸기로 하십시오."

환해(桓楷)가 유표와 서로 잘 알던 사이라고 하면서 자신이 가겠다고 하자 손책이 허락했다.

환해가 유표를 만나 양쪽에서 서로 맞바꾸기로 하였다. 환해가 돌아가려는 참에 괴양이 나서며 말한다.

"안 됩니다. 강동의 모든 군사는 한 명의 병사도 돌아오지 못하게 하리니, 청컨대 먼저 환해부터 참한 다음에 계책을 쓰십시오."

간체자 片甲不回

발음 펜 자 부 후이(piàn jiǎ bù huí)

회수 7회

해설 갑(甲)은 병사를 가리킨다. '편갑불회'는 전군이 몰살당함을 말한다.

14

셀 수 없이 많다

부지기수不知其數
不 아닐 부, 知 알 지, 其 그 기, 數 수효 수

출처 동탁이 장안 서쪽에 세운 별장에 여자와 금은보화가 너무 많음을 표현한 말.

본문

유표는 황조를 차마 버릴 수가 없다며 괴양의 반대를 무시한다. 괴양은 쓸모없는 황조를 버리고 강동을 차지하는 것이 옳다며 계속 손견의 머리와 황조를 맞바꾸는 것에 반대하였다.

유표는 황조는 자신의 심복 부하이고 그를 버리는 것은 의롭지 못하다고 하였다.

손책은 황조를 돌려보내고, 대신 부친의 시체를 영접한 다음 강동으로 돌아갔다.

한편, 동탁은 강동의 손견이 죽었다는 소식을 듣고, 근심 하나가 사라졌다고 기뻐했다. 이때부터 동탁은 더욱 교만해져 횡포를 부리며 주나라 무왕(武王)이 강태공을 불렀던 것처럼 스스로를 군주의 아버지처럼 존경한다는 뜻의 상보(尙父)라 일컬었다. 장안성 250리 밖 미오(郿塢), 지금의 장안 서쪽 미현(郿縣)에 별장을 세우는데 25만 명을 동원하여 성 규모는 높이나 두께나 모두 장안성과 똑같게 만들었고, 그 안에는 궁과 창고가 있어 20년 동안 먹을 양식이 쌓였다. 또 민간에서 뽑은 미소년과 아름다운 처녀가 8백 명이

나 있었다. 금, 옥, 비단, 진주 등이 얼마나 많은지 셀 수 없이 많았다. 동탁의 가족들은 그 안에서 살았다.

동탁이 보름에 한 번 아니면 한 달에 한 번씩 장안으로 오는데 그때마다 공경 대신들은 장안성 횡문(橫門)까지 나가서 영접하거나 전송하였다.

간체자 不知其數

발음 부 즈 치 수(bù zhī qí shù)

회수 8회

해설 그 수효를 헤아릴 수 없다는 뜻으로, 매우 많음을 나타내는 말이다. 『삼국지』「위서」〈동탁전(董卓傳)〉에 "동탁이 미오를 세웠는데 장안성과 높이를 똑같게 건설하였고, 30년 동안 먹을 양식을 비축하였다. 일이 성공하면 천하에 지배하고 실패하면 이곳을 지키면서 일생을 마치겠다고 말했다고 한다. 한번은 동탁이 미오로 나가자 공경 이하 대신들이 횡문 밖에서 송별연을 열었다. 동탁은 설치한 장막에서 술을 마시다가 북지군(北地郡)의 항복한 반란군 수백 명을 끌고 오라고 하고, 그들의 혀를 자르고 손발을 절단하고 눈을 뽑아 큰 가마솥에 삶았다. 또 죽지 않은 사람은 땅에 엎드린 채 술자리 사이를 왔다 갔다 하게 하니, 사람들이 벌벌 떨며 그릇과 젓가락을 떨어뜨리는데도 동탁은 태연하게 계속 밥을 먹고 술을 마셨다"라고 하였다.

2년 후 초평 3년(192년)에 왕윤(王允), 여포(呂布)가 동탁을 죽이기로 모의하고 황보숭(皇甫崇)이 군사를 거느리고 미오로 가서 동탁의 삼족을 멸하고 금은보화를 모두 운반해왔다. 70년 후 이 별장은 촉의 후주 유선에게 넘어갈 뻔했다. 『삼국지』「위서」〈등애전(鄧艾傳)〉에 등애가 음평도(陰平道)를 넘어 성도로 진격하여 유선을 포로로 사로잡은 후, 사마소에게 상소를 올려 말하길, "유선을 부풍왕(扶風王)으로 임명하고, 재산과 재물을 하사하고 수하들을 돌보도록 하십시오, 부풍군에는 동탁의 성채가 있으므로 그에게 궁전을 만들어주십시오"라고 하였고, 또한 "광릉(廣陵)과 성양(成陽)을 열어서 오나라 사람을 기다리면, 공의 위엄을 두려워하고 덕망에 감사하며 형세에 순응하며 따를 것입니다"라고 하였다. 그런데 위나라 원제(元帝) 조환(趙奐)은 이를 받아들이지 않았다. 사서에 의하면, 미오성은 북위(北魏) 때 파괴되었으나, 원대 『유편장안지(类编长安志)』 권7에 의하면 "미오의 옛 성의 기초는 여전히 남아 있다"라고 하였다.

15

좌불안석이다

좌불안석坐不安席

坐 앉을 좌, 不 아닐 불, 安 편안할 안, 席 자리 석

출처 사공 장온의 머리를 쟁반에 얹어 들고 와서 동탁에게 바치니 사도 왕윤이 보인 태도.

본문

어느 날 동탁이 궁에서 잔치를 벌였는데 모든 문무백관이 좌우 두 줄로 늘어앉았다. 술이 몇 순배 돌았을 때였다. 여포가 들어와서 동탁의 귀에 소곤댄다.

동탁이 웃는다.

"원래 그랬어야 할 거야."

동탁이 여포에게 명하였다.

"사공(司空) 벼슬하는 장온(張溫)을 이 잔치에서 끌어내라!"

모든 문무백관은 얼굴빛이 변했다. 잠시 후에 시종이 붉은 쟁반에 장온의 머리를 얹어 들고 와서 동탁에게 바친다. 모든 문무백관은 혼이 나간 듯 겁을 먹고 벌벌 떤다.

동탁이 다시 웃는다.

"장온이 원술과 짜고서 나를 없애려고 했는데, 원술이 사람을 시켜 장온에게 보낸 비밀 서신이 내 아들 여포에게 잘못 전해졌기 때문에 그래서 알고 참한 것이다."

사도(司徒) 왕윤(王允)은 오늘 잔치에서 벌어진 끔찍한 일을 생각하니, 좌불안석이었다.

간체자 坐不安席

발음 쥐 부 안 시(zuò bù ān xí)

회수 8회

해설 앉아도 자리가 편안하지 않다는 뜻으로, 마음이 불안하거나 걱정이 되어 자리에 가만히 앉아 있지 못하고 안절부절못하는 모양을 이르는 말이다. 마음에 불안이나 근심 등이 있어 한자리에 오래 앉아 있지 못함을 나타낸다.

16

마음에서 우러나오는 말

폐부지언肺腑之言

肺 허파 폐, 腑 장부 부, 之 갈, 어조사 지, 言 말씀 언

출처 탄식하는 왕윤에게 수양 딸 초선이 한 말.

본문

밤이 깊어지자 달이 밝았다. 왕윤은 후원으로 가서 하늘을 우러러보며 남몰래 눈물을 흘렸다.

모란꽃을 심은 정자 옆에서 긴 한숨을 짓고 짧게 탄식하는 소리가 들렸다. 왕윤은 가서 엿보니 가기(歌妓) 초선(貂蟬)이었다. 초선은 어려서부터 왕윤에게 뽑혀 들어와 노래와 춤을 배운 여자로 나이는 16세로 미모와 재주를 겸비했기 때문에 왕윤이 친딸처럼 총애했다.

"이런 밤중에 탄식하고 있느냐?"

"첩의 마음에서 우러나오는 말을 들어주소서."

"내게 숨기지 말고 뭐든지 사실대로 말하렴."

"소첩은 대감의 은혜를 입었는데 분수에 넘치는 대우를 받았습니다. 천만 번 고쳐 죽는다 해도 그 은혜를 하나도 갚지 못할 것입니다. 요즘 대감을 뵙고 보니 수심이 가득해 보입니다. 분명 나라에 큰일이 있는 줄로 짐작은 되지만 감히 묻지 못하던 중입니다. 대감의 근심이 무엇인지 일러주시어 대감께 도움이 될 수만 있다면, 첩은 만 번 죽어도 사양하지 않겠습니다."

간체자 肺腑之言

발음 페이 푸 즈 옌(fèi fǔ zhī yán)

회수 8회

해설 흉금(胸襟)에서 우러나오는 진실한 말을 비유한다. 흉금이란 마음속에 품은 생각이다. 폐(肺)는 마음, 충심을 비유하는 말이고, 부(腑)는 장부(臟腑)란 뜻으로 담, 위, 소장, 대장, 방광, 삼초(三焦)의 여섯 가지 내장기관을 말하는데, 전(轉)하여 마음, 충심(衷心)을 말한다.

오장(五臟)은 백(魄)을 담은 폐장(肺臟), 정신(精神)을 담은 심장(心臟), 혼(魂)을 담고 있는 간장(肝臟), 의(意)를 담은 비장(脾臟), 지(志)를 담고 있는 신장(腎臟)을 말한다. 이 둘을 합쳐서 오장육부(五臟六腑)라고 한다. 폐부(肺腑)는 진심, 속마음을 말하는데 어떤 경우는 핵심, 요점을 뜻하기도 한다.

17

연환계

연환계連環計

連 연할, 맺을 연, 環 고리 환, 計 셈할, 꾀 계

출처 왕윤이 초선에게 여색을 탐하는 공통점을 이용하여 장차 동탁과 여포를 이간시켜 제거하기 위해 내놓은 계책.

본문

초선은 왕윤을 따라 별당으로 갔다. 왕윤이 초선에게 자리를 주고 앉혔다. 그런 후에 왕윤은 절을 하고 머리를 조아린다. 초선은 깜짝 놀라 그 자리에 엎드려 왜 이러는지 묻는다.

왕윤은 무릎을 꿇고 말한다.

"오늘날 임금과 신하가 누란(累卵)의 위기에 처해 있다. 역적 동탁은 천자의 자리를 빼앗으려 하는데 조정의 신하들은 아무 대책이 없다. 동탁에게 여포라는 수양아들이 있는데 그는 아주 용맹하고 동탁이나 여포 둘 다 여색을 좋아하는 무리이다. 내가 장차 연환계를 쓸 작정인데, 먼저 너를 여포에게 시집보내고 그런 뒤에 너를 동탁에게 바칠 것이다. 너는 동탁과 여포의 중간에 서서 그들 아비와 자식 사이를 이간시켜다오. 여포가 동탁을 죽이게 하여 역적을 없애고, 다시 이 나라 종묘사직을 세우고 이 나라 강산을 바로잡는다면 이것은 모두 너의 공이다. 이 일은 나의 부탁인데, 너의 뜻은 어떠하냐?"

"첩은 만 번 죽어도 아깝지 않다고 대감께 이미 허락한 몸입니다. 청컨대 이 몸을 그에게 첩으로 바치소서. 그러면 뒷일은 첩이 알아서 하겠나이다."

왕윤은 다시 일어나 초선에게 감사했다.

초평(初平) 3년(192년), 왕윤은 먼저 연회를 열고 여포를 청하여 초선에게 술을 권하게 하면서 자신의 딸이라고 한다. 여포가 그녀의 아름다움에 혹하는 것을 본 왕윤은 그 자리에서 초선을 여포의 첩으로 주겠다고 약속한다. 며칠 후 왕윤은 다시 동탁을 술자리에 청하고 초선을 시켜 춤과 노래를 바치게 한다. 동탁이 그녀의 미색에 넋을 잃는 것을 본 왕윤은 곧 초선을 상부(相府)로 보내 동탁의 시중을 들게 한다. 이로 말미암아 여포와 동탁의 사이에 금이 가게 된다. 초선은 교묘한 행동으로 여포가 자신을 더욱 간절히 그리워하도록 함과 동시에 동탁에게도 자신을 더욱 총애하게 한다. 기회를 엿보던 여포는 상부의 후원에 있는 봉의정(鳳儀亭)에서 초선과 만난다. 초선은 애간장이 끊어질 듯이 하소연으로 자신을 구해 달라고 한다. 여포가 머뭇거리며 결정을 내리지 못하는 사이 상부로 돌아오던 동탁이 여포에게 창을 던진다. 게다가 왕윤이 부추기니, 동탁에 대한 여포의 불만은 마침내 원한으로 바뀌고 기필코 동탁을 죽이겠다고 다짐하게 된다. 이에 왕윤은 헌제가 황제의 자리를 선양한다고 속이고 동탁을 조정으로 불러들인 다음 여포를 시켜 동탁을 죽인다.

간체자 連环计

발음 롄 환 지(lián huán jì)

회수 8회

해설 적진에 간첩을 보내어 계략을 꾸미게 하고, 그 중간에서 승리를 거두는 꾀를 말한다. 적벽 싸움에서 오(吳)나라의 주유(周瑜)가 위(魏)나라 조조(曹操)의 군사를 화공(火攻)할 때 방통(龐統)을 보내어 조조가 배들을 쇠고리로 연결하게 한 고사에서 유래한 말이다.

실제 역사에서는 왕윤이 동탁을 죽인 것은 사실이지만, '연환계(連環計)'를 사용한 것은 아니었다. 『삼국지』「위서」「여포전」에 "동탁은 성정(性情)

이 강하면서도 편협하여 화가 나면 물불을 가리지 않았고, 작은 일도 마음에 들지 않으면 칼을 뽑아 여포에게 던졌다. 여포가 주먹으로 쳐서 민첩하게 피한 뒤 사죄하여 동탁 역시 마음이 풀렸다. 이로 말미암아 여포에게 동탁을 원망하는 마음이 생기게 되었다. 동탁은 평소 여포에게 중각(中閣)을 지키게 했다. 그런데 여포가 동탁의 시녀와 몰래 정을 통하고 그 일이 발각되지나 않을까 마음이 늘 불안했다. 사도 왕윤은 여포가 자신과 같은 고향 사람이고, 또 건장한 인물이라는 이유로 그를 후하게 대접하며 친하게 지냈다. 여포가 왕윤에게 동탁이 몇 번이나 자신을 죽이려 했던 상황을 설명하니, 당시 복야(僕射) 사손서(士孫瑞)와 함께 동탁을 죽이려고 모의하던 중에 왕윤은 그 일을 여포에게 알리며 호응하게 했다. 여포가 '부자간인데 어찌 그리할 수가 있겠소?' 하니 왕윤이 대답했다. '당신은 여씨이니 친족 관계도 아니고 지금 언제 죽을지 몰라 걱정하는 판에 부자 관계라니 무슨 말이오?' 마침내 여포가 허락하고 칼로 동탁을 찔러 죽였다"라고 기록되어 있다.

송원(宋元) 이래 통속 문학작품에서 허구의 인물인 초선과 '연환계' 이야기를 만든 것이다. 원대 『삼국지평화』에 「왕윤헌동탁초선(王允獻董卓貂蟬)」·「여포자동탁(呂布刺董卓)」이라는 두 가지 이야기가 있고 원 잡극(雜劇)에는 「금운당미녀연환계(錦雲堂美女連環計)」가 있는데, 이들 이야기는 원래 부부이던 여포와 초선이 전란으로 떠돌다가 왕윤의 부서에 들어가 몸을 의탁하게 되고 왕윤은 초선을 계획적으로 동탁에게 바쳐 여포의 분노를 사게 되자 결국 여포가 동탁을 찔러 죽인다고 서술했다. 『삼국지연의』에서는 두 사람이 서로 모르던 사이라는 것과 이유(李儒)가 동탁에게 권고하는 이야기 등을 가미하여 창조적인 개편을 시도했다. 이로 말미암아 이야기는 더욱 합리적이면서도 파란만장하게 바뀌었다.

미인 초선은 허구다. 노신의 『소설구문초(小說舊聞鈔)』에 『한서통지(漢書通志)』를 인용하면서 "조조가 뜻을 얻지 못하자 동탁을 유인하기로 하고 조선(刁蟬)을 바쳐서 남편 동탁을 미혹하게 했다"라고 하였다. 조선이 초선으로 뒤바뀐 것이 아닐까 추측되어도 여포와 조선은 아무 관계가 없다. 『삼국지』 「여포전」에 "여포가 동탁의 시비(侍婢)와 사통을 했다. 사실이 발각될까 두려워 마음이 불안했다"라고 하였다. 초선은 동탁의 시비에서 유래했을 가능성이 있다. 초선은 역사적으로 실제 존재했던 미녀가 결코 아니다.

18

눈에 정을 담아 서로 바라보다

미래안거眉來眼去
眉 눈썹 미, 來 올 래, 眼 눈 안, 去 갈 거

출처 왕윤이 초선에게 여포에게 술을 따르게 하자 초선과 여포 두 사람이 서로 사모의 정을 마음에 품는 모습.

본문

며칠 후, 왕윤은 집에 숨겨놓은 귀한 진주 몇 알과 특별히 장인이 만든 금관을 심복을 시켜 몰래 여포에게 보냈다. 여포는 기뻐하며 감사의 인사를 하러 왕윤의 부서로 갔다. 여포가 오자, 왕윤은 그를 윗자리에 앉혔다. 여포가 말한다.

"저는 승상부의 장수일 뿐이고 사도께선 조정의 대신인데 어찌 이리 과도한 대접을 하시오?"

"오늘날 천하의 영웅이 따로 없소이다. 오직 장군뿐이오. 나는 장군의 직책 때문에 대접하는 것이 아니라 그대의 재주를 존경하오."

왕윤은 술을 권하며 동태사와 여포의 덕을 칭송했다. 여포는 크게 웃으며 신이 나서 술을 마신다. 여포가 얼큰하게 취하자, 왕윤은 그 애를 데려오라고 분부한다.

잠시 후에 두 시녀가 아름답게 치장한 초선을 데리고 왔다. 여포는 놀라서 누구냐고 묻는다.

"내 딸 초선이오. 내가 늘 장군의 호의를 받았으니 가까운 친척과 다르지 않아 내 딸을 장군을 뵙게 하는 겁니다."

왕윤이 초선에게 시켜 장군에게 술을 따르게 한다. 초선이 술을 여포에게 따른다. 두 사람은 눈에 정을 담아 서로 바라본다. 왕윤은 거짓으로 술에 취한 체하면서 말한다.

"초선아, 장군께서 통쾌하게 술을 마시도록 몇 잔 더 권해라. 우리 집안은 다 장군님에게 달려 있어."

여포는 초선에게 자리에 앉으라고 한다. 그러나 초선은 일부러 안으로 들어간다. 왕윤이 말한다.

"장군은 나와 가장 친한 친구이신데, 얘야 앉아도 괜찮지 않냐?"

초선은 왕윤 옆에 앉는다. 여포는 눈동자를 꼼짝도 않고 똑바로 초선을 바라본다. 또 술 몇 잔을 마신 뒤에 왕윤은 초선을 가리키며 여포에게 말한다.

"이 딸애를 장군의 첩으로 보낼까 하는데 기꺼이 받아주시겠소?"

여포는 자리에서 일어나 감사의 표시를 한다.

"이렇게만 된다면 저는 마땅히 미약한 힘이나마 보답하리다."

"조만간 좋은 날을 골라 부서로 보내드리오리다."

여포는 너무나 기뻐서 자꾸만 초선을 쳐다본다. 초선도 역시 눈짓으로 정을 보낸다.

간체자 眉来眼去

발음 메이 라이 옌 취(méi lái yǎn qù)

회수 8회

해설 '미안전정(眉眼傳情)'과 같은 뜻으로 서로 흠모하는 눈빛으로 마음을 전달함을 말하는데, 추파를 던지거나 몰래 서로 결탁함을 비유하는 말이기도 하다.

여포가 왕윤에게 감사의 표시를 한 "미약한 힘이라도 보답하겠다"라는 뜻의 성어 '견마지보(犬馬之輔)'에서 '견마(犬馬)'는 자신을 극히 낮추어 겸손하게 일컫는 말인데 보잘것없는 힘이란 뜻이다.

19

가시방석에 앉아 있다

거동형극擧動荊棘

擧 들 거, 動 움직일 동, 荊 가시나무, 가시 형, 棘 가시나무, 가시 극

출처 동탁이 죽은 후에 이각과 곽사가 장안성에 들어가 조정의 대권을 잡고 황제의 거동을 감시하자 헌제가 느낀 위협.

본문

동탁이 죽은 후에 동탁의 수하 장수 장제(張濟)와 번조(樊稠)가 이각(李傕)과 곽사(郭汜)와 함께 군사를 거느리고 장안을 공격하여 들어간다. 두 역적이 헌제(獻帝)를 죽이려고 하자, 장제와 번조가 간하며 말린다.

"황제를 죽이면 많은 사람이 우리의 말을 듣지 않을 것이오. 각 지방의 제후들을 유인하여 죽입시다. 그 후에 황제를 죽여도 천하를 도모할 수 있소."

황제가 묻는다.

"왕윤은 이미 죽었는데 왜 너희들은 물러가지 않느냐?"

이각과 곽사가 대답한다.

"신들은 공을 세웠건만, 아직 벼슬을 받지 못했습니다."

네 역적은 각기 원하는 벼슬을 글로 써서 헌제에게 바쳤다.

황제는 할 수 없이 각자 원하는 벼슬을 주었고, 역적과 내통하고 성문을 열어준 자들에게도 교위 벼슬을 주었다.

그 후로 이각과 곽사가 조정의 대권을 잡고 백성들을 잔혹하게 학대하였고, 몰래 심복 부하들을 황제 좌우에서 모시게 하고 동정을 살피게 하였다.

헌제는 이때 가시방석에 앉아 있는 것과 같았다. 조정의 관원들은 모두 두 역적이 승진시키거나 강등시켰다. 민심을 얻어야 한다고 특별히 주준(朱儁)을 조정으로 불러들여 태복(太僕)에 봉하고 함께 조정을 이끌었다.

간체자 擧动荆棘

발음 쥐 둥 징 지(jǔ dòng jīng jí)

회수 10회

해설 '거동(擧動)'은 임금의 행차를 나타내기도 한다. '형극(荊棘)'은 가시나무의 총칭으로 가시를 뜻하고, 고난(苦難)이나 난관(難關)을 비유한다. '거동형극'은 임금이 마치 가시나무 숲에 있어 불편하여 마음대로 할 수 없는 것처럼 사사건건 위협을 당함을 비유하는 말이다.

20

선견지명

선견지명先見之明

先 먼저 선, 見 볼, 마음에 터득할 견, 之 갈, 어조사 지,
明 밝을, 사리에 밝을, 안목 명

출처 모사 가후가 장안성을 지키고 기다리면 쳐들어오는 마등과 한수를 물리칠 수 있다고 한 예측이 정말 맞아떨어졌을 때 이각과 곽사가 가후에 대해 한 말.

본문

서량(西凉)의 태수 마등(馬騰)과 병주(幷州)의 자사 한수(韓遂)가 군사 10만 명을 거느리고 장안을 공격했다. 원래 마등과 한수는 먼저 사람을 장안으로 보내 조정의 일부 대신들과 내통하고 함께 역적의 무리를 죽이기로 도모하였다. 두 장군과 내통한 마우(馬宇)를 비롯한 조정의 대신 셋은 황제에게 아뢰었고, 황제는 조서를 비밀리에 보내어 안팎에서 힘을 합쳐 역적을 치도록 분부하였다.

이에 장제, 번조와 이각, 곽사 네 명의 역적이 방어할 계책을 논의한다.

모사 가후(賈詡)가 말한다.

"적군이 먼 곳에서 오니, 우리는 호를 깊이 파고 성벽을 높이 쌓아 굳게 지키면 백 일이 지나기 전에 적은 양식이 떨어져 물러나지 않을 수 없게 되고, 그때 적을 추격하면 마등과 한수를 사로잡을 수 있습니다."

이몽(李蒙)과 왕방(王方)이 반대한다.

"정예 병사 1만 명을 주시면 적의 두 장수의 목을 참하여 바치겠나이다."

가후가 머리를 흔든다.

"적과 직접 싸우면 패할 것이오."

이몽과 왕방이 일제히 말한다.

"우리가 지면 군법에 따라 목을 참하시고, 만약 우리가 이기면 공의 목을 우리에게 주시오."

가후가 이각과 곽사에게 말한다.

"그러면 여기 장안에서 서쪽으로 2백 리 떨어진 곳에 있는 주질산(盩厔山)에 매우 험준합니다. 장제와 번주 두 장수는 그곳에 군사를 주둔하고 굳게 지킨 다음, 이몽과 왕방이 나가서 적과 싸우게 하시죠."

서량의 군사가 도달하여 길을 가로막고 진영을 벌였다. 이몽과 왕방이 싸우러 나간다. 마등과 한수가 앞으로 나오면서 이몽과 왕방을 가리키며 욕한다.

"누가 나서서 나라를 배반한 역적들을 사로잡겠느냐!"

얼굴이 관옥(冠玉) 같고, 눈은 흐르는 별과도 같고, 체구는 범 같으며, 팔은 원숭이처럼 길고, 배는 표범과도 같으며, 허리는 늑대같이 생긴 소년 장군이 손에 긴 창을 들고 준마에 올라타고 적 진영 속으로 나는 듯이 달려 나온다. 그는 마등의 아들 마초(馬超)였다. 올해 나이가 17세였으나 영특하고 용맹하여 대적할 자가 없었다. 왕방이 마초가 어린애라고 얕보다가 불과 몇 번 교전하더니 마초의 창에 찔려 말 아래로 떨어져 죽었다.

이몽이 마초의 등 뒤를 치러 달려나갔다. 마초는 일부러 모르는 체하다가 몸을 비켜 이몽의 창을 피하고 원숭이 같은 긴 팔을 뻗어 이몽을 감아올려 사로잡았다. 마등과 한수는 놀라 달아나는 적군을 쫓아가서 마구 찔러 죽였다. 크게 승리하여 협곡까지 나아가서 영채를 세우고 이몽의 목을 베었다.

한편, 장안의 이각과 곽사는 이몽과 왕방이 마초에게 살해당했다는 보고를 듣고 깜짝 놀랐다. 그때 그들은 가후가 선견지명이 있음을 믿게 되었고, 그의 계책을 중용하여, 굳게 지키며 방어하는 이치를 깨달았고 또 그가 싸움을 억눌렀기 때문에 싸움을 걸어 와도 나아가서 응대하지 않았다.

과연 서량의 군대가 두 달도 되지 않아 군량과 마초가 부족해서 회군을 상의했다. 때마침 장안의 조정에서는 마우의 집 종놈이 군부에게 가서 자기 주인 마우가 마등, 한수와 내통하여 음모를 꾸미고 있다고 고발했다.

이각과 곽사는 마우와 함께 내응한 두 대신의 집안사람을 포함하여 종놈과 그의 부인까지 시정으로 끌어내어 모조리 목을 베고 세 대신의 머리를 성문 위에 매달았다.

마등과 한수는 군량도 없고 성안에서 내응하기로 했던 세 명의 조정 신하가 모두 살해되자 비밀이 탄로 나서 회군하였다. 결국 이각과 곽사는 서량군을 무찔렀고, 그 뒤로는 천하의 제후들은 감히 군사를 일으키는 자가 없었다.

모사 가후는 이각과 곽사에게 여러 차례 권하여 백성을 위하게 하고 어진 사람과 호걸을 등용시켰으므로 이때부터 조정은 약간의 생기가 돌았다.

간체자 先见之明

발음 셴 젠 즈 밍(xiān jiàn zhī míng)

회수 10회

해설 앞날을 미리 내다볼 수 있는 안목, 어떤 일이 일어나기 전에 예측하는 지혜를 말한다.

98회에도 나오는데 사마의가 조예(曹睿)에게 상주하길, "공명이 진창(陳倉)을 경유하여 우리를 공격해 올 것입니다. 촉군의 군량은 겨우 1개월 먹을 정도 밖에 없으니 저들은 급히 싸워야 이롭고, 우리 군사는 반대로 오래 지키기만 하면 이로우므로 조진(曹眞)에게 조서를 보내어 요새를 지키고 나아가서 싸우지 말라고 하면 촉군은 곧 물러날 것입니다"라고 하자, 조예가 말하길 "경은 선견지명이 있다"라고 하였다. 반대말은 '방마후포(放馬後炮)'로 일이 지나간 후에야 비로소 의견을 내거나 행동을 취함을 뜻하는데 옳지 않다고 판단되면 사전에 막아야 했음을 가리킨다.

21

견문이 좁고 학식이 천박하다

고루과문孤陋寡聞

孤 외로울 고, 陋 더러울, 좁을 루, 寡 적을 과, 聞 들을 문

출처 순욱이 조조에게 정욱을 추천하자 정욱이 자신에 대해 한 말.

본문

지금의 산동성 청주(靑州)에서 황건적의 난이 일어났다. 조정에서 태복 조준이 황건적을 무찌르는 데 조조를 추천하였다. 이각은 조서를 써서 동군(東郡)의 조조에게 보냈다. 조조는 황건적을 소탕하여 조조의 군사가 가는 곳마다 항복하는 자가 많아 불과 백여 일 만에 30여만 명이 항복해왔다. 조조는 정예 군사만 골라 청주군(靑州軍)이라 하고 나머지는 명하여 모두 각자 고향으로 돌려보내어 농사를 짓게 하였다. 이때부터 조조의 명성이 나날이 크게 떨쳤다. 전쟁의 승리를 알리는 첩서(捷書)가 도착하자, 조정에서는 조조에게 진동장군(鎭東將軍)에 봉하였다.

조조는 연주(兗州)에서 널리 어진 인재를 모으고 있었다. 하루는 숙질(叔姪) 사이라고 하며 두 사람이 조조를 찾아왔다. 하나는 순욱(荀彧)으로 지난날 원소를 섬기다가 이번에 조조에게로 온 사람이다.

조조가 순욱과 세상사에 대해 논의를 하고는 기뻐했다.

"순욱은 나의 자방(子房)이다."

또 한 사람은 순유(荀攸)였다. 그는 이미 세상에 널리 알려진 인물이었다. 순욱이 동군의 동아(東阿) 사람 정욱(程昱)을 조조에게 추천하였다. 조조는

일찍이 정욱의 이름을 들은 적이 있다고 하며 산속에서 책을 읽고 있는 그를 초청했다.

정욱은 순욱에게 말한다.

"저는 견문이 좁고 학식이 천박해서 공의 추천을 받을 만한 사람이 아니어도 공과 같은 고향의 곽가(郭嘉)라는 사람은 당대의 어진 선비인데, 어찌 불러서 오게 하지 않았나요?"

"내가 하마터면 잊을 뻔했구먼!"

순욱은 즉시 조조에게 아뢰고 곽가를 예의를 갖추어 초청했다. 조조는 곽가와 함께 천하의 일에 대해 논의하였다.

이런 식으로 곽가는 유엽(劉曄), 유엽은 만총(滿寵)과 여건(呂虔), 만총과 여건이 모개(毛玠)를 추천하였다. 또한 우금(于禁)이란 자가 군사 수백 명을 거느리고 조조를 찾아왔다. 조조는 우금의 활 솜씨와 말 다루는 능력뿐만 아니라 무예가 출중하여 벼슬을 주었다.

하루는 하후돈(夏侯惇)이 거인 한 사람을 데려왔는데 용기와 힘이 출중한 전위(典韋)였다. 장막(張邈) 밑에 있었으나 사람들과의 불화로 수십 명을 손으로 때려죽이고 산속으로 달아났다가 호랑이를 쫓아 계곡을 지나가기에 데려왔다고 하면서 천거하였다. 조조는 이 사람의 용모를 보고 비범한 자이니 큰 용기와 힘이 있을 것이라고 말하자, 하후돈이 말한다.

"무게 80근이나 되는 쌍창을 두 손에 들고 말에 오르면 바람에 날리듯 가볍게 휘두릅니다."

조조가 분부한다.

"내게 한번 창 쓰는 걸 보여 봐라."

전위는 쌍창을 끼고 말을 달려 나는 듯이 오고 가는데 맹렬한 바람이 일어나더니 장막 밑의 큰 기가 쓰러질 듯 기울어진다. 군사들이 달려들어 기를 잡았으나 깃대는 계속 요동쳤다. 전위는 말에서 내려와 한 손으로 깃대를 잡고 버티어 서니 기가 꼼짝을 않는다.

조조가 말한다.

"전위는 악래(惡來)로다."

이때부터 조조의 부하 중에는 학자 출신의 모사도 있게 되었고, 무사 출신의 용맹한 장수도 있어서 산동 일대를 진압하였다.

간체자 孤陋寡闻

발음 구 러우 과 원 (gū lòu guǎ wén)

회수 10회

해설 '고루(孤陋)'란 단어 자체도 견문(見聞)이 좁고 학식이 천박(淺薄)함을 뜻하는데, '고루과문'이란 배운 것도 들은 것도 부족함을 말한다. 자기 자신을 겸손하게 말할 때 쓰인다.

『예기』「학기(學記)」편에 "홀로 배우면 친구가 없고, 견문이 좁으면 학식이 천박해진다"라고 하였다.

조조가 순욱은 "나의 자방"이라고 말했는데, '자방(子房)'은 유방의 책사(策士) 장량(張良)을 가리키므로 "나의 책사"라는 뜻이다.

조조가 전위를 악래라고 하였는데, 악래는 은나라 때 주왕(紂王)의 신하로 용기와 힘이 남보다 뛰어나서 그 명성이 높았다. 후에 용사(勇士)의 대명사로 일컬어졌다.

'조위오모신(曹魏五謀臣)'이란 말이 있는데, 조조의 다섯 신하, 즉 순욱, 순유, 가후, 정욱, 곽가를 말한다. 이 다섯 명이 조조의 세력을 형성하고 공고히 하는 역할에 큰 공헌을 하였기 때문이다.

반대말 성어는 '박학강기(博學强記)', '박문강기(博聞强記)', '박고통금(博古通今)' 등이다.

22

하늘 아래 함께 살 수 없다

불공대천不共戴天

不 아닐 불, 共 함께, 함께할 공, 戴 일, 머리 위에 올려놓을 대, 天 하늘 천

출처 조조는 서주 태수 도겸이 자신의 부친을 죽였다고 오해하고 그에 대해 한 말.

본문

조조는 태산(泰山)의 태수 응소(應劭)를 낭야군(琅琊郡)으로 보내어 부친 조숭(曹嵩)을 모셔오게 하였다. 조조의 집안 식구들 백여 명과 백 대의 수레를 거느리고 연주로 향하는 길에 도중에서 서주(徐州)를 지나게 되었다.

서주 태수 도겸(陶謙)은 인품이 온후하며 순수하고 인정이 많았는데, 평소 조조와 사귀기를 원했으나 기회가 없었다. 조조의 부친이 서주를 지날 것이라는 보고를 받자, 경계에까지 가서 조숭을 영접하고 두 번 절한 후 돌아와서 이틀 동안 잔치를 베푸는 등 극진한 대접을 하였다. 조숭이 떠나는 날에도 성문 밖까지 가서 영접했고, 도위(都尉) 장개(張闓)를 시켜 호위하도록 하였다.

조숭이 화현(華縣)과 비현(費縣) 경계에 이르렀는데, 때가 여름에서 가을로 접어드는 계절이라 큰 소나기를 만나 어느 절에 하루를 묵게 되었다. 군사들은 옷이 비에 젖어서 한탄하며 원망했다. 장개가 부하 두목 하나를 조용한 곳에서 상의한다.

"우리는 피차 황건군의 살아남은 무리인데 할 수 없이 도겸에게 귀순했지만 좋은 일도 아직 없소. 조씨 일가의 수레가 저렇게 무수히 많은데 너희

들이 부자가 되는 것은 그리 어렵지 않다. 오늘 밤 3경에 모두 문을 부수고 안으로 들어가서 조씨 일가를 죽이고 재물을 빼앗아 함께 산속으로 들어가서 산 도둑이 되는 것이 어떠하냐!"

모든 사람이 허락하였다. 그날 밤에도 비바람이 그치지 않았다. 조숭은 자지 않고 앉아 있었는데 갑자기 사방에서 함성 지르는 소리가 크게 들렸다. 조숭은 첩을 데리고 담을 넘으려는데 첩이 너무 뚱뚱해서 담을 넘지 못해 황급히 측간으로 숨었다가 결국은 군사들에게 들켜 살해되었다.

장개는 조숭 일가를 모두 죽이고, 재물을 차지하고는 절에 불을 지른 뒤에 회남(淮南)으로 달아났다.

조조는 집안 가족이 모두 살해되었다는 소식을 듣자 통곡했다. 조조는 이를 간다.

"도겸은 군사를 풀어 나의 부친을 죽였으니, 하늘 아래 함께 살 수 없는 나의 원수다. 내 이제 군사를 일으켜 서주를 소탕하고 나의 원한을 풀리라!"

간체자 不共戴天

발음 부 궁 다이 텐(bù gòng dài tiān)

회수 10회

해설 "하늘을 함께 머리 위에 이고 있지 못하다"라는 뜻으로, 이 세상에서 더불어 살 수 없을 정도로 큰 원한을 품음을 비유하는 말이다. '대천지원수(戴天之怨讐)', '불구대천(不俱戴天)'과도 같은 뜻이다. '수(讐)'는 원수(怨讐), '구(俱)'는 함께함을 뜻한다.

『예기』(禮記) 「곡예」(曲禮) 상(上)편에 "아버지의 원수와는 하늘 아래 같이 살 수 없다(父之仇, 弗與共戴天)"라고 하였다.

『삼국지연의』 82회 등 여러 번 나온다.

유사 성어로는 '세불양립(勢不兩立)', '서불양립(誓不兩立)' 등이 있고, 반대 성어는 '친동수족(親同手足)', '순치상의(唇齒相依)' 등이 있다.

23

거듭 생각한 다음에 행하다

삼사이행三思而行

三 석 삼, 思 생각할 사, 而 어조사 이, 行 행할, 행동할 행

출처 조조가 도겸을 죽이려고 하자 진궁이 조조에게 간한 말.

본문

조조는 서주로 쳐들어갔다. 조조는 하후돈과 전위를 선봉으로 삼고 분부한다.

"서주 성 안의 모든 사람을 전부 죽여서 내 부친의 원수를 갚아라!"

진궁(陳宮)은 서주 태수 도겸과 친한 사이이다. 조조가 부친의 원수를 갚으려고 서주를 공격한다는 소식을 듣고 말을 달려 찾아갔다. 조조는 진궁이 도겸을 위해 자기를 설득하려는 것이라 여기고 만나주지 않았다. 그러나 지난날 동탁을 죽이려다 실패하고 달아나다 붙잡혔을 때 밤에 진궁이 자기를 풀어주고 함께 도망쳤던 일을 잊을 수가 없어 그를 만났다.

진궁은 간곡하게 조조에게 말한다.

"도겸은 인자하고 어진 군자입니다. 이익을 탐하여 의리를 저버리는 그런 사람이 결코 아닙니다. 그대 부친을 죽인 자는 장개이지 도겸이 아닙니다. 더구나 서주의 백성들은 그대와는 아무 원한도 없는데 그들을 죽인다면 이는 상서롭지 못한 일이니, 거듭 생각한 다음에 행하십시오."

간체자 三思而行

발음 산 쓰 얼 싱(sān sī ér xíng)

회수 10회

해설 반복해서 재삼 깊이 고려한 후에 행동하다라는 뜻이다.

『논어』「공야장(公冶長)」에 “계문자는 세 번 생각한 후에 행동하였다. 공자가 그것을 듣고 말했다. ‘두 번이면 족하다’”라고 하였다. ‘삼(三)’은 많음을 상징하는 숫자로, 생각을 너무 많이 하면 결단을 내릴 때 지장을 초래하고 또 바로 행동으로 옮기면 잘못된 판단으로 일을 그르치거나 실수할 가능성도 있으므로 한 번 더 생각하고 나서 행동하면 착오를 막을 수 있음을 뜻한다.

24

꼼짝 않고 죽음을 기다리다

속수대사束手待死

束 묶을 속, 手 손 수, 待 기다릴 대, 死 죽을 사

출처 조조의 군대가 서주를 공격하자 조표가 도겸에게 한 말.

본문

조조가 격분해서 말한다.

"그대가 지난날 날 버리고 가더니 이제 무슨 면목으로 다시 찾아왔소? 도겸이 우리 집안을 몰살했으니 도겸의 쓸개를 도려내고 염통을 찍어내어 원한을 갚을 것을 맹세하오. 그대가 비록 도겸을 위해 유세를 해도 나는 듣지 않을 것이오!"

진궁은 조조와 작별을 하고 나와서 탄식한다.

"아무 성과도 없으니 도겸을 대할 면목이 없구나."

진궁은 몸을 의탁하러 진류의 태수 장막에게로 갔다.

조조의 군사는 이르는 것마다 백성들을 죽이고 무덤을 파헤쳤다. 도겸은 서주에서 이 소식을 듣고 하늘을 우러러보며 통곡한다.

"내가 하늘에 무슨 죄를 지었기에, 서주의 백성들이 이런 크나큰 변을 당해야 하는가!"

도겸은 급히 관리들과 상의한다. 조표(曹豹)가 말한다.

"조조의 군사가 이미 당도했는데 어찌 꼼짝 않고 죽음만을 기다리십니까! 저는 주공을 도와 적을 격파하겠습니다."

도겸은 할 수 없이 군사를 거느리고 나갔다. 조조가 말을 달려 나오는데 흰 상복 차림으로 채찍을 들어 크게 꾸짖는다. 도겸은 몸을 숙여 인사하고 대답한다.

"저는 본래 공과 친하게 사귀고 싶었고, 장개를 시켜 공의 부친을 호위하도록 보냈소. 그런데 그자가 도둑의 마음을 고치지 못하여 그런 일을 저지른 것을 예상하지 못했소. 정말로 도겸이 시킨 것이 아닙니다. 공께서 살펴주시기를 바랍니다."

간체자 束手待死

발음 수 서우 다이 쓰(shù shǒu dài sǐ)

회수 10회

해설 팔짱을 끼고 앉아서 죽기만 기다림을 뜻한다. '속수무책(束手無策)'은 어쩔 도리가 없다는 말이다.

산속으로 들어가 산적패가 되는 것을 '낙초(落草)'라고 한다.

도겸이 조조에게 말한 "공께서 살펴주시기를 바란다"라는 문구는 원문에는 "망명공찰지(望明公察之)"인데, 통촉(洞燭)하다와도 같은 뜻이다. '통촉'은 "깊이 헤아려 살피다"라는 뜻이다. '통(洞)'은 밝히다, '촉(燭)'은 촛불을 가리킨다. '통촉'이란 "촛불을 밝히다"라는 뜻으로 윗사람이 아랫사람의 사정을 깊이 헤아려 살핌을 말한다.

25

하늘이 무너져도 솟아날 구멍은 있다

절처봉생絶處逢生

絶 끊어질, 떨어질 절, 處 곳 처, 逢 만날 봉, 生 살 생

출처 서주성을 공격하는 조조를 격파할 계책이 있다며 어떤 사람이 서주 태수 도겸에게 한 말.

본문

조조가 크게 욕한다.

"이 늙은 필부야! 우리 부친을 죽여 놓고도 감히 함부로 입을 놀리느냐! 누가 나가서 저 늙은 도둑을 사로잡을 테냐?"

하후돈이 말을 달려나간다. 이에 조표가 창을 들고 말을 달려 나와 서로 어우러져 싸우는데 갑자기 폭풍이 분다. 조조와 도겸은 각각 군사를 거두었다.

도겸은 성 안으로 돌아와서 수하 관리들과 상의한다.

"조조의 군사가 많으니 대적하기 어렵다. 스스로 내가 몸을 결박하여 조조 진영으로 가서 그들이 나를 쪼개고 갈라서 복수하게 하고 서주 백성들의 목숨을 구하겠다."

어떤 사람이 앞으로 나와 말한다.

"서주의 백성들은 공의 은혜에 감사하고 있습니다. 주공은 백성과 함께 굳게 성을 지키고 나가지 마십시오. 제가 비록 재주는 없으나 작은 계책을 써서 조조가 죽어도 묻힐 땅이 없게 하겠습니다."

모든 사람이 놀라 그 계책이 무엇인지를 묻자,

본래 사귀려고 했는데 도리어 원수가 되어 원망하니,
누가 궁지에 빠져도 살 길은 있다는 것을 알았으랴?

과연 이 사람은 누구인가?

간체자 绝处逢生

발음 줴 추 펑 성 (jué chù féng shēng)

회수 10회

해설 '절(絶)'은 멀리 떨어져 있음을 뜻하는 말로, '절처(絶處)'는 죽음의 길, 막다른 길을 의미한다. '절처봉생'은 위험에 처하거나 궁지에 빠졌을 때도 살 수 있는 희망은 있다는 성어로, 궁지에 빠져도 살길은 있음을 이르는 말이다. 이 성어는 항상 "착한 사람은 하늘이 돕는다"라는 뜻의 '길인천상(吉人天相)'과 함께 사용하여, "착한 사람은 하늘이 도와주니, 궁지에 빠져도 살길은 있다(吉人天相, 絶處逢生)"가 된다. '기사회생(起死回生)'과 같은 뜻이다.

11회와 12회는 조조의 서주 침공에 관한 이야기인데 여기에 서주목 도겸이 유비에게 세 번 양보했다는 '삼양서주(三諒徐州)' 고사가 유명하다. 역사에서는 세 번이 아니라 한 번이었다. 『삼국지』「선주전」에 "도겸은 선주 유비를 예주자사(豫州刺史)로 삼아 달라는 표를 올리고 소패(小沛)에 머물게 했다. 병이 위독해지자 도겸은 별가(別駕) 미축(糜竺)에게 말하길, 유비가 아니면 이곳 서주를 편안하게 할 수 없다'라고 했다. 도겸 죽자, 미축이 마을 사람들을 대동하고 선주를 맞이했는데 선주가 감당할 수 없다며 사양했다. 진등(陳登)과 공융(孔融)이 다시 한 번 권하자, 마침내 선주는 서주목이 되었다"라고 하였다.

26

황실 자손

금지옥엽金枝玉葉
金 쇠, 금 금, 枝 가지 지, 玉 구슬, 옥 옥, 葉 잎 엽

출처 장비가 유비를 동생이라고 호칭한 여포를 꾸짖으며 유비에 대해 한 말.

본문

조조는 정도(定陶)에서 여포를 크게 격파했다. 여포가 정도 동쪽의 해빈(海濱)에 이르러 패잔병들을 모으니 여러 장수도 와서 함께 다시 조조와 결전할 생각이었다.

진궁이 말한다.

"먼저 안전한 곳을 찾은 뒤에 다시 가도 늦지 않소."

여포는 기주(冀州)에 있는 원소에게로 갔다.

여포가 기주로 온다는 소식을 들은 원소의 모사 심배(審配)가 원소에게 진언한다.

"여포는 이리나 호랑이 같은 자입니다. 그가 연주(兗州)를 차지한다면 우리 기주를 치러 올 것이니 여포를 도와 그를 공격해야 걱정이 없을 것입니다."

첩자가 정탐하고 돌아가 여포에게 이 사실을 보고하자, 여포는 유비가 있는 해빈 동남쪽의 서주로 향한다. 서주에 도착한 여포가 유비를 만나 말한다.

"내가 조조의 간특한 계략에 빠져 군사와 장수를 많이 잃었소. 이제 공에게 와서 앞으로 함께 큰일을 도모하고자 하니, 공의 뜻은 어떠하오?"

유비는 관패(官牌)와 관인(官印)을 내오게 하고 여포에게 내놓는다. 여포는 기다렸다는 듯이 받으려고 하였으나 유비 뒤에 서 있는 관우와 장비의 화난 얼굴을 보고 억지로 웃음을 지으며 말한다.

"내가 한갓 용맹한 사나이에 불과한데, 어찌 서주목(徐州牧)을 할 수 있겠소?"

유비가 또 양보한다.

진궁이 말한다.

"옛날 말에 '아무리 강자라도 손님이면 주인 위에 앉을 수는 없다'라고 했으니, 주인도 손님을 공연히 의심하지 마시기 바랍니다."

그때 유비는 더 권하지 않고 잔치를 베풀었다.

이튿날 여포는 감사하다는 뜻에서 자기 숙소에다 잔치를 차리고 유비를 초대했다. 유비가 관우, 장비와 함께 여포의 숙소에 가서 술에 취했다.

여포가 후당에서 말한다.

"내 아내와 딸을 나오라고 할 것이니 절을 받으시죠."

여포의 말에 유비는 거듭 사양하자, 여포가 말한다.

"아우는 굳이 사양할 필요 없네."

장비가 듣고 있다가 눈을 부릅뜨며 호령한다.

"네 이놈! 우리 형님은 한나라 황실의 자손이시다. 네가 뭔데 감히 우리 형님을 동생이라 부르냐. 너는 밖으로 나와서 나와 싸우자."

유비가 장비를 꾸짖는데 관우가 장비를 권하여 밖으로 내보냈다. 유비가 여포에게 사과한다.

"못난 동생이 술에 취해서 한 미친 소리니, 형님이 노여워하지 마시오."

이튿날 여포는 유비에게 와서 말한다.

"공은 나를 버리지 않았으나 공의 동생들이 나를 용납하지 않으니 나는

다른 곳으로 떠날 수밖에 없소."

유비가 대답한다.

"정 그러하시다면, 이곳에서 가까운 소패(小沛)라는 마을이 있소. 지난날에 군사를 주둔하고 있던 곳이오. 작은 마을이지만 우선 거기에 가 있으면 어떻겠소? 양식과 필요한 물품을 보내겠소."

여포는 소패로 갔다.

간체자 金枝玉叶

발음 진 즈 위 예(jīn zhī yù yè)

회수 13회

해설 금으로 된 가지와 옥으로 된 잎이란 뜻으로, 대부분 황실의 자손 혹은 왕손을 비유하는 말이다. 지금은 귀한 집안의 자손이나 연약한 사람을 가리킨다.

"아무리 강자(强者)라도 손님이면 주인 위에 앉을 수는 없다"라는 것은 '강빈불압주(强賓不壓主)'라는 성어다.

반대 성어는 '봉문형포(蓬門荊布)'로 '봉문'은 쑥으로 얽어맨 대문이란 뜻으로 가난한 집을 일컫고, '형포'는 가시나무로 만든 무명이란 뜻으로 가난을 비유하므로 어려움을 겪는 가난한 집을 가리킨다.

27

상갓집 개

상가지구喪家之狗

喪 죽을 상, 家 집 가, 之 갈 어조사 지, 狗 개 구

출처 조조의 군사에게 패하여 달아나는 이각과 곽사의 모습.

본문

동승(董承)과 양봉(楊奉)이 모시어 황제는 마침내 낙양으로 돌아왔다. 낙양성의 궁전은 다 타버렸고 시가지는 황폐해졌다. 황제는 작은 궁전을 지어 거처했다. 연호를 건안(建安) 원년(196년)으로 바꿨다.

이해에도 계속 흉년이 들었다. 먹을 것이 없어 나무껍질을 벗기거나 풀뿌리를 캐어 연명했다. 무너진 담과 부서진 벽 사이에서 죽어간 사람이 많았다. 한나라 말의 기운이 쇠하여 이때보다 더 심각한 경우는 없었다.

태위(太尉) 양표(楊彪)가 황제에게 아뢴다.

"조조가 산동에서 강한 군사와 많은 장수를 거느리고 있으니, 조정으로 불러들여 왕실을 돕게 하면 어떻겠습니까?"

황제가 이미 조서를 내렸다고 했다.

한편, 조조는 산동에서 황제가 낙양에 환도했다는 소식을 들었다.

순욱이 말한다.

"한고조 유방은 초나라 의제(義帝)의 초상을 잘 치러주었기 때문에 천하의 민심을 얻었습니다. 그런데 오늘날 천자가 도성 밖으로 피난했으니, 이에 장군이 먼저 대의명분을 내세워 의병을 일으키고 천자를 받들어 민심을

따르면 세상에 이보다 더 좋은 계략은 없을 것입니다. 만약 서둘러 도모하지 않으면 다른 사람이 우리보다 먼저 할 것입니다."

이각과 곽사의 군대가 낙양성으로 온다는 보고를 받자, 동승이 황제에게 권한다.

"조조가 있는 산동으로 가는 것이 안전하옵니다."

황제가 산동으로 떠나가는데, 조조가 보낸 하후돈(夏侯惇), 허저(許褚) 등이 군사를 거느리고 낙양성을 향해 오고 있었다. 황제가 허후돈에게 명하여 이각과 곽사의 군대와 대결하도록 하였다. 이각과 곽사의 군사가 크게 패하여 달아났고, 조조 수하 장수들의 군사들이 황제를 모시고 낙양으로 되돌아왔다. 이튿날 조조가 낙양성으로 들어가서 황제를 알현하였다.

이각은 군사를 다시 거느리고 와서 조조의 군사와 대결하였다. 허저가 달려나가 이각의 조카와 부하 장수를 죽여 이들의 목을 잘라 들고 돌아왔다.

조조는 허저의 등을 쓰다듬는다.

"그대는 참으로 나의 번쾌(樊噲)요!"

조조는 삼군을 거느리고 적진을 무찌르니, 적군은 대적할 수 없어 크게 패하여 달아난다. 이각과 곽사는 서쪽으로 달아나는데 급히 서두르는 모습이 마치 상갓집 개와도 같아서 몸 둘 곳을 찾지 못하다가 할 수 없이 산중으로 들어가 도둑이 되었다.

조조는 돌아와 낙양성 바깥에 군대를 주둔시켰다. 이때 낙양성 안에서는 양봉과 한섬(韓暹)이 서로 논의한다.

"조조가 큰 공을 세웠으니 반드시 권력을 잡으려고 할 것인데 우리 두 사람을 용납할 리가 없다."

두 사람은 궁으로 들어가서 천자에게 상주하여, 이 기회에 뒤를 좇아가서 이각과 곽사를 죽이고 오겠다는 명분으로 군사를 거느리고 대량(大梁)으로 가버렸다.

간체자 丧家之狗

발음 쌍 쟈 즈 거우(sàng jiā zhī gǒu)

회수 14회

해설 여위고 기운 없이 초라한 모습으로 이곳저곳 기웃거리는 사람을 놀림조로 이르는 말이다. '상가지견(喪家之犬)'이라고도 한다.

『논어』와 『사기』「공자세가」에 공자가 자신의 이상을 실현하기 위해 천하를 떠돌아다녔는데 10년을 떠돌다가 정나라에 가게 되었고 어느 고을 문 앞에 이르렀을 때 공자의 초라한 모습을 보고 정나라 사람이 피로에 지친 몰골이 마치 상갓집 개와 같다고 하였다. 여기에서 비롯된 '상가지구'란 상갓집에는 주인이 죽어 누구도 돌봐주는 사람이 없게 되었기 때문에 사람의 눈치나 살피면서 지낸다는 뜻이다.

이각(李傕)과 곽사(郭汜)의 분쟁과 재결합 그리고 여기에 조정 대신들과 얽혀 내부 충돌이 일어나자 잠시 도성을 떠났다가 낙양으로 돌아온 헌제(獻帝)는 건안 원년(196년)으로 개원하고, 태위 양표의 건의로 산동을 평정한 조조를 조정으로 불러들였으며 황제가 조조에게 사례교위(司隸校尉), 가절월(假節鉞)과 녹상서사(錄尙書司)를 겸임시켰는데 이 관직들 모두가 조정에서 가장 높은 직책이었다. 사례교위는 도성의 치안 유지와 백관의 위법 사실을 규찰하는 직책인데 정권의 중추로 권력이 막중했다. 가절월의 '가(假)'는 차(借)의 뜻으로 대신한다는 말이고, '절(節)'은 황제의 신분을 대표하여 황제를 대신하여 황제와 국가의 권리를 행사할 수 있는 직책이다. '월(鉞)'은 부월(斧鉞)이란 뜻으로 일종의 형구(刑具)인데 군왕에게만 속하는 것이다. 가절월은 황제의 출정을 대표하고 사지절(使持節)은 지방에서 2천 석 이하의 관원을 주살할 수 있고, 지절(持節)은 관직이 없는 사람을 죽일 수 있는데 군사 중이라면 관원을 죽일 수 있으며, 가절(假節)은 군령(軍令)을 어긴 사람을 죽일 수 있었다. 녹상서사는 문관 최고의 직책으로 상서를 통제하고 조정의 대사를 처리했다.

28

자수하여 광명 찾자

기암투명棄暗投明

棄 버릴 기, 暗 어두울 암, 投 던질 투, 明 밝을 명

출처 만총이 설득하여 조조에게 항복하게 하려고 서황에게 한 말.

본문

조조는 황제의 칙사로 온 사람을 만났는데 눈썹과 눈이 매우 맑고 기상이 고상했다. 효렴(孝廉)으로 천거를 받아 원소 밑에 있다가 환도한 황제를 뵙고 정의랑(正議郎) 벼슬을 받은 동소(董昭)였다.

조조는 자리를 피해 앉으며 말한다.

"공의 높은 명성을 들은 지 오래되었으나, 다행히 여기서 만나 뵙는군요."

동소가 조조에게 말한다.

"공이 의병을 일으켜 폭도들을 죽이고 조정에 들어와 천자를 도우면, 이는 춘추오패의 공로만 못하지 않습니다. 사람들이 공에게 복종하지 않으니 낙양은 공에게 불편할 것이오. 천자를 모시고 허도(許都)로 옮겨가는 것만이 상책인데, 이제 막 천자가 낙양에 환도하여 세상이 하루 속히 안정되길 바라므로 어가를 옮긴다면 반대가 일어나겠지요. 그러나 세상이란 비상한 일을 해야만 비상한 공을 세울 수 있으니, 장군은 알아서 결정하십시오."

조조는 궁에 들어가서 황제에게 아뢴다.

"낙양은 황폐해진 지 오래되어 수리할 수도 없습니다. 식량을 운반해 오

기에도 여러 가지 어려움이 있습니다. 그러나 허도는 성과 궁전, 식량과 물자가 다 갖추어져 있습니다. 허도로 천도하시기를 청합니다. 윤허하여 주시옵소서."

황제는 감히 싫다고 할 수도 없었고, 신하들도 조조의 위세에 겁이 나서 또한 감히 반대하지 못했다. 마침내 택일하여 어가가 낙양을 떠나가는데 조조가 천자를 호위하니 문무백관이 모두 뒤따랐다.

천자의 행차가 몇십 리쯤 갔을 때였다. 양봉과 한섬이 군사를 거느리고 달려나와 길을 가로막는다. 허저와 양봉 수하의 장수 서황(徐晃)이 맞붙어서 싸웠으나 승부가 나지 않았다. 만총(滿寵)이 조조에게 고한다.

"저는 서황과 잘 아는 사이니 졸개로 변장하고 몰래 서황 진영에 들어가서 서황을 설득하여 투항하게 하겠습니다."

그날 밤 만총이 서황의 장막 안으로 들어가 인사한다.

"장군은 그간 별고 없으셨나?"

"만총이 아닌가? 여긴 어찌 왔소?"

"공은 용맹함과 지혜로 세상에서 출중하거늘, 양봉, 한섬 따위에게 몸을 굽히고 계시오. 조조 장군은 당대의 영웅호걸이라, 어진 사람을 좋아하고 장수를 예의를 갖추어 대접한다는 것은 천하가 다 아는 사실이오. 조조 장군께서 오늘 그대가 싸우는 것을 보시고는 나를 시켜 공을 모셔오라고 하시었소. 공은 왜 자수하여 광명 찾아 함께 큰일을 성취하려 하지 않소?"

간체자 弃暗投明

발음 치 안 터우 밍(qì àn tóu míng)

회수 14회

해설 불의를 버리고 정의에 투신함을 뜻한다. '암(暗)'은 나쁜 사람 혹은 무리, '명(明)'은 좋은 사람 혹은 무리를 상징한다. '기암투병'은 어리석은 무리를 버리고 공명정대한 사람에게 가는 것을 나타내는 성어로 암흑의 구세력을 떠나 밝은 새로운 세력에 투신함을 뜻하며, 정치적으로는 보수 세력에서 이탈하여 진보성향의 세력에 투신함을 비유하는 말로도 쓰인다.

반대 성어는 "귀중한 야광주를 어둠 속으로 던진다"는 뜻의 '명주암투(明珠闇投)'로 『사기』「추양열전(鄒陽列傳)」에 나온다.

추양은 제나라 사람인데 양나라에 와서 사람들을 사귀다가 누군가에게 중상모략을 받아 감옥에 갇히자 옥중에서 글을 지어 양효왕(梁孝王)에게 올렸다.

추양은 진실된 사람은 의심을 받지 않는다고 알았는데 옛날 보옥을 바쳤던 변화(卞和)나 나라에 충성을 바쳤던 이사(李斯)는 중벌을 받았으니 빈말이었다며, 어두운 길을 걸어가는 사람에게 명월주(明月珠)와 야광벽(夜光璧)을 던지면 칼을 잡고 노려보지 않을 사람이 없다고 하면서 아무리 좋은 의견을 내어도 명주임을 알아보지 못한다면 묻혀 있을 수밖에 없다고 말하자 양효왕은 추양의 깊은 뜻을 깨닫고 추양을 풀어주고 상객(上客)으로 삼았다고 하였다.

귀중한 물건이 알아주지 않는 사람의 손에 쥐어져 있다는 뜻으로 재주 있는 사람이 중시받지 못함을 비유하는 말이다.

29

좋은 기회를 잃다

교비실지交臂失之

交 사귈, 엇갈릴 교, 臂 팔 비, 失 잃을 실, 之 갈, 어조사 지

출처 조조에게 투항시키려고 서황을 설득하는 만총의 말.

본문

서황이 한참을 듣다가 탄식한다.

"나도 양봉과 한섬이 큰일을 성취할 만한 사람이 못 된다는 것은 알고 있소. 그러나 오랫동안 따랐는데 차마 버릴 수 있겠소."

"공은 '훌륭한 새는 나무를 골라서 살고, 현명한 신하는 주인을 골라서 섬긴다'라는 말을 듣지 못했소? 이제 섬길 만한 주인을 만났는데, 좋은 기회를 잃는다면 어찌 사내대장부라고 할 수 있겠소."

서황은 일어나서 감사의 표시를 하고 만총의 말대로 따르기로 하였다. 서황은 만총을 따라 조조에게로 갔다. 소식을 들은 양봉은 말을 달려 서황에게로 가는데 매복한 군사가 사방에서 쏟아져 나온다. 조조가 친히 앞으로 나와 양봉을 꾸짖었다. 양봉이 조조의 군사에게 포위되자, 한섬이 양봉을 구출하러 달려와 조조 군사와 일대 혼전을 벌였다. 양봉과 한섬의 군사 대부분이 항복하여 두 사람은 패잔병을 이끌고 몸을 의탁하러 원술에게로 달아났다.

조조는 군사를 거두어 진영으로 돌아온 후에 서황을 맞이하여 기뻐하며 극진히 대접했다.

조조는 어가를 모시고 허도에 이르자, 동승 등 13명을 열후(列侯)에 봉했

다. 상벌은 모두 조조 마음대로였다. 이때부터 천하의 권세는 조조에게로 넘어갔다. 조정의 큰일은 모두 먼저 조조를 거친 후에 천자에게 전달되었다.

간체자 交臂失之

발음 자오 비 스 즈(jiāo bì shī zhī)

회수 14회

해설 '교비(交臂)'란 공수(拱手)처럼 깍지를 끼거나 친밀한 정을 표하여 서로 손을 마주 잡는 것을 뜻한다. '교비실지'란 깍지를 끼고 있어도 잃게 된다는 뜻으로, 무엇인가를 놓치지 않으려고 두 팔을 깍지를 끼고 있어도 잃게 된다는 말이다. 눈앞에 있는 좋은 기회를 잃는 것을 가리킨다. '실지교비(失之交臂)'라고도 한다.

『장자(莊子)』「전자방(田子方)」에 "내가 죽을 때까지 그대와 함께할 기회를 잃어버렸으니 이 어찌 슬프지 않으리오(吾終身與汝, 交一臂而失之, 可不哀與)"라고 하였다. 기회를 만났는데 잃어버렸음을 뜻한다.

"훌륭한 새는 나무를 골라서 살고 현명한 신하는 주인을 골라서 섬긴다"라는 성어는 '양금택목이서(良禽擇木而棲), 현신택주이사(賢臣擇主而事)'이다.

30

천하를 다스릴 재주

경천위지지재經天緯地之才

經 날, 세로, 다스릴 경, 天 하늘 천, 緯 씨, 가로 위, 地 땅 지,
之 갈, 어조사 지, 才 재주 재

출처 주유가 손책에게 장소(張昭)와 장굉(張紘)을 추천하며 두 사람의 재주에 대해 한 말.

본문

서주목 유비는 조조의 가짜 조서에 속아 원술을 치기 위해 장비에게 서주를 맡기려고 하자, 관우가 반대한다.

"익덕아, 너는 취하면 병사들을 매질하는 버릇이 있고, 또 모든 일을 쉽게 생각하고 간하는 말을 듣지 않는 버릇이 있으니 내가 마음을 놓지 못하겠다."

술을 입에 대지 않겠다는 약속을 하고 장비가 서주성을 지키게 되었다. 그러나 유비가 서주성을 떠나 남양으로 향하자마자, 하루만 실컷 술을 마시자며 모든 서주성의 관리들에게 술을 권했다. 장비에게 술을 마시면 안 된다고 말리는 조표(曹豹)에게 세 번이나 권했으나 그가 술을 못 마신다며 거절하자, 장비는 조표를 매질했다. 장비는 50대를 치고서야 겨우 매질을 그만두었고 술자리는 끝났다.

조표는 집으로 돌아와서 장비를 저주하며 그날 밤 편지 한 통을 심복에게 주어 여포가 있는 소패(小沛)로 보냈다. 유비는 남양으로 원술을 치러 갔고, 장비가 술에서 깨기 전에 서주성을 습격하라는 것이었다.

여포가 밤 4경에 서주성에 도착하였다. 조표는 성문을 열어주었다. 여포 군사가 일제히 성주성 안으로 쳐들어갔다. 달아나는 조표 뒤를 장비가 쫓아가서 강가에 이르러 조표의 등을 찔렀다. 왼편 심장까지 꿰뚫린 조표는 강물 속으로 떨어져 죽었다.

여포는 서주성을 점령하자, 장비는 우이(盱眙)로 가서 유비를 만났다.

관우가 장비를 원망한다.

"서주성을 잃고 형수님들마저 적군 속에 두고 왔으니 이를 어쩌면 좋단 말이냐."

장비는 칼을 뽑아 자기 목을 치려고 하였다.

유비가 칼을 빼앗아 던져버렸다.

"형제는 손발과 같고 처자식은 옷과 같다고 했다. 옷은 떨어지면 기워 입으면 되지만, 손발은 끊어지면 다시 붙일 수가 없다. 우리는 도원결의로 의형제가 되었으니 같은 날 죽기로 하였다 서주성은 본래 내 것이 아니었다. 아우는 어찌 한때의 잘못으로 죽으려 하느냐!"

원술이 여포에게 유비를 협공하자고 제의하자, 여포가 유비를 공격했다. 유비는 첩자의 보고를 듣고 궂은비에도 불구하고 우이를 버리고 광릉(廣陵)을 취하러 갔다가 도리어 원술에게 기습을 당하여 군사의 절반을 잃고 도중에 여포의 사자를 만났다. 여포의 사자가 여포의 서신을 보여주며, 여포는 유비가 자기를 의심하지나 않나 걱정했다는 내용이었다.

여포의 모사 진궁이 유비와 함께 원술을 무찌른 다음에 원소를 치면 천하를 얻을 수 있다고 제안했었다. 여포는 감부인과 미부인을 유비의 처소로 돌려보냈다.

여포가 체면상 서주성을 도로 유비에게 내주려고 하였으나 유비는 굳이 사양하고 소패로 갔다.

한편, 손책은 부진 손견이 죽은 뒤로 강남에 물러가 있으면서 현명한 인재와 뛰어난 장수들을 예의를 갖추어 초청하고 대우하였다. 그 당시의 서주목 도겸이 손책의 외숙이 되는 단양 태수와 사이가 좋지 않아서 손책은 원술에게 와서 몸을 의탁하고 있었다.

원술은 손책을 매우 사랑하며 늘 말했다.

"내게 손책 같은 아들만 있다면 죽어도 여한이 없겠다."

그러나 원술은 손책을 대하는 태도가 오만하였기에 손책은 자기 신세를 한탄하며 항상 울적한 마음을 지닌 채 지냈다.

손책은 부친이 남긴 옥새를 원술에게 저당 잡히고 군사를 3천 명을 빌려 정보(程普), 황개(黃蓋), 한당(韓當) 등과 함께 길을 떠나가다가 역양(歷陽)에서 주유(周瑜)를 만났다.

손책의 부친 손견이 동탁을 칠 때 손책이 주유의 고향 여강(廬江) 서성(舒城)에서 주유를 알게 되었고 두 사람은 특별히 친했다. 두 사람의 나이가 동갑이라 의형제까지 맺었다. 손책은 주유보다 두 달 먼저 태어났으므로 주유는 손책을 형님으로 모셨다.

주유가 손책에게 말한다.

"형님이 큰일을 이루고자 하시는데, 강동에 두 장씨(張氏)가 있다는 걸 아시는지요."

"그게 누구요?"

"한 사람은 팽성(彭城) 출신의 장소이고 또 다른 한 사람은 광릉 출신 장굉입니다. 두 사람 다 천하를 다스릴 재주가 있는데, 이곳으로 피난하여 은거하고 있어요."

간체자 经天纬地之才

발음 징 톈 웨이 디 즈 차이(jīng tiān wěi dì zhī cái)

회수 15회

해설 '경천위지(經天緯地)'란 하늘과 땅의 온 천하를 다스림을 뜻한다. 『국어』「주어(周語)」(하)에 "하늘은 육(六)으로 하고, 땅은 오(五)로 하는 것이 수의 기본 원리이다. 하늘을 날줄로 삼고 땅을 씨줄로 삼아야 한다. 날줄과 씨줄이 얽히지 않는 것이 문(文)의 표상이다. 문왕(文王)은 바탕이 문이기 때문에 천하를 그에게 준 것이다(天六地五, 數之常也° 經之以天, 緯之以地. 經緯不爽, 文之象也. 文王質文, 故天胙之以天下)"라고 하였다.

『좌전』「소공(昭公)」28년에도 나온다.

『삼국지연의』12회에서도 진궁(陳宮)이 여포에게 말하길, "조조가 만약 온다면 그를 성으로 유인하고 네 개의 대문에 불을 지르고 성 밖에는 복병을 두시오. 조조가 비록 천하를 다스릴 재주를 지녔어도 여기에 이르러서는 어찌 벗어날 수 있겠소?"라고 하였다. 진궁은 조조를 천하를 다스릴 수 있는 재주를 지닌 인물로 간주하였다.

손견이 옥새를 손에 넣은 경위는 다음과 같다.

동탁이 조정의 권력을 찬탈한 뒤에 이각과 곽사는 낙양의 백성 수백만 명을 몰아 장안으로 가는데, 동탁은 낙양의 종묘와 모든 관청을 불태워 낙양은 불바다가 되어 초토로 변했다. 동탁을 토벌하자고 전국에서 모였던 제후들은 각기 나누어 낙양에 주둔하고 있었고, 손견은 타다 남은 궁궐의 불을 끄고 성 안에 주둔했다. 군사 하나가 어전 터 남쪽 우물을 가리키며 오색 빛이 일어난다고 하여 손권이 우물에 가서 군사에게 우물 속으로 들어가라고 하였더니 군사가 우물 속에서 한 부인의 시체를 건져 올렸다. 그 부인의 목에 비단 주머니를 달고 있었고 끌러보니 붉은색 갑(匣)이 나오고 황금 쇠사슬로 묶여 있는데 그 갑을 여니 옥새가 나타났다. 서로 뒤엉킨 다섯 마리의 용이 조각되어 있었다. 한쪽 모서리가 떨어져 나간 데는 황금으로 때웠다. 정보가 손견에게 말하길, 변화의 옥을 진시황이 옥새로 만든 것인데 천자의 자리에 오를 징조이니 강동으로 돌아가서 큰일을 도모하라고 간했다.

31

어린 아이와 같은 얼굴에 머리털은 학처럼 희다

동안학발童顔鶴髮

童 아이 동, 顔 얼굴 안, 鶴 학 학, 髮 머리털 발

출처 손권을 구하느라 적의 창에 찔린 주태(周泰)를 살리기 위해 데려온 화타의 모습.

본문

손권이 주태와 함께 선성(宣城)을 지키고 있는데 갑자기 산적 떼들이 사방에서 쳐들어왔다. 한밤중이라 적을 막아낼 수 없어 주태는 손권을 안아 말에 태우는데 도둑들이 칼을 들고 들이닥쳤다. 주태는 도둑의 창을 빼앗아 휘두르며 도둑들을 마구 찔러 죽이고 혈로(血路)를 열어 손권을 구해냈다. 그때 도둑들은 달아나버렸다.

그러나 주태의 몸은 열두 군데나 창에 찔렸고 상처가 곪고 부어서 목숨이 위급해졌다. 손책은 크게 놀라니 동습(董襲)이 말한다.

"전에 해적들과 싸우다가 여러 군데 창에 찔린 일이 있었는데, 우번(虞翻)이란 회계 사람이 어떤 의원을 천거하기에 상처를 보이고 치료를 받은 후로 반 달 만에 나았습니다."

손책이 장소와 동습을 함께 보내어 우번을 초청했다. 손책이 유명한 의원이 필요하다고 하니 우번이 말한다.

"그는 패국(沛國) 초군(譙郡) 출신으로 화타(華陀)라고 합니다. 참으로 당대의 신의(神醫)죠."

손권의 간청으로 우번이 며칠 뒤에 화타를 데려왔다. 손책이 화타를 보니, 얼굴은 어린아이 같은데 머리털은 학처럼 희어서, 참으로 속세를 초월한 자태였다. 이에 손책은 주태의 상처를 보여주었더니 화타가 보고 말한다.

"이건 고치기 쉽습니다."

화타가 약을 쓴 지 한 달 만에 주태는 병이 나았다.

간체자 童颜鹤发

발음 퉁 옌 허 파 (tóng yán hè fà)

회수 15회

해설 어린아이 얼굴처럼 붉고 윤기가 나며 학의 깃털처럼 머리카락이 희다는 뜻으로 늙은 사람의 기색이 좋음을 비유하는 말이다. 실제 나이보다 어리게 보이는 늙은이의 얼굴을 '동안(童顔)'이란 말로 부르게 된 것도 여기에서 유래했다.

혈로(血路)란 적의 포위망을 뚫고 벗어나는 결사적인 길을 말한다. 곤경에서 벗어나는 어려운 고비나 위태롭고 급박한 순간을 면하는 수단을 가리킨다.

화타는 동한 말의 의학자로 지금의 안휘성 박주(亳州) 사람인데, 마취약 마비산(麻沸散)을 발명했고, 특히 외과 치료에 정통했으며 신의(神醫)로 불렸다. 또한 침구(針灸)와 호랑이, 사슴, 곰, 원숭이, 새 등의 동작을 모방해서 독창적으로 구성한 체조인 오금희(五禽戲)를 창조했다. 두통에 시달린 조조가 그를 불러 치료를 청했는데 머리를 갈라야 한다고 하여 결국 옥에 가둔 뒤 죽였다.

32

가까이하여 친한 사이를 이간하다

소불간친疏不間親

疏 소원(疏遠)할 소, 不 아닐 불, 間 사이, 이간(離間)할 간, 親 친할 친

출처 여포의 딸과 원술의 아들을 결혼시켜 여포가 유비를 제거하게 하려는 기영(紀靈)이 원술에게 제안한 계책.

본문

원술의 장사(長史) 양대장(楊大將)은 원술의 신임을 받았는데, 유비를 칠 계책이 있다고 하여 원술이 그것에 대해 물으니 그가 대답한다.

"유비는 소패에 군사를 주둔하고 있어 쉽게 취할 수 있으나, 여포는 서주에 범처럼 웅크리고 있으니, 약속한 황금, 비단과 양식, 말을 여포에게 아직 보내지 않아 혹 여포가 유비를 돕지나 않나 그것이 걱정입니다. 여포에게 약속한 것을 보내어 그의 환심을 사서 군사를 일으키지 않도록 하면, 유비를 사로잡을 수 있습니다. 먼저 유비를 잡은 다음에 여포를 도모하면 서주를 차지할 수 있습니다."

원술은 조[속(粟)] 20만 석을 한윤(韓胤)에게 편지와 함께 주어 여포에게로 보냈다. 여포가 매우 기뻐서 한윤을 극진히 대접했다.

한편, 유비는 원술의 군사가 쳐들어온다는 보고를 듣자 장수들과 상의한다. 손건(孫乾)이 여포에게 원조를 청하자고 제의했다. 결국 유비는 여포에게 서신을 보내 위급한 처지를 도와달라고 하였다.

여포가 편지를 읽고 진궁에게 말한다.

"원술이 내게 양식과 편지를 보낸 것은 유비를 도와주지 말라는 뜻이었다. 원술이 만약 유비를 무찌르고 나면 그다음에는 나를 없애려고 할 것이니 차라리 유비를 돕는 것이 낫겠다."

여포는 군사를 일으켰다.

한편, 기영은 여포가 유비를 도우러 왔다는 것을 알게 되자, 즉시 서신을 보내어 배신한 행위를 꾸짖었다. 여포는 서신을 읽고 웃는다.

"내게 계책이 있어 원술과 유비 둘 다 좋게 해줄 것이니 안심해라."

여포는 기영과 유비의 진영에 각각 사람을 보내어 자기 진영으로 오도록 청했다. 여포 진영에서 유비와 기영이 만났는데 둘 다 깜짝 놀라 서로 피하려고 한다. 여포가 이제 양쪽을 화해시키려고 한다고 말했다. 여포는 술자리를 마련하여 자신은 가운데 앉고 왼편에 유비, 오른쪽에 기영을 앉혔다. 양쪽이 서로 으르렁거리자, 여포는 양쪽을 흘겨보며 측근에게 말한다.

"이 창을 저 문밖에 세워라."

그리고는 유비와 기영을 돌아보고 말한다.

"내가 화살로 150보 떨어져 있는 저 창끝에 달린 곁가지를 쏘아 맞히거든 너희들은 각기 군사를 거두어야 한다."

여포가 활과 화살을 가져오라고 했다. 유비는 마음속으로 축원하였다.

"여포가 쏘아 적중하게 해주십시오!"

여포는 소매를 걷어 올리더니 시위에 화살을 끼우고 힘껏 잡아당겼다가 외마디 소리를 지르면서 손을 놨다. 화살은 화극창(畫戟槍)의 작은 가지에 정통으로 맞혔다. 장막 위아래 모든 장수가 일제히 환호하며 박수갈채를 보냈다.

여포는 유비에게 말한다.

"내가 아니었으면 공은 위험할 뻔했소."

유비가 감사의 표시를 하고 관우, 장비와 함께 소패로 돌아갔고 기영도 서주로 돌아갔다.

기영이 원술에게 보고하였는데, 원술이 크게 노하자, 기영이 고한다.

"여포의 아내 엄씨(嚴氏) 소생의 딸이 하나 있는데 만 15세가 되어 막 비녀를 꽂았다고 합니다. 주공에게도 아드님이 한 분 계시니 사람을 여포에게 보내어 혼인을 청하면 어떻겠습니까? 여포가 만약에 주공에게 며느리로 시집을 보낸다면 반드시 유비를 죽일 것입니다. 이것은 가까이하여 친한 사이를 이간시키는 계책입니다."

원술은 한윤에게 예물을 가지고 여포에게 가서 혼인을 교섭하도록 명했다.

간체자 疏不间亲

발음 수 부 젠 친(shū bù jiàn qīn)

회수 16회

해설 관계가 먼 사람이 친한 사이를 이간질할 수는 없다는 뜻인데, 바꿔 말해서 가까이하여 상대의 친한 사이를 이간한다는 말이다. "가까이한다"라는 것은 자식들을 결혼시켜 원술과 여포가 가까워지는 것이고, "친한 사이를 이간질한다"라는 것은 유비와 여포 사이를 이간질한다는 말이다.

화극창(畵戟槍) 유적 사극대(射戟臺)는 강소성 패(沛) 땅에 있었으나 최근 박물관과 도서관이 새로 설립되면서 없어졌다. 패는 유방의 고향으로도 유명하다.

33

발을 묶어 못 들어오게 하다

과족부전裹足不前

裹 싸맬 과, 足 발 족, 不 아닐 부, 前 나갈 전

출처 조조가 유비를 죽이면 천하의 어진 인재가 조조를 멀리할 것이라며 가후가 조조에게 한 말.

본문

원술은 다시 여포와 손을 잡기 위해 여포의 딸과 자신의 아들을 결혼시키려고 하자, 진등의 부친 진규(陳圭)가 유비가 위태로워질 것을 생각하여, 원술이 여포의 딸을 볼모로 유비를 쳐서 소패를 빼앗고 갖은 요구를 다할 것이라며 천자를 맞아들인 조조와 손을 잡아야 한다고 여포를 설득한다. 결국 여포는 장료(張遼)를 파견하여 자신의 딸을 데려오게 하였다.

한편 산동의 좋은 말 3백 필을 사서 소패로 돌아오는데 장비가 도둑을 가장하고 말의 반을 빼앗아갔다는 소식을 듣고 여포가 소패로 달려갔다. 여포가 장비와 싸웠으나 승부가 나지 않았다. 진궁이 유비를 죽이자고 하여 여포가 소패성을 공격하였다.

유비에게 손건이 조조에게 군사를 빌려 다시 여포를 치는 것이 상책이라고 말했다.

유비는 관우, 장비와 함께 소패성 북문을 통해 달아나다가 여포 장수들과 맞닥뜨렸다. 관우가 장요를 크게 무찌르자, 여포는 서주로 돌아갔다.

유현덕이 하도(許都)에 도착하자, 조조는 유비 형제들을 맞이하고 발한다.

"나는 유현덕과 형제지간이다. 여포는 의리 없는 자이니 아우와 함께 그 자를 치겠소."

순욱(荀彧)이 들어와서 조조에게 말한다.

"유비는 영웅입니다. 지금 속히 도모하지 않으면 훗날 반드시 후회할 것입니다."

조조는 아무 대답을 하지 않았다.

순욱이 나가자 곽가(郭嘉)가 들어와서 말한다.

"안 됩니다. 지금 유현덕은 평소 영웅의 칭호를 듣는 사람인데 곤궁해서 찾아와 투항한 것인데 만약 그를 죽인다면 어진 사람을 해치는 것입니다. 천하의 지혜롭고 지략이 있는 선비가 그런 소문을 듣고 의심을 품으면 발을 묶어 못 들어오게 하는 것입니다. 주공은 누구와 천하를 평정하시겠습니까? 훗날 우환 때문에 한 사람을 죽인다면 이것으로 천하의 인망(人望)을 잃게 될 것입니다. 안정과 위기의 관건인데 잘 살피지 않을 수 없습니다."

조조가 크게 기뻐한다.

"그대 말이 바로 내 생각과 같다."

이튿날 조조는 천자에게 표를 올려 유현덕을 예주목(豫州牧)에 천거했다.

간체자 裹足不前

발음 궈 쭈 부 첸(guǒ zú bù qián)

회수 17회

해설 발을 묶어서 들어오지 못하게 하거나 앞으로 나아가지 못하고 멈추어 섬을 비유하는 말이다.

『사기』「이사열전(李斯列傳)」에도 나온다. 순자(荀子)에게서 제왕에 관한 학문을 배운 이사(李斯)가 진왕(秦王)을 설득하고 유세하기 위해 진나라에 왔는데, 여불위(呂不韋)가 그의 재능을 알고 진왕에게 그를 천거하여 이사가 장사(長史)에 임명되었다. 이사가 제후들을 유세하여 공을 세우자 객경(客卿)으로 승진하였다. 한나라의 정국(鄭國)이 진나라에 들어와 진왕에게 물을 대는 도랑을 만들도록 하였는데 이것이 진나라 국력을 소모시키기 위한 모략이었음이 들통 났다. 대신들이 진나라의 군신 관계를 이간하려는 것이라며 진나라에 임용된 제후국 사람을 추방해야 한다고 진왕에게 간하자, 이사도 이에 맞서 「간축객서(諫逐客書)」를 진왕에게 올렸다. 여기에서 이사는 외국에서 온 빈객을 추방하여 공을 세우지 못하게 하고 천하의 선비를 물러가게 하여 감히 서쪽을 향하지 못하도록 "발을 싸매어 진나라에 들어오지 못하게 한다면(裹足不入秦)" 이것은 원수에게 군대를 빌려주고 도적에게 양식을 주는 꼴이 된다고 하였다. 진왕은 축객령을 취소하고 이사를 형벌을 관장하는 정위(廷尉)에 임명하였다.

후에 조조는 조조가 백문루(白門樓)에서 여포를 죽였는데 그 과정은 다음과 같다.

건안 3년(198년), 여포는 원술과 다시 손을 잡고 조조에 반기를 들어 소패(小沛)의 유비를 공격했다. 유비는 소패성을 잃고 패주하여 손건의 건의로 허도의 조조에게로 도망쳤다. 조조는 진규와 진등 부자의 계책으로 여포와 진궁을 소관 전투에서 물리치고 유비 세 형제의 협공으로 서주성과 소패성을 빼앗았다. 여포는 하비(下邳)로 달아났다.

여포는 계략은 없고 시기심과 의심만 많았다. 진궁이 짜놓은 계략도 아내의 참견으로 중지되는 일이 잦아 부하들은 여포에게서 멀어져갔다. 마침내 여포의 부하가 참모 진궁을 포박하여 조조에게 항복하고 여포 역시 성이 포위되어 압박이 점차 강해지자 항복하였다.

여포가 조조를 떠본다.

"그대가 보병을 이끌고, 내가 기병을 이끈다면 천하는 간단히 평정될 것이오."

여포의 재능을 존중하는 조조가 망설이자, 유비가 나서며 옛일을 상기시킨다.

"설마 정원, 동탁이 배신을 당해 살해된 사실을 잊으셨습니까?"

조조가 결국 여포를 교수형에 처했다.

34

뛰는 자 위에 나는 자가 있다

강중경유강중수强中更有强中手

强 강할 강, 中 가운데 중, 更 다시, 더욱 경, 有 있을 유, 手 손 수

출처 조조의 뜻을 간파하고 그 계책을 역이용하는 계책을 쓰려는 가후에 대한 평가.

본문

건안 2년 9월, 조조는 사람을 보내 손책, 유비, 여포에게 보내어 각기 출전하여 원술을 치도록 하였다.

유비가 조조 진영으로 오자, 조조는 유비를 위로하고는 여포의 군사는 왼쪽에 유비의 군사는 오른쪽에 두어 양 날개로 삼아 친히 대군을 거느리고 하후돈과 우금을 선봉에 서게 하였다.

한편 원술은 부하 장수에게 군사 5만 명을 주어 선봉으로 세웠다. 양편 군사가 수춘(壽春)에서 마주쳤다. 하후돈이 원술의 부하 장수를 죽여 원술의 군사는 크게 패하여 수춘성으로 달아났다.

원술은 양대장(楊大將)의 계책대로 이풍(李豊) 등 네 장수에게 군사 10만 명을 주고 수춘성을 굳게 지키게 하고, 자신은 나머지 장수들과 함께 금은보화를 전부 싸서 가지고 회수(淮水)를 건너 몸을 피했다.

조조는 군사들에게 참호를 흙과 돌로 메우게 하여 수춘성을 공격하여 성문을 열어젖히고 성을 불태우고 원술의 네 장수를 모두 사로잡았다.

조조가 회수를 건너 원술을 공격하려고 하자, 순욱이 흉년이라 식량이 부

족하니 내년에 보리가 익으면 그때 가서 도모하도록 간하였다.

그때 파발꾼이 달려와 보고하길, 장수(張繡)가 유표(劉表)와 결탁하여 다시 반란을 일으켰고 남양과 강릉 일대 모든 고을도 따라서 반란했다고 하였다.

장수와 조조의 군대가 맞서 싸웠다. 조조의 군대가 남양성을 포위하여 공격하였다.

가후(賈詡)가 성 위에서 조조의 군사들이 성 서쪽 문 모퉁이에 높이 쌓아 올리는 발판을 굽어보고서는 장수들에게 말한다.

"조조의 뜻을 알겠소. 조조의 계책을 역이용하는 계략을 씁시다."

이렇게 가후가 자신 있게 말하니,

뛰는 자 위에 나는 자가 있으니,
속임수를 쓰려다가 도리어 속임수에 걸려든다.

간체자 强中更有强中手

발음 창 중 겅 여우 창 중 서우(qiáng zhōng gèng yǒu qiáng zhōng shǒu)

회수 17회

해설 강한 자 가운데 더 강한 자가 있다는 뜻으로, 자신보다 더 강한 사람을 만날 수 있으므로 자만해서는 아니 됨을 비유하는 말이다.

유사 성어로는 "산 밖에 산이 있고, 하늘 밖에 하늘이 있다"라는 뜻의 '산외유산(山外有山), 천외유천(天外有天)' 혹은 "사람 밖에 또 다른 사람이 있고, 산 밖에 또 다른 산이 있다"라는 뜻의 '인외유인(人外有人), 산외유산(山外有山)'이 있다.

『삼국지연의』 본문에는 이 성어 뒤에 "속임수를 쓰려다가 도리어 속임수에 걸려든다(用詐還逢識詐人)"라는 문구가 뒤따라오고, 『석시현문(昔時賢文)』「평운(平韻)」 351번째에는 "악인은 결국 악인에게 시달리게 된다(惡人自有惡人磨)"라는 문구가 붙어 있다.

35

쥐를 잡고 싶어도 그릇 깰까 두렵다

투서기기投鼠忌器

投 던질 투, 鼠 쥐 서, 忌 꺼릴, 망설일 기, 器 그릇 기

출처 유비가 조조를 죽이려는 관우를 저지하며 한 말.

본문

조조가 서주를 지나 허도로 돌아가서 유비를 승상부에서 가까운 곳에 거처하게 했다.

이튿날 헌제가 조회에 나와 유비에게 신분을 물어보니, 유비가 말한다.

"신은 중산정왕(中山靖王)의 후손인데, 효경(孝景)황제의 현손으로 유웅(劉雄)의 손자요 유홍(劉弘)의 아들입니다."

황제가 황실 족보를 가져오게 하고 따져보니, 유비가 아저씨뻘이었다. 황제는 크게 기뻐하며 유비를 편전으로 들라고 하고 환대했다.

황제는 유비에게 말한다.

"조조가 모든 권력을 잡아 나랏일에 대해 짐에게 묻지도 않고 제멋대로 처리하오. 영웅다운 아저씨를 만났으니 장차 짐에게 도움이 되겠소."

황제는 유비를 좌장군(左將軍) 의성정후(宜城亭侯)에 봉하니, 이때부터 사람들은 유비를 황제의 아저씨라는 뜻의 유황숙(劉皇叔)이라고 불렀다.

의랑(議郎) 조언(趙彦)이 어린 헌제를 섭정하고 있는 조조의 횡포에 화가 나서 제멋대로 대신을 잡아들이고 옥에 가두더니 벼슬을 떼어버렸다고 상소를 올려 조조를 탄핵했다.

조조는 격노하여 즉시 조언을 잡아들이고 죽였다. 문무백관들은 무서워서 아무 말도 하지 못했다.

조조는 천자를 데리고 사냥을 가서 신하들의 동정을 살펴보려고 하였다. 천자는 사냥을 거절했으나 천하가 혼란할 때를 당했으니 마땅히 사냥하며 무예를 닦아야 한다고 하자, 할 수 없이 시키는 대로 할 수밖에 없었다.

조조는 외람되게도 천자와 함께 나란히 말을 타고 나아가는데 겨우 말 머리 하나 정도 되는 간격만 두었을 뿐이었다.

황제가 조조와 함께 사냥하였다. 큰 사슴 한 마리가 달려 나오자 황제가 연달아 화살을 세 대 쐈으나 하나도 맞지 않았다. 조조가 황제의 보석으로 장식한 활과 황금 촉으로 된 화살을 달라고 하고 활을 당겨 쏘니 사슴의 등에 꽂히고 사슴이 풀 속에 쓰러졌다.

모든 사람이 사슴을 보니 황제의 화살이 꽂혀 있었으므로 모두가 황제가 쏘아 맞힌 줄로 알고 일제히 황제가 있는 쪽을 향해 만세를 외치며 환호했다. 그런데 조조가 천자 앞을 가로막고 만세 소리를 받았다. 그리고는 천자의 활을 돌려주지 않고 자기 말 위에 걸었다.

관우가 이를 보고 조조를 죽이려고 하였으나 유비가 눈짓을 보내어 말린다.

관우가 유비에게 묻는다.

"역적 조조가 임금을 업신여기니 제가 그를 죽이려고 하는데 왜 말리십니까?"

"쥐를 잡고 싶어도 그릇 깰까 두렵다. 조조 바로 곁에 황제가 말 머리 하나 정도 떨어져 있을 정도로 아주 가까이 계시고, 그의 심복 부하들이 조조를 에워싸듯 호위하고 있으니 동생이 경솔하게 행동하다가 만약 실수라도 하여 천자께서 다치시게 되면 우리만 죄인이 될 것이다."

간체자 投鼠忌器

발음 터우 수 지 치 (tóu shǔ jì qì)

회수 20회

해설 나쁜 놈을 벌하고 싶어도 도리어 다른 큰 손해를 볼까 못함을 비유하는 말이다. 문제가 생길까 두려워서 망설이며 행동으로 옮기지 못할 때 사용한다.

반의어는 반드시 해야 할 것은 어떤 어려움과 방해가 있어도 해야 한다는 뜻의 '사무지탄(肆無忌憚)'인데 "구더기 무서워 장 못 담글까"라는 속담과 같다.

이 성어는 『한서』「가의전(賈誼傳)」에 나온다. 어떤 부자가 골동품 수집을 좋아했는데 아주 희귀한 옥으로 만든 사발이 있었다. 어느 날 저녁 쥐 한 마리가 그 옥 사발 안으로 뛰어들어가 먹다 남은 음식을 먹고 있었다. 이 부자가 화가 나서 쥐를 향해 돌을 던져 그 옥 사발이 깨졌다. 부자는 후회했다. 당시에 승상 강후(絳侯) 주발(周勃)에게 봉국(封國)이 있었는데, 규정에 황제가 대신들에게 봉지를 나누어 주면 대신들은 그 봉지에 가야 했는데 주발은 가지 않았다. 이때 어떤 사람이 주발이 모반을 했다고 고발하였다. 주발이 장안으로 끌려와서 옥에 갇히고 조사를 받았다. 결국에는 주발은 모반하지 않았음이 증명되어 복직되었다.

이를 근거로 가의는 『논정사소(論政事疏)』를 지어 황제에게 건의하길, 왕후와 대신들이 죄를 지으면 일반 백성들에게 적용되는 처벌처럼 코를 베거나 발뒤꿈치를 자르거나 얼굴을 글자를 새기는 등 등급으로 차별하여 처벌하지 말아야 황제의 존엄을 유지할 수 있다고 하였다. 그런데 이러한 가의의 제안은 오늘날의 법 앞에 만민이 평등하다는 법과는 반대되는 것이지만 당시에는 황제가 원하는 것이었다. 가의는 황제, 대신, 백성을 각각 방, 계단, 지면에 비유하여 방을 올려다보면 왜 그렇게 웅장하게 보이는지를 생각했다. 계단이 있어야 방과 지면이 구별되고, 만약 계단이 없으면 방을 아래에서 올려다보았을 때 그렇게 웅장하게 보이지 않는다는 논리였다.

또 가의는 형벌은 상대부(上大夫)에게는 적용하지 않아야 한다는 의견을 제출했다. 왜냐하면 상대부와 존귀한 황제는 너무 가까워서 만약 관리와 백성이 같은 처벌을 받는다면 황제의 권위도 이에 따라 낮아지게 될 것이라고 하였다. 이것을 쥐를 잡는 것에 비유하면, 만약 쥐가 그릇과 가까이 있는데 쥐를 때려잡다가 그릇이 깨지면 손해를 보거나 누군가 다치게 되므로 쥐를 잡을 때는 그릇이 깨질까 망설이며 잡는 것을 꺼리게 되는데, 하물며 신하를 처벌할 때 어떻게 되겠느냐는 것이다.

그렇다면 대신이 법을 어겼다면 처벌을 하지 말아야 하는가? 반드시 그렇지는 않다고 보았다. 만약 대신이 잘못이 있으면 황제가 그들을 파면하면 되고, 심지어 사사(賜死)하기도 하지만 대신이 형벌을 받게 하지 말아야 한다는 것이다. 황제는 대신들을 단속하거나 조정하는데 응당히 예(禮)로 하지 법으로 하지는 않는다며 무작정 법을 사용하면 원한을 초래할 수 있는데, 진(秦)나라의 멸망이 좋은 예가 된다고 하였다. 가의의 제안은 한문제(漢文帝)가 허가하여 이때부터 조정의 대신이 죄가 있으면 스스로 자결하였지 벌을 받지는 않았다. 한무제(漢武帝) 때 대신이 형을 받을 만한 상황이 점차 많아지기 시작했다고 한다.

36

진정으로 속을 터놓고 대하다

부간력담剖肝瀝膽

剖 쪼갤 부, 肝 간 간, 瀝 거를 력, 膽 쓸개 담

출처 동태후의 조카 동승이 유비를 생각하여 대하는 태도.

본문

황제는 손가락을 깨물어 비밀 조서를 작성하여 복황후에게 주고, 옥대 속의 자줏빛 비단 안에 넣어 표가 나지 않게 꿰매게 했다. 황제는 동승을 불러 자신이 입고 있는 비단 도포와 옥대를 풀어주었다. 조조에게 이 일이 보고되어 조조가 궁으로 가서 동승을 만났다. 동승이 입은 황제의 도포와 옥대를 보고는 조조가 한 번 구경시켜 달라고 하여 입어보고는 다시 동승에게 벗어주었다.

다음 날, 영제(靈帝)의 모친 동태후(董太后)의 조카로 조조를 죽일 생각을 품은 거기장군(車騎將軍) 국구(國舅) 동승(董承)이 천자의 조서를 품에 넣고 유비를 만나러 공관(公館)으로 갔다. 동승이 유비에게 묻는다.

"지난번 사냥터에서 관우가 조조를 죽이려고 했는데 공이 눈짓으로 왜 말렸소?"

"동생이 조조의 외람된 행동을 보고 자신도 모르게 화를 낸 것뿐입니다."

동승이 소매로 얼굴을 가리며 운다.

"조정의 신하가 모두 관우 같다면 무슨 근심이 있어 태평하지 않겠습니까!"

유비는 조조가 그를 시켜 자신의 속마음을 떠보는 것이 아닌지 의심하여 거짓으로 말한다.

"조승상이 나라를 다스리는데, 무슨 근심이 있어 나라가 태평하지 않겠습니까?"

동승이 얼굴색이 변하여 일어선다.

"공이 황제의 아저씨뻘이 된다고 해서, 진정으로 속을 터놓고 대하며 말씀을 드렸는데, 공은 어찌하여 속이려 드시오?"

"국구께서 속이는 것이 혹시나 있을까 시험해본 것입니다."

동승은 천자의 조서를 유비에게 보였다. 유비가 조서를 읽고는 너무나 슬퍼한다. 이번에는 동승이 연판장을 꺼낸다. 서명한 사람의 이름을 보니, 거기장군 동승, 서량 태수 마등(馬騰) 등이 있다. 유비는 일곱 번째로 서명을 했는데, 동승은 열 사람이 되면 바로 조조를 칠 작정이라고 했다.

간체자 剖肝沥胆

발음 퍼우 간 리 단 (pōu gān lì dǎn)

회수 21회

해설 '부간(剖肝)'은 간을 절개하다는 뜻이고, '역담'(瀝膽)은 담즙을 짜내서 뚝뚝 떨어뜨린다는 뜻이다. '부간력담'은 간을 갈라서 쓸개를 꺼내어 담즙을 짜내어 뚝뚝 떨어뜨리는 것을 말한다. '피간력담(披肝瀝膽)'이라고도 하는데, 진정으로 속을 터놓고 대하거나 흉금을 털어놓고 대함을 비유하는 말이다. '역담'이 충성을 다함을 비유하는 말이어서 '부간력담'은 마음을 다하여 남을 대하는 것을 말하기도 한다.

『사기』「회음후열전」에서 "제나라의 유세가 괴통(蒯通)이 한신을 설득하며 말하길, '현재 한왕(漢王)과 항왕(項王) 두 임금의 목숨은 당신에게 달려 있습니다. 임금께서 한나라를 위한다면 한나라가 이기고, 초나라에 가담한다면 초나라가 이기게 되어 있습니다. 신은 속마음을 털어놓고 충성을 다해 어리석은 계책을 발휘해 보고 싶습니다'라고 하였다"라고 하였다. "속마음을 털어놓는다"라는 것을 '간담(肝膽)'이라고 하였다.

국구(國舅)는 임금의 장인을 가리키나 군주의 외삼촌이나 조카도 그렇게 불렀다.

『삼국지연의』 21회에서는 다음과 같이 정사의 기록을 개편하였다.

황제와 동승의 의대조(衣帶詔) 밀모(密謀)처럼 동승이 조조를 죽이는 모의에 대해 유비와 의논하다가 돌아갔다. 그 뒤로 유비는 조조의 모략과 중상을 피하려고 공관 후원에다 채소밭을 가꾸고 친히 물을 주며 자신의 존재를 감추었다.

조조의 승상부로 오라는 전갈을 받고 유비가 조조에게로 갔다. 조조가 유비와 함께 정자로 오르며 말하길, 지난날 장수(張繡)를 치다가 물이 없어 한 가지 계책을 내어 저기 가면 매화나무가 있다고 하니 군사들이 그 말만 듣고 맛이 신 매실을 생각하고 입에 군침이 생겨 갈증을 잊은 일이 있었던 일을 생각나고 전번에 담근 술이 익어서 술 한잔하려고 유비를 청한 것이라고 하였다. 정자 안 상 위에 매실이 놓여 있고 술도 준비되어 있었다.

조조와 유비가 서로 대작하였을 때였다. 갑자기 검은 구름이 하늘을 뒤덮더니 장대비가 쏟아졌다. 조조가 유비에게 당대의 영웅이 누군지 아느냐고 묻자, 유비는 자신의 속된 눈으로는 영웅을 알아보지 못한다고 하면서 원술이 군사와 곡식이 많으니 영웅이라고 대답했다. 조조는 원술은 무덤 속의 마른 뼈나 다름없다고 말했다. 유비가 이어서 원소, 유표, 손책을 거론하자 조조는 모두 아니라고 대답한다. 조조는 유비를 가리키며 오늘날 천하의 영웅은 그대와 자신뿐이라고 말한다. 이 한 마디에 유비가 놀라서 자신도 모르게 들고 있던 젓가락을 떨어뜨렸다. 이때 비가 억수로 쏟아지며 뇌성벽력이 천지를 진동했다. 유비는 조용히 몸을 숙여 떨어진 젓가락을 주워 올리며 천둥 번개가 치는 바람에 그만 실수했다고 변명한다. 조조가 웃으며 대장부가 천둥 번개를 무서워하느냐고 하자, 성인 공자도 천둥 번개 치는 소리를 들으시면 얼굴빛이 변하셨다고 하는데 어찌 무섭지 않겠냐고 둘러댔다. 꾀 많은 조조는 그제야 유비의 이 말을 듣고 더 의심하지 않았다.

청매정에서 조조가 술을 데우며 유비와 천하의 영웅을 논했다는 '자주론영웅(煮酒论英雄)'의 고사에서 유비의 행동은 『노자』의 '대지약우'(大智若愚)와도 같아서 그가 큰일을 도모할 수 있었던 근본은 근신(勤愼)과 강한 인내심을 지녔기 때문이다. 정사 『삼국지』「촉서」「선주전」에 "유비가 원술을 치러 출발하기 전, 헌제의 장인이며 거기장군인 동승이 궁궐을 나올 때 헌제의 허리띠에 쓴 조서를 주며 조조를 죽이도록 했다. 유비가 행동으로 옮기지 않고 있을 때, 조조가 유비를 조용히 불러 말했다. '지금 천하의 영웅이 있다면 그대와 나뿐이오. 원술 같은 사람은 그 안에 들지 못하오.' 유비는 마침 밥을 먹고 있었는데, 이 말을 듣고 숟가락과 젓가락을 떨어뜨렸다. 그리고 동승 등과 함께 대책을 상의했다. 마침 유비는 원술을 맞아 공격하라는 명을 받았어도 행동으로는 옮기지 않았는데, 일이 발각되어 동승 등은 모두 처형되었다"라고 하였다.

37

세 가지 종교와 아홉 가지 학문

삼교구류三敎九流
三 석 삼, 敎 가르침, 종교 교, 九 아홉 구, 流 흐를, 갈래, 학문 류

출처 조조가 능히 잘할 수 있는 것이 무엇이냐고 물었을 때 예형의 대답.

본문

순유(荀攸)가 공융을 만났다.

"승상께서 글을 잘하는 선비를 형주로 보내려는데 공이 이 일을 맡아주시겠소?"

공융(孔融)이 말한다.

"내 친구 중에 예형(禰衡)이란 사람이 있는데, 그의 재주는 나의 열 배나 되오. 이 사람은 황제 곁에서 황제를 보필할 만한 인물이지 사신이나 할 그런 사람은 아니오. 그를 천자께 직접 천거하리다."

공융이 글을 황제에게 올렸다.

은사(隱士) 예형은 올해 나이 스물넷이고, 바탕이 착하고 절개가 굳으며 재주가 영특하여 무리 중에 가장 뛰어난 인물입니다. 그는 학문을 닦아 문장의 깊은 뜻을 터득하여 한번 보면 곧바로 외우고 한번 들으면 결코 잊어버리는 일이 없으며, 한무제 때 계산에 밝았던 상홍양(桑弘羊)이나 기억력이 좋았다는 재상 장안세(張安世)도 그와 비교가 되지 못할 것입니다. 조정에서 예형을 등용하면 천하가 화목해질 것입니다. 청컨대 예형에게 취할 만한 재주가 없다

면 그때는 잘못 천거한 신을 벌하시기 바랍니다.

황제는 글을 읽고 조조에게 보냈다.

조조가 예형을 불렀으나 앉으라는 말도 없자, 예형이 탄식한다.

"하늘과 땅은 넓은데 정말로 사람다운 사람은 없구나!"

"내 수하에 있는 수십 명이 당대의 영웅들인데 어째서 없다고 하느냐? 순욱, 순유, 곽가, 정욱은 생각이 깊고 지혜가 뛰어나 한고조 유방의 소하와 진평도 따르지 못할 것이다. 장료, 허저, 이전, 악진은 매우 용맹하며, 여건과 만총은 종사(從事)를 맡아보며, 우금과 서황은 선봉을 서며, 하후돈은 천하의 기이한 무사며 조인은 뛰어난 장수다."

"순욱은 초상집이나 병든 사람의 집에 심부름이나 갈 정도고, 순유는 무덤이나 지킬 정도이며, 정욱은 문지기 노릇이나 할 만하며, 곽가는 축사나 대독할 그런 위인이고, 장료는 전장에서 북이나 징을 치면 알맞고, 허저는 목장에서 소나 말을 기르기에 알맞으며, 악진은 문서나 조서를 맡아 읽으면 제격이고, 이전은 급한 서신이나 격문을 보내는 일에 적당하고, 여건은 칼을 갈거나 만드는 대장장이나 하는 곳이 옳고, 만총은 술 찌꺼기나 먹여두는 것이 좋으며, 우금은 담이나 쌓는 미장이 노릇이 제격이고, 서황은 돼지나 잡아서 개백정 노릇이나 하면 알맞고, 하후돈은 독불장군이고, 조인은 돈이나 긁어모으고, 그 나머지는 그저 옷이나 걸어둘 회대 줄이거나 아니면 밥통이거나 아니면 술통이거나 아니면 고기 주머니들이오."

조조는 화를 내며 묻는다.

"너는 무엇을 능히 할 수 있느냐?

"천문 지리에 통하지 않는 것이 없으며, 세 가지 종교와 아홉 가지 학문에 밝지 않은 것이 없으며, 위로는 군주를 요임금, 순임금과 같은 성인으로 만들 수 있고, 아래로는 공자, 안연과 같이 덕을 갖추게 할 수 있으니, 어찌 속세의 사람들과 같이 논할 수 있으리오."

간체자 三教九流

발음 싼 자오 쥬 류(sān jiào jiǔ liú)

회수 23회

해설 세 가지 가르침과 아홉 갈래 학문을 뜻한다. 삼교(三教)란 유교, 도교, 불교를 말하고, 구류(九流)란 유가, 도가, 음양가, 법가, 명가, 묵가, 종횡가, 잡가, 농가를 말한다. 삼교구류는 여러 종교나 학문의 각 유파를 가리킨다. 후에는 온갖 종류의 사람이나 각양각색의 직업을 의미하게 되었다.

『후한서』에 예형은 "어려서부터 재주가 뛰어나고 변론을 잘했다"라고 평하였는데, 조조도 일찍이 예형에 대해 "실제와 부합되지는 않아도 그의 명성은 멀리까지 소문나 있다. 그의 문장은 지금도 전해진다"라고 말했다.

조조를 처음 만난 예형이 조조의 14명의 부하에게 심한 모욕을 주어 장료가 예형을 죽이려고 하자 조조가 말려도 이에 아랑곳하지 않고 이번에는 조조를 욕했다.

"공은 어진 사람과 어리석은 사람을 구분하지 못하니 이는 공의 눈이 흐린 것이고, 책을 읽지 않으니 이는 입이 흐린 것이며, 충성으로 하는 말을 듣지 않으니 이는 귀가 흐린 것이고, 고금의 역사를 모르니 이는 몸이 흐린 것이며, 늘 반역하여 찬탈할 뜻을 품고 있으니 이는 마음이 흐린 것이오."

조조의 죄악이 여섯 가지니 된다고 폭로한 것이다. 그래서 조조는 유표(劉表)의 손을 빌려 그를 죽이기로 하고 예형을 유표에게 보냈다. 형주의 유표는 겉으로는 예형의 덕을 칭송했지만 불쾌해서 그를 성질이 급하고 포악한 황조(黃祖)에게 보냈다. 황조는 예형과 함께 술을 마시면서 예형이 자신에 대해 묘당의 귀신과도 같아 효험이 하나도 없다고 비하하자 격분하여 술김에 예형을 죽였는데 예형은 죽을 때까지 욕설을 그치지 않았다.

'삼교구류'에 통달하였다는 예형의 말은 자신의 재주만 믿고 스스로 잘났다고 여기며 방종하게 행동하여 남의 시기와 질투를 받았고 독설을 퍼부어 세상 사람들이 그를 받아주지 않았다. 그래서 예형이 남에게 욕을 먹게 된 것은 자기만이 유능하고 여겼기 때문이다.

『후한서』의 기록에 의하면, 유표가 황제에게 보낼 표문을 수하 문인들이 고심하여 쓴 표문을 예형이 보고 다 읽지도 않고 찢어서 바닥에 던져버리고는 순식간에 자기가 직접 문장을 썼다. 예형의 문장력은 남이 탄복할 정도였지만 그의 행동은 안하무인격의 오만하였다고 하였다.

조조는 예형이 황조에게 살해당했다는 소식을 듣고 기분이 좋아 웃으면서 말하길, "썩은 선비 놈의 칼날 같은 혀가 도리어 자신을 죽이고 말았구나!"라고 하였다. 조조는 남에 대한 예형의 지나친 비판이 그의 죽음의 원인이라고 생각하였다. 쓸모없는 독설로 죽음을 자초한 셈이니 재앙은 입에서 나왔고 독설이 그의 죽음의 원인이 되었다.

38

촛불을 밝히고 새벽까지 밤을 새다

병촉달단秉燭達旦

秉 잡을, 쥘 병, 燭 촛불 촉, 達 통달할, 이를 달, 旦 아침 단

출처 조조에게 조건부 항복을 한 관우가 유비의 두 부인을 지키는 의로운 행동.

본문

조조는 정욱(程昱)의 계책대로 서주(徐州)에서 항복해온 군사 수십 명을 하비(下邳)로 돌려보내면서 관우에게 가서 도망쳐왔다고 말하게 하였다. 그들이 하비성에 가서 조조가 시킨 대로 말하니, 관우는 서주에서 온 병사들이라 의심하지 않고 머물게 하였다.

다음 날 하후돈(夏侯惇)이 하비성을 공격하여 관우를 유인하고 서황(徐晃)과 허저(許褚)이 양쪽에서 관우를 협공하자 관우가 할 수 없이 하비성 맞은편 흙산 위에 군사를 주둔시키는 사이에 하비성으로 도망쳐온 척했던 서주의 병사가 관우가 성을 비운 사이에 조조와 내통하여 성을 열어주어 조조가 성안으로 쳐들어가서 성을 불태웠다.

관우가 수없이 많은 화살이 날아와서 산을 내려가지 못하고 있는데 장료(張遼)가 나타나 옛날 정을 잊을 수 없어 관우를 만나러 왔다고 말한다.

"형님이 지금 죽으면 세 가지 죄를 면할 수 없습니다. 첫째, 유비와 의형제를 맺고 살고 죽는 날을 함께하기로 맹세했는데 유비가 살아 있어 형님의 도움이 필요할 때 형님이 죽으면 지난날의 맹세를 저버리는 것이니 그 죄가 하

나요, 유비가 형님에게 가족을 맡겼는데 형이 싸우다가 죽으면 감부인(甘夫人)과 미부인(糜夫人)은 의지할 곳이 없어 유비의 부탁을 저버리는 것이니 이 죄가 둘이요, 유비를 도와 한나라 황실을 다시 일으키려 하지 않고 쓸모없이 죽게 되면 필부의 용기일 뿐 결코 충의라고 할 수 없으니 그 죄가 셋입니다."

"네가 세 가지 내 죄를 말하니, 나더러 어찌하라는 것이냐?"

"사방이 다 조조의 군사들이라 형님이 항복하지 않으면 죽는 길밖에 없으니 일단 조조에게 항복했다가 유비의 소식을 알아봐서 어디 있는지 알게 되면 곧 그리고 가면 되지 않겠습니까? 첫째로 두 부인을 무사히 보호할 수 있고, 둘째는 도원에서 결의하던 때의 맹세를 지킬 수 있으며, 셋째로 바른 일을 위해 장차 도모할 수 있으니 이 세 가지 좋은 점을 형님께서 깊이 생각하십시오."

관우가 말한다.

"내게도 세 가지 조건이 있다. 승상이 약속만 지켜준다면 갑옷을 벗겠으나 만약 조건을 들어주지 않는다면 차라리 세 가지 죄를 짓고 죽겠다."

장료가 말한다.

"조승상은 도량이 커서 너그러우니 어찌 받아주지 않겠습니까? 그 세 가지를 들려주시지요."

"첫째는 내가 유비와 맹세할 때 한나라를 바로잡기로 맹세했으니, 한나라 황제께 항복하는 것이지 조조에게 항복하는 것이 아니다. 둘째는 상하를 막론하고 두 형수님이 계시는 곳에는 아무도 그 문 앞에 들어오지 않게 할 것이며, 셋째는 유비가 있는 곳을 알면 천 리든 만 리든 간에 곧 떠나가도록 해줘야 한다는 조건이오."

장료가 조조에게 들은 대로 알리자, 조조가 셋째 조건을 듣고 머리를 흔든다.

"그럼 관우를 내 사람으로 만들 수가 없지 않은가? 그것만 들어줄 수 없다."

"유비가 대우한 것보다 승상이 더 극진히 대우하면 관우도 어찌 승상께 복종하지 않겠습니까?"

조조가 관우에게 말한다.

"내 원래 관공의 충의를 사모한 지 오래되었소. 오늘 이렇게 만났으니 평생 바라던 것이 이루어졌습니다."

"저는 유비가 있는 곳을 알면 물불을 밟고서라도 반드시 가겠소. 혹시 하직 인사를 하지 못한다 하더라도 엎드려 바라건대 용서하시기 바랍니다."

이튿날 조조는 모든 군사를 거느리고 허도(許都)로 돌아간다. 이에 관우는 두 형수를 수레에 모시고 친히 호위하며 따라간다. 가는 도중에 해가 저물어 관역(館驛)에서 잘 때마다 조조는 일부러 관우와 두 부인을 한방에서 자게 했다. 그러나 관우는 촛불을 밝히고 새벽까지 밤새며 문밖에서 서 있었다. 그러고도 조금도 피곤한 기색이 없었다. 조조는 관우의 근엄한 태도를 보자 더욱 공경하고 탄복했다.

조조가 관우를 데리고 궁으로 가서 헌제를 뵙게 하자, 헌제는 관우를 편장군(偏將軍)으로 봉했다. 이튿날 조조는 크게 잔치를 벌이고 장수들을 모두 초청하고 관우를 귀빈의 예의로 맨 윗자리에 앉히고 극진하게 대접하였고 비단, 황금 그릇을 선사했다.

어느 날 관우의 푸른색의 전투복이 낡은 것을 보자, 더 좋은 비단 전투복을 만들어주었다. 관우는 새 전투복을 받아 입고 그 위에 낡은 전투복을 겹쳐 입었다.

조조가 왜 그리 검소하냐고 물으니, 관우가 대답한다.

"검소한 것이 아니라 옛 전투복은 유비 형님이 주신 것이라 이 전투복을 입으면 형님을 뵙는 것 같소이다. 형님이 주신 옷이라 결코 잊을 수가 없어서 겹쳐 입었소."

"관공은 참으로 의인(義人)이오."

조조가 관우와 술을 마시는데 관우가 긴 수염을 쓰다듬으며 말한다.

"태어나서 국가에 보답하지 못하고 형님을 등졌으니 아무 쓸모 없는 사람이 되었소."

조조가 관우의 수염 수가 얼마나 되는지 물었다.

"아마 수백 가닥은 될 겁니다. 매년 가을이 되면 셋이나 다섯 가닥 정도 빠집니다. 그래서 겨울이면 흰 비단으로 주머니로 싸서 끊어지지 않게 합니다."

조조는 즉시 바단 주머니를 만들게 하고 그것을 관우에게 주면서 수염을 잘 보호하라고 했다.

황제는 조회 때 관우의 가슴에 드리워져 있는 비단 주머니를 보자 그것이 무엇이냐고 물으니, 관우가 수염을 보호하는 주머니라고 하자, 주머니를 끄르게 하고 긴 수염을 보고는 찬탄을 금치 못하며 관우는 미염공(美髯公)이라고 하였다.

간체자 秉烛达旦

발음 빙 주 다 단 (bǐng zhú dá dàn)

회수 25회

해설 밤을 새워 일하는 것을 비유하는 말이다. '통소달단(通宵達旦)'이라고도 한다. 유비에 대한 관우의 의(義)를 지키는 마음을 극대화한 표현이다. 이러한 관우의 인격 때문에 관우는 의의 상징이며 고귀한 성품의 소유자로 후세 사람의 추앙을 받는 것이다.

장료는 원래 여포의 부하였고 복양 전투에서 조조를 격파하다가 서주에서 여포, 진궁과 함께 체포되었다. 장료가 조조를 국적(國賊)이라고 매도하자 조조가 그를 죽이려고 하였다. 그러나 장료의 인물됨과 재능을 아까워한 유비와 관우가 애원하여 조조가 살려주었고, 그 후에 조조의 부하가 되어 맹활약한 용맹한 장수였다('투서기기' 성어 바로 앞의 일이다). 장료는 유비를 서주에서 격파하고 하비성 전투에서 궁지에 몰린 관우를 조조에게 항복하도록 설득하여 성공시킨다. 후에 관우가 유비를 찾아내고 조조를 떠나 다섯 관문을 돌파하자 그를 추격하는 하후돈을 제지한다.

적벽 전투에서 조조가 패하고 철수하는 과정에서 장료는 관우의 복병을 만나지만 이전의 은혜 덕분에 무사히 탈출한다. 서로 적이지만 장료와 관우와의 관계를 잘 나타낸 대목이다. 두 사람 모두 은혜를 잊지 않는 의리의 화신이다. 후에 장료는 합비성을 수비하며 오나라 손권과 전투를 벌이는데 소수의 병력으로도 10만 대군의 손권을 궁지에 빠뜨린다. 이 전투로 오나라 사람에게 그의 이름이 알려져 장료라는 이름만 들어도 밤에 우는 아이가 울음을 그쳤다고 한다. 224년, 오나라와 촉나라가 동맹을 맺어 조조가 오나라 토벌에 나서는데, 오나라 서성의 계략으로 위군이 대패하고 장료도 정봉의 화살에 맞아 그 상처가 깊어져 결국 죽는다.

관우가 하비 전투에서 패해 조조에게 항복했고 조조가 관우를 후하게 대접했다는 것은 사실이다. 장료가 말하는 관우가 지은 세 가지 죄나 관우가 말한 세 가지 약속은 없던 일이다. 『삼국지』「관우전」에 건안 5년에 조조가 동쪽을 정벌했는데 유비가 원소로 도망쳤고 조조가 관우를 사로잡았는데 관우를 편장군에 임명하고 후하게 예를 갖추어 대접했다고 하여 관우가 투항할 때 세 가지 약속은 없었다.

39

몸은 조조 군영에 있어도 마음은 한나라에 가 있다

신재조영심재한身在曹營心在漢

身 몸 신, 在 있을 재, 曹 성씨 조, 營 경영할, 진영(陣營) 영,
心 마음 심, 漢 나라 한

출처 관우가 조조에게 솔직하게 한 말.

본문

하루는 조조가 관우의 말이 야윈 것을 보고는 준마 한 필을 주었다. 여포가 생전에 타던 적토마였다.

관우가 두 번이나 절을 하며 감사를 표해도 조조는 기뻐하지 않는다.

"내가 여러 번 미인과 황금과 비단을 보내줬건만 공은 한 번도 절을 한 적이 없는데 말을 받고서는 내게 두 번이나 절을 하고 기뻐하니 어째서 사람은 천대하고 말을 귀중하게 여기시오?"

"이 말이 천 리를 달릴 수 있다는 것을 알고 있소. 오늘 다행히도 이런 말을 얻었으니 만약 형님의 소재를 알기만 하면 하루 만에 뵐 수 있기 때문이오."

조조는 놀라서 말을 준 것을 후회했다.

조조가 장료에게 묻는다.

"내가 관우를 극진하게 대접했는데도 관우는 늘 떠날 생각만 하니 어쩌면 좋겠소?"

장료가 관우에게 가서 묻는다.

"내가 공을 승상에게 천거한 뒤로 승상이 관공에게 잘못하여 서운하게

생각한 것이 있소?"

"승상의 극진한 대우에 깊이 감동이었소. 몸은 조조 군영에 있어도 마음은 한나라에 가있소."

"세상에서 귀중한 것이 무엇인지를 알아야 하는데 그렇게 승상이 극진하게 대우하는데 항상 떠날 생각만 하면 사람의 도리가 아니잖소."

"공을 세워 승상에게 받은 그동안의 은혜에 보답하고 떠나리라."

간체자 身在曹营心在汉

발음 선 짜이 차오 잉 신 짜이 한 (shēn zài cáo yíng xīn zài hàn)

회수 25-27회

해설 몸은 이쪽 진영에 있어도 마음은 도리어 다른 진영에 있음을 비유하는 말이다.

『삼국지연의』 36회, 37회에 서서(徐庶)가 유비를 보좌하여 조조의 군대를 격파하고 번성을 공격하여 탈취한다. 그러나 조조는 정욱의 계책을 써서 서서의 모친을 속여 허도로 모셔온 다음 가짜 편지를 만들어 효자인 서서를 허도로 오게 하였다. 서서가 유비와 헤어지며 설령 조조가 협박할지라도 죽을 때까지 조조를 위해서 한 가지 계책도 내지 않을 것이라고 말하였다. 나중에 서서가 모친을 만난 뒤에 편지가 속임수였음을 알게 되었고, 서서의 모친은 주인을 버리고 간악한 조조를 찾아온 자식을 질책하며 스스로 목을 매어 죽는다. 이러한 서서의 경우도 "몸은 조조 진영에 있어도 마음만은 유비에게 가 있었다"라고 말할 수 있다.

40

기와로 만든 개

토계와구土鷄瓦狗
土 흙 토, 鷄 닭 계, 瓦 기와 와, 狗 개 구

출처 관우가 조조에게 안량(顔良)에 대해 평한 말.

본문

한편, 유비는 원소에게 몸을 의탁하고 있으면서 날마다 근심이 가득했다.

원소가 유비에게 어째서 우울해하는지 묻자, 유비가 대답한다.

"동생 둘이 어디에 있는지 소식도 없고, 처자는 조조에게 붙들려 있소."

원소는 대장 안량을 선봉으로 삼아 백마(白馬)로 진격하게 하였다. 조조가 대군을 거느리고 백마로 가서 흙산을 등지고 진영을 세웠다. 조조는 여포의 장수였던 송헌(宋憲)을 내보내 나가 안량과 싸우게 했다. 서로 싸웠는데 3합도 되지 않아 안양의 칼에 송헌의 머리가 말 아래로 굴러떨어졌다. 송헌의 친구 위속(魏續)이 원수를 갚겠다며 출전하였으나 안량에게 두 쪽이 나서 말에서 떨어졌다.

정욱이 조조에게 간한다.

"유비는 필시 원소에게 가 있을 것입니다. 이제 관우를 출전시켜 원소의 군사를 격퇴하면 원소는 반드시 유비를 의심하고 죽일 것입니다. 유비가 죽으면 관우도 승상의 곁을 떠나서 갈 곳이 없을 것입니다."

조조가 사람을 시켜 허도에 있는 관우를 불러오게 하여 관우가 백마에 도착하였다.

조조가 관우를 데리고 흙산 위로 올라가서 안량이 벌인 진세(陣勢)와 군대의 기(旗)와 숲처럼 늘어선 창과 칼의 위풍당당한 모습을 보여주며 말한다.

"하북(河北)의 군사가 웅장하지 않소."

관우가 대답한다.

"제가 보기에는 흙으로 만든 닭과 기와로 만든 개들 같습니다."

"저기 비단 일산(日傘) 아래 수놓은 전포와 황금 갑옷을 입고 칼을 들고 말을 탄 자가 바로 안량이오."

관우가 탄 적토마가 너무 빨라서 이미 안량 앞까지 이르렀고 안량이 미처 손쓸 겨를도 없이 관우의 청룡도에 맞아 말 아래로 떨어졌다. 안량의 목을 베어 적토마 목에 매달고 조조 앞에 이르러 안량의 목을 바친다.

조조가 찬탄한다.

"장군은 참으로 신인(神人)이오."

간체자 土鷄瓦犬

발음 투 지 와 췐(tǔ jī wǎ quǎn)

회수 25회

해설 '와(瓦)'는 기와 또는 질그릇이란 뜻인데, 진흙으로 만들었으므로 진흙이란 의미를 담고 있다. 그래서 '와구(瓦狗)'는 진흙으로 만든 개란 뜻이다. '토계와구'란 흙으로 빚은 닭이나 진흙으로 만든 개라는 뜻으로, 헛된 이름만 있고 실속이 없는 무용지물 혹은 하찮은 인물을 비유하는 말이다. '도견와계(陶犬瓦鷄)'라고도 한다.

관우가 안량을 죽이고, 조조를 위해 백마성의 포위를 푼 것은 사실이다. 『삼국지』「관우전」에 원소가 안량을 선봉으로 삼아 동군 태수 유연을 공격하자, 조조가 장료와 관우를 선봉으로 삼아 그들을 공격하게 했다. 관우가 만 명이 운집한 적군 속으로 말을 달려 안량의 목을 베었다고 하였다.

41

관인을 걸어두고 황금을 봉하다

괘인봉금掛印封金

掛 걸 괘, 印 도장, 관인(官印) 인, 封 봉할 봉, 金 금 금

출처 유비의 거처를 알게 된 관우가 조조를 떠나며 행한 행동.

본문

원소는 안량의 원소를 갚기 위해 하북의 유명한 장수 문추(文丑)에게 7만의 군사를 주고 출전시켰다. 유비도 함께 가겠다며 문추를 뒤따라 떠나갔다.

조조는 조정에 표문을 보내어 관우를 한수정후(漢壽亭侯)로 봉하고 쇠에다 벼슬을 새긴 관인(官印)까지 만들어주었다. 이때 원소의 대장 문추 장군이 황하를 건너 연진(延津)에 진을 쳤다는 보고가 들어왔다.

조조는 이에 친히 군사를 거느리고 적군을 맞이하러 떠났다. 관우와 문추가 서로 만나 싸운 지 3합에 불과한데도 문추가 겁이 나서 황하 쪽으로 도망가니 관우가 달려가서 문추의 목을 베었다.

문추 뒤를 따라오던 유비가 황하 건너 벌판에 한 떼의 기병이 오가는데 '한수정후관운장(漢壽亭侯關雲長)'이라고 쓴 기가 보였다. 유비가 관우를 즉시 만나 보고 싶었으나 조조의 군사가 몰려오므로 할 수 없이 군사를 거두어 돌아갔다.

두 장수가 관우 손에 죽은 사실을 안 원소가 유비를 죽이려고 하였다. 유비는 조조가 원소를 격분시켜 원소의 손을 빌려 자신을 죽이려는 술책이라고 하여 겨우 목숨을 구했다. 유비는 원소가 관우에게 자신의 편지를 보내면

관우가 즉시 원소에게 달려올 것이니 함께 조조를 죽이자고 말하니 원소가 이에 찬동하고 군대를 무양(武陽)에 주둔하였다.

허도로 돌아온 조조에게 순욱이 간한다.

"관우는 떠날 생각만 합니다. 그는 유비가 있는 곳만 알면 반드시 떠날 것이니 출전시키지 마십시오."

관우가 여남(汝南) 가까운 곳에 영채를 세웠다. 그날 밤 첩자를 붙잡았는데 손건(孫乾)이었다. 손건이 말한다.

"유비께서는 원소에 의탁하고 있으니 장군은 속히 돌아가서 두 부인을 모시고 원소에게 가서 주공을 만나시오."

허도로 돌아온 관우를 진진(陳震)이란 원소의 부하가 찾아왔다. 진진은 유비의 편지를 보여준다.

유비는 그대와 도원에서 같은 날 죽기로 했는데 은혜를 저버리고 의리를 끊어버리려고 하느냐. 공명을 탐하여 부귀영화를 누리고자 한다면 내 목을 바치겠으니 소원을 풀라. 답장을 기다리노라.

관우가 대답한다.

"사람이 하늘과 땅 사이에 태어나서 처음과 끝이 한결같지 않은 자는 군자가 아니오. 이곳에 올 때와 떠날 때를 분명히 할 것이오. 내가 조조에게 하직할 시간 여유를 주쇼. 그 다음에 두 형수님을 모시고 가겠소."

관우가 답장을 쓴다.

의리는 마음을 저버리지 않으며, 충성은 죽음을 두려워하지 않는다고 했소이다. 관우는 예의(禮義)를 알고 있습니다. 조조에게 하직 인사를 하고 두 형수님을 모시고 돌아가겠습니다.

관우는 조조에게 하직 인사를 하러 승상부로 갔지만 만나주질 않는다. 이튿날도 다시 승상부에 갔으나 문에 면회사절이라는 문패가 달렸다. 장료 역시 병이 나서 누워 있고 핑계만 대고 나오지도 않는다. 할 수 없어 관우는 조조에게 하직하는 편지를 쓴다.

> 관우는 일찍이 유황숙과 생사를 같이하기로 맹세했소. 지난날 하비성을 잃었을 때 청했던 세 가지 조건은 이미 승상께서 허락하셨소. 이제 유황숙께서 원소와 함께 계시다는 사실을 알게 되었소. 승상께서 주신 은혜는 두터우나 옛 주인과의 의리는 잊을 수가 없습니다. 이 글로 하직하오니 통촉하시고 아직 갚지 못한 은혜는 다음날에 보답하리라.

조조에게 그동안 받은 황금은 보물을 봉하고 곳간에 모두 넣은 뒤에 방벽에 한수정후의 관인을 걸어두고 두 부인을 수레에 태웠다.

간체자 挂印封金

발음 과 인 펑 진(guà yìn fēng jīn)

회수 26회

해설 사직함을 비유하는 말이다. 관직과 금은보화를 받지 않음을 표시한다. 『삼국지』「관우전」에도 관우는 조조가 내린 선물을 모두 봉하고 글을 지어 작별을 고한 뒤에 원소 군중에 있는 유비에게로 달려갔고 조조는 각자 주군이 있어서 떠난 것이니 추격하지 말라고 하여 이 두 가지는 사실과 부합한다. 배송지 주에 조조는 관우가 자기에게 머물러 있지 않을 것을 알고 진심으로 그 뜻을 가상하게 여겨 추격하지 못하게 하고 관우가 뜻을 이루도록 한 것이라고 하였다.

관우가 안량을 참수하자 조조가 조정에 표문을 올려 관우를 한수정후(漢壽亭侯)에 봉하고 인장을 주조하여 관우에게 주었다고 하였는데 『삼국지』

「관우전」에 관우가 안량을 죽이자 조조가 관우를 표창하여 한수정후가 되게 했다고 하였다. 한수(漢壽)는 지금의 호남성 상덕(常德)이다. 정후(亭侯)는 작명(爵名)으로 등급이 아주 미미한 관직에 불과하다.

관우가 문추를 죽인 사건은 사실과 다르다. 『삼국지』「무제기」에 원소 기장(騎將) 문추가 기병을 거느리고 도착했는데 조조가 병사를 풀어 공격하였는데 문추의 군대를 크게 격파하고 문추를 목을 베었다고 하여 관우가 문추를 죽인 것이 아니라 조조의 부하가 문추를 죽인 것이다.

42

호랑이에게 날개를 달아주다

여호첨익與虎添翼

與 줄 여, 虎 호랑이 호, 添 보탤 첨, 翼 날개 익

출처 조조가 관우의 뒤를 쫓아가서 죽이지 말라고 하자 정욱이 한 말.

본문

조조의 장수 가운데 장료 다음으로 관우와 친한 장수는 서황(徐晃)이었다. 채양(蔡陽)만이 관우를 미워했다. 채양이 관우를 추격하겠다며 자원했다.

조조가 머리를 흔들며 말한다.

"관우는 주인을 잊지 않고 떠나는 것이니, 그는 남아 대장부다. 너희들도 그를 본받아라."

정욱(程昱)이 고한다.

"무례한 말로 쓴 서신 한 장만 남기고 승상의 위엄을 모독했으니 죄가 작지 않습니다. 그가 원소에게 간다면 우리는 호랑이에게 날개를 달아주는 셈이니, 차라리 뒤를 쫓아가서 그를 죽여 후환이나 없애도록 하시지요."

조조가 세 가지 조건으로 허락했으니 신용을 잃을 수는 없고 관우가 주인을 찾아가는 것이니 추격하지 말라며 장료에게 분부한다.

"재물로도 관우의 마음을 달랠 수 없고, 높은 벼슬로도 그의 마음을 움직일 수 없구나! 나는 관우의 그러한 인격을 깊이 존중한다. 떠나가는 그에게 노자와 전포를 선물로 주고 뒷날에 오늘을 기념하겠다."

간체자 与虎添翼

발음 위 후 톈 이(yǔ hǔ tiān yì)

회수 27회

해설 힘이 강한 사람을 도와서 더 강하게 해줌을 뜻하는데, 주로 악한 자와 한패가 되어 악인 세력을 조장함을 비유하는 말이다. '위호부익(爲虎傅翼)'이라고도 하는데 '부(傅)'는 더함, 보탬을 뜻한다.

『삼국지연의』 62회, 82회에도 이 성어가 나온다. 62회에서는 유비가 가맹관(葭萌關)에 오랫동안 있을 때였다. 유비는 방통(龐統)의 계책에 따라 사자를 성도(成都)로 보냈는데, 사자가 부수관(涪水關)에 이르러 양회(楊懷)가 사자와 함께 성도로 갔다. 양회는 성도의 유장(劉璋)에게 유비가 서천에 들어와 은혜와 덕을 널리 펴서 민심을 수습하여 그 속뜻이 나쁘니 유비가 요구하는 군사와 곡식을 보내지 말라고 하며 유비를 돕는 것은 땔나무를 지고 불 속에 들어가는 격이라고 하였다. 그러나 유장은 유비와 형제의 정이 있어 도울 수밖에 없다고 하였다. 이에 어떤 사람이 말하길, 유비는 속을 알 수 없는 영웅이니 오랫동안 촉 땅에 그를 두면 이것은 호랑이를 방 안으로 끌어들이는 셈이니, 군사와 곡식을 주어 돕는다면 이것은 호랑이에게 날개를 달아주는 것과 같다고 하였다.

82회에서는 선주(先主) 유비가 기관(夔關), 지금의 사천 봉절(奉節)에 이르자, 백제성(白帝城)에 어가를 주둔했다. 오나라에서 제갈량의 형 제갈근(諸葛瑾)이 사자로 와서 형주를 지난날 그대로 반환하여 길이 우호를 맺고 함께 역적 조조를 치기로 하자고 제의했다. 선주는 관우를 죽인 원수와는 한 하늘 아래 살 수 없다며 거절했다. 오나라의 중대부(中大夫) 조자(趙咨)가 손권에게 위나라 군주 조비(曹丕)에게 가서 촉나라의 한중 땅을 습격하도록 하는 계책을 올렸다. 조자는 조비를 알현하자, 유엽(劉曄)은 손권이 촉군이 두려워서 위나라에 항복해온 것이라며 촉나라와 오나라가 서로 싸우게 하고 위나라가 오나라를 습격하면 오나라는 망할 것이고 촉나라만 외로이 남을 것이라고 하였다. 그러자 조조가 손권이 항복하는 것이니 용납하는 것이 옳다고 말하자, 유엽이 계속 간하길 손권이 거짓 항복한 것을 믿고 그의 지위까지 높여주어 세력을 펴게 한다면 이것은 호랑이에게 날개를 달아주는 것이라고 하였다.

43

다섯 관문을 지나며 여섯 장수를 베다

과오관참육장過五關斬六將

過 지날 과, 五 다섯 오, 關 빗장, 관문 관, 斬 벨 참, 六 여섯 육, 將 장수 장

출처 관우가 조조를 떠나 유비에게로 갈 때 발생한 일.

본문

관우가 조조에게 포로가 되어 공을 세워 보답한 후에 조조와 작별을 한 후에 두 부인을 호송하여 하북으로 가서 유비를 찾아 나섰다. 허창(許昌)에서 출발한 후에 동령관(東嶺關), 낙양(洛陽), 밤수관(汜水關), 형양(滎陽), 활주(滑州)의 다섯 관문을 지나는데 관을 지키며 길을 막은 공수(孔秀), 맹탄(孟坦), 한복(韓福), 변희(卞喜), 왕식(王植)과 진기(秦琪) 여섯 장수를 죽이고 결국은 황하를 건넜다.

첫 번째 관문인 동령관을 지날 때 공수를 죽였고, 낙양성을 지날 때는 한복과 맹탄을 죽였으며, 범수관을 지날 때는 변희를 죽였고, 형양을 지날 때는 태수 왕식을 죽였으며, 황하를 건널 때 나루터에서 진기를 죽였다.

간체자 过五关斩六将

발음 과 우 관 잔 류 장 (guò wǔ guān zhǎn liù jiàng)

회수 27회

해설 과거에 자랑할 만한 가치가 있는 영웅의 업적이나 갖가지 곤경을 극복하는 것을 비유하는 말이다.

이 고사는 "충성스러운 마음과 의로운 용기"를 뜻하는 '충간의담(忠肝義膽)'의 상징이 되었고 관우가 세운 혁혁한 전공 중의 하나가 되었다.

『삼국지연의』에 묘사된 '천리주단기(千里走單騎)' 고사는 실제로 없던 허구이다. 『삼국지』「선주전(先主傳)」의 기록에 근거하여 당시에 유비는 원소에 의해 여남(汝南)에 파견되어 조조를 견제하고 있었다. 관우는 근본적으로 황하 강가에 있지 않았다.

후세 사람들은 '과오관(過五關)'의 역정에 대해 의문을 품었다. 오관 중 첫 번째 관문인 동령관은 알 수 없는 곳이지만 나머지 네 곳은 역사상 정말로 존재했던 곳이다. 그 가운데 낙양(洛陽)은 지금의 낙양 부근이고, 사수관(汜水關)과 형양(滎陽)은 모두 지금의 하남성 형양 부근이고, 활주(滑州)는 동한과 삼국시대 때 지명이 아니고 송조(宋朝) 때 이르러서야 존재하였는데 당시에는 동군(東郡)이라고 불렸고, 지금의 하남성 복양(濮陽), 활현(滑縣) 부근이다. 이 네 곳은 지도상에서 황하의 왼쪽에서부터 오른쪽으로 일직선 위의 장소이다. 낙양, 사수관, 형양은 조조가 있던 허도(許都), 지금의 하남성 허창(許昌)의 서북쪽이고 활주는 허창의 동북쪽에 있다. 관우는 하남성 중부의 허창에서 출발하여 유비를 찾으러 북쪽으로 가서 강을 건너 동군으로 갈 생각이어서 문을 나와 북동쪽으로 방향을 잡아야 정상인데 동령관으로 갔다.

관우가 지나간 역정을 살펴보면, 관우는 우선 서북쪽으로 수백 리를 달려갔다가 중악(中嶽) 숭산(嵩山)을 지나 당시에 폐허가 된 낙양에 도달했다. 낙양에서 황하를 보고 자신의 방향이 틀렸음을 알고 그제야 동쪽으로 방향을 바꾸어 사수관, 형양을 지나 동군에 이르러 강을 건넜다. 이것은 저자 나관중의 허구이다. 『삼국지』「선주전」에 당시 유비는 이미 원소가 파견하여 여남(汝南)에 도착하여 조조를 견제하였기 때문에 관우는 황하에 닿을 필요 없이 곧장 여남으로 갔다. 여남은 허창의 남쪽, 지금의 하남성 주마점(駐馬店) 동쪽 근교 여남이다.

『삼국지연의』의 '과오관육참장'의 고사는 설화인의 화본(話本)에서 시작

되었다. 송대에 『전상평화삼국지』가 간행되어 시중에서 읽힌 후, 원대에 이르러 고사가 더욱 풍부해져서 삼국시대 고사를 제재로 한 잡극, 민간전설이 출현하였다. 원대 말에서 명대 초 사이에 활동한 나관중이 이러한 잡극, 전설, 화본을 기초로 개편 정리하여 일부 역사와 다른 부분을 수정하였기 때문에 오늘날의 『삼국지연의』가 탄생한 것이다. 관우가 오관을 통과한 고사는 역사에는 기록이 없고 송원 민간 예술인의 창작 이후에 나관중이 이것을 인용한 것으로 추정된다. 송대와 원대의 민간 예술인은 문화 수준이 그렇게 높지 않았고 역사지식이 부족하여 자연히 삼국 고사를 재창작하고 정리하는 가운데 착오가 발생할 수 있었다. 조조가 천자를 끼고 제후를 호령할 때의 도성은 역사상 허창이 아니라 장안(長安), 지금의 섬서성 서안(西安) 부근이었다. 그러므로 평화(評話) 가운데 관우가 장안에서 조조와 이별하고 성을 나온 목적은 곧장 하북으로 가서 유비를 찾는 것이었다.

송원 민간 예술인의 창작이란 화본을 말한다. 화본은 설화인(說話人)이 연기하며 대사를 말하는 고사의 대본이다. 민간 설화가 발전되어 형성된 문학 형식으로 송대(宋代)에 창작된 백화소설(白話小說)이다. 통속적인 문자로 써졌고 대부분 역사 고사와 당시 사회 생활상을 제재로 하여 송대와 원대 민간 예술인의 설창(說唱)의 저본이 되었다. 현존하는 『청평산당화본(淸平山堂話本)』, 『전상평화오종(全相平話五種)』 등이 있는데 후자 중에 하나가 바로 『삼국지평화(三國志評話)』이다.

다섯 관문은 허구이고 여섯 장수의 목을 벤 적도 없었다. 사서에 여섯 장수의 이름을 찾을 수 없다. 관우가 조조를 떠나 유비에게로 간 노정은 허창을 출발하여 여남(汝南)으로 간 것이다.

44

충신은 두 임금을 모시지 않는다

충신불사이군忠臣不事二君

忠 충성 충, 臣 신하 신, 不 아닐 불, 事 모실 사, 二 둘 이, 君 임금 군

출처 장비가 관우에게 한 말.

본문

관우가 손건과 함께 두 형수를 모시고 여남으로 가는데 황건군 수령 장각(張角)의 부장으로 장각이 죽은 뒤에 산속에 숨어 살던 배원소(裴元紹)라는 자를 만났다. 그의 소개로 황건군 장보(張寶)의 부하 장수로 있던 주창(周倉)을 알게 된다. 그는 천근 무게를 들어 올릴 수 있는 장사로 평소에 관우를 흠모하고 있었다. 두 사람은 관우를 따르기로 하였다.

관우 일행이 여남 방향으로 가다가 고성(古城)이란 마을에서 아우 장비를 우연히 만난다. 장비는 서주에서 패하자 망탕산(芒碭山)으로 들어가서 한 달 남짓 있다가 다시 나와서 고성을 지나게 되었고 관가에 들어가서 곡식을 빌려달라고 하였으나 현령이 들어주지 않자 그를 내쫓고 현인(縣印)을 빼앗은 다음 고성을 점령했다,

장비는 관우가 배신하고 조조에게 들러붙어 벼슬을 하더니 자신까지 유인하러 왔다고 오해를 하여 관우와 싸우려고 한다, 두 형수가 자세히 사정을 설명하고 오해를 하지 말라고 말려도 장비는 듣지 않는다.

"형수님은 저런 자에게 속지 마십시오. 충신은 죽을지언정 두 주인을 섬기지 않습니다."

마침 관우 뒤를 쫓아온 조조의 부하 채양을 죽이고, 조조 진영에 있었을 때의 일을 두 형수가 자세히 설명하자 장비가 그제야 겨우 믿게 되었다.

한편 관우가 미리 보낸 손건을 만난 유비는 원소에게 조조를 치기 위해서 형주(荊州)의 유표(劉表)와 교섭하기 위해 가겠다고 하고 기회를 틈타서 원소의 진영을 떠났다. 자신의 둘째 아들 관평(關平)을 관우에게 맡긴 관정(關定)이란 사람의 장원에서 관우는 유비를 만났다.

유비는 고성에서 우연히 조자룡을 만났는데 그가 산을 지나던 길에 배원소가 자신의 말을 빼앗으려고 하여 그를 죽였다고 하였다. 고성에서 잔치를 벌이고 유비는 조자룡을, 관우는 주창과 관평을 얻은 것을 기뻐하였다.

유비는 고성을 떠나 여남으로 가서 자리를 잡고 군사를 모집하며 천하를 도모할 준비를 하였다. 한편 원소는 유비가 유표를 끌어들여서 도망친 일에 대해 분노하며 유비를 당장 치려고 하였으나 곽도(郭圖)가 먼저 조조를 없애 버려야 하는데 강동의 손책과 협공을 하면 물리칠 수 있다고 간했다.

간체자 忠臣不事二君

발음 중 천 부 스 쥔(zhōng chén bù shì èr jūn)

회수 28회

해설 나라나 정권이 바뀌어도 절조를 바꾸지 않고 지조를 지키며 충성을 계속 바치는 신하를 비유하는 말이다.

원문에는 "충신은 차라리 죽을지언정 욕되지 않아야 하거늘, 대장부가 어찌 두 임금을 섬기는 일이 있으리오(忠臣寧死而不辱, 大丈夫豈有事二君之理)"라고 하였다.

『사기』「전단열전(田單列傳)」에 나오는데, '충신불사이군'이란 이 성어는 '정녀불경이부(貞女不更二夫)'와 함께 쓰였다. 연나라 군대가 제나라를 침공했을 때 회 읍(晝邑)의 왕촉(王蠋)이 어질고 덕이 있다는 말을 듣고 그에게 사람을 보내 장군으로 삼고 만 호의 식읍을 주겠다고 전하자 왕촉이 거절하였다. 그러자 연나라 사람이 받지 않으면 군사를 보내 화읍을 점령해버리겠다고 하자 왕촉이 "충성스러운 신하는 두 임금을 섬기지 않고 정조를 지키는 열녀는 남편을 바꾸지 않소"라고 하며 "살아서 의로움이 없을 바에야 차라리 삶아져서 죽는 것이 낫다"라고 하였다.

주창은 실제 인물이 아니고 허구다. 28회에 처음 등장하는데 원래 황건의 잔당으로 진심으로 관우를 수행하길 원해서 관우가 곁에 두었다. 66회 단도부회에서 관우와 눈짓하며 위기에서 탈출하는 기지를 발휘하였고, 74회에서는 관우와 함께 우금의 칠군(七軍)을 몰살시킬 때 용맹하게 방덕을 사로잡았으며, 79회에서는 관우를 도주하게 하고 자신은 맥성을 지키다가 동오의 군사가 관우의 목을 가져와 보여주는 바람에 스스로 목을 찔러 자살한다. 주창의 관우에 대한 의리는 세상 사람들에게 큰 감동을 주어 관제묘에는 항상 관우의 아들 관평과 함께 모셔져 있다.

장비가 숨어 있었다는 망탕산(芒碭山)은 하남성 상구(商丘)와 강소성 서주(徐州) 사이의 하남성 영성(永城)시에 있다. 유방이 구렁이를 베고 봉기한 곳으로 유명하며 또한 진(秦)나라 말경 중국 최초의 농민 봉기군 영수 진승(陳勝)이 묻힌 곳이기도 하다.

45

바른말은 귀에 거슬린다

충언역이忠言逆耳

忠 충성 충, 言 말씀 언, 逆 거스를 역, 耳 귀 이

출처 허유(許攸)가 관도 싸움으로 텅 빈 조조의 도성 허도를 공격하라는 계책을 원소가 받아들이지 않고 오히려 심배(審配)의 모함으로 쫓겨나자 탄식하며 한 말.

본문

강동의 손책은 자신의 막내 손광(孫匡)을 조조의 부하 장수 조인(曹仁)의 딸과 결혼시킨 뒤 천자에게 대사마 벼슬을 청했다. 그런데 중간에서 조조가 허락하지 않아 조조를 원망하고 허도를 칠 생각을 품고 있었다.

손책이 단도(丹徒)의 서산(西山)으로 사냥을 갔다. 한당(韓當)의 부하 장수 셋이 숨어 있다가 한 장수가 손책에게 달려들어 창으로 손책의 왼쪽 허벅지를 찔렀고 또 한 장수가 쏜 화살은 손책의 뺨에 박혔다. 다시 손책에게 달려들며 창으로 찔러 여러 군데 상처를 입었다. 손책은 급히 오회(吳會)로 도망을 쳤다. 화살의 독이 있어 고치기 어려웠다. 마침내 손책은 인수(印綬)를 동생 손권(孫權)에게 주면서 모친에게 유언을 남긴다.

"아우 손권은 저보다 열 배나 뛰어난 인물입니다. 만일 안으로 어려운 일이 있으면 장소(張昭)에게 묻고, 밖으로 어려운 일이 있으면 주유(周瑜)에게 물어서 결정하십시오."

주유가 오자 손권이 순책의 유언을 전했고, 이때 주유는 노숙(魯肅)을 손

권에게 추천한다. 손권이 노숙을 초빙하자, 노숙이 오군(吳郡)에 와서 손권을 알현했다. 노숙은 손권에게 제갈근(諸葛瑾)을 천거했다.

한편, 허도의 조조는 손책이 죽었다는 소문을 듣고 강남을 치려고 한다. 상 중에 남을 공격하는 것은 불의(不義)한 행동이라고 간하는 장굉(張紘)의 건의대로 천자께 손권을 장군으로 봉하는 동시에 회계 태수로 임명했다. 이 소식을 들은 원소는 분노가 치밀어 손권보다 우선 조조를 없애버려야겠다며 기주, 청주, 유주, 병주 네 군데에서 군사 70만 명을 일으켜 허도를 공격했다.

원소가 대군을 일으켜 관도(官渡)로 출발할 준비를 서둘렀다.

조조는 군사 7만 명을 일으키고 순욱(荀彧)에게 허도(許都)를 지키게 한 후에 떠나갔다.

원소가 이끄는 70만 대군이 사방으로 진영을 세우니 그 주위만도 70여 리였다. 조조의 첩자가 관도로 돌아가서 보고하자 군사들은 그 말만 듣고도 두려워하는 기색이 완연하였다.

순유(荀攸)가 조조에게 말한다.

"급히 싸워야 이롭지 시간을 오래 끌면 군량과 마초가 넉넉하지 못하기 때문에 낭패를 보기 쉽습니다."

원소가 말을 타고 진영 앞에 서자, 장합(張郃), 고남(高覽), 한맹(韓猛), 순우경(淳于瓊) 등 모든 장수가 좌우로 늘어서니, 기(旗)와 천자가 내린 부절(符節)과 도끼인 절월(節鉞)이 매우 엄숙하고 정연하였다.

조조가 말을 타고 나오는데 허저(許褚), 장료(張遼), 서황(徐晃), 이전(李典) 등의 장수들이 각기 무기를 들고 앞뒤로 호위한다.

장료와 장합이 달려 나와 싸웠으나 승부가 나지 않았다.

원소의 1만 노수(弩手)가 일제히 화살을 연달아 쏠 수 있는 노(弩)로 화살을 쏘고 궁수가 진영 앞으로 나와 활을 쏘아 대니 조조의 군사는 대적하기 어려워 공격하지 못하고 남쪽으로 방향을 바꾸어 달아난다. 원소의 군사가 추격하여 무찌르니 조조의 군사가 크게 패하였다.

원소의 군사는 흙산 50여 개를 만들고 그 위에 높은 망루를 세웠다. 궁노수들은 조조의 영채를 굽어보며 화살을 쏘아 대니 조조의 군사는 방패를 뒤집어쓴 채 엎드려 꼼짝을 못한다.

이에 조조는 유엽(劉曄)의 계책대로 돌을 쏘아대는 전차 발석거(發石車)를 만들어 흙산의 구름사다리 운제(雲梯)를 향하여 사격하여 대응하였다. 원소의 궁노수들은 피할 겨를도 없이 마구 맞아 죽었다. 원소의 군사들은 이 발석거를 벽력거(霹靂車)라고 불렀는데, 이때부터 원소의 군사는 흙산에 오르지 못했다.

두 달이 지나자 조조의 군사는 점점 힘이 빠졌고 곡식과 마초도 얼마 남지 않았다. 조조가 허도를 지키는 순욱에게 서신을 보내 대책을 물었더니 답장이 오기를 관도(官渡)는 중요하므로 잃어서는 아니 된다고 하였다.

조조의 부하 서황이 원소의 첩자를 사로잡아 심문하니 원소의 첩자가 고한다.

"조만간 대장 한맹이 곡식을 운반해오기로 되어있어서 우리가 미리 그 길을 알아보러 나왔다가 붙잡힌 것입니다."

한맹이 곡식과 마초를 가득히 실은 수천 대의 수레를 몰고 원소의 진영으로 오다가 산골길로 접어들었을 때였다. 서황과 사환이 군사를 거느리고 나타나 한맹이 서황과 싸우는데, 사환이 달려가서 수레를 흩어버리고 곡식과 마초에 불을 질러 모두 태워버렸다.

심배가 원소에게 말한다.

"오소(五巢) 땅은 우리의 곡식이 쌓여 있는 가장 중요한 곳이니 반드시 굳게 지켜야 합니다."

원소는 대장 순우경에게 명령을 내려 군사 2만 명을 거느리고 가서 오소 땅을 지키게 하였다.

순우경은 술을 지나치게 좋아해서 오소 땅에 도착하자마자 부장들과 함께 밤낮으로 술만 마셨다.

한편, 허유(許攸)는 젊어서 조조와 친구 사이였는데 지금은 원소의 모사가 되었다. 원소에게 가서 허도에 군량을 조달해달라고 부탁하는 조조의 서신을 보여주면서 고한다.

"지금은 허도가 텅 비어 있을 터이니 허도를 습격하여 함락시킨다면 조조를 사로잡을 수 있습니다."

원소가 말한다.

"조조는 원래 속임수를 잘 쓰기로 이름난 놈이다. 이 편지가 우리를 끌어들이려는 계략이란 걸 알아야 하오."

업군(鄴郡)으로 간 심배가 서신을 원소에게 보내왔다.

지난날 허유가 기주(冀州)에 있을 때 백성들에게 많은 뇌물을 받아먹었고, 또 아들과 조카들을 시켜 많은 곡식을 거두어들여 가로챘던 사실이 드러났기 때문에 허유의 아들과 조카들을 잡아서 옥에 가두었습니다.

원소는 허유를 불러 꾸짖는다.

"너 같은 협잡꾼이 무슨 면목으로 내게 계책을 말하느냐. 네가 젊었을 때 조조와 친한 사이였다더니 이번에도 뇌물을 받아먹고 간첩이 되어 우리 군사를 망치려는 것이겠지. 다시는 내 앞에 나타나지 말라."

허유는 밖으로 나와 하늘을 우러러 길게 탄식하다가 말한다.

"바른말은 귀에 거슬린다고 하더니 참말이구나! 보잘것없는 원소와 큰일을 도모할 수는 없다. 심배가 장차 내 아들과 조카들을 죽일 것이니 내 무슨 낯으로 다시 기주 사람들을 대하리오."

자살하려고 하는데 좌우 사람들이 칼을 빼앗고 권한다.

"공은 조조와도 친분이 있는데 어째서 어리석은 자를 버리고 현명한 분에게로 가지 않으십니까?"

허유는 조조에게 귀순하기로 결심한다.

조조는 허유를 보자마자 맨발로 뛰어나가 허유의 손을 잡고 큰소리로 웃으면서 먼저 땅바닥에 엎드려 절을 한다.

"원소를 쳐부술 계획을 가르쳐주시오."

"원소에게 관도와 허도를 동시에 공격하도록 일러줬소."

허유가 조조에게 남은 곡식이 얼마나 되느냐고 묻자, 조조는 1년은 버틸 수 있다고 하였다. 그러자 허유가 웃으며 그렇지 못할 것이라고 하자 조조가 반 년분은 있다고 했다. 그러자 이번에는 허유가 장막을 나가며 진심으로 귀순했는데 거짓말만 한다고 하자 조조가 허유의 소매를 붙들고 실은 3개월밖에 없다고 하자 허유가 웃는다.

"세상 사람들이 조맹덕(曹孟德)은 간웅(奸雄)이라고 하더니 과연 그 말이 옳구려."

간체자 忠言逆耳

발음 중 옌 니 얼(zhōng yán nì ěr)

회수 30회

해설 '충언(忠言)'을 충성(忠誠) 혹은 충고(忠告)를 뜻한다. '충성'이란 충직(忠直)한 정성(精誠)을 말하는데, 바르고 곧은 정신과 마음을 다하는 성실한 태도를 말한다. 옛날엔 임금과 나라, 지금은 국가를 위하는 마음도 포함이 된다. '충고'란 남의 잘못을 숨기거나 꾸밈이 없이 성의를 다하여 타이름을 말한다. 옳은 말은 귀에 거슬린다. 혼군(昏君)은 바른말이나 나라를 위하는 말을 듣기 싫어한다.

『한비자』「외저설(外儲說)」좌상(左上)에 "좋은 약은 입에 써도 병에 이롭고, 바른말은 귀에 거슬려도 처세에는 큰 도움이 된다(良藥苦口利于病, 忠言逆耳利于行)"라고 하였다.

『사기』「유후세가(留侯世家)」에도 보인다.

허유는 젊어서 원소와 조조 두 사람과 모두 교분이 있었는데 후에 원소의 막료가 된다. 관도 전투에서 원소에게 계책을 내놓지만 받아들여지지 않자 조조에게 돌아가서 오소의 군량 저장소를 습격할 것을 건의하여 조조가 승리하게 된다. 그러나 점점 오만해져서 결국에는 조조의 노여움을 사서 처형된다. 『삼국지연의』에서도 오만해져서 허저에게 참수된다.

투석거(投石車)는 유엽이 발명한 것이 아니라 원소와 조조의 관도 전투 때 원소군이 성을 공격하기 위한 대형 높은 망루를 사용하자 유엽이 계책을 내어 투석기로 망루를 부숴버렸다. 『삼국지연의』에는 유엽이 발명했다고 언급하지 않았고, 삼국시대 위나라 발명가 마균(馬鈞)이 개량한 것이다. 마균은 지남거(指南車)를 발명한 것으로 유명하고, 수레로 움직이는 윤전식(輪轉式) 발석기(發石機)를 제작하여 연속적으로 돌을 발사하고 수백 보까지 멀리 날아갔다. 그는 또한 제갈연노(諸葛連弩)를 개조하기도 하였다. 『삼국지』 「원소전」에 "조조가 발석거(發石車)로 원소의 높은 망루를 격파하였고 원소 진영에서 그것을 벽력거(霹靂車)라고 불렀다"라고 하였고 포거(抛車)라고도 불렸는데 전차 위에 대나무 끝에 돌을 얹어 던지는 공격의 수단이었다. 투석거는 중국 장기에서 다른 말을 건너뛰는 포(炮)이다. 춘추시대 때 이미 사용되었고 수당 이후로 성을 공격하고 수비할 때 쓰인 중요한 병기였다.

46

송곳 하나 세울 땅도 없다

신무입추身無立錐

身 몸 신, 無 없을 무, 立 세울 입, 錐 못 추

출처 조조에게 패하여 달아나다가 강가에서 쉴 때 유비가 탄식하며 부하 장수들에게 한 말.

본문

조조는 장료와 허저를 선봉, 서황과 우금을 후대로 삼고 자신은 중군(中軍)을 거느렸는데 군사가 모두 5천 명에 불과했다.

조조의 군대는 원소의 기(旗)로 위장하고 마른풀과 장작을 짊어지고 군사는 말을 하지 못하게 입을 막기 위해 함매(銜枚)하고 말은 입에 굴레를 씌워 황혼이 질 때 오소 땅을 향하여 출발한다. 이때가 건안 5년 10월 23일로 이날 밤은 하늘의 별들이 유난히 반짝였다.

조조는 오소 땅에 4경이 끝날 무렵에 당도하였다. 군사들은 등에 지고 온 마른풀을 다발로 묶고 곡식 저장소 주위에 불을 질렀다. 동시에 조조의 장수들은 북을 치고 함성을 지르며 쳐들어갔다.

이때 순우경은 다른 장수들과 술을 마시고 장막 안에 곯아떨어져 자다가 놀라 황급히 밖으로 뛰어나왔다. 오소 땅에 저장된 곡식과 마초, 치중은 모조리 잿더미로 변했다.

순우경을 사로잡아 귀와 코와 손가락을 자른 뒤에 원소를 모욕하기 위해 말에 태워 원소 진영으로 보냈다. 원소 진영에 도착한 순우경을 원소는 즉시 베어 죽였다.

장합과 고난은 자기 소속 군사들을 거느리고 조조 진영으로 가서 항복했다.

조조가 원소 진영을 공격하였는데 원소는 급한 나머지 문서와 수레, 황금과 비단까지도 모두 다 버리고 겨우 기병 8백 명만 대동하고 황하를 건너갔다.

조조는 주워온 원소의 문서 속에서 서신 다발을 발견했다. 그 서신은 허도에 있는 자기 부하와 이번에 거느리고 온 부하 중에서 몇 사람이 그동안 몰래 원소와 내통하고 기밀을 누설한 내용이었다.

측근이 내통한 자들의 이름과 증거가 드러났으니 잡아 죽여야 한다고 말해도 조조는 머리를 흔들며 반대한다.

"원소가 강했을 때는 나도 생명의 위협을 느꼈으며, 세상이 어떻게 될 것인지 몰라서 여러 번 망설였다. 그러니 다른 사람이야 더 말할 것이 있겠느냐."

그리고는 그 서신을 불태워버린 뒤에 다시는 거론하지 않았다.

한편, 유비는 조조가 비운 허도를 향해 가다가 서둘러 허도를 향해 돌아오는 조조의 군사를 만났다. 조조는 패하여 멀리 달아나는 유비를 보고는 군사를 거두고 쫓지 않았다.

유비는 서쪽으로 달아나다가 한강에 이르러 강가에 영채를 세우고 쉬다가 탄식한다.

"나는 이제 송곳 하나 세울 만한 땅도 없으니, 진실로 그대들의 장래를 그르칠까 두렵다. 그대들은 나를 버리고 훌륭한 주인을 찾아가서 후세에 공훈을 남기기 바란다."

간체자 身无立锥

발음 선 우 리 추이(shén wú li chuí)

회수 31회

해설 '입추(立錐)'란 못을 세울 곳이란 뜻으로 '신무입무'란 너무나 빈궁하여 정착할 땅이 없음을 나타내는 말로, 극히 작은 땅 혹은 정착할 땅이 아주 적음을 비유하는 말이다

『장자』「도척(盜跖)」편에 "요와 순은 천하를 차지했어도 그 자손들은 송곳 꽂을 살 땅도 갖지 못하고 있다(置錐之地)"라고 하였다. 『사기』「유후세가(留侯世家)」에 역이기(酈食其)가 한왕(漢王) 유방에게 유세하기를, "지금 진나라는 덕을 잃고 의를 저버렸으며 제후국을 정벌하고 육국의 후손들을 없애버려 그들에게 송곳 하나 세울 곳이 없게 하였습니다(立錐之地)"라고 하였다.

장합(?-231년)은 원소가 기주를 차지했을 때 그에게 의탁하고 교위에 임명되었다. 관도 전투에서 조조에게 오소의 식량 저장 기지를 습격당했을 때, 장합은 원소에게 정예군을 선발하여 구원해야 한다고 진언하였고, 반면에 곽도(郭圖)는 조조의 본진을 공략해야 한다고 주장하였는데, 결국 원소는 곽도의 계책대로 하다가 대패하였다. 곽도가 장합을 모함하였기 때문에 신변의 위협을 느낀 장합은 조조에게 귀순하였다.

장합의 귀순을 받아들인 조조는 유방의 장군 한신(韓信)이 온 것과도 같다며 크게 기뻐하면서 그를 편장군에 임명하고 도정후(都亭侯)로 발탁하였다. 장합은 한중(漢中) 쟁탈전에서 활약하였고, 태화(太和) 2년(228년)에 제갈량이 기산에 출전하여 마속(馬謖)에게 군대를 가정(街亭)에 주둔하도록 하였을 때, 장합이 물을 긷는 통로를 차단하여 마속의 군대를 격파한다.

조비(曹丕)가 칭제한 후에 장합은 좌장군(左將軍)으로 승진하였고 막후(鄚侯)에 봉해졌다. 231년, 제갈량이 또다시 기산에 출정하였을 때, 장합은 퇴각하는 촉군을 추격하다 목문(木門)에서 화살에 맞아 죽었다.

장합은 임기응변에 능하고 진영을 잘 펼쳤으며 지형지물을 이용하는데 뛰어나기로 유명했다. 『삼국지연의』에서 사마의가 작전을 세우고 장합이

실행한 것으로 되어있고, 또 제갈량의 기산 정벌 때는 장합의 활약이 사마의의 공적으로 된 경우가 많았다. 그리고 그의 최후도 장합은 도망하는 적은 쫓을 필요가 없다고 했어도 사마의는 그의 말을 듣지 않고 장합에게 촉군을 추격하도록 하여 결국 적의 화살을 오른쪽 무릎에 맞아 죽는다. 『삼국지연의』에서는 사마의가 적을 추격하지 말라는 것을 듣지 않고 장합이 촉군을 추격하는 것으로 되어 있다.

47

승패는 전쟁에 늘 따르는다

승부병가지상勝負兵家之常
勝 이길 승, 負 짊어질, 질 부, 兵 병 군사 병, 家 집, 학파 가,
之 어조사 지, 常 항상 상

출처 관우가 유비에게 한 말.

본문

유비가 탄식하며 자신의 처지를 비관하는 말을 듣고 관우가 말한다.

"승패는 전쟁에 늘 따르는 일인데, 어찌하여 큰 뜻을 버리려 하십니까?"

손건(孫乾)이 말한다.

"여기서 형주(荊州) 땅이 멀지 않습니다. 그곳의 유표(劉表)는 9군(郡)을 거느리고 강한 군사와 많은 곡식을 저장하고 있습니다. 더구나 유표는 한나라 황실의 종친이시니 어찌 그곳으로 가지 않으십니까?"

유비는 기뻐하며 손건을 형주로 보냈다.

손건은 형주에 가서 유표를 뵙고 절한다.

"공께서는 천하의 영웅이시며 우리 주공과는 같은 한나라 종친이신데, 이번에 주공께서 싸움에 패하자 강동의 손권에게로 가려 하시기에 형주의 유장군께서는 어진 사람을 공경하시고 친척인 종친으로 환영하실 것이라고 간했습니다."

유표는 매우 기뻐한다.

"유비는 나의 동생뻘이라 오래전부터 만나 보고 싶었소. 이제 와주신다면 실로 다행한 일이오."

유표 곁에 있던 채모(蔡瑁)가 간한다.

"안 됩니다. 유비는 일찍이 여포를 따랐다가 나중에는 조조를 섬겼으며, 지난번에는 원소에게 의지한 일도 있습니다. 그를 받아들인다면 조조가 반드시 우리를 공격하러 올 것이니 아무 이유 없이 싸울 필요가 있겠습니까? 차라리 손건의 목을 베어 조조에 바치십시오. 조조는 반드시 주공께 감사할 것입니다."

유표는 이미 뜻을 정했다며 채모를 꾸짖으니 채모는 앙심을 품고 물러갔다.

유표는 손건을 유비에게 보낸 다음 친히 성 밖으로 나가서 영접했다. 유표가 유비를 극진히 대접한다. 유표는 유비 일행이 형주로 들어와서 거처할 집을 장만해주었다. 이때가 건안 6년 가을 9월이었다.

간체자 胜负兵家之常

발음 성 푸 빙 쟈 즈 창(shèng fù bīng jiā zhī cháng)

회수 31회

해설 "전쟁에서의 승리와 패배는 병가에서는 항상 있는 일이다"라는 뜻이다. 승패에 크게 개의하지 말고 최선을 다하는 것이 중요하다는 의미를 지니고 있다. '병가(兵家)'란 군사를 쓰는 전술가를 뜻하는 말이다.

『구당서』「배도전(裴度傳)」에 "한번 전쟁에서 이기고 한번은 지는 것은 전술가에게는 항상 발생하는 형세이다(一勝一敗, 兵家常勢)"라고 하였고, 『자치통감(資治通鑒)』 당헌종(唐憲宗) 원화(元和) 11년에 "황상이 말하길, '전쟁에서 이기고 지는 것은 전술가에게는 항상 있는 일인데, 어찌 한 명의 장수가 승리하지 못했다고 갑자기 군대 철폐를 의논하겠는가!'라고 하였다"라고 하였다.

48

활시위 위에 놓인 화살은 날아가지 않을 수 없다

전재현상 부득불발箭在弦上 不得不發

箭 화살 전, 在 있을 재, 弦 활시위 현, 上 위 상,
不 아닐 부, 得 얻을 득, 不 아닐 불, 發 필, 쏠 발

출처 진림이 왜 조조의 조상과 부친까지 욕했느냐고 물었을 때, 진림(陳琳)이 조조에게 한 말.

본문

원래 원소에게는 아들이 셋이 있었다. 장자 원담(袁譚)은 청주(靑州), 차남 원희(袁熙)는 유주(幽州), 삼남 원상(袁尙)은 후처 유씨(劉氏)의 소생이었다.

원상은 나면서부터 용모와 체격이 준수했기 때문에 원소가 몹시 사랑하여 늘 곁에 두었다.

관도 싸움에서 패하고 돌아온 원소에게 후처 유씨가 자기 소생인 원상을 세자로 세우도록 졸랐다. 원상이 조조의 부하 장수 장료와 싸웠으나 패하여 기주(冀州)로 도망쳤다. 원소는 패하여 돌아온 원상을 보고 놀라 지병이 재발하여 피를 토하고 기절하더니 얼마 후에 죽었다.

원상 형제는 매일 조조의 군사와 싸웠으나 매번 패하기만 했다. 이때가 건안 8년(203년) 봄 3월이었다.

곽가(郭嘉)가 조조에게 계책을 올린다.

"원소가 죽으면서 막내아들 원상을 세웠기 때문에 형제간의 알력이 생겨 서로 반목하며 질시하고 있습니다. 그냥 내버려 두면 저들끼리 서로 싸울 것이니 승상께서는 이번에 형주의 유표를 공격하면서 원씨 형제가 서로 싸우

기를 기다리시죠."

원담은 부친이 남긴 업적을 계승하지 못하고 도리어 동생 원상이 차지하여 화가 났다. 원담은 곽도의 계책대로 원상을 초청하고 죽이려고 한 사실이 탄로 나자 두 형제가 싸웠는데 원담이 크게 패하여 평원(平原)으로 달아난다.

원담에게 모사 곽도가 간한다.

"조조에게 항복하시고 조조와 함께 협공하면 원상은 돌아갈 것입니다. 조조가 원상을 격파한다면 원상의 패잔병을 거두어 실력으로 조조와 대결하십시오. 멀리서 온 조조의 군사는 군량과 마초가 부족하여 물러갈 것입니다."

원담이 사자를 조조에게 보냈다.

원담의 평원성을 공격하던 원상은 조조의 군사가 황하를 건너왔다는 소식을 듣자 기주의 업군으로 급히 돌아갔다.

조조가 원담을 만나 자기의 딸을 원담에게 시집보내기로 거짓말을 하고 평원성으로 원담을 돌려보냈다.

한편, 조조가 원상이 지키는 기주성을 공격할 것으로 예상한 심배가 계책을 원상에게 말한다.

"부하 장수에게 상당(上黨)으로부터 운반해오는 군량을 호위하도록 명하시고, 주공은 군사를 평원으로 출동시켜 원담을 치십시오. 원담을 없앤 다음 조조를 격파해야 합니다."

원상은 이에 호응하여 심배와 진림에게 기주를 맡기고 그날로 평원성을 치러 떠났다. 조조는 이번에는 반드시 기주를 차지하겠다고 다짐한다. 조조는 기주성을 포위하고 공격하였으나 심배가 성을 굳게 지켜 함락하지 못했다. 결국 장하(漳河)의 물을 끌어들여 기주성을 메우자는 허유(許攸)의 계책대로 하자, 성안에 물이 수척이나 고이고 양식마저 떨어져 굶어 죽는 자가 속출했다. 서황(徐晃)이 성안으로 들어가 심배를 사로잡아 조조에게 끌고 갔고 조조는 그의 목을 베었다. 이번엔 도부수들이 진림을 조조에게 끌고 왔다.

조조가 꾸짖는다.

"지난날 원소를 위해서 격문을 지었을 때 나 한 사람의 죄를 따지는 것도 그런데 어찌하여 내 조상과 부친까지 욕하느냐?"

진림이 대답한다.

"활시위에 놓인 화살은 날아가지 않을 수 없소."

좌우 사람들이 진림을 죽이라고 권한다. 그러나 조조는 진림의 글재주를 아껴 용서하고 종사(從士)로 삼았다.

간체자 箭在弦上, 不得不发

발음 젠 짜이 센 상(jiàn zài xián shàng), 부 더 부 파(bù dé bù fā)

회수 32회

해설 "화살이 이미 시위에 놓였다"라는 것은 "일의 형세가 그만둘 수 없는 상황에 놓였다"라는 의미로, 일이 긴박하여 행동을 취하지 않을 수 없는 지경에 도달하였음을 비유하는 말이다.

이 성어는 삼국시대 때 원소의 명을 받들어 진림이 지은 조조를 토벌하는 격문(檄文) 「위원소격예주(爲袁紹檄豫州)」에서 이선(李善)의 주(注)에 인용된 『위지(魏志)』에서 유래하였다. 진림은 원소의 명령을 받고 조조를 토벌하자는 격문을 지었으나 그 격문을 보고 분노한 조조가 기주성을 함락시키고 진림을 사로잡은 뒤에 그에게 묻기를, "나를 욕하면 되었지 어찌 내 조부까지 욕하느냐?"라고 하자, 진림이 대답하길, "활시위에 놓인 화살은 날아가지 않을 수가 없었습니다"라고 하였다. 좌우 측근들이 죽여야 한다고 말했으나 조조는 진림의 글재주를 아껴 살려주었다고 한다. 이러한 비유는 진림이 위기 상황에서 벗어나게 되는 결과를 얻게 되었는데, '화험위이(化險爲夷)' 즉 위험한 상태를 안전하게 만든 명구로 평가받는다.

진림(?-217년)은 자가 공장(孔璋)으로 광릉(廣陵) 사람인데 동한 말경의 문학가로 문장 창작에 뛰어난 건안칠자(建安七子) 가운데 하나였다. 영제(靈

帝) 말년에 대장군 하진(何進)의 주부(主簿)를 맡았는데, 하진이 궁궐의 환관을 주살하기 위해 전국의 변장(邊將)을 경성 낙양으로 불러들이려고 하자 이에 반대하였다가 하진이 받아들이지 않아 일이 실패하여 결국 하진은 주살되었다. 동탁이 낙양에서 악한 짓을 일삼자 진림은 기주로 피난하여 원소의 막부로 들어갔다. 원소가 조조에게 패하여 진림은 조조의 포로가 되었고 조조가 그의 재주를 아까워하여 관직을 제수받았고 완우(阮瑀)와 함께 기실(記室)을 맡았다. 건안 22년(217년)에 건안칠자 중의 유정(劉楨), 응창(應瑒) 등과 함께 전염병으로 죽었다. 그의 저작은 명대 장부(張溥)가 편찬한 『진기실집(陳記室集)』이 있는데 『한위육조백삼가집(漢魏六朝百三家集)』에 수록되어 있다.

49

비둘기가 까치의 집을 빼앗다

구탈작소鳩奪鵲巢

鳩 비둘기 구, 奪 빼앗을 탈, 鵲 까치 작, 巢 둥지 소

출처 요동 태수 공손강(公孫康)의 동생 공손공(公孫恭)이 원소의 아들 원상과 원상 형제가 요동으로 오는 것에 대한 비유적 표현.

본문

남편을 따라 먼 유주(幽州)로 가기가 싫어서 남아 있던 원희(袁熙)의 아내 견씨(甄氏)를 조비가 보니, 얼굴이 꽃과 같고 살결도 백옥처럼 희어서 그야말로 경국지색(傾國之色)이었다. 조조는 조비와 견씨를 결혼시켰다.

기주(冀州)를 평정한 조조는 천자에게 승리를 표하는 표문을 보낸 뒤에 스스로 기주목(冀州牧)이 되어 다스렸다.

원소의 큰아들 원담은 건안(建安) 10년(205년)에 평원(平原)을 버리고 남피(南皮)로 달아났다. 조조가 남피성을 포위하고 공격하였다. 원담은 조홍(曹洪)과 싸우다가 죽었다.

조조는 곽가의 계책에 따라 항복해온 원소의 둘째 아들 원희의 부장 초촉(焦觸)과 장남(張南)을 보내어 유주를 공격하였다. 원소의 막내아들 원상과 원희는 유주성을 버리고 요서(遼西)로 달아나 오환(烏桓)에게 의탁하였다.

병주(幷州)를 병합한 조조가 오환을 치려고 하자, 조홍이 반대한다.

"원희와 원상은 싸움에 패하여 군사들은 지쳤고 멀리 사막으로 도망가 있는데, 우리가 서쪽으로 그들을 치러 간다면 유비와 유표가 허도로 쳐들어올지 모르니, 허도로 돌아가는 것이 상책입니다."

곽가가 나선다.

"형주의 유표는 아랫목에 앉아 말만 할 줄 알지 실제로 행동이 없는 사람이오. 그는 자기 재주가 유비를 제어하기에 부족한 것을 알기 때문에 유비에게 중대한 임무를 맡겼다가는 유비를 통제하지 못하게 되고, 유비에게 가벼운 임무를 맡기면 유비를 쓸 수 없다는 것을 알고 있소. 그러므로 나라를 비우고 멀리 사막으로 원희와 원상 두 형제를 치러 가도 염려 없소."

조조가 사막으로 갔으나 광풍이 불고 길은 험하고 사람과 말이 앞으로 나아가기 어려웠는데, 곽가는 사막의 기후와 물이 맞지 않아서 병이 들어 자리에 누웠다.

조조는 오랑캐 지리를 잘 아는 원소의 옛 장수 전주(田疇)를 불러 길을 안내하라고 하였다. 전주가 뒤따르는 장료와 함께 백랑산(白狼山)에 이르렀을 때 마침 원상과 원희가 오환의 족장 묵돌(冒頓)과 함께 기병 수만 명을 거느리고 온다. 장요가 한칼에 묵돌을 베어 말 아래로 거꾸러뜨리자, 원희와 원상은 요동으로 달아났다. 조조가 역주(易州)에 도착했을 때 곽가가 죽은 지 며칠이 지난 후였다. 좌우 사람이 곽가의 편지를 조조에게 바친다.

"곽공이 죽을 때 친히 쓴 글인데, 승상께서 보시고 이대로만 하면 요동은 염려할 것 없다고 했습니다."

이튿날, 하후돈이 아뢴다.

"요동 태수 공손강이 오랫동안 복종하지 않고 있었는데, 이번에 또 원희, 원상 형제가 그쪽으로 갔으니, 머지않아 우리의 우환이 될 것입니다. 틈을 주지 마시고 즉시 가서 무찌르면 요동을 차지할 수 있습니다."

조조가 웃는다.

"며칠 뒤면 공손강이 스스로 원희와 원상 형제의 머리를 베어 이리로 올 것이다."

모든 장수가 조조의 말을 믿지 않았다.

공손강은 원희, 원상 형제가 온다는 소식을 듣고 모든 관원과 상의한다.

공손강의 동생 공손공이 말한다.

"원소는 생전에 요동을 차지할 생각이 있었는데, 이제 그이 아들들이 싸움에서 패하고 갈 곳이 없어 이쪽으로 오는 것이니, 비둘기가 까치의 집을 빼앗으려는 것이오. 만일 그들을 들여놓는 날에는 나중에 걱정거리가 될 것이니, 차라리 그들을 환영하는 척하여 성안으로 끌어들인 다음 그의 목을 베고 조조에게 바치면 큰 상을 받을 것이오."

공손강이 말한다.

"조조가 이리로 쳐들어온다고 생각하면, 원씨 형제의 도움을 받는 편이 낫지 않습니까?"

공손공이 말한다.

"조조가 이곳으로 쳐들어올 것이면 원희와 원상 형제를 받아들이고, 만일 조조가 출동하지 않거든 형제의 목을 베어서 조조한테 보냅시다."

공손강이 첩자를 보냈다. 첩자가 다시 돌아와서 보고한다.

"조조는 역주에서 군사를 주둔하고 있을 뿐, 요동을 칠 생각이 없는 것 같습니다."

공손강은 기뻐하며 형제를 초청했다. 공손강이 두 형제를 만났다. 갑자기 벽에서 도부수들이 쏟아져 나와 형제 둘의 목을 베어 나무상자에 넣어 조조에게 보냈다.

이때 조조는 역주에서 군사를 주둔한 채 움직이지 않았다.

하후돈과 장료가 고한다.

"요동을 칠 생각이 없으시면 허도로 돌아가시죠. 형주의 유표가 딴생각을 품을지도 모릅니다."

조조가 대답한다.

"조금만 기다려라. 원희와 원상의 머리가 오면 즉시 회군하리라."

이 말을 듣고 모든 사람이 숨어서 조조를 비웃는다.

문득 사람이 들어와서 고한다.

"요동 태수 공손강이 원희와 원상의 목을 보내왔습니다."

이 말을 들은 사람들 모두가 놀란다.

요동에서 온 사자가 편지를 바치자, 조조는 웃는다.

"과연 곽가의 생각이 들어맞았구나."

모든 사람이 어째서 곽가의 말이 들어맞는다고 하냐고 물으니, 조조가 곽가의 유서를 꺼내 보인다.

원씨 형제가 요동으로 달아났다고 하니, 승상께서는 그들을 추격하지 마십시오. 원래 공손강은 원소에게 요동을 빼앗길까 두려워하고 있었습니다. 이번에 그의 아들 형제가 갔으니 그가 그들 형제를 의심하지 않을 리가 있겠습니까. 이제 승상이 공격하면 공손강은 도리어 그들 형제와 힘을 합쳐 막을 것이니, 이는 일의 추세가 그럴 수밖에 없기 때문입니다.

간체자 鸠夺鹊巢

발음 쥬 둬 췌 차오(jiū duó què cháo)

회수 33회

해설 비둘기가 자기 집을 짓지 않고 까치의 집을 빼앗으려 한다는 뜻으로, 남의 지위를 빼앗는 것을 비유하는 말이다. '작소구거(鵲巢鳩居)'라고도 한다.

요동 태수 공손강은 조조가 요동을 빼앗을 마음이 없다고 판단한 뒤, 공손공의 계책을 수용하고 원희, 원상 형제를 유인하여 죽인다. 그리고 그 수급을 조조에게 바쳐 양평후(襄平侯)에 봉해지고 좌장군(左將軍)에 임명된다. 양평(襄平), 지금의 요녕성(遼寧省) 요양(遼陽)은 공손강의 고향이다. 건안 9년(204년), 그의 부친 공손도(公孫度)가 죽은 후에 요동 태수 관직을 계승했다.

역사에 곽가가 죽으면서 계책을 남겨 요동을 평정했다는 기록이 없다. 『삼국지』「무제기」에 조조가 오환을 무찌르고 나자 어떤 사람이 조조에게 기세를 몰아 요동을 정벌하면 원상 형제를 쉽게 생포할 수 있다고 말했는데, 조조가 요동 태수 공손강에게 원상과 원희의 수급을 보내라고 하였다고 대답하였다. 얼마 후 공손강이 원상 형제의 목을 베어 그 수급을 조조에게 전해왔다. 어찌 된 일인지 모르는 사람들에게 조조는 "공손강이 평소에 원상을 두려워하고 있었는데 내가 서둘러 요동을 정벌하면 공손강과 원상이 힘을 합쳐 내게 대항할 것이고 자신이 요동 정벌을 늦추면 서로 해칠 것이라고 말하였다"고 하였다. 곽가는 조조의 모사로 박식하고 제주가 많으며 지혜와 책략이 뛰어났지만, 조조의 원수였던 원소가 죽고 그의 세 아들 가운데 원담이 섬멸된 후 원상과 원희 형제를 무찌른 이 계책은 곽가 낸 것이 아니라 조조 자신의 계책이었다.

50

허벅지에 살이 다시 찌다

비육복생髀肉復生

鳩 비둘기 구, 奪 빼앗을 탈, 鵲 까치 작, 巢 둥지 소

출처 유비가 유표에게 의탁하여 오랫동안 기거하다 측간에 가서 느낀 것.

본문

황금빛이 나오는 곳에서 동작(銅雀), 즉 구리로 만든 참새가 나왔는데, 이것은 순임금의 모친이 옥돌로 만든 참새가 품에 들어오는 꿈을 꾸고 순임금을 낳았으니 좋은 징조라고 순유(荀攸)가 고하자, 조조가 크게 기뻐하고 곧 토목공사를 시작하여 장하(漳河) 강가에 동작대(銅雀臺)를 쌓는다.

조조에게는 아들이 다섯이 있었다. 그중에서 둘째 아들 조식(曹植)은 천성이 총명하기도 하고 성격도 착하고 지혜로우며 더욱이 문장까지 뛰어났다. 조조는 평소 그를 가장 사랑했다.

조식과 조비에게 공사를 맡아보도록 업군에 남겨두고, 원소가 거느리던 군사까지 합치니 모두 60만이었다. 조조는 그들을 거느리고 허도(許都)로 돌아와서 모사들을 불러 모아 유표를 칠 일을 상의했다.

유현덕은 형주(荊州)에 와서 유표에게 의탁한 뒤로 융숭한 대접을 받았다.

채모가 그의 누이 채부인에게 고한다.

"유비가 형주에 눌러앉아 있으면 좋지 않은 일을 일으킬 것입니다."

채부인이 남편 유표에게 유비를 먼 곳으로 내보내야 한다고 간하였으나 유표는 유비는 어진 사람이라고 말했다.

유표가 유비에게 후계자 문제로 골머리를 앓고 있는 사정을 얘기하니, 유비가 유표의 전처의 소생인 큰아들 유기(劉琦)를 폐하고 채씨 소생의 어린 아들 유종(劉琮)을 세우면 반란이 일어나니 차차 채씨의 권력을 줄여야 한다며 사사로운 정에 어린 아들을 세워서는 안 된다고 말했다.

원래 채부인은 유비를 의심했기 때문에 남편이 유비와 얘기를 나눌 때면 항상 숨어서 엿들었다. 이때도 채부인은 병풍에 숨어서 유비의 말을 듣고 괘씸하게 생각했다.

유비는 자신이 경솔하게 말한 것을 스스로 깨닫고 곧 일어나서 뒷간으로 갔다. 그는 우연히 허벅지에 살이 다시 찐 것을 보고는, 자기도 모르게 눈물이 났다. 유표가 들어오는 유비의 눈에 눈물 자국이 있는 것을 보고 무슨 일이 있느냐고 물었다.

유비가 길게 탄식한다.

"저는 오랫동안 말을 타지 않아서 다시 살이 쪘소. 점점 늙어 가는데 아무 업적도 이루지 못해 슬픕니다."

"아우님은 허도에서 조조와 매실을 안주 삼아 술을 마시며 천하의 영웅을 논한 일이 있었다고 들었습니다. 조조가 천하의 영웅은 오직 유현덕과 자기뿐이라고 말했다지요. 조조도 아우님을 만만히 보지 못하는데 어찌 업적을 세우지 못할까 걱정하십니까?"

유비는 취한 김에 또 실수를 저지른다.

"제게 근본만 있다면, 천하의 녹녹(碌碌)한 무리야 염려할 것이 없습니다."

유표는 유비의 말을 듣고 아무 말도 하지 않았으나 기분이 언짢았다.

채부인이 유표에게 병풍 뒤에서 유비의 말을 엿들었다면서 유비가 형주 땅을 차지하겠다는 야심을 드러냈으니 유비를 없애버리지 않을 수 없다고 말했다.

채부인은 채모와 상의한다.

이적이 유비에게 채모가 유비를 죽이려 한다는 것을 듣고 이 사실을 알리며 유비가 속히 떠날 것을 재촉한다. 유현덕은 신야(新野)로 돌아갔다.

유표가 있는 형주에서 사자가 와서 유비를 양양(襄陽)으로 초청한다는 전갈을 전한다. 관우는 신야에서 양양은 멀지 않으니 만일 가지 않으면 유표가 의심할 것이라 말하자, 유비는 조자룡과 함께 양양으로 갔다.

형주 소속의 9군 42주 관원들이 양양에 다 모였다. 채모가 유비를 죽일 계책을 세운다. 이적이 후원에서 유비에게 속삭인다.

"채모가 귀공을 죽이려고 준비를 하고 있소. 서문으로 빠져 달아나시오."

유비는 적로(的盧)를 채찍질하여 쏜살같이 달려나간다. 채모는 즉시 말을 타고 유비를 뒤쫓는다. 유비가 서문을 빠져나와 달린 지 불과 얼마 되지 않았는데 큰 계곡이 나타나서 앞을 가로막는다. 이 계곡이 바로 단계(檀溪)였다. 폭이 넓고 파도가 거칠며 빠르다. 유현덕은 도저히 건널 수가 없어서 말을 돌려 돌아가려는데 군사들이 뒤쫓아 와서 말을 물속으로 몰고 들어간다. 유비는 말을 채찍질하며 크게 외쳤다.

"적로야! 적로야! 과연 네가 네 주인을 해치려고 하느냐!"

말이 물속에서 솟아올라 네 발굽을 들어 걷어차더니 단번에 세 길이나 솟아올라 날아서 서쪽 언덕에 내렸다.

조자룡이 양양성으로 돌아가서 유비를 찾는데 서문 문지기에게 캐물으니 문지기는 유비가 말을 달려 서쪽으로 가는 것만 보았다고 한다. 조자룡은 신야로 돌아갔다.

유비가 남장(南漳) 땅으로 가는데 저편에서 목동이 소를 타고 피리를 불면서 길을 가로질러간다. 목동의 소개로 수경선생(水鏡先生) 사마휘(司馬徽)를 만났다.

목동이 유비를 숲속 장원으로 안내하였고 중문(中門)으로 들어가니 거문고 소리가 들린다.

유비가 그 사람을 보니 모양은 소나무 같고 등은 학과 같은데, 그 기상이 비범하였다.

수경선생은 유비를 청하여 초당으로 들어가서 자리를 정하고 앉는다.

방 안을 둘러보니 서가에 책이 쌓여 있다. 창밖에는 소나무와 대나무가 울창하고 거문고는 돌상 위에 비껴 있어 맑고 욕심 없어 소박하고 가벼운 기운이 가득했다.

수경이 묻는다.

"귀공의 명성을 익히 들어서 알고 있는데 어찌 이토록 초라해 보이시오?"

"박복해서 그렇겠지요."

"그럴 리가 있겠소. 장군이 좌우에 훌륭한 인물을 두지 못했기 때문이겠지요."

"변변치 못하나 문사(文士)로는 손건(孫乾), 미축(糜竺), 간옹(簡雍)이 있고, 무사로는 관우, 장비, 조자룡이 있어 큰 힘이 되고 있습니다."

"관우, 장비, 조자룡은 천군만마도 무찌를 수 있는 장수이지만 그런 장수를 쓸 줄 아는 인물이 없으니 애석한 일이오. 언급하신 문사들은 백면서생이고 세상을 구하고 백성을 구제할 만한 인물은 아니오."

"기이한 인재가 어디 계시며 과연 어떤 분이신지요?"

"복룡(伏龍)과 봉추(鳳雛) 두 사람 중 한 사람만 얻어도 천하를 평정할 수 있을 것이오."

유비가 초당 옆방에서 머무는데 수경선생의 말에 잠이 오지 않았다.

이튿날 아침에 유비는 수경선생에게 문안하고 거듭 청한다.

"선생은 하산하여 한나라 황실을 도와주소서."

"나보다 재주가 열 배나 뛰어난 사람이 귀공에게 와서 도울 것이니 귀공도 그 사람을 찾도록 하시오."

조자룡이 유비를 찾으러 왔다. 유비는 신야로 돌아왔다.

간체자 髀肉复生

발음 비 러우 푸 성(bì ròu fù shēng)

회수 34회

해설 아무것도 하지 않고 할 일 없이 지내는 것을 비유하는 말이다. 능력을 발휘할 기회조차 없어서 한탄하는 것을 '비육지탄(髀肉之嘆)'이라고 한다.

'녹녹(碌碌)'은 평범하고 하잘것없음을 말한다.

'적로'라는 말은 원래 장무(張武)가 타던 말인데 유표가 좋은 말로 여겨 유비가 유표에게 선물로 준 말이다. 괴월(蒯越)이 자신의 형 괴량(蒯良)이 말 관상을 잘 봤기 때문에 자기도 말을 잘 본다면서 장무가 탄 이 말의 눈 밑에 눈물이 괼 만큼 움푹 들어갔고 이마에 흰 점이 있어 이런 말은 적로라고 하며 옛날부터 적로를 타는 사람은 신상에 해롭다고 하며 장무가 죽은 것도 이 말 때문이라면서 타지 말라고 하였다. 그래서 유표가 적로를 유비에게 되돌려주었다.

유비가 적로마를 타고 단계를 뛰어넘었다는 것은 사실이다. 『삼국지』 「선주전」 배송지 주에 인용한 『세설(世說)』에 유표가 유비를 연회에 초청했는데 괴월과 채모가 유비를 해치려고 했으므로 유비가 알아차리고 측간에 들어갔다가 몰래 빠져나와 적로마를 타고 달아나다가 양양성 서쪽 단계 물속에 추락하여 빠져나올 수 없어 유비가 소리치며 "적로야, 오늘 액운을 만났구나, 힘을 내라!"라고 하자 적로가 단번에 세 길이나 치솟아 올라 마침내 단계를 건넜다"라고 하였다. 적로가 해치는 말은 결코 아니지만 『세설신어』 「덕행(德行)」에 진(晉)나라 때 유량(庾亮)이 타는 말 중에 적로가 있는데 어떤 사람이 주인을 해칠 것이니 팔아버리라고 말했다고 하였다. 유효표(劉孝標)의 주에 말을 잘 알아본 사람으로 유명한 백락(伯樂)의 『상마경(相馬經)』을 인용하여 말의 이마가 희고 흰색이 입안으로 들어가 이빨에 닿은 것을 적로라고 하는데 노비가 타면 객사하고 주인이 타면 사형을 당하니 흉마라고 하였다.

복룡은 제갈량이고, 봉추는 방통을 가리킨다.

51

자신을 알고 상대방을 알다

지기지피知己知彼
知 알지, 己 자기 기, 彼 저 지

출처 신야에서 유비에게 조조의 군대가 패하자, 이전이 조인에게 한 말.

본문

조조는 기주에서 허도로 돌아온 뒤로 형주를 칠 생각을 하고 있었다.

조조는 조인(曹仁), 이전(李典)과 이전에 원씨(袁氏) 휘하에서 항복해온 여광(呂曠), 여상(呂翔)에게 군사 3만 명을 내주고 번성(樊城)으로 보내 양양(襄陽)을 엿보아 상대의 실정을 염탐하도록 지시했다.

이들이 번성에 온 지 여러 달이 지났다.

여광과 여상이 조인에게 보고한다.

"유비가 신야로 돌아온 후로 군사를 모집하고 군마를 사들이며 마초도 쌓고 곡식도 저장한다고 합니다. 세력이 더 커지기 전에 무찔러야 합니다. 군사 5천을 주신다면 유비의 목을 베어서 승상께 바치겠습니다."

조인은 기뻐하며 여광과 여상에게 군사 5천 명을 주고 신야를 치게 했다.

신야 거리에서 얻은 단복(單福)의 계책으로 여상을 죽여 그의 군대를 물리쳤다.

한편, 조인이 놀라 이전과 상의하는데 이전이 대책을 말한다.

"여광과 여상이 죽었으니 당분간 군사를 움직이지 마시오. 사람을 허도로 보내 승상께 보고하여 대군을 거느리고 와서 적을 치시라고 하시오."

조인이 반대한다.

“두 장수의 원수를 속히 갚아야 하오. 조그만 신야를 치는데 승상이 대군을 거느리고 오셔서 수고까지 하실 필요 없소이다.”

“유비는 영특한 사람이오, 결코 얕잡아봐서는 아니 되오.”

“귀공은 어찌 그리 겁이 많소?”

이전이 굽히지 않는다.

“병법에 ‘적을 알고 나를 알면 백 번 싸워도 백 번 이긴다’라고 하였소. 내가 싸움을 겁내는 것은 아닙니다. 싸워서 이기지 못할까 걱정하는 것이오.”

조인이 화를 낸다.

“귀공은 두 마음을 품은 것 같소. 내 반드시 유비를 사로잡을 것이니 두고 보시오.”

이전은 할 수 없이 조인과 함께 군사 2만 5천을 일으켜 신야로 쳐들어갔다.

간체자 知己知彼

발음 즈 지 즈 비(zhī jǐ zhī bǐ)

회수 35회

해설 적과 나 쌍방의 장단점을 철저하게 이해함을 말한다. ‘지피지기(知彼知己)’라고도 하는데, 『손자병법』「모공(謀攻)」편에 “상대를 알고 자신을 아는 자는 백 번 싸워도 위태롭지 않다(知彼知己者, 百战不殆)”라고 하였다. ‘태(殆)’자에는 ‘피비불감(疲憊不堪)’, 즉 “피로가 극에 달하다”라는 뜻이 포함되어 있다. 적과 아군 쌍방의 상황을 철저하게 이해하면 백 번을 싸워도 군대는 피로가 극에 달하지도 않고 전투력도 상실하지 않아 전쟁에서 패배하지 않으니 결국은 백전백승(百戰百勝)한다는 뜻이다.

52

용의 간과 봉황의 골수로 만든 음식

용간봉수龍肝鳳髓

龍 용 용, 肝 간 간, 鳳 봉새, 봉황새 봉, 髓 골수 수

출처 조조에게 속아 감금당한 노모를 만나러 조조에게 가는 서서와 헤어지기 괴로워하는 유비가 서서에게 한 말.

본문

조인(曹仁)이 군사를 일으켜 유비가 있는 신야를 공격하였다.

단복의 계책대로 조자룡은 조인을 기다렸다가 공격하자 장비가 도망가는 조인을 공격하였으며 번성(樊城)으로 되돌아온 조인을 관우가 공격하여 결국 조인은 허도로 도주하였다.

유비는 조자룡을 번성을 지키게 하고 신야로 돌아갔다.

한편 조인은 허도로 돌아가서 조조를 만났다. 조조가 유비를 돕는 자가 누구냐고 하자, 조조는 단복이라고 대답했으나 정욱(程昱)이 웃으며 대답한다.

"그는 단복이 아닙니다. 그의 본명은 서서(徐庶)이며 자가 원직(元直)입니다."

조조가 정욱에게 묻는다.

"그대와 비교하면 서서의 재주가 어떠하냐?"

"저보다 열 배나 재주가 뛰어난 인물입니다."

"유비에게 날개를 달아준 것이나 다름없다."

"서서는 효성이 지극하여 어려서 부친을 잃어 노모만 생존해 있습니다.

지금 그 노모를 모실 사람이 없습니다. 그 노모를 속여 허도로 데려오게 한 다음 노모가 속히 오라는 서신을 써서 아들에게 보낸다면 서서는 반드시 올 것입니다."

사자가 서서의 노모를 속여 허도로 데려왔다. 조조가 노모를 극진히 대접한다.

"서신 한 장 써서 아들을 이곳으로 불러오게 한다면 내가 천자께 아뢰어 서서에게 벼슬을 내리게 하겠습니다."

아들에게 편지 쓰기를 완강히 거절하는 서서의 노모를 감금하였다.

정욱은 서서의 노모에게 자신은 서서와 일찍이 의형제를 맺은 사이라고 거짓말을 하였다. 그는 친모를 섬기듯 하면서 좋은 물건을 보낼 때마다 반드시 친히 몇 자 적은 쪽지를 함께 보냈다. 서서의 노모는 사실인 줄 알고 물건을 받을 때마다 잘 받았다는 답장 써서 보냈다.

정욱은 서서의 노모가 쓴 쪽지의 글씨를 모방하여 한 통의 편지를 써서 심복 부하에게 주어 신야로 보냈다.

서서가 노모의 편지인 줄 알고 읽어본다.

> 조승상이 사람을 보내 속임수를 써서 나를 허도로 불러내어 네가 조정을 배반했다면서 네가 항복하고 여기에 와야만 죽음을 면할 수 있을 것 같다. 내 목숨이 지금 실날 위에 걸려 있으니 속히 와라.

서서는 눈물이 비 오듯 했다. 서서는 서신을 가지고 유비에게로 갔다.

"저는 원래 성명이 서서입니다. 유황숙께서 수경선생을 찾아왔던 날 밤에 제가 마침 수경선생을 뵈었고 그때 수경선생이 유황숙을 제게 추천하셨습니다. 그래서 저는 유황숙께 충성을 다하고자 하였으나 노모가 조조에게 붙들려 계시니 힘을 쓸 수 없어 작별인사를 드립니다."

유비가 서서에게 말한다.

“선생이 떠나게 되었으니 두 팔을 잃은 것 같소. 비록 용의 간과 봉황의 골수로 만든 음식이 있다고 해도 맛이 쓸 것이오.”

유비와 서서가 술상을 가운데 놓고 서로 울며 밤을 새웠다.

날이 밝자 성 밖에 술자리를 마련하고 서서를 전송할 준비를 한다. 나란히 말을 타고 성을 나와 장정(長亭)에 이르러 작별을 한다.

간체자 龙肝凤髓

발음 룽 간 펑 쑤이(lóng gān fèng suǐ)

회수 36회

해설 얻기 어려운 진귀한 음식을 비유하는 말이다.

『삼국지』「제갈량전」 배송지 주에 인용된 『위략』에 의하면, 서서는 ‘본단가자(本單家子)’라고 했으니 본래 외롭고 천한 집안의 아들이다. 『삼국지연의』에서는 서서의 이름을 단씨 성을 가진 집안의 자식으로 이해하고 단복으로 바꿨다.

『삼국지』「제갈량전」에 조조가 남쪽으로 형주를 정벌하자, 유비도 군사를 이끌고 남쪽으로 이동했고 이때 서서와 제갈량도 함께 유비를 따른다. 서서의 노모가 조조에게 감금당하자 서서는 유비와 이별하고 조조에게 귀순하였다고 하였다. 이 기록으로 볼 때 서서가 조조에게 간 것은 스스로 결단에 의해서이지 조조에게 속아서 간 것이 아니며 서서의 어머니가 조조를 꾸짖고 자살한 사실도 없었다. 후에 조조의 군영에서 서서가 한마디도 말을 하지 않았고 계책도 내지 않았으며 위나라의 벼슬을 받지 않았다는 것도 사실이 아니다. 『위략』에 의하면 조비가 칭제할 당시 서서는 우중랑장(右中郎將)에 임명되고 어사중승(御事中丞)까지 올랐다고 하였다.

53

쓸모없는 존재

저력용재樗櫟庸材

樗 가죽나무 저, 櫟 상수리나무 력, 庸 떳떳할, 어리석을 용, 材 재목, 재능 재

출처 유비가 서서를 뛰어난 인물이라고 하자, 서서가 자신을 낮추어서 한 말.

본문

유비가 이별 잔을 들며 말한다.

“나는 복이 없고 연분이 없어 선생과 함께 오래도록 함께하지 못하게 되었어도 선생은 새 주인을 잘 섬겨 공명을 이루도록 하시오.”

서서는 울며 대답한다.

“이제 불행하게도 도중에 작별하는 것은 늙으신 어머님 때문이니, 비록 조조가 협박할지라도 계책을 세우지는 않을 것이오.”

유비는 처량하게 말한다.

“선생이 떠나면 난 멀리 산속으로 들어가 살 생각이오.”

“유황숙은 뛰어난 인물을 구하시어 도움을 받고 큰일을 성취하셔야 하거늘 왜 허무한 생각만 하십니까?”

“천하에 뛰어난 인물이 있다 하더라도 선생만 못할 것이오.”

“나는 쓸모없는 존재에 불과한데, 어찌 그런 과분한 명예를 감당할 수 있겠소.”

간체자 樗栎庸材

발음 추 리 융 차이(chū lì yōng cái)

회수 36회

해설 '저력(樗櫟)'은 가죽나무와 상수리나무를 말하는데, 쓸모없는 나무를 상징하여 보잘것없는 사람을 비유하는 말이다. '용재(庸材)'는 용재(庸才)와 같은 글자로, 어리석고 변변치 못한 재주를 말한다. '저력용재'란 평범하여 쓸모가 없는 사람을 가리키며, 주로 자신을 겸손하게 낮추어 말할 때 사용한다. "살아 있는 송장이요, 걸어 다니는 고깃덩어리"라는 뜻의 '행시주육(行尸走肉)'과 같은 성어이고, 반대말은 '재화출중(才華出衆)'이다.

『장자』「소요유(逍遙遊)」와「인간세(人間世)」에 나오는데 '저력'은 크기만 하고 아무 쓸모가 없어 어떠한 목수도 돌아보지 않아 쓸모없는 사람을 비유하는 말이라고 하였다. 그러나 그런 뜻이 있는 반면에 재목이 아니어서 목수에게 베이지 않아 이 나무가 천수를 누릴 수 있다고 하여 상대적 개념을 중시하는 도가 철학의 핵심이기도 하다.

54

서로 멀리 있다

천각일방天各一方

天 하늘 천, 各 각자 각, 一 한 일, 方 모, 곳 방

출처 유비가 서서와 헤어지면서 하는 말.

본문

유비가 말 위에서 서서의 손을 잡고 눈물을 흘리며 말한다.

"이제 선생이 떠나면 서로 멀리 있어야 하니, 언제 어디에서 다시 만나 뵐 수 있을까요?"

서서도 흐느껴 울며 길을 떠나간다.

유비는 나무숲 가에 말을 멈추고 서서가 사라져가는 뒷모습을 바라보며 눈물을 흘린다. 나무숲이 서서의 뒷모습을 가리니 말채찍을 들어 나무들을 가리키며 말한다.

"저 나무들을 모조리 베어버리고 싶구나."

서서는 길을 가다가 돌아와서 말을 멈추며 말한다.

"마음이 산란해져서 해야 할 말을 깜빡 잊었소. 이곳에 기이한 인재가 하나 있는데 그는 양양에서 20리 떨어진 융중(隆中) 땅에 살고 있소. 유황숙께서 어찌하여 그를 중용하지 않으십니까?"

"그대가 날 그분에게 데려다주시오."

"그분은 불러올 인물이 아니니, 황숙께서 친히 찾아가서 만나보십시오. 그 사람만 얻게 된다면 주나라 문왕이 강태공을 얻은 것이나 한고조 유방이

장량을 얻은 것과 다름없소이다."

"그 사람은 선생과 비교하면 재주가 어떠한지요?"

"그 사람이 기린이라면 전 노둔한 당나귀죠. 그가 봉황이라면 저는 까마귀에 불과합니다. 그가 일찍이 자신을 관중(管仲)과 악의(樂毅)에 비교해서 말한 적이 있는데, 내가 보기엔 관중도 악의도 그를 따르지는 못합니다. 그는 하늘과 땅을 움직이는 능력을 갖췄고 천하에 제일가는 인물입니다."

유비가 묻는다.

"그분의 성함이 무엇이오?"

"원래는 낭야군(琅琊郡) 양도(陽都) 사람인데 성은 제갈(諸葛)이요 이름은 량(亮)이며 자는 공명(孔明)입니다. 그는 일찍이 부친을 잃어 숙부 제갈현(諸葛玄)의 집에서 자랐습니다. 원래 제갈현은 유표와 각별한 사이여서 양양(襄陽)으로 이사했는데 그때 제갈량도 숙부를 따라 고향을 떠나 이곳으로 왔던 것입니다. 그 뒤에 제갈현이 죽자 그는 동생 제갈균(諸葛均)과 함께 남양(南陽)에서 몸소 밭을 갈며 일찍이 「양보음(梁父吟)」을 지어 불렀습니다. 그가 사는 언덕이 있는데 와룡강(臥龍岡)이기 때문에 자칭 와룡선생(臥龍先生)이라고 하니 그는 절세의 기이한 인재입니다. 황숙께서 친히 찾아가서 만나보십시오."

"수경선생이 내게 말한 복룡과 봉추 두 분 중의 한 사람이 아닌가요?"

"봉추는 양양 땅에 사는 방통이고, 복룡이 바로 제갈공명입니다."

간체자 天各一方

발음 톈 거 일 팡(tiān gè yī fāng)

회수 36회

해설 쌍방의 거리가 아주 멀다. 거리가 서로 멀어서 만나기 어려움을 나타내는 말이다.

한대 소무(蘇武)의 「고시(古詩)」에 "친구가 멀리 작별하니, 각자 하늘 아래 멀리 있네(良友遠離別, 各在天一方)"라고 읊었다.

떠나가는 서서의 모습을 바라보며 유비가 탄식한 서서의 뒷모습을 가리고 있는 숲을 베어버리고 싶다는 말은 "가려진 나무를 베어내고 서서를 바라본다"라는 뜻의 '벌수망원직(伐樹望元直)'이라는 성어가 되어 인재를 사랑함을 비유하는 말이 되었다. 원직은 서서의 자(字)다.

55

삼고초려

삼고초려三顧草廬

三 석 삼, 顧 돌아볼, 방문할 고, 草 풀 초, 廬 오두막집 려

출처 유비가 제갈량을 세 번 찾아간 것.

본문

유비가 융중(隆中)으로 떠날 채비를 하는데 수경선생 사마휘가 찾아왔다.

유비가 묻는다.

"서서가 떠날 때 남양의 제갈량을 천거했는데 그 사람은 어떤 분인가요?"

"제갈량은 서서와 친한 사이입니다. 그는 홀로 큰 문제를 직관했고, 자신이 품은 뜻을 밝히지 않았으나 늘 자신을 옛날의 관중과 악의와 비교했으니 그 재주를 헤아릴 수 없지요."

관우가 지나친 과장이라고 하자, 사마휘가 말한다.

"공명을 그 두 사람과 비교하는 것은 옳지 못하고, 주나라를 건립하는 데 큰 공을 세운 강태공과 한나라 건립의 일등공신인 자방(子房) 장량(張良)과 비교할 만한 인물이오."

이튿날 유비가 관우, 장비와 함께 융중으로 갔다.

한 농부를 만나 와룡선생이 사는 와룡강(臥龍岡) 앞의 초가집에 산다는 것을 알게 되었다. 유비가 장원 앞에 이르러 말에서 내려 친히 사립문을 두드린다. 동자가 나와 공명이 오늘 아침에 외출하셨다고 말한다.

건안 12년 12월 중순 한겨울에 유비가 다시 공명을 찾아간다.

날씨가 몹시 추운데 회색 구름이 하늘에 가득 깔렸다. 갑자기 폭풍이 몰아치면서 흰 눈이 펑펑 날려서 산은 백옥으로 변하고 숲은 은빛으로 단장한다

유비가 와룡강으로 가서 초가집 앞에 이르러 중문에 다다르니 문 위에 글씨가 있다.

> 澹泊明志(담박명지) 욕심을 버리고 맑은 마음으로 품은 뜻을 밝혀,
>
> 寧靜致遠(영정치원) 편안하고 정숙한 자세로 원대한 포부를 얻다.

누군가가 유비에게 말한다.

"저는 와룡선생의 동생 제갈균입니다. 저희는 삼 형제인데 큰형님 제갈근은 지금 강동(江東)의 손권 밑에서 책사로 있고, 공명은 바로 제 둘째 형님입니다. 형님은 지금 친구분과 약속이 있어 외출 중입니다."

유비는 나라를 바로잡아 도탄에 빠진 백성을 구제하고자 하나 경륜과 지략이 부족하여 강태공과 같은 큰 능력을 발휘하고 장량과 같은 큰 계책을 펼쳐달라는 내용의 편지를 한 장 써서 전해달라고 부탁하였다.

유비가 신야로 돌아온 뒤 봄이 되었다. 길일을 골라 3일 동안 목욕재계하고 새 옷으로 갈아입은 다음에 유비가 세 번째로 관우, 장비와 함께 융중으로 향했다.

세 사람이 장원 앞에 이르러 문을 두드리니, 동자가 나와서 문을 열어주며 말한다.

"지금 초당에서 낮잠을 주무십니다."

"깨우지 말고 내가 왔다고 말하지 마소."

유비가 관우와 장비에게 문에서 기다리라고 분부한다,

유비가 동자를 따라 들어서니 선생은 초당 마루에서 자고 있다. 유비는 댓돌 아래에서 두 손을 마주 잡고 공손하게 서서 기다린다. 선생은 한참을 잠에서 깨지 않았다.

한참 지난 후에야 공명은 겨우 잠에서 깨어나 시 한 수를 읊는다.

공명이 시를 다 읊자 동자에게 묻는다.

“속세의 손님이 오지 않았느냐?”

“유황숙께서 저기에서 기다리신 지 오래되었습니다.”

공명이 일어서며 후당으로 들어가 의관을 정제한 다음 나와서 유비를 영접한다.

유비가 보니 공명은 키가 8척이고 얼굴은 관옥(冠玉)처럼 희고 윤건(綸巾)과 학창의(鶴氅衣) 차림이었는데 속세를 초월한 신선과도 같았다.

유비가 말한다.

“나는 한나라 후손인데 탁군 출신인 미천한 몸으로 오래전부터 선생의 높은 이름을 들었습니다.”

공명이 대답한다.

“나는 남양의 야인으로 천성이 게을러 장군을 여러 번 오시게 했으니 부끄럽습니다.”

동자가 가져온 차를 마시고 나서, 공명이 말한다.

“전번에 두고 가신 글을 보니 장군께서 나라와 백성을 근심하는 마음은 족히 알겠으나 다만 저는 아직 나이가 어려 재주가 없어서 물으신 말씀을 감당할 수 없을 것 같아 한이 됩니다.”

“수경선생과 서서가 선생을 추천했소. 간곡히 가르침을 부탁드리옵니다.”

“장군의 뜻을 듣고자 합니다.”

유비가 가까이 앉으며 고한다.

“한나라 황실이 기울어서 간신들이 천명을 도둑질하고 있는데, 이 유비는 천하에 대의명분을 펼치려 하나 지혜가 부족하여 어찌할 바를 모르겠습니다. 선생은 저를 가르치고 액운에 빠진 이 나라를 건져주시오. 그러면 천만다행이겠습니다.”

“동탁이 반역을 꾸민 이래로 조조가 원소만 못해도 마침내 원소를 없앤 것은 하늘의 도움만이 아니라 사람의 힘에 의한 것입니다. 이제 조조가 백만 군사를 거느리고 제후들을 호령하니 조조와 겨룰 수는 없습니다. 한편 손권은 강동 일대에서 기반을 세운 지 3대째이고 천연의 요새를 이루었고 백성들이 잘 따르니 그들을 잘 이용해야지 갑자기 도모할 수는 없을 것입니다. 형주(荊州)는 북쪽으로는 한수(漢水)를 두어 남해에 이르기까지 모두 이로운 땅이고 동쪽으로는 오회(吳會)와 닿고 서쪽으로는 파촉(巴蜀)과 통하니 이곳이야말로 천하를 경영할 만한 땅입니다. 그러나 참다운 주인이 아니면 지키지 못할 곳이라, 이는 하늘이 장군을 위해서 남겨둔 곳입니다. 또 익주(益州)로 말할 것 같으면 험준한 요새를 이루어 비옥한 들이 천 리에 뻗어 있는 하늘이 혜택을 준 곳간이라는 천부(天府)의 땅입니다. 한고조가 이곳에 기반을 마련했는데 오늘날 유장(劉璋)이 사리에 어둡고 나약하여 나라가 풍요롭고 백성의 삶이 번영했건만 사랑할 줄을 몰라 새 어진 주인을 섬기려고 하고 있습니다. 장군은 형주와 익주 두 곳을 근거지로 삼아 손권과 동맹을 맺고 안으로 실력을 쌓으십시오. 그러다가 천하에 변화가 생기거든 기회를 놓치지 마시십시오. 형주의 군사를 거느리고 완성(宛城), 즉 남양(南陽)을 거쳐 낙양으로 쳐들어가게 하고, 장군은 익주의 군사를 거느리고 진천(秦川)으로 나선다면 대업을 성취할 것입니다."

공명은 동자에게 족자를 가져오게 한다. 그것은 지도였다. 공명은 지도를 가리키며 유비에게 말한다.

"서천(西川) 54주를 그린 지도입니다. 장군이 패업을 성취하려면 하늘의 때 천시(天時)를 얻은 조조에게 북쪽 땅을 양보하고, 지리(地利), 즉 지리(地理)의 이점을 차지한 손권에게 남쪽 땅을 양보하고, 장군은 인화(人和), 즉 백성들의 인심을 얻어 먼저 형주를 차지하여 집으로 삼은 뒤에 서천 일대를 차지하고 기반을 마련하면 마치 솥의 삼족(三足)처럼 대립한 후에 중원을 도모하여야 합니다."

유비는 제갈량의 천하삼분(天下三分)의 융중대책(隆中對策)을 듣고 감사의 표시를 한다.

"선생의 말씀으로 닫혔던 것이 열린 듯 마치 구름과 안개가 걷히어 비로소 푸른 하늘을 본 듯합니다. 그러나 형주의 유표와 서천의 유장은 모두 한 나라 황실의 종친이니 내가 어찌 차마 그들의 땅을 빼앗을 수 있겠습니까?"

공명이 대답한다.

"형주의 유표는 머지않아 세상을 떠날 사람이고, 유장은 대업을 성취할 인물이 못되므로 그들의 땅은 다 장군에게 돌아올 것입니다."

공명의 말은 천하가 셋으로 나누어질 것을 예언한 셈이니 참으로 만고에 남들이 미치지 못하는 그런 인물이었다.

유비가 거듭 절을 하고 청한다.

"청컨대 선생은 나를 버리지 마시고 하산하여 절 도와주시오. 저는 무엇이든 그대가 지시하는 대로 따르겠소."

"농사나 지으며 살아왔기에 세상일에 등한해서 분부대로 못하겠습니다."

"선생이 세상에 나가지 않으면 억조창생은 장차 어찌 되겠습니까?"

"장군이 진정으로 나를 버리지 않는다면, 미력하나마 충성을 다하리라."

유비는 관우와 장비를 불러 공명에게 절을 하여 인사를 시킨 다음, 공명의 장원에서 하룻밤을 함께 잤다.

유비는 공명과 함께 신야로 왔다. 유비는 공명을 스승처럼 대우하고 식사 때는 한 상에서 밥을 먹으며 잘 때도 한 침상에서 함께 잤다.

후세 사람이 지은 고풍 시가 있다.

삼고초려하니 서로의 마음을 알았네.	모려삼고심상지(茅廬三顧心相知)
선생은 그때 나이가 서른 아홉이라,	선생이시년삼구(先生爾時年三九)

간세자 三顾草庐

발음 싼 구 차오 루(sān gù cǎo lú)

회수 37회

해설 '모(茅)'는 띠로 이은 집, '려(廬)'는 오두막집이다. '모려(茅廬)'는 '초려(草廬)'와 같은 뜻이다. 유비가 제갈량의 초가집을 세 번 방문하여 그를 군사(君師)로 삼았다는 고사인데, 인재를 맞이하기 위해 참을성 있게 노력함을 비유하는 말이다.

동한 말에 유비가 융중(隆中), 지금의 호북성 양양에 가서 초가집에 은거하고 있는 제갈량을 맞이하기 위해 방문한 고사로, 유비는 성심성의를 다하여 은거하고 있는 제갈량을 세 번이나 찾아간 끝에 결국 만나서 제갈량을 군사에 임명하고 천하의 대권을 차지할 준비를 하였다.

『삼국지』「촉서」〈제갈량전〉에는 유비가 신야에 주둔하고 있을 때 서서가 유비에게 제갈공명은 와룡인데 그를 천거하면서 직접 찾아가야 한다고 하여 유비가 세 차례나 찾아간 뒤에야 만날 수 있었다고 하였다. 정사의 기록으로만 본다면, 유비가 제갈량을 세 번만 찾아갔는지, 삼(三)을 많은 수로 해석하여 여러 차례 찾아갔는지, 한 해에 세 번을 찾아갔는지, 여러 해 동안 모두 세 차례 찾아갔는지, 세 번 계속해서 찾아갔는지 불분명하다.

『삼국지연의』에서 자신을 관중과 악의에 비유하였다고 하였는데 정사 『삼국지』「제갈량전」에는 여기에 덧붙여서 "그때 사람들은 이 말을 받아들이지 않았다"라고 하였고, "오직 최주평(崔州平)과 서서(徐庶)만이 제갈량과 친교를 맺었다"라고 하였다.

시에서는 제갈량의 나이가 39세라고 하였는데, '삼구(三九)'를 27세로 봐도 실제는 29세였다. '삼고초려'는 역사적 사실일까? 정사 『삼국지』「선주전」에는 전혀 언급이 없지만, 「제갈량전」에는 유비가 몸소 융중에 가서 세 번째에서야 그를 만날 수 있었다고 하였다. 제갈량도 그가 지은 「전출사포(前出師表)」에 유비 "선제(先帝)께서 저와 같은 사람을 위해서 일부러 세 번이나 초당을 방문하시어 천하의 형세에 대해 질문을 하셨습니다"라고 하였다.

그런데 정사 『삼국지』 배송지 주에서 인용한 『위략(魏略)』에서는 "제갈량은 형주가 조조에게 공격을 받으면 유표가 버틸 수 없다고 생각하고는 북상하여 번성(樊城)의 유비를 찾아가서 만났다. 그러나 유비는 당시에 제갈량을 몰랐고 그가 젊은 사람인 것을 알고는 식객 정도로만 생각하여 특별히 말을 걸지는 않았다"라고 하였다. 이 책은 저자가 어환(魚豢)으로 위나라 사람이고 정사 『삼국지』 이전에 지어진 책이므로 어환은 진수와 동시대 인물이라 상당히 신뢰할 수 있어서 제갈량이 자진해서 유비를 만났다는 기술은 신빙성이 있다. 진수가 이 책을 참고했다고 주에 기록하고 있는데 제갈량 자신이 지은 「전출사표」에 의거하여 『위략』을 원문에서는 부정했을 것으로 추정된다. 진수는 동시대인의 기록보다는 제갈량 자신이 직접 쓴 문장을 더 믿었다.

제갈량은 조조, 손권이 아닌 유비를 선택하였을까? 제갈량은 자신을 관중과 악의에 견주었다. 관중은 제환공(齊桓公)을 보필하여 그를 춘추오패의 으뜸으로 만들었고, 악의는 전국 시대때 연(燕)나라 장수로 소왕(昭王)을 보필하여 조(趙)·초(楚)·한(韓)·위(魏)나라 연합군을 이끌고 제(齊)나라를 정벌하여 70여 개의 성을 함락시켜 제나라를 멸망 직전까지 무찌른 전국시대를 대표하는 명장 중의 한 사람이다. 이 두 사람의 공통점은 제왕을 보필하여 부국강병을 완성한 점이다. 제갈량의 융중대책은 그의 정치 야심가의 면모를 여실히 보여준 사례다. 그가 융중에 은거한 것은 그러한 위업을 실현할 수 있는 밝은 군주의 출현과 하산하여 출사할 때를 기다리고 있었기 때문이다. 잔인하고 의심이 많으며 권모술수를 부리는 조조, 강동에 안주하고 있는 손권과는 정치적 이상이 서로 맞지 않았다. 제갈량은 유비에 대해 첫째는 유비가 제갈량을 만났을 때 국가를 보위하고 백성의 삶을 안정시키려는 마음에 감동하였고, 둘째는 「전출사표」에서 밝힌 것처럼 유비가 세 번이나 자신을 찾아와 천하의 형세에 대해 문의한 것에 감동을 받아 유비를 섬길 것을 맹세했다고 하여 제갈량이 유비의 삼고초려의 은혜에 보답하기 위해 출사한 것이다.

융중대책의 천하삼분의 계책은 제갈량이 처음으로 제기한 것일까? 아니다. 노숙(魯肅)이다. 정사 『삼국지』「노숙전」에 주유는 노숙과 서로 친밀한 교분을 맺었다. 손책이 죽은 후에 주유가 노숙을 손권에게 추천했다. 손권은 노숙과 함께 술을 마시면서 자신은 부친과 형의 사업을 계승하여 제환공과 진문공(晉文公)과 같은 공적을 이루고 싶다면서 노숙에게 계책을 물었을 때 노숙이 대답하길, 조조는 항우와 같고 한나라 황실은 다시 일어날 수 없으며, 손권은 오직 강동을 차지하고 천하의 변화를 살필 뿐이라면서 손권에게 가장 좋은 방법은 강동에 솥처럼 세 세력으로 나누어 대치하고 천하에 웅비할 기회를 엿보며 점차 천하를 도모하면 된다고 하였다. 그 후에 형주의 유표가 죽고 유종이 조조에게 항복하자, 노숙이 조조에게 공격을 받아 당양의 장판파까지 도망간 유비를 만나 동맹을 맺고 조조를 함께 치자고 하니 유비가 이에 동의하기에 이른다. 이렇게 노숙의 제안으로 천하 삼분의 형세가 실현된 것이다.

본문에서 공명의 친구가 유비에게 천하를 평정하는데 공명이 필요하다고 한 대답 가운데 "하늘에 순종하는 자는 편안하고, 하늘을 거역하는 자는 자기만 고생한다"라는 '순천자일(順天者逸), 역천자로(逆天者勞)'이다.

'담박명지(澹泊明志), 영정치원(寧靜致遠)'이란 "마음을 비워야 세상의 이치를 깨달을 수 있고, 심성(心性)이 안정되어야 더 멀리 내다볼 수 있다"라는 뜻이다. 제갈량의 『계자편』(誡子篇)에 "군자의 몸가짐은 고요함으로 몸을 닦고 검소함으로 덕(德)을 기르는 것이니, 마음이 맑고 깨끗하지 않으면 뜻을 밝게 할 수 없고, 편안하고 고요하지 않으면 포부를 원대하게 하지 못한다"라는 문구에서 유래하였다.

56

물고기가 물을 만나다

어지유수魚之有水

魚 물고기 어, 之 갈, 어조사 지, 有 있을 유, 水 물 수

출처 유비가 제갈량을 얻은 후에 한 말.

본문

건안 8년(203년) 손권이 유표의 부하장수 황조(黃祖)를 공격했다. 황조의 장수 감녕(甘寧)이 능조(凌操)를 쏘아죽이자 15살짜리 그의 아들 능통(凌統)이 죽음을 무릅쓰고 적진으로 쳐들어가서 부친의 시체를 빼앗아 돌아왔다.

건안 12년(207년) 겨울 12월, 손권의 모친 오태부인(吳太夫人)이 병이 위독해져 손권에게 유언한다.

"장소와 주유를 스승처럼 섬겨라."

이듬해에 손권은 황조를 칠 생각을 하고 있는데, 북평도위(北平都尉) 여몽(呂蒙)이 들어와서 고한다.

"황조의 부하 감녕이 항복해왔습니다. 그는 힘이 장사이고 호방하고 협객 기질의 기상이 있는데 허리에 구리로 만든 큰 방울을 차고 세상을 종횡무진 떠돌아다녀 세상 사람들이 방울 소리만 들으면 모두 달아났다고 합니다. 지난날 잘못을 뉘우치고 좋은 일을 하고자 하여 하구(夏口)에서 황조를 만났는데 도둑놈 출신이라고 무시하며 대우를 잘 해주지 않아 불만을 품게 되어 항복해왔다고 합니다."

손권이 기뻐하며 말한다.

"황조를 격파한 것과 같도다."

손권은 주유를 대도독(大都督)으로 삼아 수륙 양군을 통솔하게 하고, 여몽을 선봉, 감녕을 부장으로 삼아 하구의 황조를 공격했다. 황조는 하구를 버리고 형주로 달아난다.

감녕은 동문 밖에 매복하고 있다가 황조를 공격하였다. 감녕이 달아나는 황조의 활을 쏘아 등에 맞췄다. 감녕은 말에서 떨어진 황조에게 달려가서 그의 목을 베어 손권에게 바쳤다.

한편, 유비는 형주의 유표가 와달라고 청하자 공명과 함께 형주로 갔다.

유표가 말한다.

"장강의 하구를 잃었고 황조도 잃었으니 보복할 일을 상의하려고 하오."

유비가 대답한다.

"강동을 치러간 사이에 북쪽에서 조조가 공격해온다면 어찌하겠습니까?"

"자신은 이미 늙었으니 형주의 주인이 되어주면 좋겠소."

"그러한 무거운 책임을 맡을 인물이 아닙니다."

한편, 조조는 삼공(三公)의 직책을 폐하고 몸소 승상이 되어 겸임했다. 조조가 박망성(博望城)까지 나아가서 신야(新野)를 바라본다.

서서가 조조에게 말한다.

"유비가 공명을 얻었으니 범이 날개를 단 것이나 다름없습니다."

조조가 서서에게 제갈량이 어떤 사람인지 물으니 서서가 대답한다.

"제갈량은 하늘을 움직이며 땅을 주름잡는 신과 같은 재주를 가진 당대의 기이한 인재입니다. 제갈량에 비하면 저는 개똥벌레의 빛 정도이고 제갈량은 밝은 달과 같습니다."

유비는 제갈량을 얻은 뒤로 스승을 대하는 예의로 대우했다. 그러자 관우와 장비가 그런 것이 늘 마땅치 않았다.

"공명은 젊은데 감히 무슨 재주와 학문이 있으리오. 형님의 대우가 너무

지나치십니다! 또 아직 그의 진짜 솜씨를 보지 못했잖습니까!"

유비가 말한다.

"내가 공명을 얻은 것은 물고기가 물을 만난 것과 같다."

간체자 魚之有水

발음 위 즈 여우 수이(yú zhī yǒu shuǐ)

회수 39회

해설 임금과 신하 사이가 좋음을 비유하는 말이다. 물고기와 물의 관계처럼 군주와 신하 사이의 관계가 친밀함을 뜻한다. 유비에게 제갈량은 물고기에게 물과 같은 존재로 없어서는 안 될 그러한 인물로 여긴 것이다.

훌륭한 군주와 어진 신하가 만나 서로 존중하고 존경하며 나를 다스리는 경우를 '어수지계(魚水之契)'라고 한다. 제환공과 관중의 대화를 기록한 『관자(管子)』「소문(小問)」에서 환공이 관중에게 영척(甯戚)의 의견을 구하도록 보내니 영척이 "물살이 세차구나!(浩浩乎)"라고 하자, 관중이 무슨 뜻인지 몰랐다. 하녀가 대답하길, "『시경(詩經)』에 '세차게 흐르는 물이요, 왕성하게 노니는 물고기로다. 아직 직위가 없는데, 어찌 나를 불러 살게 하는가?'라고 했으니, 영자(甯子)께서 관직을 원하고 있는 것이 아닙니까?(浩浩者水, 育育者魚. 未有室家, 而安召我居? 甯子其欲室乎)"라고 하였다고 하였다. '육육(育育)'이란 주(注)에 "물고기들이 아주 잘 자라서 서로 물속에서 헤엄치는 것을 말한다. 물속에 물고기가 잘 자라고 있는 것처럼 만약 군주가 나를 불러 국정을 보좌하라고 하면 나는 마치 낚시에 낚여서 물을 떠나 다시는 물로 돌아갈 수 없고 또 만약 국가가 아직 안정적이고 강성하지 않은데 내가 또 어찌 수수방관하겠냐는 뜻으로 산하가 조정에 들어가서 정사를 돌보겠다는 의지를 담고 있다. 여기에서 하녀가 인용한 『시경』의 '실가(室家)'란 「주남(周南)」〈도요(桃夭)〉에서 "싱싱한 복숭아나무 화사한 꽃 피었네. 시집가는 아가씨여! 집안을 화락하게 하리라(桃之夭夭, 灼灼其華. 之子于歸, 宜其室家)"

에 나오는데 '실가'는 처자 혹은 부부를 가리킨다. '어수지계'는 또 남녀 간이나 부부 사이가 화목함을 비유하기도 한다. '어수지계'를 간단하게 줄여서 '어수(魚水)'라고도 한다.

『삼국지』「오주전(吳主傳)」에 건안 13년 봄에 손권은 황조를 정벌했는데 오나라 장수 여몽, 능통, 동습 등이 성을 공격하여 무너뜨리자, 황조는 도망쳤고 가사(騎士) 풍칙(馮則)이 쫓아가서 황조의 목을 베었다고 하였다. 황조의 수하 장수였던 감녕이 황조를 죽인 것이 아니다.

57

장막 안에서 계책을 세워 운용하다

운주유악運籌帷幄

運 운용할 운, 籌 투호 살, 계책 주, 帷 휘장, 장막 유, 幄 휘장, 장막 악

출처 유비가 공명에게 불만을 품은 장비와 관우 두 아우를 꾸짖으며 한 말.

본문

공명이 유비에게 조조와 비교하면 어떠하냐고 물으니, 유비는 자신이 조조만 못하다고 대답했다.

공명이 조조의 군사가 들이닥칠 것에 대비하여야 한다고 간하였다. 유비는 신야에서 민병을 모집하였고, 제갈량은 몸소 아침저녁으로 그들에게 훈련을 시켰다.

조조가 10만 대군을 하후돈(夏侯惇)에게 주고 신야를 공격하도록 했다.

공명은 관우와 장비가 자신의 명령을 듣지 않을까 걱정되어 유비의 칼과 인을 넘겨받아 명하였다. 조조의 신야 공격에 대비하여 계책을 내놓았는데 그의 명령은 다음과 같았다.

관우: 박망(博望) 왼쪽의 예산(豫山)에 매복했다가 적군이 오면 그냥 지나가게 하고 적군 후방에 치중과 마초가 있는데 불길이 오르거든 불태운다.

장비: 오른쪽 안림(安林) 너머 산골에 매복했다가 불길이 오르거든 박망성으로 가서 군량과 마초 저장소를 불태운다.

관평, 유봉: 인화물을 가지고 박망파 양쪽에서 기다렸다가 적군이 당도하면

불을 지른다.

조자룡: 선봉을 맡아 싸우되 지기만 한다.

유비: 조자룡 부대를 후원한다. 박망산 아래 주둔하다가 적군이 당도하면 영채를 버리고 달아나되 불길이 보이면 군사를 돌려 적을 공격한다.

공명: 성을 지킨다.

장비가 웃는다.

"우리는 모두 목숨을 걸고 싸우는데 공명은 집 안에 편안히 앉아 있겠다니 좋겠소."

공명이 말한다.

"주공의 칼과 관인(官印)이 여기 있소. 명령을 어기는 자는 참하리라!"

유비가 말한다.

"장막 안에서 계책을 세워 운용하고, 천 리 밖에서 승부를 결정한다는 말을 듣지 못했느냐! 두 아우는 명령을 어기지 말라!"

간체자 运筹帷幄

발음 윈 처우 웨이 워(yùn chóu wéi wò)

회수 40회

해설 후방에서 전술, 전략을 세우거나 계책을 짜는 것을 말한다. 이 성어는 항우와 싸워 천하를 통일한 유방이 낙양에 와서 논공행상할 때 장량의 공에 대해 평한 말이기도 하다. 전방에서는 한신이 대장군이 되어 적과 싸워 큰 공을 세웠고, 후방에서는 장량이 계책을 세웠다. 『사기』「고조본기」에 나온다.

39회에 박망파에서 군사(軍師) 제갈량이 처음으로 용병하였다고 하였는데 건안 13년(208년)에 조조는 하후돈에게 신야로 가서 유비를 치라고 명하자, 제갈량은 여러 장수를 파견하여 화공으로 공격하여 박망파에서 조조의 대군을 크게 물리친다. 역사에서는 공명이 이런 전투를 한 적이 없다. 『삼국지』「선주전」에 유표가 유비의 마음을 의심하여 그를 견제하려고 박망에 주둔하면서 하후돈을 막도록 했고 유비는 복병을 배치하고 있다가 어느 날 아침에 주둔지를 불태우고 달아는 척하니 하후돈이 추격하였지만 복병에게 격파되었다고 하였다. 박망파 전투는 제갈량의 화공으로 조조의 하후돈을 물리친 것이 아니라 유비의 매복 계책으로 적을 격파한 것이다.

58

실패할 위험이 없는 안전한 계책

만전지책萬全之策

萬 일만 만, 全 온전할 전, 之 어조사 지, 策 꾀 책

출처 형주의 유표가 죽자 유표의 후처 채부인 소생의 유종에게 막관(幕官) 이규(李珪)가 강하의 장남 유기와 신야의 유비에게 유표의 부음을 알려야 한다고 건의한 계책.

본문

하후돈은 우금(于禁)과 함께 박망에 도착했다. 가을이라 바람이 분다.

조자룡이 내달아 온다. 하후돈과 싸운 지 불과 얼마 안 되어 패한 척하며 달아나니 하후돈이 뒤를 쫓는다.

하후돈은 조자룡이 유인한다는 한호(韓浩)의 말을 듣지 않고 조자룡을 뒤쫓아 박망파(博望坡)에 이른다.

유비가 친히 군사를 거느리고 하후돈을 공격하는 척하다가 조자룡과 함께 달아난다.

해는 이미 저물고 구름이 끼어 달빛은 없다. 갑자기 거센 바람이 분다.

하후돈을 따르던 우금과 이전이 좁은 길에 이르러 사방을 둘러보니 온통 갈대밭이다. 하후돈 군사가 멈춰 있는 동안 저편에서 불꽃이 타오른다. 양쪽 갈대밭에서 불길이 치솟으며 삽시간에 사방이 온통 불바다로 변했다. 때마침 큰바람이 불어 성난 파도처럼 불길이 밀어닥친다. 하후돈 군사들은 놀라 달아나며 서로 짓밟는 바람에 밟혀 죽는 자가 속출하였다.

조자룡 군사가 되돌아와서 하후돈 군사를 공격한다. 이전(李典)이 군사를 돌려 급히 박망성으로 돌아가는데 관우가 길을 가로막는다.

우금(于禁)은 군량과 마초를 실은 수레가 온통 불덩이가 되어 타오르자 겨우 좁은 길로 달아난다. 한호가 군량과 마초 저장소를 지키러 가다가 장비를 만나자 도망친다.

유비의 군사가 적을 쫓아 무찌르니 시체들이 들에 가득하다. 피는 흘러 냇물을 이루었다.

관우와 장비는 신야로 돌아가면서 공명은 영걸(英傑)이라고 말한다.

박망파에서 승리를 거둔 후 공명은 장차 조조의 군사가 대군을 거느리고 또 신야에 쳐들어올 것이라고 하자, 유비가 공명에게 조조의 군사를 막을 계책을 물었다.

공명이 대답한다.

"신야가 작은 고을이라 오래 있을 곳이 못 됩니다. 유표(劉表)가 위독하다고 하니, 형주(荊州)를 차지하여 안전한 기반으로 삼으면 조조의 군사를 막을 수 있습니다."

유비는 유표의 은혜를 많이 입었는데 차마 그의 땅을 가로챌 수는 없다며 거절했다.

조조는 50만 대군을 일으켰다. 건안 13년(208년) 가을 7월에 출정하기로 정했다. 공융(孔融)이 간한다.

"승상이 대의명분도 없는 군사를 일으키니, 천하의 인심을 잃을까 걱정입니다."

조조는 노하여 공융을 꾸짖어 내쫓은 뒤에 결국은 공융을 죽이고 나서 군대를 출정시켰다.

한편, 유표는 병세가 위독해지자 유비를 불러 말한다.

"아우님이 이 형주를 다스려주시오."

갑자기 부하가 들어와 조조가 쳐들어오는 중이라고 고한다. 유비는 신야로 돌아갔다.

유표는 자신의 장남 유기(劉琦)를 형주의 주인으로 명하고 유비에게 그를 보필하라는 유서를 작성했다.

유표의 처 채부인(蔡夫人)은 이 일을 듣고 채모(蔡瑁)와 장윤(張允) 두 사람을 시켜 사람들의 출입을 금하도록 하였다.

이때 강하(江夏)의 태수로 있던 유기가 아버지의 병환이 위독하다는 소식을 듣고 형주로 달려왔으나 채모가 유기의 앞을 가로막는다.

"강하를 지켜야 할 중대한 임무를 책임지고 있는데, 만일 손권이라도 쳐들어온다면 어찌할 것이오? 이 일을 부친께서 아신다면 병세가 더욱 위중해질 것이니 이는 자식의 도리가 아니므로 속히 돌아가시오."

할 수 없이 유기는 강하로 되돌아갔다.

유표는 유기가 돌아오기를 기다리다가 마침내 죽었다.

유표가 죽자 채부인은 채모, 장윤과 상의하여 가짜 유서를 만들어 자신의 소생인 차남 유종(劉琮)을 형주의 주인으로 삼고 난 뒤에야 비로소 통곡하며 초상을 치를 준비를 하였다. 이때 유종의 나이가 겨우 14살이었다.

유종은 모든 사람을 모으고 말한다.

"나의 형님은 지금 강하에 있고 숙부뻘 되는 유현덕은 신야에 있는데, 그들이 군사를 거느리고 와서 나에게 따진다면 뭐라고 대답해야 좋겠소?"

아무도 대답을 하지 못하는데, 막관 이규가 대답한다.

"부음을 강하로 보내어 큰 공자 유기를 모셔다가 형주의 주인으로 삼으셔야 합니다. 또 유비에게 분부하여 함께 모든 일을 다스리라고 한다면, 북쪽으로 조조를 대적할 수 있고 남쪽으로는 손권을 막아낼 수 있을 것입니다. 이것이 실패할 위험이 없는 안전한 계책이옵니다."

채모가 이규를 꾸짖는다.

"네가 주공이 남긴 유서를 거역할 셈이냐?"

이규도 채모를 꾸짖는다.

"가짜 유서를 만들어 장자를 폐하고 차남을 세워 형주를 수중에 넣으려고 하는구나!"

채모는 무사들에게 명하여 이규를 끌어내어 참수하였다.

채모는 유종을 형주의 주인으로 세웠다.

채부인은 유종과 함께 양양에 가서 유표를 장사지냈다. 유기와 유비에게는 장례를 알리지 않았다.

조조가 대군을 거느리고 양양으로 쳐들어온다는 소식을 들은 유종은 채모와 상의하는데 동조연(東曹掾) 부손(傅巽), 괴월(蒯越)과 왕찬(王粲) 모두 조조에게 항복해야 살 수 있다고 건의한다. 병풍 뒤에서 엿듣던 채부인이 나타나서 유종에게 부하들의 건의대로 하라고 한다. 마침내 유종은 항복 문서를 쓰게 하여 송충(宋忠)을 보내 완성(宛城), 지금의 하남성 남양(南陽)에 있는 조조에게 바쳤다.

한편 유기가 보낸, 유표의 막빈(幕賓)으로 유비가 형주의 유표에 의탁하고 있을 때 그와 교류했던 이적(伊籍)이 유현덕을 찾아와서 간한다.

"유종을 문상한다는 명분으로 유종을 불러내어 처치하여야 형주를 차지할 수 있습니다."

유비는 적을 피해 신야성의 백성들을 데리고 일단 번성(樊城)으로 가기로 하였다. 성을 비우고 조조의 부하 조인(曹仁)을 성안으로 끌어들이는 계책을 썼다. 미리 조자룡이 성안의 집 지붕에 인화 물질을 발라놓았다. 각 성문 밖에 매복한 군사들이 쏜 불화살에 성 안이 온통 불바다가 되어 조인의 군사는 허둥지둥 서로 달아나려고 밀며 짓밟아서 죽는 자가 부지기수였다.

조조가 유종을 청주(淸州)의 자사로 삼겠다고 하자, 유종은 부모 고향인 형주에 있겠다며 사양했으나 조조는 끝내 허락하지 않았다. 조조는 우금(于金)을 시켜 뒤를 쫓아가 유종 모자를 죽여서 훗날의 걱정거리를 없앴다.

간체자 万全之策

발음 완 취안 즈 처(wàn quán zhī cè)

회수 40회

해설 주도면밀하게 짠 계책이나 방법 혹은 가장 좋은 방법을 가리키는 말이다.

『한비자』「식사(飾邪)」편에 "도와 법은 완전한 것이지만, 지혜와 능력만으로 다스린다면, 실패할 확률이 높다. 저울에 달아야 형평을 알 수 있고, 법이 집행되어야 원만함을 알 수 있는 것이 가장 완전한 방법이다"라고 하였는데 여기에서는 '만전지도(萬全之道)'라고 하였다.

풍몽룡(馮夢龍)의 『동주열국지(東周列國志)』 제72회에서는 '만전지책'이라고 하였다. 간신 비무극(費無極)이 초평왕(楚平王)에게 총애를 받았는데 직언을 하는 오사(伍奢)와 그의 장남 오상(伍尙)을 죽이자 오원(伍員), 즉 오자서(伍子胥)가 초나라를 떠나 오나라로 가기 위해 진(陳)나라를 지날 때 편작(扁鵲)의 제자 동고공(東皐公)를 만났고 그가 오자서에게 말하길, "저는 사람의 병을 고치는 재주는 있으나 어찌 사람을 죽이려는 마음이야 있으리오. 내 이곳에 와 있은 지 1년 반이 지났으나 아무도 내가 여기 있는 줄은 모르오. 다만 소관(昭關)의 검문이 아주 엄격하니 장차 군자는 어떻게 그곳을 통과하려고 하오? 반드시 만전지책이 서야만 안심할 수 있을 것이오"라고 하였다.

박망파에서 공명은 화공(火攻)으로 조조의 장수 하후돈(夏侯惇)의 군사들을 불에 태워 죽여 하산한 이후 처음으로 군사를 써서 승리를 거둔 것이다.

괴월(蒯越)은 형주 자사로 부임한 유표에게 지역에서 세력을 떨치는 산적들을 소탕하기 위해 초대되었고 여기에서 유표에게 조언을 하였는데, 미끼를 이용하여 산적 두목을 살해하고 부하 군졸들을 습격하여 형주를 평정하는 공을 세웠다. 유표가 죽은 후에 유종에게 조조에 귀순할 것을 권고하고 유종이 항복하자 조조가 그를 광록훈(光祿勳)에 임명하면서 "형주를 손에 넣은 것보다 괴월을 손에 넣은 것이 더 기쁘다"라고 하였다. 『삼국지연의』에서는 유비가 유표에게 의탁하고 있을 때, 유비로부터 선물로 받은 말 적로는 흉마라며 유비에게 되돌려주라고 유표에게 권한다. 채모의 유비 암살에도 관여한다.

59

하늘과 땅이 무너지다

상천입지上天立地
上 위 상, 天 하늘 천, 立 설 입, 地 땅 지

출처 조자룡이 행방이 묘연한 유비의 두 부인과 아들 아두(阿斗)를 기어코 찾으려는 각오.

본문

유비는 신야에서 따라온 백성들과 번성의 두 고을 백성들과 군사를 거느리고 강릉(江陵)으로 간다.

순유(荀攸)가 조조에게 간한다.

"강릉은 형주와 양양에 있어서 가장 중요한 곳이니, 유비가 강릉을 차지하면 그를 무찌르기가 어렵습니다."

조조가 명하여 유비 뒤를 추격하도록 했다.

유비 일행은 당양(當陽)에 도착하였다. 군사들을 헤아려 보니 겨우 기병이 백여 명이었고, 그 많던 백성들과 그의 가족과 미축(糜竺), 미방(糜芳), 조자룡 등 천여 명은 어디로 갔는지 보이지 않았다.

장비는 장판교(長板橋)로 달려가서 다리 동쪽 일대에 서 있는 나무들을 보고 계책을 생각해냈다.

장비는 말 탄 군사를 시켜 나뭇가지를 쳐서 각기 말꼬리에 매달고 숲속을 이리저리 달리게 하였다. 먼지와 흙이 연기처럼 일어나서 마치 많은 군사가 북적거리는 것처럼 해놓는다. 장비는 장팔사모(丈八蛇矛)를 비켜 들고 장판교 위에 말을 세운다. 그리고 서쪽의 다리 건너편을 노려본다.

조자룡은 조조의 군사와 싸웠는데 아무리 찾아도 유현덕은 보이지 않았다. 게다가 유현덕의 가족마저도 행방이 묘연하였다.

조자룡은 백성들이 울부짖는 소리가 천지를 진동하는 가운데 한참 말을 달려가다가 보니 어떤 사람이 풀 더미 속에 누워 있어 자세히 보니 간옹(簡雍)이었다.

조자룡이 간옹에게 먼저 돌아가라고 말한다.

"너희들은 주공께 보고하여라. 나는 하늘과 땅이 무너지더라도 두 부인과 어린 아두를 찾을 것이다."

조자룡이 드디어 감부인을 찾았다. 감부인은 조자룡을 보자마자 소리를 치며 크게 운다. 조자룡은 말에서 뛰어내려 울먹인다.

"미부인과 어린 아두는 어디 계십니까?"

조자룡은 감부인을 말에 태우고 적을 공격하면서 탈출로를 열어 장판교로 간다.

조자룡은 적진에서 구해준 미축에게 감부인을 모시고 먼저 가리고 하고, 자신은 미부인과 아두를 찾아 나섰다. 문득 어떤 사람이 손을 들어 가리키며 말한다.

"부인은 왼쪽 허벅지에 창을 맞아 달아나지 못하고 아기를 안고 저편 무너진 담벼락 안에 계시오."

조자룡이 급히 그곳으로 가보니 흙담 안에서 미부인이 아두를 안고 말라버린 우물 곁에서 울고 있었다.

조자룡은 말에서 뛰어내려 꿇어 엎드린다.

미부인이 말한다.

"첩은 이미 깊은 상처를 입었으니 속히 아기를 안고 어서 떠나시오. 첩 때문에 장군과 아기에게 불행한 일이 일어나서는 아니 됩니다."

미부인은 아두를 조자룡에게 내주며 부탁한다.

"아기의 생명은 오직 장군 손에 달렸습니다."

미부인은 아두를 밀어내고 자신은 우물 속으로 몸을 던져 죽었다.

조자룡은 자기 갑옷 밑에 아기를 품고 창을 들자 말에 올라탔다.

조자룡이 포위를 벗어나 장판교 쪽으로 달려 말과 함께 지쳤을 때, 장비가 장팔사모를 짚고 말을 세우고 장판교 위에 서 있었다. 조자룡이 다리를 건너 장비를 지나니 유현덕이 나무 밑에서 쉬고 있었다. 조자룡이 말에서 뛰어내려 흐느껴 울며 미부인이 자살했다는 얘기를 하고는 갑옷을 끌어보니 아두가 다행히 곤히 자고 있었다.

조자룡은 기뻐서 공자가 무사하다며 두 손으로 안아 유비에게 바쳤으나 유비는 아기를 받아 땅바닥에 내던진다.

"어린애 때문에 하마터면 장수 하나를 잃을 뻔했도다!"

한편, 조조의 장수가 문빙(文聘)이 군사를 거느리고 장판교에 이르러서 보니, 장비가 눈을 부릅뜨고 장팔사모를 쥐고 다리 위에 말을 세우고 있었다.

이때 조인, 하후돈, 이전, 악진, 장요, 허저 등이 함께 달려왔으나 장비가 다리 위에 버티고 있어 다리를 건너가지 못하고 일자로 늘어선다. 조조가 말을 달려 급히 온다.

장비가 조조를 보고 소리를 높여 크게 외친다.

"나는 장익덕이다! 누가 감히 목숨을 걸고 나와서 싸울 테냐!"

조조는 장비의 기세에 눌려 물러갈 생각을 하였다. 조조가 말을 돌려 달아난다. 모든 장수와 군사들도 일제히 서쪽을 향하여 달아난다.

장비는 장판교 다리를 끊어버렸다.

한편 손권은 시상(柴桑)에 군사를 주둔하고 있었다.

손권은 조조의 군사를 막기 위한 계책을 상의한다.

노숙이 말한다.

"형주는 강산이 험하고 군사와 백성은 재물이 풍족하니 형주를 차지하면 제왕의 업적을 일으킬 수 있습니다. 강하로 가셔서 공자 유기를 만나 유표를 문상하고 유비를 만나 힘을 합쳐 조조를 쳐부수자고 교섭하십시오."

한편, 공명이 유현덕에게 앞날에 대해 말한다.

"차라리 손권과 조조가 서로 싸우게 하여 우리가 이익을 취해야 합니다."

동오의 노숙이 유현덕을 찾아와서 말한다.

"손권이 인재를 공경하고 선비를 예의로 대접하기 때문에 영웅들이 강동에 모여 있으니 즉시 손을 잡고 큰일을 함께 도모하기로 합시다."

노숙은 공명과 함께 배를 타고 강동의 시상을 향해 갔다.

간체자 上天立地

발음 상 텐 루 디(shàng tiān rù dì)

회수 41회

해설 위로는 하늘로 올라가고 아래로는 지하로 뚫고 들어간다는 뜻으로, 어디를 막론하고 곤경에 처해도 있는 힘을 다하거나 어떤 목적을 실현하기 위해 동분서주함을 비유하는 말이다.

원래는 '승천입지(升天立地)'로 백거이(白居易)의 「장한가(長恨歌)」에 "공중으로 솟아 대기를 타고 번개처럼 내달아, 하늘로 오르고 땅속까지 두루 찾았네(排空馭氣奔如電, 升天立地求之遍)"라고 하였다.

"장비가 장팔사모를 짚고 말을 세우고 장판교 위에 서 있었다"라고 하였는데 42회에는 장비가 장판교에서 조조의 대군을 막아내는 이야기가 전개된다. 그런데 장비가 우레와 같은 소리로 호통을 치니 하후걸(夏侯杰)이 놀라서 말에서 떨어져 내장이 파열되어 죽었다고 하였다. 『삼국지』 「장비전」에는 장비는 다리를 끊고 나서 누가 자신과 죽음을 각오하고 싸우겠느냐고 소리치니 적들이 겁에 질려 감히 가까이 오는 자가 없어 마침내 위기를 모면했다고 하였다. 장판교에서 적을 물리친 것은 사실이며 하후걸이 놀라서 말에서 떨어져 죽었다는 것은 허구다.

『삼국지』 「감황후전(甘皇后傳)」에 감부인은 본래 첩이라고 했는데, 『삼국지연의』에서는 후주 유선을 낳았기 때문에 본처로 묘사됐다. 『삼국지』「미축전」에 미축이 누이동생을 바쳐 유비의 부인으로 삼았다고 하여 미부인은 미축의 여동생이다. 『삼국지』「감황후전(甘皇后傳)」에 선주는 여러 명의 적실을 여의었다고 하여, 감부인과 미부인에 앞서 몇 명의 다른 처가 있었음을 알 수 있다. 또 같은 전기에 조조의 군대가 장판파까지 추격하자 유비는 황후와 후주 아두를 버렸는데 다행히 조운이 보호하여 곤경을 면했고, 감황후가 죽자 남군에 장사지냈다고 하고, 미부인에 대한 언급이 없다. 장판파 피난이 있기 전에 이미 미부인은 죽었으므로 『삼국지연의』에서처럼 조운과 아두를 살리기 위해 우물로 투신자살한 것이 아니었고, 아두는 감부인 곁에 있었다. 감부인을 남군에 장사지낸 기록으로 보아 감부인이 죽은 시기는 적벽대전 이후다.

60

선비들과 설전을 벌이다

설전군유舌戰群儒

舌 혀 설, 戰 싸울 전, 群 무리 군, 儒 유생 유

출처 제갈량이 동오의 선비들을 설득하여 동맹을 맺고 조조의 대군과 싸우기 위한 계책.

본문

노숙은 공명과 함께 강동의 시상(柴桑)으로 간다.

노숙이 공명에게 손권(孫權)을 만나면 조조의 군사가 많다고 말하지 말라고 당부한다. 노숙은 공명을 관역(館驛)에서 쉬게 하고 손권을 만났다. 손권은 조조의 격문(檄文)을 가지고 와서 노숙에게 보여준다. 격문은 조조가 백만 대군을 거느리고 손권과 함께 유비를 무찌르고 땅을 똑같이 나누어 갖자는 내용이다.

손권이 결정을 내리지 못하자, 장소(張昭)가 조조의 요구를 받아들이는 것이 안전한 계책이라고 고한다. 장소가 계속해서 조조에게 항복하면 동오의 백성들은 평안하게 할 수 있을 뿐만 아니라 강동 땅도 안전해질 수 있다고 말한다.

노숙이 손권에게 말한다.

"다른 사람들은 조조에게 항복해도 괜찮지만, 장군만은 항복해서는 아니 됩니다. 사람들이 항복하라고 하는 것은 자기 몸만 위하려는 수작입니다. 듣지 마십시오."

"조조는 이미 원소의 군사를 차지하였고, 형주의 군사도 손아귀에 넣었으니 그 형세가 너무나도 커서 우리가 대적하기 어려울까 걱정이오."

"이번에 강하로 가서 제갈근의 동생 제갈량을 데려왔으니 한 번 만나보시지요. 조조의 허실을 알 수 있을 겁니다."

노숙은 공명을 찾아가서 손권을 만나더라도 조조의 군사가 많다는 말은 하지 말라고 신신당부(申申當付)하였다.

노숙은 공명을 데리고 관원 20여 명이 있는 곳으로 갔다. 이 유생들은 대부분 조조에게 항복해야 한다고 생각하는 무리이고, 공명은 선비들과 설전을 벌이며 오나라와 연합하여 조조에 대항하려고 설득하려는 속셈이었다.

간체자 舌战群儒

발음 서 잔 췬 루(shé zhàn qún rú)

회수 43회

해설 '설전(舌戰)'은 격렬하게 변론을 벌이다는 뜻이고, '유(儒)'는 유생(儒生)으로 독서인을 말한다. '설전군유'란 많은 유생과 모사들이 변론을 벌이는데, 사람들이 서로 격론을 벌이고 상대방의 의견을 반박하는 것을 뜻한다.

제갈량은 오나라와 연맹하여 함께 조조에 대항하기 위해 강동으로 가서 강동의 명사 장소(張昭), 우번(虞翻), 보즐(步騭), 설종(薛綜), 육적(陸績), 엄준(嚴畯), 정덕추(程德樞) 등의 항복을 주장하는 무리를 만난다. 이들 모두는 조조의 세력이 막강하므로 항복할 것을 주장하였기 때문에 제갈량과 격렬하게 논쟁을 벌인다. 그러나 역사적으로는 이런 설전은 결코 없었다. 『삼국지』「주유전」에 장소 등의 주항파는 관료들이 이구동성으로 조조에게 항복을 권하자 주전파 장수 주유의 비난을 받았다고 하였다.

61

오합지졸

오합지졸烏合之卒
烏 까마귀 오, 合 모일 합, 之 갈, 어조사 지, 卒 군사, 무리 졸

출처 공명이 유비의 군사를 평하여 비유하는 말.

본문

장소가 공명을 보고 따진다.

"유비는 유표의 아들을 도왔으나 강토마저 유지하지 못하고 신야로 도망치고 번성으로 달아났다가 당양에서 패하자 하구로 도망쳐서 이젠 몸 둘 땅도 없게 되었소."

공명이 대답한다.

"한나라 고조 유방은 항우에게 항상 패하다가 해하에서 한번 싸워 성공했는데 이는 한신의 계책 때문이었소. 국가를 위한 큰일과 사직의 안위는 계책을 세우느냐에 달려 있소. 언변이나 좋아하는 무리는 앉아서 말로는 못 하는 것이 없고 서서 장담만 하지만 복잡한 현실에 부딪히면 능히 할 수 있는 것이 하나도 없소."

장소는 대답을 못 한다.

우번(虞翻)이 묻는다.

"조조가 백만 대군과 천 명의 장수를 이끌고 강하를 삼키려고 하는데 귀공은 어찌하겠소?"

공명이 대답한다.

"조조는 원소가 모은 개미 떼 같은 군사를 거두었고, 유표의 오합지졸을 빼앗았으니, 두려울 것이 없소."

간체자 以卵击石

발음 이 롼 지 스(yǐ luǎn jī shí)

회수 43회

해설 평소에는 무리를 지어 잘 어울리다가도 먹이를 보면 서로 먹기 위해 싸우는 까마귀를 모아놓은 것 같은 무리라는 뜻으로, 갑자기 모였기 때문에 훈련이 되어 있지 않아서 질서가 없고 어수선한 군사들이나 규율이나 통일성이 없는 군중들을 가리키는 말이다.

62

달걀로 바위를 치다

이란격석以卵擊石

以 써 이, 卵 알 란, 擊 칠 격, 石 돌 석

출처 동오의 설종이 조조와 싸우는 것을 비유한 말.

본문

보즐(步騭)이 나선다.

"공명은 옛날 소진과 장의를 본받아 우리를 설득하러 왔소?"

"소진과 장의는 말만 잘하는 유세객에 불과한 줄로 알아도 그들이 호걸이었다는 사실은 모르오. 이 두 사람은 강한 자에게 아첨하고 약한 자를 짓밟으며 창을 무서워하고 칼을 피한 사람들은 아니었소. 그대들은 조조가 거짓말로 쓴 격문을 보고 겁을 먹고 항복하자고 하니 소진과 장의가 그대들을 비웃을 겁니다."

보즐이 갑자기 말을 하지 못한다.

설종(薛綜)이 묻는다.

"공명은 조조가 어떤 사람이라고 생각하오?"

"조조는 한나라의 역적이오."

설종이 대든다.

"조조가 이미 천하의 삼분의 이를 차지했고 인심도 조조에게 기울고 있는데 유비는 하늘의 때도 모르고 억지로 조조와 다투려고 하니 달걀로 바위를 치는 것이오. 어찌 패하지 않겠소?"

"사람은 하늘과 땅 사이에 태어나서 충성과 효도로 몸을 세우는 것을 근본으로 삼는 것인데 그대도 한나라의 신하이니 신하의 도리를 지켜야지요. 조조는 한나라를 도둑질해서 천자의 자리를 찬탈할 생각을 품고 있으니 천하가 다 분노하고 있는데 하늘의 운수는 아니죠. 참으로 부모도 임금도 모르는 말이외다."

설종은 부끄러워서 아무 말도 하지 못한다.

간체자 以卵击石

발음 이 롼 지 스(yǐ luǎn jī shí)

회수 43회

해설 자신의 약한 힘으로 강한 것에 대항하여 스스로 멸망을 자초하는 어리석음을 뜻하는데, 힘이 모자라거나 미치지 못하는 것을 비유하는 말이다.

『순자』「의병(議兵)」편에 나온다. "걸왕(桀王) 같은 사람의 군대가 요임금 같은 사람의 군대를 속인다는 것은 마치 달걀로 바위를 치고, 맨 손가락으로 끓는 물을 휘젓는 것과 같으며, 물이나 불 속에 뛰어드는 것처럼 들어가기만 하면 타버리거나 빠져 죽을 것입니다"라고 하였다.

63

누르다고 비판하고 검다고 비방하다

수황논흑數黃論黑

數 셀, 꾸짖을 수, 黃 누를 황, 論 논할, 비방할 논, 黑 검을 흑

출처 경전 공부를 했느냐는 동오 선비의 물음에 공명이 대답한 말.

본문

엄준(嚴畯)이 공명에게 묻는다.

"공명은 무슨 경전을 공부했소?"

공명이 대답한다.

"평소 문장이나 찾으며 글귀나 따지는 것은 세상의 썩은 선비나 하니, 어찌 나라를 일으키고 일을 성취하리오. 밭을 갈던 이윤(伊尹)과 위수(渭水) 강가에서 낚시하던 강태공이나 한나라 개국공신인 장량이나 진평은 모두 큰 인재인데, 그들이 평생 어떤 경전을 공부했다는 말은 들어본 적이 없소. 그들이 한낱 서생으로 구차스럽게 붓을 갈겨대며 검다느니 누르다느니 따진다."

간체자 数黄论黑

발음 수 황 룬 헤이(shǔ huáng lùn hēi)

회수 43회

해설 원래는 '논황수흑(論黃數黑)'이다. '수(數)'는 수락(數落)의 뜻으로, 남의 잘못을 열거하며 꾸짖는 것을 말하여 남을 비판함을 일컫는다. '수흑논

황'이란 배후에서 마음대로 남을 비판하고 제멋대로 남을 비방함을 가리킨다.

유사한 성어로는 "다른 사람의 좋고 나쁨, 옳고 그름을 논하다"라는 '설장도단(說長道短)'이 있다.

64

붓으로 글 장난하고 먹으로 법을 우롱하다

무문농묵舞文弄墨
舞 춤출 무, 文 글월 문, 弄 희롱할 농, 墨 먹 묵

출처 공명이 엄준을 꾸짖는 말.

본문

공명이 말한다.
"서생들은 붓을 휘둘러 글 장난하고 먹으로 법을 우롱할 뿐이다."
엄준은 머리를 숙이며 기가 죽어서 아무 대답도 하지 못한다.

간체자 舞文弄墨

발음 우 원 농 모(wǔ wén nòng mò)

회수 43회

해설 글 장난하여 법조문을 우롱하고 왜곡하여 부정을 저지르는 작폐를 말한다.

65

공적인 일을 먼저 하고 사적인 일은 나중에 하다

선공후사先公後私
先 먼저, 먼저 할 선, 公 공변될, 여러 공, 後 뒤, 나중에 할 후,
私 사사, 사사로이 할 사

출처 공명이 형 제갈근에게 대답한 말.

본문

동오의 유생들이 공명의 청산유수와 같은 대답을 듣고 놀라서 얼굴빛이 변했다. 이때 또 좌중의 유생 두 사람이 공명에게 따지려 들자, 어떤 사람이 안으로 들어서며 소리 높여 책망한다.

"공명은 당대의 기이한 인재이거늘, 그대들이 입으로 겨뤄보려고 하니, 이는 손님을 대법하는 예의가 아니다. 지금 조조가 대군을 거느리고 쳐들어오는데 적을 물리칠 생각은 안 하고 공연히 입씨름만 할 것이오?"

황개(黃蓋)였다.

황개와 노숙은 공명을 안내하여 손권에게로 갔는데 도중에 제갈근을 만났다.

제갈근이 공명에게 묻는다.

"강동에 왔으면서도 어째서 형을 만나보지도 않느냐?"

"공적인 일을 먼저 하고 사적인 일은 나중에 하여 형님을 찾아뵈려고 하였습니다. 형님이 널리 양해 바랍니다."

간체자 先公后私

발음 셴 궁 허우 쓰(xiān gōng hòu sī)

출처 43회

해설 공적인 업무를 중시하여 먼저 처리하고 나서 사적인 개인사는 나중에 처리한다는 뜻이다.

『삼국지』「손귀전」에 손권이 가화(嘉禾) 6년(237년) 봄 정월에 조서를 내려 말하길, 무릇 관직에 있는 책임자들은 마땅히 각자 충성을 다하고, "공적인 일을 앞세우고 사적인 것을 뒤로 해야 하나 이를 삼가 따르지 않으면 매우 그 의의가 없게 될 것이다"라고 하였고, 『삼국지』「두서전(杜恕傳)」에서는 "공적인 일을 걱정하고 사적인 일은 잊어야 하지만 반드시 그렇게 되는 것은 아니지만 공적인 일을 먼저하고 사적인 일은 나중에 하여야 하는 것은 스스로 할 수 있는 것이다"라고 하였다.

'공선사후(公先事後)'라고도 한다.

66

땔나무를 안고 불 속으로 들어가다

포신구화抱薪救火

抱 감쌀 포, 薪 땔나무 신, 救 구할 구, 火 불 화

출처 장소가 손권에게 공명의 말을 듣고 군사를 움직이는 것을 비유하는 말.

본문

황개와 노숙은 함께 공명을 안내하여 손권에게로 갔다. 노숙이 또 공명에게 당부한다. 절대로 조조의 군대 수가 많다는 것을 말하지 말라는 것이었다. 이미 여러 차례 한 말이다.

손권이 묻는다.

"유비는 군사 수도 적고 장수도 몇 안 되고 더구나 양식도 별로 없는데 어찌 조조와 겨룰 수 있겠소?"

"조조의 군사 수가 얼마나 됩니까?"

"백만 명입니다."

노숙이 이 말을 듣고 아연실색하여 공명에게 거듭 눈짓을 한다. 그러나 공명은 시치미를 떼고 못 본 체하고는 손권에게 말한다.

공명이 손권을 다그친다.

"사태가 급한데 결단을 내리지 못한다면 뉘우쳐도 소용없는 불행이 눈앞에 닥칠 것입니다. 옛날 제나라 장수 전횡(田横)은 나라가 망하자 군사를 이끌고 한고조 유방에게 항거하다가 결국은 자살하여 끝까지 의리를 지키고 굴복하지 않았습니다. 세상일은 뜻대로 되지 않는 것은 하늘의 운수이지만,

어찌 무릎을 꿇고 남에게 지배를 받겠습니까?"

손권은 자신이 나라를 지키다가 자살한 전횡만 못하다는 말에 화가 났다. 자신을 비웃는 것이 역력했다. 이내 자리를 박차고 일어나서 소매를 뿌리치며 후당으로 가버렸다.

노숙이 공명을 책망해도 공명은 하늘을 우러러 웃는다.

"손장군은 이처럼 도량이 좁은 줄은 미처 몰랐소. 내게 조조를 쳐부술 계책이 있는데도 묻지도 않으니 말하지 않은 것뿐이오."

노숙이 후당으로 가서 손권에게 공명이 조조를 깰 계책이 있다고 말하자 표정이 변하며 공명에게 가서 사죄한다.

"조조의 군사는 먼 곳을 오느라 지칠 대로 지쳐있습니다. 아무리 강한 활이라도 거리가 멀면 멀수록 얇은 비단 한 겹도 뚫지 못합니다. 북방 사람은 수전(水戰)할 줄 모르며 조조에게 항복한 형주의 군사는 위협을 견디지 못해 복종하는 척하는 것뿐이지 결코 조조를 진심으로 섬기는 것은 아닙니다. 장군께서 우리 주공과 힘을 합치고 한마음 한뜻이 되면 조조를 격파한 뒤에는 형주와 오나라가 강해져서 솥발처럼 셋으로 나뉘는 형세를 이룰 수 있습니다. 성공하느냐 패하느냐의 기회는 오늘에 달려 있으니 오로지 장군이 결정하셔야 합니다."

손권이 크게 기뻐했다,

"귀공의 말을 들어보니 막혔던 가슴이 다 뚫렸소. 나는 이미 내 뜻을 결정하였소. 다시는 의심하지 않겠소. 당장 상의하여 군사를 일으켜서 함께 조조를 쳐부숩니다!"

장소는 손권이 군사를 일으키기로 결심했다는 전달을 받고 사람들에게 말했다.

"공명의 꾀에 걸려든 것이다!"

장소는 손권에게 말한다.

"조조는 적은 수의 군사로 대군의 원소를 단번에 무찔렀습니다. 조조가 이번에는 백만 대군을 이끌고 남쪽을 치려 하는데 그들을 어떻게 대적할 수 있겠습니까? 공명의 말만 믿고 허망하게 군사를 움직인다면 이는 땔나무를 안고 불속으로 들어가는 격입니다."

손권은 머리를 숙이고 아무런 대답을 하지 않는다.

손권은 주저하며 결단을 내리지 못하였다.

손권의 부친 손견(孫堅)의 둘째 부인이자 손권 모친의 동생인 오국태(吳國太)는 손권이 근심에 차 있는 것을 보고 자초지종을 물으니 손권이 대답한다.

"지금 조조가 장강과 한수에 군사를 주둔시키고 장차 우리 강남을 치려고 하는데 문관 중에 어떤 자는 항복하자고 하고 또 어떤 자는 싸우자고 합니다. 싸우자니 우리 군사가 적군보다 수효가 적습니다. 그렇다고 항복하자니 조조가 받아주지 않을 것 같아 지금 결단을 내리지 못하고 있습니다."

오국태가 말한다.

"나의 친정 언니인 너의 친어머니가 세상을 떠날 때 남긴 말을 잊었느냐?"

손권은 그 말을 듣는 순간 술에 취했다 깨어난 듯했다. 그제야 어머니의 유언이 갑자기 머리에 떠올랐다.

주유(周瑜)를 불러서 전공을 세우게 하라.

간체자 抱薪救火

발음 바오 신 쥬 훠 (bào xīn jiù huǒ)

회수 43회

해설 재앙을 없애려다 살못된 방법을 써서 오히려 더 큰 화를 불러옴을 비유하는 말이다.

"강한 활이라도 거리가 멀면 멀수록 얇은 비단 한 겹도 뚫지 못한다"라는 구절은 '강노지말(强弩之末), 세불능천노호(勢不能穿魯縞)'라는 성어다.

67

물고기가 가라앉고 기러기는 떨어지며 달은 구름 속에 숨어 빛을 잃고 꽃이 부끄러워하다

침어낙안 폐월수화沉魚落雁 閉月羞花

沈 가라앉을 침, 魚 물고기 어, 落 떨어질 낙, 雁 기러기 안
閉 가릴 폐, 月 달 월, 羞 부끄러울 수, 花 꽃 화

출처 조조는 두 사람만 얻으면 물러갈 것이라고 말하는 공명에게 주유가 그 두 사람이 누구냐고 묻자 공명이 답한 말.

본문

주유가 수군에게 파양호(鄱陽湖)에서 훈련을 시키는데, 조조가 대군을 거느리고 한수(漢水)에 집결했다는 소식을 듣고 손권이 있는 시상으로 갔다.

노숙은 주유와 친한 사이였다.

장소가 도독(都督) 주유에게 말한다.

"주공에게 항복하기를 권하고 강동의 불행을 사전에 막으려고 하였소. 그런데 노숙이 유비의 군사 공명을 데려왔소. 공명은 우리 주공을 부추기어 조조와 싸우게 하는 거요."

주유는 신하들과 상의한다.

노숙이 주유에게 묻는다.

"조조가 대군을 거느리고 남쪽을 정벌하는데, 우리는 싸우자는 편과 항복하자는 편으로 나뉘어 주공이 결정을 내리지 못하고 도독의 의견을 따르려 하니 우선 그대의 뜻을 말해보쇼."

"싸우면 반드시 질 것이며 항복하는 것은 쉬운 일이니, 내일 주공을 뵈면

항복하도록 권하겠소."

"그대가 그런 말을 할 줄 몰랐소. 강동의 가업을 어찌 하루아침에 남의 손에 넘겨줄 수 있으리오. 도독의 영웅다운 자질과 강동의 험한 천연의 요새 앞에서는 조조도 제 마음대로 뜻을 펴지 못할 것이오."

주유와 노숙이 서로 다투는데 곁에서 공명이 웃기만 한다.

"도독의 말대로 조조에게 항복하는 것이 도리에 맞소."

노숙이 공명에게 말한다.

"공은 어찌 그런 말을 할 수 있는가!"

"조조는 군사를 잘 쓰기 때문에 천하에 그를 대적할 사람이 없소. 나라가 남의 손에 넘어가느냐 아니면 그냥 유지하느냐 하는 문제는 다 하늘이 정한 운수이오. 다만 내게 계책이 하나 있는데, 조조는 두 사람을 얻기만 하면 물러갈 것이오."

주유가 두 사람이 누구냐고 묻는다.

"조조가 동작대(銅雀臺)를 세워 천하의 미녀를 뽑아 거기에 두기로 한 것은 그가 원래 여색을 좋아하기 때문이오. 조조는 오래전부터 교공(喬公)에게 대교(大喬)와 소교(小喬)라는 두 딸을 두었는데 둘 다 물고기가 가라앉고 기러기가 내려앉는 것 같은 자태며, 용모는 달이 구름 속에 숨어 빛을 잃고 꽃이 부끄러워할 정도로 천하일색이라는 소문을 듣고, 일찍이 '내게 두 가지 소원이 있는데 하나는 천하를 평정하여 공업을 이루는 것이고, 다른 하나는 천하일색이라는 강동의 대교와 소교 두 미녀를 얻어 동작대에서 만년을 즐길 수 있다면 죽어도 여한이 없겠다'라고 말했답니다. 조조가 강남을 차지하려는 것은 대교와 소교 두 미녀를 얻으려는 짓이니, 장군 주유는 교공을 찾아내어 천금을 주고 두 딸을 사서 조조에게 보내면 회군할 것이오."

간체자 沉鱼落雁 闭月羞花

발음 천 위 뤄 옌(chén yú luò yàn) 비 웨 슈 화(bì yuè xiū huā)

회수 44회

해설 '침어(沉鱼)'는 서시(西施)를 가리킨다. 서시는 원래 이름이 시이광(施夷光)인데 사는 동네가 동서로 나누어져 그녀는 서쪽에 살았기 때문에 서시라고 하였다. 춘추전국 시대 때 월나라 여자였다. 그녀의 아버지는 나무꾼이었고 그녀의 어머니는 전문적으로 빨래를 직업으로 삼았는데, 이를 완사(浣紗)라고 하였다. 서시도 빨래를 했는데 서시의 고향 마을 시내를 완사계(浣紗溪)라고 한다. 그녀는 용모가 단정하고 얼굴이 복숭아꽃과 같으며 미모가 뛰어났다. 그녀가 완사계에서 빨래하는데 맑은 물에 비친 자신의 얼굴을 물고기가 보고 그녀의 미모에 수영하는 것을 잊어버리고 그만 강바닥으로 가라앉아버렸다고 하는데 이때부터 서시를 '침어'로 대신 불렀다.

'낙안(落雁)'은 왕소군(王昭君)을 가리킨다. 이름은 장(嬙)이고 자가 소군(昭君)이었는데 진(晉)나라 황제 사마소(司馬昭)의 이름에 소자를 피하여 명군(明君), 명비(明妃)라고 불렀다. 한원제(漢元帝) 때 흉노의 선우(單于)와 혼인 관계를 맺어 변방의 평화를 유지하려고 하였다. 왕소군이 선발되어 북쪽으로 흉노로 가는데 기러기 우는소리를 듣고 너무나 슬퍼서 가슴이 찢어지는 아픔을 느꼈다. 그녀는 이별의 슬픔을 달래려고 거문고를 연주했는데 남쪽으로 날아가는 기러기가 이 거문고 소리를 듣고 날개 젓는 것을 잊어버려 그만 땅으로 떨어졌다고 한다. 이때부터 왕소군을 낙안이라고 대신 불렀다고 전한다.

'폐월(闭月)'은 초선(貂蟬)을 가리킨다. 삼국시대 때 한헌제(漢獻帝)의 대신 사도(司徒) 왕윤(王允)의 가기(歌妓) 초선은 뒤뜰에서 달을 바라보고 있을 때 갑자기 바람이 불어 구름이 달을 가렸다. 초선이 너무나 아름다워 달도 부끄러워서 구름 뒤로 모습을 숨었다고 전한다. 이때부터 초선을 '폐월'이라고 불렀다.

조조의 셋째 아들 조식(曹植)이 견씨(甄氏)를 좋아했는데 그녀는 그의 형 조비(曹丕)에게 시집을 가 견후(甄后)가 되었다. 그녀는 얼마 후에 곽씨에게 황후의 자리를 빼앗기고 살해되었다. 형이 그에게 견씨가 쓰던 베개를 받아 낙수 강가에 이르러 견씨의 모습을 회상하며 「낙신부(洛神賦)」를 지었다. 여기에서 '폐월'이란 단어로 그녀의 아름다움을 표현하였다. "엷은 구름에 가린 달처럼 아련하고, 불어오는 바람에 눈이 날아가듯 가뿐하다(髣髴兮若輕雲之蔽月, 飄颻兮若流風之回雪)"라고 읊었다.

'수화(羞花)'는 양귀비(楊貴妃)를 가리킨다. 당대 개원(開元) 연간에 양옥환(楊玉環)이 당현종(唐玄宗)에게 간택되어 궁에 들어간 후에 날마다 우울하였다. 하루는 그녀가 화원에서 우울함을 달래기 위해 꽃을 감상하다가 잘못하여 함수화(含羞花)를 건드렸는데, 그 꽃이 양귀비의 미모에 부끄러워서 잎을 말아 올렸다고 한다. 양귀비는 꽃도 부끄럽게 할 정도의 아름다운 미모의 대명사가 되었다.

68

맹세코 양립할 수 없다

서불양립誓不兩立

誓 맹세할 서, 不 아닐 불, 兩 둘 양, 立 설 립

출처 주유가 조조에게 화가 나서 한 말.

본문

주유가 공명에게 묻는다.

"조조가 이교(二喬)를 얻고자 한다는 무슨 증거라도 있소?"

공명이 대답한다.

"조조의 분부로 그의 아들 조식(曹植)이 「동작대부(銅雀臺賦)」를 지었는데, 여기에 조조가 대교(大喬), 소교(小喬) 두 미인을 얻는다는 것이 그 내용이지요."

공명이 「동작대부」를 외우는데 그 가운데

아름다운 이교를 동남쪽에 두어
아침저녁으로 함께 즐기리라.

라는 시구가 있었다.

주유는 「동작대부」를 듣더니 얼굴빛이 변하여 자리를 박차고 일어나 소리친다.

"늙은 역적 놈이 나를 모욕하는구나!"

공명이 말린다.

"장군은 어째서 백성 집 두 딸을 아까워하오?"

주유는 대답한다.

"공은 몰라서 하는 말이오. 대교는 전 주공 손책의 부인이고, 소교는 바로 내 아내요."

공명은 깜짝 놀라 사과한다.

"실례의 말씀 드렸으니 죄를 지었소."

"늙은 놈과는 맹세코 양립할 수 없소이다."

"깊이 생각하시오. 나중에 후회해도 소용없소이다."

간체자 誓不兩立

발음 스 부 량 리(shì bù liǎng lì)

회수 44회

해설 불구대천 원수를 비유하는 말로, 상대방을 쓰러뜨리지 않을 수 없음을 이르는 말이다.

『전국책』「초책(楚策)」(1)에 "초나라가 강해지면 진나라는 약해지고, 진나라가 강해지면 초나라는 약해지니, 두 세력이 양립할 수가 없다"라고 하였다. '세(勢)'는 정세(情勢), '립(立)'은 존재라는 뜻으로, '세불양립(勢不兩立)'은 대립하는 쌍방이 병존할 수는 없음을 뜻하며, 첨예한 대립과 갈등이 존재함을 이른다. '서불양립'의 동의어이다.

69

작은 힘이라도 남을 도와주다

일비지력一臂之力

一 한 일, 臂 팔 비, 之 어조사 지, 力 힘 력

출처 주유가 공명에게 함께 조조를 치자고 하면서 한 말.

본문

주유가 대답한다.

"전 주공 손책이 세상을 떠나실 때 내게 매사를 부탁하셨는데, 우리 강동이 조조에게 무릎을 꿇고 항복할 리가 있겠소. 조금 전에 한 말은 공의 속뜻을 떠본 것이오. 내가 수군을 훈련시킨 파양호(鄱陽湖)를 떠나올 때 북벌을 결심했었소. 내 머리에 도끼가 떨어진다 해도 이 마음만은 변할 수 없소. 청컨대 공명은 작은 힘이라도 날 도와주시오. 함께 역적 조조를 격파합시다."

간체자 一臂之力

발음 이 비 즈 리(yī bì zhī lì)

회수 44회

해설 한쪽 팔의 힘이라는 뜻으로, 작은 도움을 말하는데, 보잘것없지만 남을 도와주는 작은 힘을 비유하는 말이다. 옆에서 도와주는 것을 겸손하게 표시할 때 사용한다.

70

잔인한 폭도를 없애다

제잔거폭除殘去暴

除 제거할 제, 殘 남을, 잔인할 잔, 去 갈, 버릴, 없앨 거, 暴 해칠 폭

출처 주유가 역적 조조에게 항복할 것이 아니라 공격해야 한다며 한 말.

본문

주유가 장소(張昭)에게 묻는다.

“공이 조조에게 항복하자고 주장하는 뜻을 밝혀주시오.”

“조조는 천자의 분부를 받았다며 사방을 정복할 때 조정의 명분으로 내걸고 있소. 형주까지 얻었으니 그 위세가 커져서 우리 강동이 조조를 막을 수 있는 유일한 방비는 장강인데, 조조가 수천 수백 척의 전함을 상류에 집결시키고 수륙으로 쳐들어올 것인데 우리가 어떻게 대적하리오. 일단 항복한 다음 계책을 세우는 수밖에 없소.”

“어찌 하루아침에 국토를 남에게 준단 말이오?”

손권이 주유에게 묻는다.

“그렇다면 어떤 계책을 써야 좋소?”

주유가 대답한다.

“조조는 한나라의 역적입니다. 주공은 부친과 형님이 남기신 업적과 강동 땅을 계승하여 군사는 용맹하고 곡식도 충분하니, 이때야말로 천하를 종횡으로 달리며 국가를 위해 잔인한 폭도를 제거해야 하는데 어찌 도리어 도둑들에게 항복하리오. 또 조조가 이번에 온 것은 병가에서 피해야 할 일을

범했소. 첫째는 북쪽을 완전히 평정하지 못했는데 마등과 한수가 뒤에서 기회를 노리는데도 남쪽을 치러왔고, 둘째는 북쪽 군사는 수전을 모르거늘 조조는 말 대신 배를 타고 우리 동오와 싸우려고 하며, 셋째는 지금이 겨울이라 추워서 말 먹일 마초가 없으며, 넷째는 중원의 군사가 멀리서 왔기 때문에 풍토가 맞지 않아 많은 병에 걸릴 것이오. 조조가 이런 착오를 저질렀으므로 그 수효가 비록 많다 하더라도 반드시 패배할 것이오."

손권이 벌떡 일어나 말한다.

"내 늙은 역적 놈과 맹세코 이 세상에서 함께 살지 않으리라. 그대가 적군을 치라고 하니 이는 나의 뜻에 맞도다."

간체자 除残去暴

발음 추 찬 취 바오(chú cán qù bào)

회수 44회

해설 악한 사람들을 없앰을 뜻한다. 유사 성어는 '제잔거예(除殘去穢)'인데, '잔예(殘穢)'는 사회의 악한 세력을 말한다. 이 성어는 『삼국지』「오서(吳書)」〈주유전(周瑜傳)〉에 주유가 적벽대전에 앞서 손권에게 한 말에서 비롯하였다. 주유가 말하길, 조조는 한나라 조정의 적이므로, 장군 손권이 "마땅히 천하를 횡행하며, 한나라 왕조를 위해 잔인하고 부패한 세력을 제거할 때입니다"라고 하였다. 주유가 조조를 잔악한 세력으로 보고 손권에게 다른 신하들이 조조에게 항복하자는 제의에 대항하여 수군에 약한 북방의 군대가 추운 날씨에 먼 길을 와서 지쳤고 물과 땅에 익숙하지 못한데도 무리하게 강행한 조조에 맞서 싸워서 무찔러야 한다고 말하였다.

손권의 "맹세코 이 세상에서 함께 살지 않으리라"는 '서불양립(誓不兩立)'이다. 주유가 말한 조조가 병법에서 피하는 사항 가운데 "풍토에 맞지 않는다"라는 것은 '불복수토(不服水土)'라고 하는데, 현대중국어에서도 '수토불복(水土不服)'이라고 한다.

71

태산처럼 편안하다

안여태산安如泰山
安 편안할 안, 如 같을 여, 泰 클 태, 山 뫼 산

출처 공명이 유비에게 한 말.

본문

주유는 제갈근이 돌아와서 하는 말을 듣고, 더욱 공명을 시기하여 죽일 작정을 하였다.

이튿날, 주유는 공명을 불러 함께 배를 타고 하구(夏口)를 향해 나아갔다. 주유는 공명을 불러 장막 안에서 상의하였다.

"조조는 군사가 83만 명이나 되고 우리 군사는 5, 6만 정도니 먼저 군량을 옮겨둔 곳을 무찌른 다음 격파해야 할 것이오. 조조의 군량과 마초는 취철산(聚鐵山)에 쌓여 있다고 하니, 선생은 취철산으로 가서 조조의 군량이 쌓여 있는 곳을 습격하시오."

공명이 승낙하고 물러나자 주유가 기뻐했다.

노숙이 주유에게 물었다.

"왜 하필이면 공명에게 조조의 군량을 습격하라고 한 것은 무슨 뜻입니까?"

"내 손으로 공명을 죽이면 세상 사람의 웃음거리가 될 것이니 조조의 손을 빌려 죽이자는 것이오. 공명이 없어야 우리 강동(江東)이 마음 편히 살 수 있소."

노숙은 공명이 주유의 속뜻을 아는지 살피러 공명 처소로 가서 공명을 만나니 공명이 노숙에게 말한다.

"주유는 수전(水戰)만 알 뿐 육지에서 싸우는 법을 모르오."

노숙이 돌아가서 공명에게 들은 것을 주유에게 고하자, 주유가 화를 내며 말한다.

"공명을 보낼 것이 아니라 내가 직접 군사를 이끌고 취철산에 가서 조조의 군량을 없애버리겠다."

노숙이 공명에게 가서 주유의 말을 전하자, 공명이 웃는다.

"주유가 나에게 조조의 군량을 습격하라고 한 것은 실은 나더러 조조에게 가서 죽으라는 것이었소. 조조는 꾀가 많아 군량 저장한 곳을 허술하게 놔두겠소?. 주유가 가면 반드시 적에게 잡힐 것이니 먼저 수군으로 적군의 기세부터 꺾은 다음 계책을 세워 적군을 격파하는 겁니다."

노숙은 주유에게 공명의 말을 전하자, 주유는 발을 구르며 분해한다.

"공명의 안목이 나보다 열 배나 높다. 그를 살려둬서는 후에 우리가 불행해지리라."

노숙이 주유에게 충고한다.

"우선 급한 것은 조조를 격파하는 것이니, 공명은 천천히 없애도 늦지 않습니다."

한편, 유비는 유기에게 강하를 지키게 하고 친히 모든 장수를 거느리고 하구로 갔다. 유비는 동오가 군사를 출격시킨 것을 알고 강하의 군사를 모두 이동시켜 번구(樊口)에 주둔시켰다. 공명이 동오로 간 뒤 소식이 없자, 유비가 걱정하는데 미축(糜竺)이 자원하며 가보겠다고 한다.

미축이 주유를 만나 유비의 뜻을 전하자 주유가 말했다.

"공명은 나와 함께 조조를 격파할 일을 상의해야 하니 돌아갈 수 없소. 차라리 내가 유현덕과 함께 앞일을 상의하고 싶으니 현덕께서 이곳으로 오신다면 고맙겠다고 전하시오."

노숙이 현덕과 무슨 의논할 일이 있느냐고 물으니 주유가 대답한다.

"현덕은 세상의 효웅(梟雄)이니 없애지 않을 수 없습니다. 이번 기회에 그를 유인해서 죽일 작정인데, 이는 후환(後患)을 미리 제거하는 것이오."

노숙은 안 된다고 말렸으나 소용이 없었다.

"현덕이 오면 도부수(刀斧手) 50명은 장막 뒷벽에 숨어 있다가 내가 술잔을 던지는 것을 신호로 즉시 뛰어나와서 현덕을 죽여라."

미축의 말을 들은 유비가 주유에게 가려고 하자, 관우가 간한다.

"주유는 꾀가 많은 사람입니다. 더구나 공명에게서 서신조차 없으니 혹 주유의 속임수에 걸려들 수 있습니다. 경솔하게 가시면 안 됩니다."

"동오와 동맹을 맺었고 주유가 날 만나자는데 가지 않으면 서로 동맹한 뜻에 어긋나고 서로 시기하는 것이 되오."

"형님이 굳이 가시겠다면 저도 함께 가겠습니다."

유비는 관우와 함께 조그만 배에 올라 강동으로 갔다.

주유는 잔치를 벌여 유비를 대접한다.

한편, 공명은 강변에 나왔다가 우연히 유비가 주유와 함께 있다는 말을 듣고 깜짝 놀라 급히 장막으로 들어가서 잔치 광경을 엿본다.

주유의 얼굴에는 살기가 가득했다. 양쪽 장막 뒷벽에는 도부수들이 깔려 숨어 있어 공명은 놀란다.

태연하게 웃고 있는 유비 옆에 칼을 쥐고 서 있는 관우를 발견하고는 공명은 기뻤고 그제야 마음을 놓았다.

주유는 유비와 함께 술을 마시는데 주유가 술잔을 던지려고 일어서다가 유비의 등 뒤에 서 있는 한 장수를 보고 누구냐고 묻는다. 유비가 대답한다.

"내 동생 관운장입니다."

"단칼에 안양, 문추의 목을 벤 그 사람입니까?"

주유는 등에서 식은땀이 흘렀다.

유비는 관우가 눈짓하자 하직하고 술자리를 떠나 강가에 이르렀다. 공명은 배 안에서 기다린다. 유비는 공명을 보자 너무나 반갑고 기뻤다. 공명이 묻는다.

"주공은 오늘 큰일 날 뻔했던 것을 아십니까?"

유비는 그제야 크게 깨닫고 공명에게 함께 번구로 가자고 청했다.

공명이 대답한다.

"저는 비록 호랑이 입 속에 있으나 태산처럼 편안하니 염려 마십시오. 주공은 이제 돌아가시어 때를 기다리시죠. 부탁할 것이 있는데, 11월 스무날 갑자일(甲子日)이 지나거든 조자룡이 배를 저어 이곳 남쪽 언덕에 와서 날 기다리라고 전해주세요."

유비가 그 뜻을 묻자 공명이 대답한다.

"동남풍이 불거든 제가 돌아오는 줄로 알고 계십시오."

간체자 安如泰山

발음 안 루 타이 산(ān rú tài shān)

회수 45회

해설 안정적이고 공고하여 동요하지 않음을 형용하는 말이다.

40회에도 나오는 성어인데, 조조의 군사가 양양을 공격할 때 부손(傅巽)이 형주의 새 주인이 된 유종에게 한 말이다. 유표가 죽자 채부인은 채모, 장윤과 상의하여 가짜 유서를 만들어 자기 소생인 14살짜리 둘째 아들 유종을 형주의 주인으로 삼고 비로소 통곡하며 초상을 지냈다. 채부인은 유종과 함께 양양으로 가서 유표의 장자 유기와 유비가 쳐들어오지 못하게 방비하며 양양성 동쪽 한양 들판에 유표를 장사지내고 유기와 유비에게는 장례를 알리지 않았다. 조조가 대군을 거느리고 양양으로 오는 중이라는 보고를 받고 놀라서 채모를 불러 상의하는데 동조연(東曹掾)인 부손이 보고한다.

"첫째 공자 유기는 강하에 있고, 유비는 신야에 있는데, 우리는 그들에게 유표의 초상을 알리지도 않고 그들이 군사를 거느리고 와서 따진다면 형주와 양양 모두 다 위태로워집니다. 그러나 제게 한 가지 계책이 있사온데 형주와 양양의 백성들을 태산처럼 평안하게 할 뿐만 아니라 주공의 자리도 온전하게 할 수 있습니다."

72

말솜씨가 청산유수다

구사현하口似懸河

口 입 구, 似 같을 사, 懸 매달 현, 河 물 하

출처 주유가 친구 장간을 오랜만에 만나 술을 마시며 회포를 풀 때 장간에게 한 말.

본문

조조는 주유와 친한 장간(蔣幹)을 세객(說客)으로 삼아 주유에게 보낸다.

주유는 장간과 함께 술을 마시며 회포를 풀었다.

잔치 자리가 흥겨워져서 모두가 술에 취하자 주유는 장간의 손을 잡고 장막 밖으로 나간다. 밖에는 군사들이 좌우로 늘어섰는데, 모두가 무장하고 칼과 창을 쥐고 있었다.

주유가 장간에게 묻는다.

"우리 군사가 매우 웅장하지 않은가?"

"참으로 호랑이 같은 군사로다."

주유가 장간을 장막 뒤로 데려가니 곡식과 마초가 산처럼 쌓여 있다.

주유가 묻는다.

"곡식과 마초가 이만하면 충분하지 않은가?"

"군사가 씩씩하고 곡식은 넉넉하다고 하더니 과연 거짓이 아니로다."

주유가 장간의 손을 잡고 웃으며 말한다.

"사내대장부가 세상에 나서 자기를 알아주는 주인을 만나 겉으로는 군주와 신하의 의리를 맺고 안으로는 부모와 자식 같은 은혜의 정으로 결합하여, 입으로 말을 하면 반드시 실행하는 동시에 계책을 세우면 반드시 좇아서 길흉화복을 함께 한다면, 소진(蘇秦), 장의(張儀), 육고(陸賈), 역생(酈生)이 다시 나와 말솜씨가 청산유수이거나 칼날 같은 혀를 휘두른다 할지라도 어찌 내 마음을 흔들 수 있으리오."

장간은 기가 질려 얼굴이 흙빛으로 변한다. 주유는 장간을 데리고 가서 다시 장막 안으로 돌아와서 장수들과 함께 계속 술을 마시며 말한다.

"여기에 우리 강동의 영웅호걸들이 다 모였으니, 오늘의 이 모임을 군영회(群英會)라고 하리라."

간체자 口似悬河

발음 커우 쓰 쉔 허(kǒu sì xuán hé)

회수 45회

해설 입은 공중에 매달려 있는 강물과 같다는 뜻으로, 말이 도도하여 끊어지지 않고 말을 잘하는 것을 비유하는 말이다. "칼날 같은 혀를 휘두르다"는 '설여리도(舌如利刀)'이다.

'구약현하(口若懸河)'라고도 한다. '변재무애(辯才無礙)'는 말재주는 막힘이 없다는 뜻이다.

73

서로 다리를 올려놓고 자다

저족이면抵足而眠

抵 막을, 부딪칠, 지탱할 저, 足 발 족, 而 어조사 이, 眠 잘 면

출처 주유가 장간에게 옛날 공부하던 시절처럼 함께 자자고 하면서 한 말.

본문

주유가 잔치 자리를 거두게 하니 모든 장수가 하직인사를 하고 물러간다.

주유가 말한다.

"오랫동안 그대와 한 침상에서 자보지 못했으니, 오늘 밤은 우리가 옛날 공부하던 시절에 함께 잤듯이 서로 다리를 올려놓고 자보세."

주유는 일부러 크게 취한 채 비틀거리며 장간을 데리고 장막 안으로 들어갔다. 주유는 옷도 벗지 않고 입은 채로 쓰러져 먹은 것을 토하니 장간이 잠을 이루지 못했다.

장간은 잠을 이루지 못해 자리에서 일어나보니 쇠잔한 등불은 아직 밝은데 주유의 코 고는 소리는 우레와 같았다.

장간이 사면을 둘러보니 책상 위에 책과 문서들이 쌓여 있었다. 그가 침상에서 가만히 빠져나와 그 문서들을 보니, 모두가 왕복 서신이었는데 겉면에 "채모, 장윤이 삼가 올립니다"라고 적혀 있었다.

장간이 놀라 그 속의 편지를 읽어보았다.

저희가 조조에게 항복한 것은 벼슬과 녹봉 때문이 아니라 부득이한 사태 때문

이었습니다. 이제 북쪽 군사를 속이고 영채에 머물게 되었으니, 기회만 있으면 역적 조조의 목을 베어서 휘하에 바치겠습니다. 조만간 사람을 보내어 또 통지하겠으니, 바라건대 결코 우리를 의심하지 마십시오.

장간은 속으로 생각했다.

"채모와 장윤이 전부터 동오와 내통했구나!"

장간은 그 서신을 품에 넣고 다시 다른 서신을 살펴보다가 주유가 침상에서 몸을 뒤집는 바람에 급히 등불을 끄고 침상에 돌아와서 드러누웠다.

밖에서 사람이 들어오니, 주유가 잠에서 깨어나 깜짝 놀라 말한다.

"내 침상에서 이렇게 자는 자가 누구냐!"

"도독께서 장간과 함께 자자고 하신 말씀 잊으셨습니까?"

주유는 크게 후회하는 척한다.

"어제 취하여 실수를 했으니 무슨 말을 했는지 모르겠구나."

"지금 강 북쪽에서 사람이 왔습니다."

"장간은 아직도 자는가?"

장간은 깊이 자는 체한다. 주유는 그 사람을 데리고 장막 밖으로 나간다.

장간이 엿듣는다.

"채모와 장윤 두 사람은 기회를 얻지 못해 아직 손을 쓰지 못한다고 합니다."

주유는 장막 안으로 들어와서 또 부른다.

"장간은 아직도 자고 있는가?"

장간은 자는 체한다. 주유도 옷을 벗더니 침상에 올라가 다시 잔다.

장간은 날이 밝은 뒤에 서신이 없어진 것을 알게 되면 자신을 죽일 것으로 생각하고는 장막을 나와 급히 조조의 영채로 갔다.

장간이 서신을 조조에게 보이고 듣고 온 것을 소상하게 설명한다.

조조가 화가 나서 무사에게 명하여 채모와 장윤의 목을 베라고 하니, 무사들이 채모와 장윤의 목을 베어 조조에게 바친다.

그제야 조조는 속으로 말한다.

"아! 내가 적의 계략에 속았구나!"

간체자 抵足而眠

발음 디 쭈 얼 멘(dǐ zú ér mián)

회수 45회

해설 두 사람의 친밀함을 표시하는 말이다. 반대말은 '동상이몽(同床異夢)'이다.

『삼국지』에는 군영회(群英會)에서 장간이 주유가 짠 계책에 빠지는 고사는 기록이 없다. 다만 배송지 주에서 인용한 「강표전」에는 조조가 양주로 내려가 장간을 보내 주유를 만나게 하고, 장간은 회포를 풀려고 주유를 찾아왔다고 하니 주유가 술과 음식을 대접하였고, 장간을 역관에 묵게 하고 다시 사흘 뒤에 주유가 장간을 청하여 군영을 구경시켰고 창고의 군수품과 병기들을 살펴보게 하고는 다시 연회를 베풀고 장간에게 말하길, "사내대장부가 자기를 알아주는 주인을 만났으면 밖으로는 군신 간의 의리를 받들고 안으로는 부모형제와 같은 정을 맺어 명령을 행하고 계획을 이행하며 화와 복을 함께 해야 할 것이오. 만일 소진과 장의가 다시 살아나서 어떻게 해야 옳은지를 가려준다 한들 족하가 어찌 내 마음을 옮겨갈 수 있겠소?"라고 하였다. 장간은 돌아와서 주유의 아량을 칭찬하며 이간질할 것이 아니라고 했다고 하였다.

장간이 훔친 서신 때문에 반간계에 걸려든 일은 사실이 아니고 꾸며낸 이야기다.

74

신기한 묘책

신기묘산神機妙算

神 귀신 신, 機 틀, 생각 기, 妙 묘할, 교묘할 묘, 算 셀, 계책 산

출처 주유가 10만 대의 화살을 사흘 만에 장만한 것을 보고 감탄하며 한 말.

본문

주유가 계책을 세워 친구 장간을 속여 조조의 수군 도독 채모와 장윤을 조조의 손에 죽게 만든 뒤에 이 사실을 공명이 알고 있는지 알아보기 위해 노숙을 공명에게 보내 확인하게 하였다.

노숙이 공명을 만난 뒤에 주유에게 돌아와 공명이 그 사실을 알고 있었다고 말하자, 주유가 말한다.

"공명을 놔둘 수 없다. 내 반드시 그를 죽이리라."

주유가 공명을 불러 묻는다.

"지금 군중에 화살이 부족하니 화살 10만 대를 열흘 안에 만들어 우리를 도와주시오."

공명이 대답한다.

"조조가 오늘 당장이라도 쳐들어올 수 있는데 열흘까지 기다린다면 큰일을 망치고 말 것이오. 사흘 안으로 갖다 드리죠."

주유가 노숙에게 말한다.

"화살 만드는 사람들에게 일부러 일을 늦추도록 분부하고 필요한 재료들을 대주지 않을 작정이오. 틀림없이 기일 안으로 그 많은 화살을 만들지 못

할 것이오."

노숙이 공명을 찾아가니 공명이 노숙에게 부탁한다.

"내게 배 20척만 빌려주시오. 그리고 배마다 군사 50명씩 태우고, 무명베를 둘러 가리고, 풀 다발 천 개씩을 배 양쪽에 쌓아두시오."

공명은 배 20척을 긴 쇠사슬로 서로 연결하고 북쪽 언덕을 향하여 나아간다. 이날 밤에 안개가 자욱하게 뒤덮었다.

그날 밤 5경쯤에 20척의 배들은 조조의 수군 영채 가까이 이르렀다.

공명은 배에 명령하여 뱃머리를 서쪽으로, 배꼬리는 동쪽으로 돌려 일자로 늘어세우고 일제히 북을 치며 크게 함성을 지르도록 했다.

조조가 보고를 받고 명한다.

"활을 쏘아 격퇴하라."

육지의 진지에서 군사 만여 명이 강변으로 몰려나와 안개가 낀 강 한복판을 향하여 활을 쏘니 화살은 빗발치듯 한다.

20척의 배가 한쪽으로 기울어지자, 공명은 모든 뱃머리를 동쪽으로, 배꼬리를 서쪽으로 돌리게 하고 더욱 수군 영채 가까이 다가간다. 날아오는 화살이 배에 박힌다.

해가 뜨고 안개가 걷히자, 공명은 배들을 거두어 급히 돌아가니, 20척의 배 양쪽에 높이 쌓여 있는 풀 다발에는 화살이 가득히 꽂혀 있었다.

공명이 돌아오며 배 안에서 노숙에게 말한다.

"배 한 척마다 꽂힌 화살만도 5, 6천 대씩은 될 것이니, 강동은 힘들이지 않고 이미 10만여 대의 화살을 얻었소."

노숙이 감탄한다.

"선생은 참으로 신인(神人)이시오. 오늘 안개 낄 것을 어떻게 알았소?"

"장수 된 자가 천문을 통달하지 못하고, 지형의 이점을 식별하지 못하고, 하늘의 별들과 지형을 살펴 군사행동의 성공과 실패의 길흉을 예측하는 기문둔갑(奇門遁甲)을 모르고, 음양의 이치에 밝지 못하고, 진도(陣圖)를 볼 줄 모르고, 군사의 세력에 밝지 못하면 이는 보잘것없는 인재요. 저는 3일 전에 오늘 짙은 안개가 낄 것을 계산했었소. 내 목숨은 하늘에 달려 있으니 주유가 어찌 죽일 수 있으리오."

노숙은 주유에게 가서 공명이 화살 10만 대를 얻은 경위를 자세히 설명했다. 주유가 놀라 탄식한다.

"공명의 신기한 묘책은 내가 따를 수 없는 것이로다!"

간체자 神机妙算

발음 선 지 먀오 쏸(shén jī miào suàn)

회수 46회

해설 귀신같은 재주와 묘책이라는 뜻으로, 평범한 사람은 짐작하기 어려운 뛰어난 지략이나 계략을 이르는 말. '신기'는 신기(神奇)한 생각. '묘'는 교묘(巧妙)함이나 기묘(奇妙)함. '산'은 계획이나 방법을 뜻한다. 신기한 생각과 교묘한 계획. 정세 파악을 위한 통찰력과 교묘한 책략 설정에 뛰어남을 비유하는 말이다.

적벽대전 직전에 주유가 제갈량의 재주를 시기하여 그를 제거하려는 세운 '초선차전(草船借戰)' 계책이다. 제갈량이 화살을 빌렸다는 기록은 역사에 없다. 『삼국지』「오주전」에 건안 18년(213년)에 조조가 유수(濡須)를 공격하여 손권과 한 달여 동안 대치하였다고 했는데, 배송지 주에 인용된 『위략』에 손권이 탄 배가 전선을 시찰하는데 조조가 화살을 쏘도록 하여 화살이 배에 가득 꽂혔고 배의 무게 중심이 한쪽으로 기울어지자 배를 돌리게 하여 반대쪽에 화살이 꽂혀 배가 평형을 이루었고 곧바로 돌아왔다고 하였다. 계책을 세운 것도 아니고 제갈량이 빌린 것도 아니며 손권이 화살을 빌린 것이며 적벽대전이 일어난 때로부터 5년이 지난 후였다.

75

상대방의 계략을 역이용하다

장계취계將計就計

將 써 장, 計 셀, 책략 계, 就 이룰 취

출처 주유가 조조의 계략을 역이용하기 위해 세운 계책.

본문

주유가 장막에서 내려와 공명을 영접하며 칭송하며 부러워한다.

"선생의 신인(神人)과도 같은 계책은 사람을 감복시켰소."

주유는 공명과 함께 술을 마신다.

"각자 손바닥에 계책을 써서 우리의 의견을 알아봅시다."

두 사람이 손바닥에 쓰고 나서 서로 손바닥을 펴자 상대의 글씨를 보고 웃는다. 불 화(火)자였다.

한편, 화살을 잃은 것에 괴로워하는 조조에게 순유가 계책을 말한다.

"채모가 죽었어도 그의 동생뻘 되는 채중(蔡中)과 채화(蔡和)가 부장(副將)으로 있으니 그들을 강동으로 보내어 거짓 항복을 시키고 그들이 적의 내막을 탐지해서 우리에게 내통하게 한다면 일을 도모할 수 있습니다."

주유가 두 사람에게 상을 주자, 채중과 채화는 자기들의 계책이 들어맞은 줄 알았다.

그날 저녁, 주유는 감녕(甘寧)을 불러 분부한다.

"채중과 채화가 가족과 함께 오지 않았으니 진정으로 항복하러 온 놈들이 아니다. 조조가 첩자로 보낸 것이니, 내 그들의 계략을 역이용하는 계책을 써서, 그 두 놈이 우리의 정보를 통지하게 하라."

간체자 将计就计

발음 장 지 쥬 지(jiāng jì jiù jì)

회수 46회

해설 상대방의 계략을 미리 알아채고 역으로 그것을 이용하는 것을 말한다. 『삼국지연의』 17회에도 나온다.

76

고육책

고육책苦肉策
苦 쓸, 괴롭힐, 아파할 고, 肉 고기, 몸 육, 策 꾀, 계책 책

출처 적의 계략을 역이용하기 위해 황개가 적에게 거짓 항복하는 계책.

본문

한밤중에 주유가 장막 안에 앉아 있는데 황개(黃蓋)가 아무 연락도 없이 찾아왔다.

황개가 말한다.

"적군은 많고 우리는 수효가 적으니 우리가 불리한데, 어찌 적을 불로 공격하지 않으시오?"

"누가 그 계책을 일러주었소?"

"내가 생각해낸 계책이오."

"거짓 항복해온 채중과 채화를 역이용해서 우리의 정보를 조조에게 전하고 싶은데, 우리 편에서 조조에게 가서 거짓 항복할 사람이 있어야 하는데 적당한 인물이 없어서 한이오."

"내가 가서 그 계책을 실행하겠소."

"그대가 큰 고통을 겪지 않으면 조조가 어찌 믿겠소?"

"나는 손권의 집안으로부터 많은 은혜를 입은 몸이니, 이제 간과 뇌를 땅에 뿌린다고 해도 아무 여한이 없소."

주유가 감사하며 절을 한다.

"그대가 고육책을 실천한다면 이는 강동의 천만다행이오."

"내가 죽는다 해도 원망하지 않겠소."

간체자 苦肉策

발음 쿠 러우 처(kǔ ròu cè)

회수 46회

해설 자기 몸을 상하게 하면서까지 꾸며내는 계책이란 뜻으로, 어려운 상황을 돌파하기 위해 어쩔 수 없이 속임수를 사용하는 것을 말한다. 『삼십육계』 제34계(計) 「고육계(苦肉計)」에 나온다. 대부분 첩자를 이용하는 '반간계(反間計)'나 거짓 투항하는 '사항계(詐降計)'와 더불어 사용된다.

주유가 황개를 매질하는 고육책을 써서 황개가 거짓 항복하여 조조를 속이고, 화공으로 공격할 수 있었으며, 마침내 승리를 거두었다. 역사에는 주유가 황개를 매질한 적이 없고 고육책도 허구다. 『삼국지』 「황개전」과 「주유전」에 적벽대전 전야에 황개는 주유에게 화공으로 조조를 공격하는 계책을 올리면서 말하길 전함의 머리와 꼬리가 연결되어 있으니 불태울 수 있으니 조조의 배에 접근하기 위해 거짓 항복하겠다고 하였다. 배송지 주에 인용된 「강표전」에는 황개의 사항서(詐降書) 전문이 실려 있다. 황개가 조조에게 거짓 항복한 것은 사실이지만, 조조를 믿게 하려고 황개가 일부러 매질을 당하는 고육책을 쓰지는 않았다.

77

팔짱 끼고 구경만 하다

수수방관袖手傍觀
袖 소매 수, 手 손 수, 傍 곁 방, 觀 볼 관

출처 노숙이 공명에게 주유가 황개를 꾸짖고 곤장을 때리는 것을 봤으면서도 가만히 있었던 것에 대해 한 말.

본문

주유가 모든 장수에게 말한다.

"조조의 백만 대군을 하루아침에 격파할 수 없다. 이제 모든 장수는 3개월 동안 먹을 양식과 마초를 나누어 줄 것이니 각기 적군을 막을 준비를 해라."

황개가 앞으로 나서며 외친다.

"3개월이라니 30개월 먹을 곡식과 마초를 분배받아도 아무 일도 하지 못할 것이오. 이달 중에 적을 격파할 것이면 격파하고 만일 자신이 없으면 장소의 말대로 조조에게 항복하는 것이 낫소."

주유가 황개를 꾸짖는다.

"조조에게 항복하는 자는 참할 것이다. 네가 우리 군사의 사기를 꺾으려 드느냐!"

주유가 부하에게 명한다.

"황개를 참하라!"

황개는 노기를 띤 목소리로 외친다.

"나는 손견을 섬기면서부터 종횡으로 달리고 싸우며 3대를 모신 사람이다!"

감녕이 주유 앞으로 나아가 고한다.

"황개는 동오의 옛 신하이니 용서하시오."

주유가 더욱 노하여 말한다.

"네가 어찌 법을 어지럽히느냐! 감녕부터 곤장으로 매우 쳐라!"

모든 장수가 무릎을 꿇고 주유에게 고한다.

"황개의 죄는 죽어 마땅하나 그를 죽이면 우리에게 불리하니 너그럽게 용서하시오. 조조를 격파한 다음에 참해도 늦지 않으리라."

주유는 노기가 풀리지 않아 분부를 내린다.

"관리들의 체면을 생각해서 죽음만은 면해주겠다. 대신 곤장 백 대로 그 죄를 밝혀라."

황개는 옷이 벗겨지고 곤장 50대를 맞았을 때였다. 모든 관리가 그만 용서해달라고 애걸하자 주유가 황개를 손가락으로 가리키며 말한다.

"한 번 더 무엄하게 굴면 그때는 당장 죽을 줄 알아라."

황개를 부축해서 일으키니 살이 온통 찢어져서 시뻘건 피가 줄줄 흘러내린다.

노숙은 공명이 있는 배를 찾아가서 공명을 원망한다.

"주유가 황개를 꾸짖었을 때 선생은 손님으로서 그 자리에 참석했거늘 어째서 팔짱을 끼고 구경만 하면서 말리지 않았소?"

공명이 웃으며 말한다.

"주유가 황개를 때린 것은 그의 계책이었는데 어찌 주유를 말린단 말이오? 고육책을 쓰지 않고 어찌 조조를 속일 수 있겠소? 황개가 이제 조조에게 거짓 항복하러 갈 것이오."

간체자 袖手傍观

발음 슈 서우 팡 관(xiù shǒu páng guān)

회수 46회

해설 어떤 일을 당하여 거들지 않고 옆에서 보고만 있는 것을 가리키는 말이다. 반대말은 직접적인 관계가 없는 남의 일에 부당하게 참견하다는 뜻의 '간섭(干涉)'이다.

78

역부족이다

중과부적衆寡不敵
衆 많을 중, 寡 적을 과, 不 아닐 부, 敵 대적할 적

출처 감택이 거짓으로 조조에게 항복하는 편지에서 한 말.

본문

감택(闞澤)은 가난하여도 학문을 좋아하였는데 한 번 읽은 책은 잊지 않았으며 또한 구변도 출중하고 젊어서부터 대담하였다. 손권이 그를 참모로 삼은 뒤부터 황개와 친하게 지냈다. 황개는 감택이 구변이 좋고 대담한 것을 알고 있었기 때문에 거짓 항복하는 글을 조조에게 전하도록 부탁하였다.

감택은 거짓 항복 문서를 품에 넣고 어부로 변장한 다음 배를 타고 조조 수군 영채에 당도했다. 조조의 군사가 감택을 사로잡아 조조에게 데려갔다.

"황개가 주유에게 혹독한 곤장을 맞아 원통해서 분을 참을 수 없어 승상께 투항하여 주유에 대한 원수를 갚고자 나와 의논했는데, 나와 황개는 친형제나 다름없는 사이이기 때문에 내가 황개의 밀서를 바치러 온 것이오."

감택이 품에서 항복하는 문서를 꺼내어 바친다.

황개는 강동이 6군의 군사를 동원하여 백만 대군과 싸우려고 하니, 이것은 적은 수효가 많은 수효를 대적하지 못한다는 것은 천하가 다 아는 바입니다. 동오의 장수들 모두가 이번 싸움은 절대 이길 수 없다는 것을 잘 알고 있는데,

소인 주유는 소견이 좁고 편협해서 혼자 잘난 체하고 달걀로 돌을 치는 무모한 짓을 하려고 할 뿐입니다. 나 황개는 3대를 섬겨온 신하인데도 이유 없이 주유에게 곤장을 맞고 치욕을 당하여 실로 원통하고 분하기만 합니다. 바라옵건대 승상께 투항하여 공훈을 세우고 주유에게 분풀이하고자 합니다. 피눈물을 흘리며 절하여 아뢰오니 의심하지 마시옵소서.

간체자 众寡不敌

발음 중 과 부 디(zhòng guǎ bù dí)

회수 47회

해설 다수를 소수가 대적할 수 없다. 역량 차이가 커서 상대가 되지 못하는 것을 비유하는 말이다.

『맹자』「양혜왕(梁惠王)」 상(上)편에 나오는데, 왕도(王道)정치를 역설하던 맹자가 제(齊)나라 선왕(宣王)을 만나 대화를 나누던 중, 제선왕이 패도(霸道)정치에 대한 생각이 있는 것을 간파하고 말했다. 영토를 확장하고 진(秦)나라, 초(楚)나라와 같은 큰 나라들을 굴복시켜 천하에 군림하고 사방의 야만국들을 장악하고 싶으신 것입니다. 그러나 그와 같은 방법을 가지고 그와 같은 큰 소망을 이루시려는 것은 마치 나무에 올라가서 물고기를 잡는 '연목구어(緣木求魚)'와 같은 터무니없는 일이다. 작은 나라는 진실로 큰 나라를 대적할 수 없으며, 적은 숫자로 진실로 많은 사람을 대적할 수 없으며, 약한 나라는 진실로 강한 나라를 대적할 수 없다고 하면서, 왕이 인정(仁政)을 베풀면, 천하에 자기 왕을 미워하는 자가 모두 다 왕에게 와서 하소연하려 할 것이니, 이를 누가 막을 수 있겠냐고 하였다. 이 "적은 숫자로 많은 사람을 대적할 수 없다"라는 말에서 '중과부적'이 유래했다. '과부적중(寡不適衆)', '과불적중(寡不適中)'이라고도 한다.

『삼국지』와 배송지의 주에는 감택이 서신을 썼거나 전달했다는 기록이 없다. 배송지에 인용한 「강표전」에 조조가 행인을 만나서 비밀리에 동오의 사정을 물었다고 하였는데 이 행인이 사항서를 전달하지 않았을까 추정되며 이 사람은 감택이 아니다.

79

하늘의 뜻에 따르고 백성의 소원에 보답하다

응천순인應天順人

應 순응할 응, 天 하늘 천, 順 순종할 순, 人 사람인

출처 감택이 거짓으로 조조에게 항복하는 편지에서 한 말.

본문

조조가 갑자기 호령한다.

"황개가 고육책을 써서 거짓으로 항복하는 서신을 지어 우리 군영을 교란하니 너희들이 감히 나를 희롱하느냐? 즉시 저놈을 끌어내어 참하라!"

감택이 웃는다.

"나의 친구 황개를 잘못 알아본 것이 우습구나!"

"어째서 항복해올 날짜와 시간을 밝히지 않았느냐?"

"옛날부터 주인을 배반하고 도망가는 자는 떠날 날짜를 미리 정하지 않는다고 했다. 만일 기일을 정해놓고서 그날 떠날 형편이 못 되는데 상대방에서 영접해 오면 비밀만 탄로 나고 말 것이다. 떠나는 자가 기회와 상황을 보아서 탈출해야 하거늘 어떻게 미리 기일을 정할 수 있겠느냐."

조조가 사죄했다.

"귀공의 높은 뜻을 오해했으니 괘념치 마시오."

"나와 황개가 진정으로 투항하려는 것인데 어찌 속임수를 쓰겠소. 벼슬을 바라고 귀순한 것이 아니요. 하늘의 뜻에 따르고 백성이 원하는 것에 보답하려는 것이오."

조조는 술상을 차려 감택을 대접한다.

간체자 应天顺人

발음 잉 텐 순 런(yìng tiān shùn rén)

회수 47회

해설 '천(天)'은 천명(天命), '인(人)'은 인심(人心)을 뜻한다. '응천순인'이란 천명에 순응하고 인심에 순종함을 말한다. 옛날에는 새로 건립된 왕조를 찬양할 때 사용하였다.

『주역』「혁(革)」괘에 "천지가 변혁하여 사계절이 이루어지며, 탕왕과 무왕이 천명을 변혁하여 하늘에 순종하고 사람들에게 호응했으니, 변혁의 때가 크다"라고 하였다.

『삼국지연의』 제17회, "원술은 크게 칠로군(七路軍)을 일으키고", "조조는 세 장군을 한곳에 모으다"에서 원술이 회남(淮南)에서 옥새를 가지고 있어 황제가 되고 싶어 부하들을 소집하여 회의를 열고 말하길, "한나라의 운수가 다하여 천하가 가마솥 끓듯 소란하니, 나는 하늘의 뜻에 따르고 백성들의 소원에 보답하기 위해 천자의 자리에 오르려고 하니 그대들의 뜻은 어떠한가?"라고 하였다.

『삼국지연의』 제73회에서 "유비가 한중을 평정하고 백성들을 위로하며 삼군에게 큰 상을 내리니 모두가 기뻐한다. 이에 모든 장수들이 유비를 추대하여 황제로 삼고 싶으나 감히 말을 못하자, 제갈량이 유비에게 가서 말하길, '주공께서 천하에 인의(仁義)를 펼치셨고 이미 서천(西川)과 동천(東川)을 안정시켰으니, 하늘의 뜻에 따르고 백성의 소원에 보답하기 위해 황제의 자리에 오르소서. 대의명분을 세우고 민심에 따라 역적을 칠 것이니 길일을 택해 천자 자리에 오르시오'라고 하니, 유비가 크게 놀랐다"고 하였다.

80

바닷물이 마르고 돌이 썩다

해고석란海枯石爛

海 바다 해, 枯 마를 고, 石 돌 석, 爛 빛날, 문드러질 란

출처 주유가 항복을 권하러 찾아온 옛날 친구 장간을 책망하며 한 말.

본문

조조가 첩자가 바친 밀서를 읽고 기뻐한다.

감택은 속으로 생각한다.

"저 밀서는 채중(蔡中)과 채화(蔡和)가 황개가 주유에게 형벌을 받은 일을 알리는 내용이어서 조조는 내가 진짜로 항복하는 것이라 여겨 기뻐하는 것이다."

조조가 말한다.

"강동으로 돌아가서 황개에게 오기 전에 먼저 우리에게 통지하고 함께 배를 타고 오면 영접하겠다고 전하시오."

감택이 강동으로 돌아오니 황개는 감택의 용기와 웅변이 없었다면 자신이 받은 형벌이 아무 쓸모가 없을 뻔했다며 칭찬한다.

감택이 감녕의 영채로 가서 말한다.

"지난번 장군이 황개를 구출하려다가 주유에게 곤욕을 당한 것에 대해 나도 불만이 없지 않소."

감녕은 웃기만 하고 대답은 하지 않는다. 채중과 채화 두 사람이 오니 감녕이 말한다.

"주유가 자신만이 제일인 줄로 믿고 우리를 무시하고 이번에 곤욕도 당했으니 강동 사람 대하기도 부끄럽고 견딜 수 없소이다."

감녕이 분해서 책상을 치니 감택이 감녕의 귀에다 뭐라고 속삭인다.

채중과 채화는 두 사람의 거동을 보고 그들이 주유에게 배반할 뜻이 있음을 알아차렸다.

채화가 감택에게 묻는다.

"동오를 배반하고 조조에게 귀순할 생각이 있으신지요?"

감택이 깜짝 놀라고 감녕이 벌떡 일어나서 칼을 뽑는다.

"너희들이 우리의 비밀을 눈치를 챘으니 살려둘 수 없다!"

채화가 속마음을 전한다.

"우리 둘은 조승상의 분부를 받고 이곳에 거짓 항복해온 것입니다. 두 분이 조승상께 귀순할 뜻이 있다면 알선하겠소."

"정말이냐?"

"황개와 감녕 장군이 주유에게 곤욕을 당한 일을 벌써 조승상께 통지했소."

감택이 말한다.

"나도 황개를 위해 조승상께 항복하는 서신을 갖다 바쳤소. 감녕과 함께 항복하자고 약속하러 여기에 온 것이오."

채중과 채화는 감녕이 자신들과 짜고 호응하기로 했다는 서신을 써서 몰래 조조에게 보냈다.

감택도 황개가 곧 갈 것이라는 편지를 조조에게 보냈다.

한편, 조조는 두 서신을 받고 기뻐한다. 그런데 장간(蔣幹)이 진언한다.

"이번에 목숨을 걸고 동오에 가서 내막을 알아본 후에 돌아와 보고하겠습니다."

주유는 노숙이 와서 조조의 군대를 격파하는 방법은 연환계를 써서 적의 모든 배를 하나로 매어놓고 화공으로 공격하면 성공할 수 있다는 방통(龐統)의 계책을 전하고 있는데 장간이 왔다는 전갈을 받는다.

장간은 주유가 직접 와서 영접하지 않는 것을 보고 의심이 나서 타고 온 배를 남의 눈에 띄지 않는 후미진 곳에 매어놓고 주유의 영채로 갔다.

주유는 험한 표정을 짓고 책망한다.

"어째서 그대는 나를 속였는가?"

"옛날에 친형제처럼 지냈기에 속마음을 터놓으려고 왔소."

"내게 항복을 권하러 온 모양인데, 바닷물이 마르고 돌이 썩기 전에는 안 될 것이네. 저번에 지난날 우정을 생각하여 술을 마시며 회포를 풀고 한 침상에서 함께 잤는데 너는 오히려 내 편지를 몰래 훔쳐 조조에게 갖다 주어 채모와 장윤을 죽이게 하고 내 계책을 다 망쳐놓지 않았느냐. 서산의 암자로 널 보낼 것이니 내가 조조를 격파한 다음에 배를 타고 돌아가도록 하라."

장간은 서산의 암자에 감금당하였다.

간체자 海枯石烂

발음 하이 쿠 스 란(hǎi kū shí làn)

회수 47회

해설 오랜 세월이 지났거나 역사가 오래되어 만물이 이미 다 변했음을 비유하는 말이다. '란(爛)'은 부란(腐爛)의 뜻으로 썩어서 문드러짐을 말한다.

이 성어는 오랜 세월이 지나도 변치 않는다는 의미로 해석될 수 있다. 검은 머리 파 뿌리가 됨을 뜻한다. 견고하고 정조를 지키는 사랑의 맹세를 표시하는 말이다. 금(金)나라 때 원호문(元好問)의 「서루곡(西樓曲)」에 "검은 머리 파 뿌리가 될 때까지 두 원앙새는, 짝을 지어도 함께 날아다니다가 함께 죽는다(海枯石爛兩鴛鴦, 只合雙飛便雙死)"라고 읊었고, 원대(元代) 왕실보(王實甫)의 『서상기(西廂記)』 제5본(本) 제2절(折)에서 "이 하늘만큼 높고 땅만큼 두터운 사랑은 검은 머리 파 뿌리가 될 때까지 이어지지만 언제나 멈출지를 생각해보세요?(這天高地厚情, 直到海枯石爛時, 此時作念何時止)"라고 하였다.

81

풍토에 익숙지 않다

수토불복水土不服
水 물 수, 土 흙 토, 不 아닐 불, 服 옷, 익숙해질 복

출처 방통이 조조의 수군 병사 중에 병에 걸린 사람이 많다며 한 말.

본문

장간이 암자 밖으로 나와 뒤를 거니는데 책 읽는 소리가 들렸다. 그곳으로 가보니 산 밑 바위 곁에 초가집이 있는데 불빛이 환하다. 장간이 창틈으로 엿본다.

어떤 사람이 손자와 오기의 병서를 외고 있었다. 장간이 문을 두드리고 안으로 들어가서 성명을 물으니 그 사람이 대답한다.

"내 이름은 방통(龐統)이고 자는 사원(士元)이라고 하오."

"봉추(鳳雛) 선생이 아니시오?"

"선생의 높은 명성은 익히 들어왔는데 어찌 이렇게 궁벽한 곳에 계시는지요?"

"주유가 자기 재주만 믿고 사람을 받아들이지 않아 은거하고 있소. 그대는 누구시오?"

"장간이라고 하오. 선생 같으면 어디 간들 귀한 대접을 못 받겠소이까. 조조에게 귀순할 뜻이 있으시면 내가 모셔다드리겠소."

"나도 강동을 떠나고 싶었소. 머뭇거리다가 주유에게 살해당할까 두렵소."

봉추 선생 방통은 장간과 함께 그날 밤으로 산에서 내려왔다. 장간이 미리 매어놓은 배를 타고 둘은 북쪽으로 달아나 조조 영채에 이르렀다. 조조는 봉추 선생이 왔다는 말을 듣자 친히 장막에 나와 영접했다.

조조가 방통에게 묻는다.

"주유는 나이가 젊어 자기 재주만 믿고 사람들을 멸시하며 좋은 계책이 있어도 쓰지 않잖습니까? 나는 오래전부터 공의 이름을 익히 들어왔습니다."

"원래 승상께서 군사 쓰는 것이 법도가 있다는 말을 들었소. 군사들의 진용(陣容)을 한번 보여주시오."

조조는 수채로 방통을 안내한다.

남쪽으로 24개의 문을 세웠고, 큰 전함을 배치한 것이 성곽과도 같았으며, 그 안에 작은 배들이 거리를 오가듯 왕래하며 모든 배가 질서정연하였다.

방통이 웃는다.

"명불허전이오."

방통은 손가락으로 강남을 가리키며 말한다.

"주유아! 너는 반드시 망할 것이다."

조조는 방통을 장막 안으로 초대해서 함께 술을 마시며 전투에 대해 의견을 나누었다. 방통의 뛰어난 식견과 웅변이 청산유수와도 같아 조조는 그를 존경하고 감복하여 대우하였다.

방통이 취한 척하며 묻는다.

"군대 안에 의원이 있나요? 수군 군사 중에는 병에 걸린 자가 많아 의원이 꼭 필요합니다."

이때 조조의 군사들 가운데 풍토에 익숙지 않아 음식을 먹으면 토하는 병에 걸려 죽는 병사가 많았다. 조조가 이것 때문에 거정하고 있었던 참이어서 물었다.

방통이 말한다.

"승상께서 수군을 훈련을 시키는 법이 훌륭하지만 완전하지 않으니 애석한 일입니다."

조조가 묘책이 있냐고 묻는다.

"북방의 군사는 배를 타는 일에 익숙하지 않아 배가 심하게 흔들리면 병이 나지 않을 수 없소. 큰 배와 작은 배를 서로 연결하여 30척을 한 부대로 만들거나 50척을 한 부대로 하여 뱃머리와 배꼬리를 쇠고리로 연결하여 하나로 묶고 그 위에 넓은 철판을 깔면 이 배에서 저 배로 배 위를 사람이 다닐 수 있고 말이 달릴 수도 있소. 바람과 물결이 거세고 밀물과 썰물의 차가 급격해도 두려울 것이 없소."

조조는 즉시 명령을 내려 방통의 계책대로 배들을 하나로 매어 묶었다.

간체자 水土不服

발음 수이 투 부 푸(shuǐ tǔ bù fú)

회수 47회

해설 원문에는 '불복수토(不服水土)'로 되어 있다. "물이나 풍토가 몸에 맞지 않아 위장이 탈이 나다"라는 뜻이다. 어떤 지역의 기후 조건이나 음식에 적응하지 못함을 비유하는 말이다.

'명불허전(名不虛傳)'이란 "이름은 헛되이 전해지지 않는다"는 뜻으로 명성이 높은 사람은 그럴 만한 이유가 있고, 또 인자한 척하지만 실제로는 인성이 나쁜 사람도 있다. "소문으로 듣던 것과 같다"라는 뜻으로 쓰인다.

82

적벽대전

적벽오병赤壁鏖兵

赤 붉을 적, 壁 벽 벽, 鏖 오살(鏖殺)할, 무찌를 오, 兵 병사 병

출처 방통이 조조의 배들을 한데 묶는 계책을 낸 것에 대해 후세 사람이 읊은 시.

본문

방통이 조조에게 수군이 병을 앓지 않아도 되는 계책을 말한다.

"북쪽 군사들은 배를 타는 일에 익숙하지 못해서 배가 흔들리다 보면 병이 나지 않을 수 없소. 큰 배와 작은 배를 서로 연결하여 각기 뱃머리와 배꼬리를 쇠고리로 묶고 그 위에 넓은 철판을 깔면 이 배에서 저 배로 사람 말을 타고 달릴 수도 있으니, 바람과 물결이 거세도 두려울 것이 없소."

조조가 군중의 대장장이에게 밤새워 쇠고리와 못을 만들어 모든 배를 서로 연결하니 모든 군사가 기뻐했다.

후세 사람이 읊은 시가 있다.

적벽에서 적과 싸우는데 화공을 써야 한다고,	적벽오병용화공(赤壁鏖兵用火攻)
장막에서 계책을 내는데 모두가 일치하였네.	운주결책진개동(運籌決策盡皆同)
만약 방통의 배를 묶는 연환계가 없었다면,	약비방통연환계(若非龐統連環計)
주유가 어찌 큰 공훈을 이룰 수 있었으리오.	공근안능입대공(公瑾安能立大功)

간체자 赤壁鏖兵

발음 츠 비 아오 빙(chì bì áo bīng)

회수 47회

해설 『한서』「곽광전(霍光傳)」에 당대 안사고(顔師古)가 주를 달면서 세속에서 목숨을 걸고 사람을 죽이는 것을 오조(鏖糟)라고 하였다. '오(鏖)'는 무찌르다, 모조리 죽이다라는 뜻인데 『삼국지연의』 50회에 화공으로 "불은 군사를 따라 맹렬하게 타오르고 군사는 불의 힘을 입어 용기가 백배하니 이것이 후세 사람이 말하는 삼강수전(三江水戰)이요, 적벽오병(赤壁鏖兵)이었다. 조조의 군사들은 창에 찔려 죽고 화살에 맞아 죽고 불에 타 죽었으며 물에 빠져 죽으니 그 수를 셀 수 없을 정도였다"라고 하였다. 삼강의 수전과 대(對)가 되어 적벽의 오병이라는 말이니 오병은 문법적으로 명사로 격렬한 전투라는 뜻이다. '오병(鏖兵)'은 오전(鏖戰), 즉 있는 힘을 다하여 최후까지 싸우는 격전(激戰)을 말한다. '적벽오병'이란 '적벽대전(赤壁大戰)'을 뜻하며, 적벽에서의 격렬한 전투를 말한다.

한헌제 건안 13년 조조의 대군이 오나라를 정벌했는데 손권이 유비와 연합하여 조조의 대군에 대항하였다. 연합군은 적벽에서 화공을 사용하여 조조의 대군과 격렬하게 싸웠다.

83

고립무원

고립무원孤立無援
孤 외로울 고, 立 설 입, 無 없을 무, 援 도울 원

출처 방통이 조조에게 강동의 호걸들을 귀순시켜 주유를 돕지 못하게 만들겠다고 한 말.

본문

방통이 조조에게 말한다.

"강동의 호걸들이 주유를 원망하고 있으니 제가 세 치의 혀를 놀려 그들을 모두 다 승상께 귀순시키겠소. 주유도 고립되어 도와주는 사람이 없게 되면 반드시 승상께 사로잡힐 것입니다. 주유만 격파하면 유비는 저절로 망할 것입니다."

조조가 방통을 전송한다.

방통이 조조와 작별하고 강변에 이르러 배를 타려고 하는 순간, 바위 뒤에서 누군가 방통의 어깨를 잡는다.

"황개는 고육계를 쓰고, 감택은 거짓으로 항복하는 서신을 갖다 주고, 자네는 연환계를 일러주었어도 조조를 속일 수는 있어도 나를 속일 수는 없을 것이네."

간체자 孤立无援

발음 구 리 우 위안(gū lì wú yuán)

회수 47회

해설 외롭게 서 있고 외부의 지원은 없어 위험한 상태에 빠져 있음을 뜻하는 말이다.

『후한서』「반초전(班超傳)」에서 유래하였다. "18년에 임금이 붕어하자 언기(焉耆)가 중국의 국상(國喪)을 틈타 도호(都護) 진목(陳睦)을 죽이자 반초가 고립무원이 되었다"라고 하였다. '18년'은 명제(明帝) 영평(永平) 18년(74년)으로 후한에서 처음으로 진목을 도호에 임명했는데 그 이듬해 언기와 쿠차[龜玆]가 반란을 일으켜 함께 진목을 죽여 도호가 폐지되었다.

화제(和帝) 영원(永元) 3년(91년)에 장사(長史) 반초가 서역을 평정하여 도호에 임명되었고 쿠차 경내에 주둔하였으며 영원 14년에 반초가 낙양으로 되돌아왔다.

84

옥석을 가리지 않다

옥석불분玉石不分

玉 옥 옥, 石 돌 석, 不 아닐 불, 分나눌 분

출처 서서가 방통에게 자신도 조조에게서 떠날 것이라며 한 말

본문

방통이 놀라 뒤돌아보니 방통의 옛 친구 서서였다.

"자네가 우리의 계책을 폭로할 작정인가?"

"조조는 내 모친을 돌아가시게 하여 조조를 위해 계책을 내지 않기로 마음을 먹었는데 어찌 내가 자네의 계책을 밝히리오. 북쪽 군사 속에 있어 전쟁이 나서 패하면 옥석을 가릴 필요 없이 모두 다 죽을 것인데 난들 안전하겠소. 내가 이곳을 빠져나갈 수 있는 묘책이나 가르쳐주오."

방통이 서서의 귀에 대고 일러준다. 서서는 기뻐하며 작별하고 방통은 배를 타고 강동으로 돌아갔다.

그날 밤 서서는 가까운 사람들을 불러 몰래 유언비어를 퍼뜨렸다.

조조에게 보고가 들어왔다.

"사량주(西凉州)의 한수(韓遂)와 마등(馬騰)이 반란을 일으켜 허도로 쳐들어가고 있다는 소문이 분분합니다."

조조가 모사들을 불러 모아 상의하는데 서서가 앞으로 나선다.

"서쪽으로 산관(散關)으로 가서 길목을 지키고, 만일 사태가 나빠지면 보고하겠습니다."

서서는 조조에게 하직하고 군사를 거느리고 즉시 길을 떠났다. 방통이 일러준 계책대로 행한 것이다.

간체자 玉石不分

발음 위 스 부 펀(yù shí bù fēn)

회수 48회

해설 좋고 나쁜 것을 구분하지 않거나 혹은 구분하기 힘듦을 비유하는 말이다.

서량주는 양주(凉州)로 무위(武威)라고도 하는데 지금의 감숙성 무위시이다. 한무제 때 설치한 13개 자사부(刺史部) 가운데 하나였다. 북위 효명제(孝明帝) 정광(正光) 5년(524년)에 정식으로 설치되었다.

산관은 지금의 서안(西安)을 중심으로 하는 관중(關中) 4개의 요새 가운데 하나로 보계(寶鷄)시 남쪽 근교의 진령(秦嶺) 북쪽 기슭에 있는데 옛부터 사천과 섬서 교통의 요충지였다. 진한(秦漢) 교체기에 유방이 잔도(棧道)를 수리하고 몰래 진창(陳倉)을 넘었을 때 이곳을 통과하였고, 삼국시대 때 조조가 한중(漢中)의 장로(張魯)를 정벌할 때 이곳을 넘어갔다.

85

인생의 화와 복은 예측하기 어렵다

인유단석화복人有旦夕禍福

人 사람 인, 有 있을 유, 旦 아침 단, 夕 저녁 석, 禍 재앙 화, 福 복 복

출처 주유를 병문안 온 공명에게 주유가 한 말.

본문

건안 12년(208년) 겨울 11월 15일, 바람은 자고 파도는 고요하였다. 조조는 배 위에 술과 음식을 차리게 하고 악기 연주를 준비시키고 모든 장수를 한자리에 모이게 하였다.

조조가 병풍 같은 산을 바라보는데 동쪽은 시상(柴桑)의 경계가 보이고, 서쪽으로는 하구(夏口) 강이 보였다. 남쪽으로 번산(樊山)이 바라보이고, 북쪽으로는 오림(烏林)의 일부가 보였다.

조조는 술을 돌리게 하고 밤늦도록 마신다. 조조는 술에 취하자 아득히 먼 남쪽 언덕을 가리키며 말한다.

"강남의 교공(喬公)은 나와 절친한 친구 사이이다. 교공에게는 두 딸이 있는데 다 경국지색이다. 그러나 뒤에 대교(大喬)는 손책의 처가 되었고, 소교(小喬)는 주유의 처가 될 줄 누가 알았으랴. 저번에 장수(漳水) 강가에다가 동작대를 세웠으니 이번에 강남을 얻기만 하면 시집간 교공의 두 딸을 데려다가 동작대에 두고 만년을 즐기리라."

조조는 이미 술에 취해서 뱃머리에 나서서 술을 강물에 뿌리고 술잔에 가득 부은 술 석 잔을 마신 뒤 노래를 부른다.

술을 대하고 노래하노니, 대주당가(對酒當歌)
인생은 몇 해나 되느냐. 인생기하(人生幾何)
아침이슬에 비유되거늘, 비여조로(譬如朝露)
지난날은 괴롭기만 했네. 거일고다(去日苦多)
분하다가도 슬퍼지는구나. 개당이강(慨當以慷)
근심을 잊기 어렵구나. 우사난망(憂思難忘)
무엇으로 시름을 풀까, 하이해우(何以解憂)
다만 술이 있을 뿐이네. 유유두강(惟有杜康)

정욱이 말한다.

"배를 한데 묶으면 평지 같아서 돌아다니기는 편하지만 만일 적이 불로 공격해오면 피할 도리가 없으니 그것도 생각하셔야 합니다."

조조가 웃는다.

"불로 공격하려면 바람이 있어야 하는데 한겨울에 서풍이나 북풍은 불어도 어찌 동남풍이 불겠소? 우리는 지금 서북쪽에 있고 적군은 모두 남쪽에 있으니 불로 우리를 공격하면 그들 자신을 불태우는 결과가 되오."

주유는 산 위에서 조조의 수군 영채를 바라보다가 갑자기 쓰러지더니 피를 토하며 의식을 잃었다.

노숙이 공명을 찾아가서 주유가 병이 났으니 큰일이라며 걱정한다.

공명이 웃으며 말한다.

"주유의 병은 고칠 수 있소."

공명이 주유를 찾아왔다.

주유가 말한다.

"인생의 화와 복은 예측하기 어려운데, 어찌 자신을 지킬 수 있겠소."

"도독은 마음속에 무슨 울적한 생각이 있나 봅니다."

"그렇소."

"먼저 기운을 다스리고 그 기운이 순조로워지면 호흡하는 사이에 자연히 낫게 마련이오."

주유는 공명이 이미 자기 속을 들여다보고 있는 것 같았다.

간체자 人有旦夕祸福

발음 런 여우 단 시 훠 푸(rén yǒu dàn xī huò fú)

회수 49회

해설 "사람은 아침저녁 사이에 불행한 일도 생기고 좋은 일도 있게 마련이다"라는 뜻이다. 사람의 화와 복은 하늘과도 같아서 변화무쌍하여 예측하기가 어렵다는 말이다. 이 성어 앞에 '천유불측풍운(天有不测風雲)'을 붙여서 사용하거나 둘 다 단독으로도 쓰인다.

"조조가 교공과 절친한 사이였다"라고 한 문구에서 "절친하다"라는 단어는 원문에 '지계(至契)'인데 '지계호우(至契好友)'라고도 한다. '국색(國色)'은 나라를 기울게 할 정도의 미인을 뜻하여 '경국지색(傾國之色)'의 준말이다.

조조가 읊은 시는 「단가행(短歌行)」 두 수 중의 한 수인데 물론 조조가 직접 지은 중국문학사에 등장하는 유명한 시다. 그런데 이 시는 적벽대전 이후에 지은 작품이다.

86

중요한 것이 하나 부족하다

만사구비지흠동풍萬事具備只欠東風
萬 일만 만, 事 일 사, 具 갖출 구, 備 준비할 비, 只 다만 지,
欠 모자랄 흠, 東 동녘 동, 風 바람 풍

출처 공명이 종이에 적은 주유의 병의 원인.

본문

주유가 묻는다.

"무슨 약을 써야 할까요? 가르쳐주시오."

공명이 붓과 종이를 갖다 달라고 하여 비밀리에 열여섯 자를 쓴다.

조조를 격파하려면, 불로 공격해야 하는데	욕파조공의용화공(欲破曹公宜用火攻)
모든 준비는 됐으나, 다만 동풍만이 없구나.	만사구비지흠동풍(萬事具備只欠東風)

공명이 종이를 주유에게 주며 말한다.

"이것이 바로 도독의 병의 근원이오."

주유는 놀라서 마음속으로 생각한다.

"공명은 참으로 신인이로다. 벌써 내 마음속을 알고 있으니 이젠 실상을 밝히는 수밖에 없다."

간체자 万事具备只欠东风

발음 완 스 쥐 베이 즈 쳰 둥 펑(wàn shì jù bèi，zhǐ qiàn dōng fēng)

회수 49회

해설 준비가 다 됐는데 최후에 중요한 조건 하나가 모자람을 비유하는 말이다.

87

허허실실

허허실실虛虛實實
虛 빌, 허점 허, 實 열매, 이익 실

출처 제갈량이 관우에게 지시한 오림으로 도망하는 조조를 사로잡기 위한 계책

본문

제갈량이 동풍을 불게 하는 방법에 대해 주유에게 말한다.

"제가 비록 재주는 없으나 일찍이 비범한 사람을 만나 『기문둔갑천서(奇門遁甲天書)』를 전해 받았는데 여기에 비와 바람을 불러내는 방법이 적혀 있소. 만일 동남풍을 원하면 남병산(南屛山)에 대(臺)를 세워 이를 칠성단(七星壇)이라 하고 3층을 쌓고 120명으로 깃발을 쥐게 하고 둘러 세우시오. 그러면 내가 단에 올라가서 3일 동안 밤낮없이 크게 동남풍을 빌어 도독을 돕겠소."

공명은 노숙과 함께 남병산에 가서 단을 쌓게 하였다. 맨 아래층에는 28수(宿)의 기를 꽂아 세웠는데, 동쪽에 7개의 푸른 기는 청룡의 형태로 늘어세우고, 북쪽에 7개의 검은 기는 현무의 형태로 늘어세웠으며, 서쪽에 7개의 흰 기는 백호의 위력을 나타내고, 남쪽의 7개 붉은 기는 주작의 모양을 이루었다.

2층에는 64괘를 상징하는 황색의 기 64개를 여덟 방향으로 나누어 세웠다. 또 맨 위층에는 군사 네 명을 세웠는데 모두 관을 쓰고 검은 비단 도포를

입었으며 봉의(鳳衣)의 넓은 띠를 두르고, 붉은 신을 신고 모가 난 바지를 입었다.

왼쪽 앞에 서 있는 군사는 장대를 들었는데 맨 위에 닭을 묶어 매달았는데 바람을 부르는 표시였다. 오른쪽 앞에 서 있는 군사도 장대를 들었는데 맨 위에 칠성(七星)을 나타내는 긴 베를 드리웠는데 이는 바람이 부는 방향을 가리키는 것이었다.

왼쪽 뒤에 사있는 병사는 보검을 받쳐 들었고, 오른쪽 뒤에 서있는 병사는 향로를 받쳐 들고 있다.

단의 맨 앞에는 병사 24명이 황모(黃旄), 백월(白鉞), 장모(長矛) 등과 같은 각종 무기를 들고 사방에서 호위한다.

공명은 11월 20일 갑자 일에 목욕재계하고 도사 옷을 입고 머리를 풀어헤치고 맨발로 칠성단 앞에 엎드렸다.

이 날 공명은 하루 동안에 세 번 칠성단 위로 올라가고, 세 번 내려왔으나 동남풍은 불지 않았다.

한편, 주유는 장수들을 불러 장막에서 대기하다가 동남풍이 불면 즉시 군사를 출정시키라고 하였다. 황개(黃蓋)는 화선(火船) 20척을 준비하여 배 안에는 갈대와 풀, 마른 장작을 가득히 싣고, 그 위에 생선 기름을 뿌리고, 다시 그 위에다 유황, 염초와 같은 불이 잘 붙는 인화물을 잔뜩 바른 후에 푸른 기름을 먹인 베를 덮어서 가린 채 주유의 명령만을 기다렸다.

이 날 해가 저물더니 밤으로 접어들었다. 하늘은 맑아서 바람 한 점 불지 않았다. 주유가 노숙에게 말한다.

"공명의 말이 틀린 것 같소. 한겨울에 어찌 동남풍을 얻겠소?"

밤 3경이 가까워지자 갑자기 바람 소리가 난다.

병사가 들어와서 고한다.

"기가 흔들리기 시작합니다."

깃발이 일제히 서북쪽을 향해 나부꼈다. 삽시간에 동남풍이 크게 일어나 세차게 불어댄다. 주유가 깜짝 놀라며 마음속으로 생각한다.

"이 사람이 이런 천지가 조화를 부리는 방법과 귀신도 예측할 수 없는 술법(術法)을 지녔으니, 그대로 두었다간 동오의 불행을 초래하고야 말 것이다. 그를 죽여 훗날의 근심을 없애야겠다."

주유는 급히 정봉(丁奉)과 서성(徐盛) 두 장수를 부른다.

"서성은 강으로, 정봉은 육지로 가서 남병산 칠성단 앞에 이르거든 무조건 제갈량을 붙잡아 그 자리에서 목을 베어라!"

정봉이 단을 지키고 있는 장사들에게 공명이 어디에 있는지 묻는다.

"조금 전에 단을 내려가셨습니다."

이때 병사 하나가 와서 고한다.

"어젯밤에 배 한 척이 와서 정박하고 있었는데 공명이 머리를 푼 채 배에 올라타자마자 떠나갔습니다."

서성이 배를 찾아 쫓아가서 앞에 가고 있는 배를 향해 큰소리로 외친다.

공명이 크게 웃으며 말한다.

"제갈량은 일단 하구(夏口)로 돌아갔다가 다음날에 다시 도독을 만나겠다고 전하시오."

서성이 소리를 지른다.

"배를 멈추시오. 도독이 긴급히 전할 말씀이 있소이다."

"나는 도독이 나를 죽이려 사람을 보낼 것을 알고 있기 때문에 조자룡을 불러서 기다리게 한 거요."

조자룡이 쏜 화살이 서성이 탄 배의 돛대 줄을 끊어버렸다. 돛이 물 위에 떨어지자 배가 돌면서 기울어졌다. 조자룡이 탄 배는 순풍에 날듯이 사라져 버렸다. 서성이 아무리 쫓아가도 어쩔 도리가 없었다. 서성과 정봉이 돌아와서 주유에게 고한다. 노숙이 우선 조조부터 격파하고, 다시 제갈량을 도모하자고 하자, 주유는 모든 장수를 불러들여 영을 내려 조조를 공격할 준비를 하였다.

주유의 여섯 부대 지휘자는 다음과 같았다.

제1군: 감녕(甘寧), 채중(蔡中)　　제2군: 태사자(太史慈)

제3군: 여몽(呂蒙)　　제4부대; 능통(凌統)

제5부대: 동습(董襲)　　제6부대: 반장(潘璋)

주유는 또한 별도로 황개(黃蓋)에게는 조조에게 거짓 항복할 준비를 하게 하였다. 4대의 통솔관으로 한당(韓當), 주태(周泰), 장흠(蔣欽), 진무(陳武)를 각각 맡겨 전함 3백 척을 거느리고 화선 20척을 앞세워 나아가도록 명을 내렸다.

한편, 공명이 조자룡과 함께 하구에 도착하여 유비를 만났다.

공명이 조자룡에게 분부한다.

"장군은 강을 건너가서 오림(烏林)의 작은 길로 나아가 수목과 갈대가 빽빽이 우거진 곳을 골라 매복하시오. 오늘 밤 4경 이후에 조조가 반드시 그 길로 도망쳐올 것이니 그들 군사가 반쯤 지나가게 한 후에 불을 지르고 무찌르시오."

"오림에는 두 갈래 길이 있는데 하나는 남군(南郡)으로 통하고 다른 하나는 형주(荊州)로 통하는 길인데 어느 길로 조조가 오겠습니까?"

"남군은 형세가 긴박하여 조조가 감히 그쪽으로 가지는 못할 것이니, 반드시 형주로 빠져 허도(許都)로 돌아가려고 할 것입니다."

장비를 불러 영을 내린다.

"장군은 강을 건너 이릉(彝陵) 길을 끊고 호로곡(胡蘆谷)에 가서 매복하시오. 조조는 북쪽의 이릉 쪽으로 갈 것이니, 내일 비가 개면 그들이 밥 지어 먹을 것이니, 연기가 나는 것이 보이거든 산기슭에 불을 지르고 무찌르시오.

미축(糜竺), 미방(糜芳), 유봉(劉封)에게는 각자 배를 타고 강을 돌아다니며 적의 패잔병을 사로잡고 무기를 노획하라고 영을 내렸고, 유기에게는 조조의 패잔병이 무창(武昌)으로 도망쳐올 것이니 사로잡으라고 하였다.

공명은 유비에게 번구(樊口)에 군사를 주둔하고 높은 곳에 올라서 오늘 밤 주유가 성공하는 것을 바라보라고 한다.

이때 관우가 줄곧 곁에 있었도 공명이 거들떠보지도 않고 자신에게는 공격할 기회를 주지 않아 참다못해 큰소리로 묻는다.

"군사(軍師)가 날 쓰지 않는 것은 무슨 뜻이오?"

"관우는 오해하지 마시오. 오늘 조조가 패하면 반드시 화용도(華容道) 길로 도망칠 것인데, 장군이 가면 분명 옛 은혜를 잊지 못해서 조조를 놓아줄 것이라 감히 보내지 못하는 것이오."

"나는 안량과 문추를 참하고 백마(白馬)에서 포위를 풀어주어 이미 은혜를 갚았소."

"정 가겠다면 어떤 처벌이라도 받겠다는 군령장을 쓰세요."

"조조가 화용도로 오지 않으면 어떻게 합니까?"

"장군은 화용의 작은 길옆의 높은 산에 마른풀 더미와 장작을 쌓아 불을 지르고 연기를 피워 올려 조조를 유인하시오."

"조조가 연기가 피어오르는 걸 보면 복병이 있는 줄 알고 그쪽으로 오겠습니까?"

"병법에 허허실실로 적을 대한다는 것을 듣지 못했소? 이것으로도 그를 속일 수 있소. 조조가 연기가 피어오르면 적이 공연히 위세를 부리는 것이라 여겨 반드시 그길로 들어설 것이니, 옛정에 이끌려서 조조를 봐주려고 하지 마시오."

관우는 관평(關平), 주창(周倉)과 함께 화용도로 매복하러 떠났다.

유비가 공명에게 관우가 염려되어 말한다.

"내 동생은 의리를 존중하기 때문에 조조가 화용도로 도망쳐온다면 분명히 살려서 놓아줄까 걱정이오."

"요즘 밤에 천문을 보니 역적 조조는 아직 죽을 때가 아닙니다. 그럴 바에야 관우를 보내어 그의 의기를 세상에 드날리게 하고 조조를 살려주는 것도 아름다운 일이 아니겠습니까?"

유비가 감탄한다.

"선생의 신과 같은 예상은 세상에 보기 드뭅니다."

간체자 虚虚实实

발음 쉬 쉬 스 스(xū xū shí shí)

회수 49회

해설 겉으로는 빈 것 같지만 속이 알차고 겉으로 알차 보이는 것도 속은 비어 있음을 뜻하여, 상대방의 허점을 공격하여 이익을 얻음을 가리킨다. 상대방의 허점을 공격하여 실리를 얻어내는 계략이다. 텅 빈 듯이 보이게 하고 실리를 취한다는 뜻이다.

『삼국지』「제갈량전」에 제갈량이 촉군을 양평관에 주둔시키고, 대장군 위연과 왕평에게 위나라 군대를 공격하게 했고 성에는 부상병과 늙은 병사만 남아 지키고 있을 때 위나라의 사마의가 15만 명의 대군을 이끌고 양평관으로 쳐들어 왔고, 제갈량은 군사들을 시켜 성문을 활짝 열어두고 군사 몇 명을 백성처럼 보이게 하고는 성문 앞을 청소시켰고 자신은 성루에 앉아 한가롭게 거문고를 뜯었더니 사마의는 제갈량이 분명히 자신을 속이려는 계략을 꾸미고 있다고 생각해 군사를 후퇴시켰다고 기록하였다. 이 책략을 '공성계(空城計)'라고 하는데 '허허실실'의 대표적인 예이다.

공명이 관우에게 말한 "공연히 위세를 부리다"라는 것은 '허장성세(虛張聲勢)'라고 한다.

『삼국지』「주유전」에 황개가 조조의 배에 불을 질렀고 때마침 바람이 강하게 불어 강기슭에 있던 조조 수군의 영채에까지 불이 번졌다고 하였다. 배송지 주에 인용된 「강표전」에도 동남풍이 세차게 불어왔고, 치솟은 불길은 바람과 함께 맹렬하게 타올라 조조의 배들을 다 태우고는 강기슭의 영채에까지 번졌다고 하였다. 바람이 분 것은 사실이지만 제갈량이 동남풍을 불게 하였다는 기록은 없어 동남풍과 제갈량과는 아무 관계가 없다.

조조가 화용도로 패주한 사실은 『삼국지』「위무기(魏武紀)」 배송지의 주에 인용한 『산양공재기(山陽公載記)』에 조조가 화용도로 돌아가는데 진창길을 풀을 져다가 메우게 하여 무사히 빠져나오자 조조가 기뻐하며 유비가 조금 더 일찍 불을 질렀다면 위나라 군사가 아마 살아남지 못했을 것이라고 말했다고 하였다. 화용도와 관우와의 관계를 찾아볼 수 없고, 관우가 조조를 놓아주었다는 것도 없다.

88

주유를 세 번 기절시키다

삼기주유三氣周瑜
三 석 삼, 氣 화낼 기, 周 성씨 주, 瑜 아름다운 옥 유

출처 주유가 공명의 계책에 넘어가 공명을 시기하여 화를 낸 결과.

본문

주유는 조인(曹仁)이 지키고 있는 남군(南郡)을 취하려고 하는데, 유비가 주유를 도우려고 왔다가 주유와 약정을 한다. 주유가 먼저 공략하고 점령하지 못하면 유비가 차지해도 좋다는 것이었다.

조인의 부하 장수 우금(于金)이 동오의 군대에 포위당하자, 조인이 나서서 적진으로 달려가 우금을 구출했다. 장흠(蔣欽)이 패하고 주유에게 돌아왔다.

한편 동오의 장수 감녕(甘寧)은 이릉((彝陵)에 도착하여 조홍(曹洪)이 지키는 이릉을 점령했지만 조홍이 성을 포위했다. 감녕을 구해내기 위해 주유는 대신 다른 장수를 남겨두고 여몽(呂蒙)과 함께 이릉으로 향하였다. 주유가 감녕을 구출하고 남군성 밖에 이르렀다. 주유가 조홍과 싸웠는데 조홍이 달아나는 척하며 남군성 안으로 들어가지 않고 지나쳐버리자 주유가 열린 남군성으로 들어갔으나 적에게 속았다. 조인의 군사가 성안에 매복하고 있다가 주유를 향해 화살을 쏘아댔다. 주유는 적의 화살에 옆구리를 맞았다.

조인은 다시 남군성을 점령했다.

우금이 주유의 영채에 와서 싸움을 걸었으나 주유가 독화살에 맞은 관계

로 영채를 지키기만 하고 정보의 군사는 대응하지 않는다.

조인의 군사들이 주유에게 입에도 담지 못할 욕을 퍼붓자 주유가 노기등등하여 갑자기 크게 외마디소리를 지르더니 입에서 피를 토하며 말에서 굴러떨어졌다.

주유는 정보에게 시켜 자신이 독화살에 맞아 결국 온몸에 독이 퍼져 죽었다고 소문을 내도록 했다.

조인이 주유의 영채를 공격하였으나 주유의 병사가 하나도 없는 것을 보고는 속았다는 것을 알아차리고 남군성으로 돌아가지 못하고 양양성으로 달아났다.

주유가 남군성에 도착하였지만 남군성은 이미 조자룡이 점령한 뒤였다.

주유 군대의 파발꾼이 와서 보고한다.

"제갈량이 남군성을 점령한 뒤, 조인의 병부(兵符)를 그날 밤으로 형주로 보내어 '조인이 속히 구원 오라 한다'고 속여 형주의 군사를 끌어낸 다음, 장비를 시켜 형주성을 점령하게 했습니다."

또 다른 파발꾼이 와서 보고한다.

"양양을 지키던 하후돈은 제갈량이 사람을 시켜 보낸 병부와 '조인이 속히 구원을 와달라고 한다'는 말을 곧이듣고 속아서 떠났는데, 관우가 바로 쳐들어가서 양양성을 점령했습니다."

유현덕은 힘들이지 않고 형주와 양양 두 개 성을 다 차지했다.

주유는 기가 막혀 크게 외마디 소리를 지르더니 상처가 터져 기절했다.

노숙이 형주로 가서 공명을 만났다. 노숙이 말한다.

"동오가 조조의 군사를 격퇴하고 유황숙을 구해드렸소. 형주 땅은 우리 동오가 차지해야 마땅한데, 유황숙이 형주와 양양 모두를 가로챘으니 이게 웬일이오? 동오가 힘들여 얻은 땅을 유황숙이 독차지했으니 어찌 이치에 맞는다고 하겠소."

공명이 대답한다.

"형주와 양양은 원래 동오의 땅이 아니고 유표의 땅이었고 우리 주공이 바로 유표의 동생이시오. 어째서 이치에 어긋난단 말이오?"

노숙이 말한다.

"유기가 부친이 남긴 땅을 차지했다면 모를까…"

공명이 사람을 시켜 유기를 데리고 오도록 하였다.

노숙이 말한다.

"유기가 없을 경우는 동오에게 되돌려줘야 합니다."

간체자 三气周瑜

발음 싼 치 저우 위(sān qì Zhōu Yú)

회수 51회

해설 51회에 첫 번째 주유의 기절이 등장하고, 55회에 두 번째 기절, 56회에 세 번째 주유가 기절하였다. 제갈량이 주유의 화를 돋우어 그를 세 번 기절시켰다는 기록은 실제 역사에는 없다. 역사 고증에 의하면, 주유는 결코 제갈량에 의해 화병으로 죽은 것이 아니고 반대로 그는 선비 장수로 제갈량을 질투하지 않았으며 자신의 재주가 동오에서 써지지 못한 것을 한탄하였다. 『삼국지연의』에서는 '기사(氣死)'이지만, 정사 『삼국지』에서는 '병사(病死)'다.

손권이 주유의 서천(西川) 출정 건의를 받아들이자, 주유가 출정 준비를 위해 강릉으로 돌아오는 도중에 병사하였다. 파구(巴丘), 지금의 호남성 악양(岳陽)에서 죽었는데 일설에는 여릉(廬陵)의 파구, 지금의 협강(峽江) 파구진(巴邱鎭)에서 죽었다고 한다. 그의 나이 36세였다. 손권이 장례를 치러주었다.

정사 『삼국지』 「주유전」에 다음과 같이 기록되어 있다.

"주유는 지금의 합비(合肥) 여강(廬江) 서현(舒縣) 사람이다. 그의 부친은 낙양령(洛陽令)을 지냈고, 당조부와 당숙의 관직이 태위(太尉)까지 올랐으니 그는 명문 집안 출신이었다. 주유는 젊어서 건장하고 자태와 용모가 뛰어났고 음률에 정통하여 강동에서는 "곡이 틀리면 주유가 뒤돌아보았다"라고 한다. 손견이 의병을 일으켜 동탁을 토벌할 때 서현으로 왔는데, 주유는 손견의 아들 손책과 나이가 같았고 우정이 남달랐다. 주유는 큰 저택을 손책에게 주었고 서로 돕고 살았다. 21살 때 손책을 따라가서 강동을 평정하였다. 후에 손책이 죽자. 이어서 손권을 따랐다. 건안(建安) 13년(208년), 주유는 유비와 연합하여 적벽대전에서 조조의 군대를 격파하여 삼분 천하의 기틀을 마련하였다. 이듬해에 편장군(偏將軍)이 되어 남군(南郡)의 태수가 되었다. 건안 15년(210년)에 파구에서 죽었다."

정사에 주유는 "성격이 너그럽고 넓어서 대체로 인심을 얻었다"라고 하여 소설 『삼국지연의』에서 "속이 좁고 그릇이 작다"라고 평한 것과 사뭇 다르다.

89

백미

백미白眉
白 흰 백, 眉 눈썹 미

출처 이적이 유비에게 형주와 양양의 어진 선비 가운데 마량에 대해 한 말.

본문

유비가 형주와 양양을 얻고는 기뻐하며 앞으로의 일을 상의한다. 이적(伊籍)이 계책이 있다고 하면서 유현덕에게 어진 선비를 추천하였다.

"형주, 양양 일대에서는 마씨(馬氏) 형제 다섯 사람이 모두 명성이 높으니, 막내가 마속(馬謖)이고, 그들 중에서 가장 뛰어난 인물은 마량(馬良)으로 눈썹에 흰 털이 있습니다. 고을 사람들은 마씨 오형제 중에서 눈썹이 가장 뛰어나다고 합니다."

유비는 사람을 보내 마량을 초빙했다.

유비가 형주와 양양을 영구히 보존할 수 있는 방책을 물었더니 마량이 대답한다.

"유기를 형주 자사로 삼아 백성들의 마음을 안정시킨 뒤에 남쪽의 무릉(武陵), 장사(長沙), 계양(桂陽), 영릉(零陵) 네 개의 군을 공격하여 돈과 곡식을 거두어 쌓아두면 됩니다."

유비는 마량을 종사(從事)로 삼고 이적을 그의 부관으로 삼았다.

간체자 白眉

발음 바이 메이(bái méi)

회수 52회

해설 눈썹에 흰 털이 있다는 뜻으로, 가장 뛰어난 것을 비유하는 말이다.

90

절세미인

경성경국傾城傾國
傾 기울, 뒤집힐 경, 城 성, 도성 성, 國 나라 국

출처 계양 태수가 조자룡에게 재가를 보내려고 한 형수의 외모를 가리키는 말.

본문

마량의 계책에 따라 유비는 유기를 양양에 가 있게 하고, 관우를 형주로 불러올리고, 영릉(零陵) 땅을 칠 군사를 일으켰다.

장비는 선봉이 되고, 조자룡은 후군, 공명과 유비는 중군이 되고, 관우에게는 군사 만 명을 주어 형주를 지키게 하고, 미축(糜竺)과 유봉(劉封)은 강릉(江陵)으로 보내어 지키게 하였다.

유비는 조자룡을 파견하여 계양 땅을 얻도록 하였다. 계양 태수 조범(趙範)은 인수를 들고 조자룡 영채로 가서 항복했다. 조자룡은 조범을 영접하고 손님에 대한 예의를 갖추어 함께 술을 마시며 인수를 받았다.

조자룡과 조범은 같은 조씨인데다 동갑이고 고향도 같아 의형제를 맺자고 하여 조범이 조자룡을 형님으로 모셨다. 조자룡이 계양성으로 들어가서 조범의 안내로 연회에 갔다.

술자리가 무르익자 조범은 후당의 깊숙한 방으로 들어가서 다시 술을 대접한다.

조자룡은 술기가 거나해졌을 때 조범은 한 부인을 나오게 하여 조자룡에

게 술을 따르게 하였다. 조자룡은 그 부인을 보니 상복을 입었는데 참으로 절세미인이었다.

조자룡이 누구냐고 물으니, 조범은 자신의 형수라고 대답했다.

조범은 자신의 형수를 조자룡에게 재가시키려고 한 것이다.

조자룡이 크게 화를 내며 벌떡 자리에서 일어나 소리를 지른다.

"내 이미 너와 형제를 맺었으니 너의 형수는 바로 나의 형수다. 그런데 어찌 세상의 인륜을 어지럽히느냐!"

"호의를 베푼 것인데 어찌 이렇게 무례하오!"

조범이 사람을 시켜 조자룡을 처치하라고 눈짓을 하였으나 조자룡이 눈치를 채고 주먹으로 조범을 때려눕히고는 즉시 말을 타고 계양성을 떠났다.

조범은 그의 부하 장수 둘을 조자룡에게 보내 거짓 항복하게 하고 그 틈에 조자룡의 목을 베어 조조에게 보내기로 하였다.

조자룡은 조범의 두 장수에게 술을 먹이고 취한 틈을 타서 결박하고는 거짓 항복한 것을 알아낸 다음 둘의 목을 베었다. 그날 밤 조자룡은 곧장 계양성으로 달려가 조범을 사로잡았다.

유비는 조범의 결박을 풀어주고 다시 계양 태수로 삼았으며 조자룡에게는 상을 내렸다.

간체자 倾城倾国

발음 칭 궈 칭 청(qīng guó qīng chéng)

회수 52회

해설 '성(城)'은 국가, '경성(傾城)'은 나라를 망치게 한다는 뜻으로 '경성경국'이란 여색 때문에 나라를 망치게 함을 말하는데, 후에 여자의 얼굴이 아름다움을 비유하는 말로 사용되었다. '경국경성(傾國傾城)', '경국지색(傾國之色)'이라고도 한다. 오늘날에는 흔히 당나라 때 미인 양귀비를 가리킨다.

91

명성이 헛된 소문이 아니다

명불허전名不虛傳
名 이름, 이름날 명, 不 아닐 불, 虛 빌, 헛될 허, 傳 전할 전

출처 관우가 황충과 싸워보고 나서 그에 대한 소문에 대해 한 말.

해설

장비는 군령장을 쓰고 무릉(武陵)으로 행군하였다.

종사(從事) 공지(鞏志)가 무릉의 태수 김선(金旋)에게 간한다.

"장비에게 항복하는 것이 상책입니다."

공지는 김선이 장비와 싸우러 성을 나가자 무릉성을 접수하였고, 성 위에서 장비에게 패하여 성으로 되돌아온 김선을 화살로 쏴 죽이고는 김선의 목을 베어 장비에게 바치고 항복했다.

유비는 공지를 무릉의 태수에 임명했다.

유비는 장비를 보내어 형주를 지키게 하고, 관우를 불러들여 무릉성에 이르러서 유비와 공명을 뵙자, 공명이 말한다.

"장사(長沙)의 태수 한현(韓玄) 수하의 황충(黃忠)이란 용맹한 장수가 있소. 그는 원래 유표 밑에서 중랑장(中郎將)을 지내다가 장사를 지켰고 그 뒤에 한현을 섬겼소. 그의 나이가 비록 예순에 가까워도 아직도 일만 명을 무찌를 수 있는 용기가 있으니 경솔하게 대적할 수 없을 거요."

공명이 많은 군사를 거느리고 가라는 말에 관우가 대답한다.

"군사 3천도 필요 없고 군사 5백이면 황충과 한현의 머리를 베어 바치

리라.”

공명은 유비에게 관우가 황충을 얕보다가 실수라도 할까 걱정이 되어 관우 뒤를 응원하도록 부탁했다.

한편, 장사 태수 한현은 성미가 급해 사람을 경솔하게 죽이므로 모두가 그를 미워했다. 관우가 온다는 소식을 듣고 한현은 황충을 불러 상의한다. 원래 황충은 쌀 두 섬을 드는 힘이라야 당길 수 있는 강한 활을 가졌고 백발백중의 솜씨를 지녔다.

관우가 장사성 아래에 이르렀다. 한현은 황충을 내보내고 성루에 올라가서 성 아래를 내려다본다.

관우와 황충 두 장수가 겨뤘으나 백여 합에도 승부가 나질 않아 한현이 황충을 잃을까 겁이 나서 징을 울리게 하여 황충을 성으로 불러들였다. 관우도 뒤로 물러나와 마음속으로 생각한다.

“노장 황충은 명성이 헛된 소문은 아니었구나. 나와 백여 합을 싸웠는데도 전혀 빈틈이 없었다.”

간체자 名不虚传

발음 밍 부 쉬 촨(míng bù xū chuán)

회수 52회

해설 명성이 헛되이 전해지지는 않았다는 뜻으로, 명성이 널리 알려진 것은 그럴만한 까닭이 있음을 이르는 말이다. 관우가 듣던 대로 늙은 장수 황충이 과연 용맹하다고 생각한 것이다.

유비의 군대가 장사를 공략하는 고사는 역사적 사실과 부합되지 않는다. 『삼국지』「선주전」에 유비가 남쪽 4군을 정벌했는데 4군의 태수가 모두 항복했다고 하여 위연이 한현을 죽인 것이 아니고 자진해서 항복한 것이다. 『삼국지』「황충전」에 형주목 유표가 황충을 중랑장에 임명하자, 황충은 장사의 유현(攸縣)을 지켰고 조조가 형주를 함락하자 장사 태수 한현의 관할하에 소속되었으며, 유비가 남쪽에 가서 여러 군을 평정하자 황충은 귀순하여 유비를 따라 촉 땅으로 들어갔다고 하였다. 유비가 남쪽을 정벌할 때 큰 싸움이 없음을 알 수 있어 유비와 황충이 싸운 사실은 없다.

92

백발백중이다

백보천양百步穿楊

百 일백 백, 步 걸음 보, 穿 뚫을 천, 楊 버들 양

출처 관우가 황충의 훌륭한 활 솜씨에 대해 칭찬하는 말.

본문

이튿날 아침 일찍 관우가 장사성으로 가서 싸움을 걸었다. 황충이 나와 관우와 싸워 5, 60합에도 역시 승부가 나지 않았다.

싸우다 말고 관우가 갑자기 말머리를 돌려 달아나니, 황충이 뒤를 쫓아갔다. 달아나던 관우가 한칼로 황충을 내리찍으려고 몸을 갑자기 돌리는데, 황충의 말이 갑자기 앞다리가 접혀서 엎어지는 바람에 황충이 땅바닥에 나가 떨어졌다.

관우가 바로 달려들지 않고 황충을 꾸짖는다.

"말을 바꿔 타고 다시 와라!"

황충은 쓰러진 말을 일으키고 몸을 날려 올라타고 장사성 안으로 돌아갔다.

한현이 황충에게 묻는다.

"그대의 활은 백발백중인데 왜 관우를 활로 쏘지 않았느냐?"

황충은 처소로 돌아와 생각한다.

"세상에 관우만큼 의기 있는 사람은 없을 것이다. 말에서 떨어진 나를 죽이지 않았으니 난들 어찌 차마 그를 죽이겠는가? 그러나 활을 쏘지 않으면 명령을 어기게 되니 어찌하면 좋단 말이냐?"

그날 밤, 황충은 고민에 빠져 주저한다.

다음 날 황충이 나가 관우와 싸웠으나 자기를 살려준 은혜를 생각하여 빈 활만 계속 쏘아댔다. 관우는 황충이 활을 잘 쏠 줄 모른다고 방심하는 사이에 황충이 말을 돌려세우고 활을 쏘니 화살이 관우의 투구 끝의 매듭에 정통으로 꽂혔다.

관우가 깜짝 놀라 화살을 달고 달아난다. 그제야 관우는 황충이 백발백중임을 알게 되어 마음속으로 생각했다.

"오늘 내 투구 끈을 쏜 것은 어제 자기를 죽이지 않은 것에 대한 보답이었구나."

영채로 돌아갔다.

한편, 한현은 황충을 당장 잡아들이라고 호통을 치고 화가 치밀어 말한다.

"네가 감히 나를 속이려 드느냐! 어제 말에서 떨어졌을 때 관우가 널 죽이지 않은 것은 서로 짰기 때문이다. 오늘도 투구 끝만 맞추었으니, 서로 통한 것이 아니겠냐! 널 참하지 않으면 큰일이 날 것이다. 어서 끌어내어 목을 쳐라!"

위연(魏延)이 급히 달려와 황충을 부축해 일으키며 크게 외친다.

"황충을 죽인다면 이는 우리 장사의 모든 백성을 죽이는 거나 마찬가지다. 한현은 천성이 잔인하고 어진 사람을 업신여기니, 다 함께 그를 죽여야 한다."

한현을 죽여야 한다고 팔을 휘두르며 외치는 위연을 따르는 자가 수백 명이나 되었다. 위연이 성 위로 올라가 한칼에 한현을 베어 두 동강을 내고 그 머리를 끊어 들고 말에 올라 장사성을 나와 관우에게 가서 항복했다.

관우는 크게 기뻐하며 황충을 초청했다.

간체자 百步穿杨

발음 바이 부 촨 양(bǎi bù chuān yáng)

회수 53회

해설 백 보 되는 먼 거리에서 화살을 쏘아 버들잎을 뚫는다는 뜻으로, 활 솜씨가 뛰어나서 백발백중으로 대단히 훌륭함을 이르는 말이다. 또는 일 또는 계획한 것이 잘 들어맞거나, 하는 일마다 실패함이 없이 잘되는 것을 비유하는 말이다.

『삼국지연의』 16회에 원술의 대장 기영과 유비가 다투자 여포가 두 사람을 화해시키려고 창 끝의 곁가지를 화살로 맞추었던 '원문사극(轅門射戟)' 고사와 유사하다.

93

입을 다물고 말이 없다

함구무언緘口無言

緘 봉(封)할 함, 口 입 구, 無 없을 무, 言 말씀 언

출처 공명의 연설에 노숙이 꿀 먹은 벙어리가 된 상황.

본문

노숙이 형주로 가서 유비와 공명을 만났다. 노숙이 말한다.

"유표의 장남이자 귀공의 조카 공자 유기(劉琦)가 세상을 떠났다는 말을 들었소. 황숙께서 공자 유기가 없게 되면 그때 형주를 되돌려주겠다고 하였으니 언제 주시겠습니까?"

공명이 답변한다.

"유표는 우리 주공의 형님뻘이시니 아우가 형님이 다스리던 땅을 계승하는 것이 도리에 어긋나는 것은 아닙니다. 그리고 적벽싸움에서 동오의 힘만으로 이긴 것은 아닙니다. 내가 동남풍을 빌리지 않았으면 주유가 어찌 공을 세울 수 있었겠습니까? 그대가 뜻이 높고 지혜로우며 식견이 밝은 선비라 이 일은 이미 잘 알고 계시리라 여겼는데 어째서 사리를 분별할 줄 모르오."

공명의 일장연설에 노숙은 꿀 먹은 벙어리처럼 입을 다물고 아무 말이 없다가 한참 후에야 말한다.

"그대 말이 과연 옳은지는 잘 모르겠으나 내 입장이 매우 곤란하니 어찌하면 좋겠소?"

공명이 말한다.

"주공께 형주를 잠시 빌리겠다는 문서를 쓰겠소. 우리 주공께서 다른 곳을 얻게 되면, 그때 형주를 동오에게 돌려주기로 하면 어떻겠소? 서천(西川) 촉 땅의 유장(劉璋)이 어리석고 나약하니 거길 목표로 삼고 있소. 우리가 서천을 얻게 되면 그때 형주를 내드리겠소."

노숙이 주유에게 돌아와서 문서를 바친다.

주유가 문서를 읽고 발을 구르며 노숙을 책망한다.

"그대가 공명의 꾀에 빠졌소. 언제 서천을 얻는단 말이오. 10년이 지나도 서천을 얻지 못하면 10년 동안 돌려주지 않을 것이니 이까짓 문서 조각이 무슨 소용이 있으리오."

간체자 缄口无言

발음 젠 커우 우 옌(jiān kǒu wú yán)

회수 54회

해설 '함(緘)'은 입을 틀어막음을 뜻한다. 유사 성어로는 할 말은 많은데 말할 상황이 아니어서 말을 하지 못하는 뜻의 '유구무언(有口無言)'이 있다.

94

비단 주머니 속의 묘책

금낭묘계錦囊妙計

錦 비단 금, 囊 주머니 낭, 妙 교묘할 묘, 計 셀, 계책 계

출처 유비와 손권의 여동생과의 혼사를 성사시키기 위해 공명이 조자룡에게 일러준 묘책.

본문

첩자가 주유에게 보고한다.

"유현덕의 감부인이 세상을 떠났습니다."

주유가 노숙에게 말한다.

"이제야 내 계책이 이루어지게 됐소. 유현덕이 꼼짝없이 우리에게 결박당하고 형주 땅을 내놓고 말 것이오."

노숙이 계책이 뭐냐고 물으니 주유가 말한다.

"유비가 상처했고 우리 주공에게 여동생이 있으니 주공께 서신을 써서 사람을 형주로 보내 중신을 서게 하여 유비를 매부로 삼도록 하겠소. 유비를 유인한 다음 붙잡아서 옥에 가둔 다음, 유비와 형주 땅을 맞바꾸자고 교섭을 할 것이오."

손권이 여범(呂範)을 형주로 보내 유현덕에게 혼사 얘기를 꺼내게 했다.

유현덕이 말한다.

"주유가 나를 없애려고 꾸민 계책이다."

공명이 말한다.

"제가 계책을 써서 주유를 꼼짝 못하게 하고 손권의 누이가 주공을 섬기게 하며 또 형주 땅을 잃지 않게 하겠습니다."

공명은 손건을 불러 강남에 가서 혼사를 추진하도록 분부했다.

손건이 여범과 함께 강남으로 가서 손권을 만났다.

손권이 말한다.

"유현덕을 내 누이동생과 짝지어 주자는 것뿐이오."

손건이 형주로 돌아와서 보고했다.

유현덕은 의심이 나서 떠나려 하지 않는다.

공명이 말한다.

"제가 이미 세 가지 계책을 세웠으니, 이는 조자룡이 아니면 실행하지 못할 것입니다."

공명이 조자룡을 불러 비밀리에 말한다.

"그대는 주공을 모시고 동오로 가되, 이 비단 주머니 세 개를 가지고 가라. 세 개의 비단 주머니 속에 묘책 세 가지가 각각 들어있으니 순서대로 실천하라."

공명은 세 개의 주머니를 조자룡에게 주었다. 이 때가 건안 14년(209년) 겨울 10월이었다.

유현덕은 형주를 공명에게 맡기고, 자신은 조자룡, 손건과 함께 형주를 떠나 강남으로 향했다.

간체자 锦囊妙计

발음 진 낭 먀오 지(jǐn náng miào jì)

회수 54회

해설 제때에 긴급한 문제를 해결할 수 있는 묘책, 위급한 상황을 타개할 수 있는 계책을 비유하는 말이다.

손권과 주유가 미인계를 써서 유비를 동오로 유인하여 죽이려는 계책을 세우는 고사인데 『삼국지』「선주전」에 형주 자사 유기가 병사하자 유비를 여러 사람이 형주목으로 추대하여 형주를 맡겼는데 손권은 유비를 두려워하여 누이동생을 시집보내 우호 관계를 맺으려 했는데 유비는 동오로 가서 손권을 만나 우의를 다졌다고 하였다. 유비와 손권의 누이동생이 혼인한 것은 사실이다.

『삼국지연의』의 이 고사에 나오는 교국로, 오국태와 감로사는 허구다. 교국로는 교현(橋玄)을 가리키는데 『후한서』「교현전」에 교현은 광화(光和) 6년에 죽었는데 그의 나이가 75세였다고 하였다. 광화 6년은 183년이고 유비와 손권의 누이동생이 결혼한 때가 건안 14년(209년)과는 26년이나 차이가 난다. 교현이 죽었을 때 손권은 한 살이고 그의 누이동생은 태어나지도 않았을 때다. 오국태는 『삼국지연의』 7회에 손견의 아내 오부인의 여동생으로 그녀도 손견에게 시집갔다고 하였다. 오부인이 손책, 손권, 손익, 손광 등 4명의 아들을 낳았고, 오부인의 여동생 오국태는 아들과 딸을 각각 하나씩 낳았는데 그 딸이 손권의 막내딸로 유비의 아내가 되는 손부인이다. 손권과 유비의 아내가 되는 손부인과는 이복남매 사이가 되는 셈이다. 그러나 『삼국지』「비빈전(妃嬪傳)」의 기록에 오부인이 4남 1녀를 낳았다고 하여 손권의 막내 여동생은 오부인의 소생으로 손권과는 친자매 관계가 된다. 오국태는 허구의 인물이다.

유비와 손부인이 결혼할 때인 건안 14년에는 감로사가 없었다. 손호(孫皓)가 즉위한 후인 감로(甘露) 연간 사이(265년-266년)에 세워졌다. 감로사는 삼국 시대에는 존재하지 않았다. 일설에는 남조(南朝) 양무제(梁武帝) 때 세워졌거나 혹은 당대 보력(寶曆) 연간 이덕유(李德裕)가 세웠다고 전한다.

손부인의 이름은 손안(孫安) 혹은 손상향(孫尙香)이라고도 하는데, 정사 『삼국지』「손부인전」이 보이지 않는 것으로 보아 역사 속 실재 인물은 아니다. 앞서 인용한 『삼국지』「선주전」의 기록을 보면 손권이 여동생을 유비에게 혼인시킨 것은 유비와의 우호 관계를 다지기 위한 것이지 『삼국지연의』에서처럼 결혼을 빙자하여 유인하여 죽이려고 하지는 않았음을 알 수 있다.

95

길을 빌려 괵국을 멸하다

가도멸괵假途滅虢

假 빌릴 가, 途 길 도, 滅 멸할, 멸, 虢 나라 괵

출처 동오가 유비를 대신해서 서천을 정벌할 것이니 형주의 군량과 길을 빌려달라고 하는 것에 대해 공명이 유비에게 간한 말.

본문

주유가 계책을 말한다.

"노숙은 다시 형주로 가서 유비에게 이렇게 말하라. 손씨와 유씨가 혼인했으니 이제 한집안이 되었고. 만일 아우뻘 되는 유장의 서천 땅을 빼앗으러 가기가 송구하다면, 우리 동오가 대신 군사를 일으켜 서천 땅을 무찌르고 시집간 손부인에게 친정에서 주는 선물로 내줄 테니, 서천 땅을 받고 형주 땅을 우리에게 돌려달라고 고하시오."

노숙이 묻는다.

"우리 동오에서 서천까지는 너무나 거리가 멀어서 쳐들어가기가 쉽지 않소. 도독의 계책은 실천하기가 불가능하오."

주유가 웃는다.

"내가 정말로 서천을 무찔러 유현덕에게 내줄 것 같소. 그렇게 하겠다고 명분을 내세우고 실은 쳐들어가서 형주를 빼앗자는 것이오. 우리 군사가 서천을 빼앗으러 가자면 반드시 형주를 지나야 하니, 그때 그들에게 군량을 원조해달라고 청하면 유비가 형주성에서 나와 우리 군사를 위로할 것이오. 그

때 기회를 잡아 형주를 공격하면 되오."

노숙이 형주로 가서 유현덕과 공명에게 주유의 말을 고하자, 유비가 주유의 뜻이 무엇인지 공명에게 물었다.

공명이 웃는다.

"이것은 길을 빌려 괵나라를 멸망시키겠다는 계책입니다. 조공이 형주성에서 나와 주유의 군사를 위로하는 사이에 그 기회를 틈타 주공을 사로잡고 형주성을 쳐서 차지하려는 속셈입니다."

주유는 수륙 대군 5만 명을 일으켜 곧장 형주를 향하여 진군했다.

형주성에 도착했으나 아무런 동정이 없었다.

조자룡이 성 위에서 주유를 굽어보며 말한다.

"공명께서 도독이 길을 빌려 괵나라를 멸망시키려는 계책을 쓴다는 것을 아시고 이 자룡을 남겨두셨소."

주유가 이 말을 듣고 급히 말머리를 돌려 떠나려고 하는데 병사가 하나가 달려와서 고한다.

"큰일 났습니다. 사방에서 적군이 쳐들어오고 있습니다. 관우가 강릉에서 쳐들어오고, 장비는 자귀(秭歸)에서, 황충은 공안(公安)에서, 위연은 잔릉(孱陵)에서 신속하게 쳐들어오고 있습니다."

주유는 기가 차서 말 위에서 크게 외마디소리를 지르니, 아물었던 화살 상처가 다시 터져 말 아래로 굴러떨어졌다.

간체자 假途灭虢

발음 쟈 투 메 궈(jiǎ tú miè guó)

회수 56회

해설 기회를 포착하여 세력을 확장하려 하거나 어떤 일을 달성하기 위해 남의 힘을 빌린 후 상대방까지 자기 손아귀에 넣어 버리는 것을 비유하는 말이다.

주유가 길을 빌려 익주를 치는 척하면서 사실은 형주를 치려는 계획을 세우다, 제갈량이 이미 이를 간파하고 주유를 농락하였다.

96

하늘이 이미 주유를 낳았는데 어찌하여 또 제갈량을 낳으셨나요?

기생유 하생량既生瑜 何生亮
既 이미 기, 生 날 생, 瑜 아름다운 옥 유, 何 어찌 하, 亮 밝을 량

출처 주유가 세상을 떠나며 남긴 말.

본문

공명이 주유에게 서신을 보내니 주유가 공명의 서신을 뜯어보았다.

귀공이 서천 땅을 치러 간다고 하니, 제 생각으로는 불가능한 일인 줄로 압니다. 조조가 적벽싸움에서 실패했으니 우리에게 원수를 갚을 생각이 없겠습니까? 귀공이 군사를 거느리고 멀리 싸우러 간 사이에 만일 조조가 쳐들어온다면 귀공의 나라 강남 일대는 쑥대밭이 될 것입니다.

주유는 제갈량의 편지를 읽고 길게 탄식한다. 참으로 이럴 수도 저럴 수도 없었다.

주유는 모든 장수를 불러 모으고 말한다.

"나는 몸을 다하여 나라에 보답하고자 하였는데 하늘에서 받은 내 목숨이 끝났도다!"

말을 마치자 주유는 넋을 잃고 기절했다. 이윽고 주유가 깨어나더니 하늘을 우러러 길게 탄식한다.

"하늘이시여! 하늘이시여! 하늘이 이미 주유를 낳았는데 어찌하여 또 제갈량을 낳으셨나요?"

주유는 이내 세상을 떠났다. 이때 주유의 나이 36세였다.

간체자 既生瑜何生亮

발음 지 성 위 허 성 량(jì shēng Yú hé shēng Liàng)

회수 57회

해설 임종 때까지 주유의 제갈량에 대한 질투와 시기를 드러낸 것이다.

『삼국지』「주유전」에 주유는 강릉으로 돌아와 행장을 꾸려 길을 가다가 파구(巴丘)에서 병사했다고 하여 병으로 일찍 죽은 것이지 제갈량을 시기하다가 분통이 터져 죽은 것은 아니다.

『삼국지』「주유전」에 주유는 덕과 신용으로 여강(廬江)에서 그 명성이 자자했고, 성정이 너그럽고 도량이 넓어 대체로 인심을 얻었으며, 정보와는 관계가 좋지 않았다고 하였는데 배송지 주에 인용한 진(晋) 우부(虞溥)의 「강표전(江表傳)」에 정보가 나이가 많다고 주유를 능멸하고 모욕했는데 주유가 태도를 바꿔 관용을 베풀자 정보도 훗날 주유를 존경하고 중하게 여겼다고 하였고, 또 주유는 문무를 겸비하고 지략이 뛰어나 영걸이며 도량이 넓고 컸다고 하여 『삼국지연의』에서 묘사된 주유와는 정반대다.

적벽대전이 일어난 때 『삼국지연의』에서는 주유의 나이가 36세였다고 하였지만 실제로는 34세였고 제갈량은 27세였다. 『삼국지연의』에 주유가 죽자 제갈량이 동오에 가서 조문하였다고 하였으나 역사에 그런 적은 없었다.

97

상황에 따라서 일을 처리하다

수기응변隨機應變

隨 따를 수, 機 시기, 형세 기, 應 대응할 응, 變 변할 변

출처 방통의 학식에 대한 손권의 물음에 방통의 대답.

본문

노숙이 주유의 시체를 운반하여 오자, 손권이 목을 놓아 울며 제사를 지냈고, 고향 땅에다 성대하게 장사를 지내도록 분부했다.

손권은 주유에 관한 말이 나오기만 하면 말한다.

"주유가 세상을 떠난 뒤로 나는 손발을 잃은 것이나 다름없다. 앞으로 어떻게 나라를 꾸려갈지 모르겠다."

노숙이 손권에게 권한다.

"한 인물을 천거하여 주공을 돕습니다. 그 사람은 위로는 천문에 통달하고, 아래로는 지리에 밝으며, 지혜로운 계책은 옛날 관중(管仲)과 악의(樂毅)에 못지않으며, 군사를 쓰는 것은 옛날 손자(孫子)나 오기(吳起)와 겨룰 만합니다. 그래서 주유도 그 사람의 말을 많이 듣고 일을 처리했고, 공명도 또한 그의 지혜에 깊이 탄복했습니다. 지금 그 사람이 강남에 와 있는데 주공께서는 그를 왜 등용하시지 않습니까?"

손권이 크게 반색하며, 그 사람이 누구냐고 물으니 노숙이 답변한다.

"그는 바로 양양 출신으로 이름은 방통(龐統)이고 호는 봉추(鳳雛)라고 합니다."

이에 노숙은 방통을 초청하고 함께 손권을 만났다.

손권이 방통을 보니 눈썹은 탁하고, 코는 들창코에다 얼굴은 검고 수염은 짧아서 생긴 꼴이 불쾌했다.

"귀공은 평생 배운 것이 무엇이오?"

방통이 대답한다.

"어떤 것에도 구애받지 않고, 상황에 따라 일을 처리합니다."

"귀공의 재주와 공부는 주유와 비교해서 어떠하오?"

"크게 다르지요."

손권은 언제나 주유를 좋아했기 때문에 방통의 대답이 경솔하다고 생각하고 마땅찮아서 필요할 때 다시 초청하겠다고 말했다.

노숙이 손권에게 왜 그를 등용하지 않느냐고 물으니, 손권이 대답한다.

"그는 미친 사람이오. 그 사람을 써서 무슨 이익이 된단 말이오."

"적벽싸움에서 조조의 군사를 몰살시킬 수 있었던 것은 바로 그가 조조에게 연환계를 쓰라고 말했기 때문이었습니다. 방통의 공로가 제일 컸는데 주공은 그것을 잊으셨습니까?"

"조조가 자진해서 그렇게 한 것이지 방통의 공로라고 할 것은 없소. 나는 맹세코 그런 자를 등용하지 않을 테니 그렇게 아시오."

간체자 随机应变

발음 수이 지 잉 볜(suí jī yìng biàn)

회수 57회

해설 그때그때 상황에 따라 그 변화에 응하는 것을 뜻하는데, 상황에 따라 신축성 있게 일을 처리하는 것을 말한다. '임기응변(臨機應變)'과도 같은 말이다.

『구당서』「곽효각전(郭孝恪傳)」에 이 성어가 나온다. 수(隋)나라 말, 각처에서 반란군이 일어나 자웅을 다투고 있었는데, 그 가운데 이밀(李密), 왕세충(王世忠), 이연(李淵)의 세력이 가장 컸다. 곽효각(郭孝恪)은 처음에 이밀에게 귀의했다가 이밀이 왕세충에게 패하여 죽은 후에 다시 이연의 휘하로 들어갔다. 이때 두건덕(竇建德)은 왕세충을 돕고 있었다. 곽효각은 이연의 아들 이세민(李世民)에게 계책을 진언했다.

"왕세충은 날이 갈수록 다급해지고 있습니다. 힘도 다하고 계략도 다했으니 목을 베어 그 머리를 걸어 놓고 얼굴을 쳐들어 앞을 볼 수 있도록 두 손을 등 뒤로 묶을 날을 발돋움하며 기다릴 수 있습니다. 두건덕이 멀리에서 와 그의 나쁜 마음을 조장하고, 군량 운송은 막히고 끊어졌으니 이는 하늘이 그를 망하게 하려는 때입니다. 호뢰관(虎牢關)을 견고하게 하고 사수(汜水)에 군대를 주둔시키며, 상황에 따라 그 변화에 응하면 쉽게 이길 수 있습니다."

곽효각이 말한 '수기응변(隨機應變)'이 바로 '임기응변'이다. 간단히 '응변'이라고도 하는데, 상황의 변화에 따라 기민하게 대응하는 것을 가리킨다.

98

귀하고 밝은 구슬을 깜깜한 밤중에 던지다

명주암투明珠暗投

明 밝을 명, 珠 구슬 주, 暗 어두울 암, 投 던질 투

출처 방통이 조조에게 가서 의탁하려고 하자, 노숙이 그에게 충고하는 말.

본문

손권이 방통을 등용하지 않자 노숙이 방통에게 가서 위로한다.

"귀공을 추천했는데 주공이 쓰지 않으니 어쩔 도리가 없게 됐소."

방통은 머리를 숙이고 깊이 탄식할 뿐 대답하지 않았다.

노숙은 방통이 동오에는 뜻이 없는 것으로 알고 거듭 묻는다.

"천하를 바로잡을 만한 재주를 가진 그대가 어디인들 못 갈 리야 있겠소? 어디로 갈 작정이오?"

"조조에게로 갈까 하오."

"조조에게로 간다면, 이는 귀하고 밝은 구슬을 깜깜한 밤중에 던지는 것이나 다름없소. 형주에 가서 유현덕을 만나보시오. 반드시 높은 지위를 줄 것이오."

"이 방통도 실은 그럴 생각이오. 조조에게로 간다는 것은 농담이었소."

"아무쪼록 손씨와 유씨가 서로 싸우지 말고 함께 힘을 합쳐 조조를 격파하도록 적극적으로 힘을 써주시오."

이에 방통은 노숙이 써주는 서신을 받아 품에 넣고 유현덕을 만나러 바로 형주로 갔다.

간체자 明珠暗投

발음 밍 주 안 터우(míng zhū àn tóu)

회수 57회

해설 아무리 귀한 물건이라도 밤중에 떨어뜨려 놓으면, 어두워서 아무도 그것을 알아보지 못한다는 뜻으로, 아무리 뛰어난 인재라도 재능을 적재적소에 쓰지 않으면 아무 소용이 없거나 재능과 덕이 있는 사람이 중용되지 못함을 비유하며 또는 귀중한 물건이 가치를 알지 못하는 사람의 수중에 들어가는 것을 비유하는 말이기도 하다.

99

어질고 현명한 선비를 불러들이다

초현납사招賢納士

招 부를 초, 賢 어질 현, 納 받아들일 납, 士 선비 사

출처 방통이 몸을 의탁하기 위해 유비를 찾아가 한 말.

본문

공명은 순찰을 나가서 아직 돌아오기 전이라 문지기가 들어가서 유비에게 고한다.

"강남의 명사 방통이 주공을 섬기려고 왔다고 합니다."

유비는 방통의 명성을 오래전부터 들었기 때문에 즉시 모시고 오도록 분부했다. 방통은 들어와서 유비에게 허리를 굽혀 읍을 하지만 절은 하지 않았다.

유비는 방통의 용모가 추한 것을 보고 역시 불쾌하였다.

방통은 노숙의 추천장도, 지난날 공명이 주고 간 서신도 내놓지 않는다.

"황숙께서 어질고 현명한 선비를 불러들인다고 하기에 왔소이다."

"형주 일대도 점차 안정되어서 별로 적당한 자리가 없소. 뇌양(耒陽)이란 곳에 현감 자리가 하나 비었으니 당분간 거기 있다가 적당한 자리가 나면 등용하리라."

방통이 생각한다.

"유현덕이 어찌 이렇게 날 박대할까."

방통은 굳이 참고 뇌양으로 갔다. 방통은 뇌양에 간 뒤로 고을 일을 다스

리지 않고 밤낮 술만 마셨다. 이 일이 곧 유현덕에게 보고되었다.

유현덕은 장비를 불러 손건과 함께 뇌양을 순시하고 만일 법도를 지키지 않는 자가 있으면 문책하라고 일렀다.

간체자 招贤纳士

발음 자오 셴 나 스(zhāo xián nà shì)

회수 57회

해설 덕과 재주를 겸비한 인재를 초청하여 등용하는 것을 말한다. 『전국책』「연책(燕策)」(1)에 "연소왕(燕昭王)이 즉위하고 몸을 낮추고 많은 재물로 어진 사람을 초빙했다"라고 하였다.

100

손금 보듯 하다

장상관문掌上觀文

掌 손바닥 장, 上 위 상, 觀 볼 관, 文 글월, 무늬 문

출처 방통이 자신을 무시하는 장비에게 되묻는 말.

본문

장비가 손건과 함께 뇌양으로 갔다.

방통의 수하 군사가 장비에게 고한다.

"방현감은 여기 온 지 백여 일이 지났으나 고을 일은 묻지도 않고 날마다 술만 마십니다. 지금도 어제 마신 술이 깨지 않아서 아직도 누워 있습니다."

이에 장비는 동헌(東軒)으로 들어가서 정청(正廳) 윗자리에 좌정하고 현감을 불러들이라고 명했다. 의관도 제대로 갖추지 못하고 부축을 받고도 취해서 비틀거린다.

장비가 방통이 고을 일을 하지 않는다고 꾸짖었다.

방통이 웃으며 말한다.

"이까짓 백 리 남짓한 조그만 고을의 사소한 일을 처리하는데 무슨 어려울 것이 있겠소. 내가 결재하는 거나 구경하시오."

방통은 밀린 문서와 안건을 가져오게 하고, 곧바로 그는 붓을 들어 문서를 결재하며, 입으로는 판결을 내리는 한편, 귀로는 소송사건을 들으면서 시비곡직을 밝히는데 하나도 잘못이 없으니, 백성들은 머리를 조아리고 복종할 뿐 불만이 없었다. 겨우 반나절도 못 되어 백여 일 동안 밀린 일을 다 판결

하고 결재까지 마쳤다. 방통은 붓을 던지며 장비에게 되묻는다.

"내가 고을 일을 돌보지 않은 것이 무엇이오? 나는 조조, 손권도 손금 보듯 하거늘, 이까짓 조그만 고을 일에 무슨 신경을 쓰겠소?"

간체자 掌上观文

발음 장 상 관 원(zhǎng shàng guān wén)

회수 57회

해설 '문(文)'은 고대 중국에서는 '문(紋)'과 같이 쓰여 무늬란 뜻인데, 『논어』「옹야(雍也)」편에 "문질빈빈(文質彬彬)"이라 하였다. 공자는 본바탕이 아름다운 외관을 이기면 촌사람이고, 아름다운 외관이 본바탕을 이기면 겉치레를 잘하는 것이니, 꾸밈과 본바탕이 적절하게 배합된 후에야 군자라고 하였다. '장문(掌文)'은 손바닥의 무늬를 뜻하므로 손금을 말한다.

'장상관문'은 손바닥의 손금을 보듯 쉽게 대하다는 뜻인데, 어떤 사람을 대단하게 여기지 않거나 대수롭지 않게 생각함을 비유하는 말이다.

101

백 리 땅 정도를 다스릴 보잘것없는 인재

백리지재百里之才

百 일백 백, 里 거리 리, 之 어조사 지, 才 재주 재

출처 노숙이 방통을 위해 써준 추천장에서 방통의 재주에 대해 한 말.

본문

장비가 놀라 높은 자리에서 내려와 방통에게 사과한다.

"선생의 재주를 몰라보고 제가 무례했소. 돌아가서 형님께 힘껏 추천하리라."

방통은 그제야 노숙의 추천서를 내놓는다.

장비와 현덕에게 방통의 놀라운 재주를 고하고 노숙의 추천장을 바쳤다.

방통은 백 리 땅이나 다스릴 그릇이 작은 인재가 아니오. 치중(治中)이나 별가(別駕) 지위에 앉혀야만 비로소 큰 재주를 발휘할 수 있습니다. 용모나 풍채를 보고 괄시하면 그 놀라운 재주를 저버리게 되면 실로 애석한 일이 될 것입니다.

유현덕은 노숙의 글을 보고 무릎을 치며 감탄했다.

간체자 百里之才

발음 바이 리 즈 차이(bǎi lǐ zhī cái)

회수 57회

해설 백 리 정도 남짓한 조그만 고을을 다스릴 정도의 평범한 재주를 갖춘 인재를 뜻한다. 방통은 보통수준의 재주를 갖춘 사람이 아니라, 큰 재주를 갖추었으므로 그것에 마땅한 높은 관직을 부여해야 품은 재주를 마음껏 펼칠 수 있음을 비유한 말이다.

장비가 뇌양현으로 가서 방통의 공무 처리에 대해 질책을 했다거나 방통이 장비의 면전에서 공무를 처리했다는 것도 역사적 사실이 아니다. 『삼국지』「방통전」에 유비가 형주를 다스리면서 방통에게 뇌양현의 현령을 맡겼는데 현의 업무를 보지 않아 해임되자 노숙이 유비에게 편지를 보내 방통은 현령 따위나 맡을 인물이 아니라 치중이나 별가 정도의 중책을 맡겨야만 비로소 그 재주를 펼칠 것이라고 하니, 유비가 만나 방통의 달변을 듣고서야 큰 그릇이라 여겨 치중종사(治中從事)로 삼고 제갈량 다음으로 대우하니 마침내 제갈량과 더불어 군사 중랑장이 되었다고 하였다.

방통이 뇌양현의 현령을 맡은 것도 사실이고 현에서 업무를 돌보지 않은 것도 사실이다. 중책에 어울리는 인물에게 하찮은 일을 맡겨 정력을 낭비하게 하는 것은 백락(伯樂)이 말하는 천리마에게 보통 말이나 하는 일을 시키면 천리마는 보통 말이 되고 마는 것과 같다.

좌충우돌하다

좌충우돌 左衝右突
左 왼 좌, 衝 찌를 충, 右 오른쪽 우, 突 갑자기, 부딪칠 돌

출처 마등의 차남 마휴가 조조의 부하 장수 군사와 싸우다가 중상을 입은 모습.

본문

첩자가 허도에 도착하여 조조에게 보고한다.

"유비가 제갈량과 방통을 모사로 삼고, 군사를 모집하고 말을 사들이고 마초를 쌓고 군량을 준비하며, 동오의 손권과 동맹을 맺었으니 머지않아 군사를 일으켜 쳐들어올 것입니다."

조조는 멀리 남쪽을 치러 나간 사이 마등(馬騰)이 허도로 쳐들어올까 걱정을 하니, 순유(荀攸)가 계책을 내놓는다.

"마등을 정남장군(征南將軍)으로 봉하고 속히 손권을 치라는 조서를 보내어 일단 마등을 도성으로 꾀어 유인한 다음 죽이면 됩니다."

마등은 마원(馬援)의 후손이다. 그의 부친은 천수(天水)의 어느 고을 현위로 있었는데 뒤에 농서(隴西)를 떠돌다가 강족(羌族) 여자에게 장가들어 마등을 낳았다. 마등은 민병을 모집하여 변방의 이민족을 격파하여 공을 세운 덕에 정서장군(征西將軍)의 칭호를 받은 적이 있었다. 조조가 천자의 명령이라 내세우며 남방을 치라는 조서를 보내 마등을 허도로 불렀다. 그의 아들 마초(馬超)가 부친에게 간한다.

"경솔하게 허도에 들어가지 마시고 형편을 보아 상대의 동정을 먼저 살피시기 바랍니다."

마등이 서량(西涼) 군사 5천 명을 거느리고 허도를 향해 떠났다.

조조는 마등이 왔단 보고를 듣고 황규(黃奎)에게 분부한다.

"도성에 들어와 천자를 알현하면 싸움에 필요한 마초와 군량을 내주겠다고 전하여라."

황규는 마등을 만나 함께 술을 마셨다.

황규가 탄식한다.

"나의 부친은 이각과 곽사의 난 때 세상을 떠나셨기 때문에 항상 원통하고 분했는데, 오늘날에 임금을 속이는 역적과 만날 줄은 몰랐소."

"임금을 속이는 역적이라니 그게 누구요?"

"임금을 속이는 역적은 바로 조조요."

마등은 조조가 사람을 보내어 자기의 속마음을 떠보는 것이 아닌지 의심했다.

황규가 충고한다.

"경솔하게 성 안으로 들어가서 천자를 알현하지 마시고 성 밖에서 머무르시오. 조조가 성 안에서 나와 군사를 사열할 때 달려들어 죽여버리면 큰일을 성취할 것이오."

두 사람이 상의하고 결정했다.

황규의 첩 이춘향(李春香)은 이전부터 황규의 처남 묘택(苗澤)과 몰래 정을 통하고 있던 사이였다. 황규가 첩 이춘향의 방으로 자러 왔다. 술에 취한 황규가 첩에게 자신의 원한은 조조를 죽여야 풀릴 것이며, 마등장군과 약속하고 내일 조조가 군사를 사열할 때 조조를 죽이기로 했다고 말했다. 춘향은 그날 밤 이를 묘택에게 일러줬고, 묘택은 조조에게 가서 고해바쳤다.

이튿날 마등은 서량의 군사를 거느리고 허도성 가까이 가면서 보니 승상 조조의 기가 펄럭였다. 마등은 조조가 군사를 사열하는 줄 알고 접근하는데 갑자기 화살이 날아오고 한 장수가 앞으로 달려 나온다. 조홍(曹弘)이었다.

마등이 황급히 말을 돌리려 하는데, 좌우에서 함성이 일어나면서 왼편에서는 허저, 오른편에서는 하후연, 뒤에서는 서황 군사가 쳐들어와 마등 부자 세 사람을 에워쌌다.

셋째 아들 마철은 날아온 화살에 맞아 죽었고, 둘째 아들 마휴는 마등을 따라 좌충우돌하나 벗어나지 못하고 전신에 중상을 입었는데, 타고 있던 말이 화살에 맞아 쓰러지는 바람에 부자 두 사람은 함께 사로잡히고 말았다.

조조는 황규와 마등 부자를 끌어오도록 했다. 조조는 묘택을 불러서 황규와 대질시키니, 마등은 황규를 꾸짖는다.

"나라를 위해 역적을 죽이지 못했으니 이는 하늘이 돕지 않은 것이다!"

마등은 끌려나가면서도 계속 조조를 욕하고 저주한다. 이리하여 마등은 둘째 아들 마휴, 황규와 함께 목이 베였다.

간체자 左衝右突

발음 쭤 충 여우 투(zuǒ chōng yòu tū)

회수 57회

해설 이리저리 마구 치고받고 부딪힘을 뜻하는데, 여기에서는 포위를 뚫고 나아가려고 할 때 고군분투(孤軍奮鬪)하는 것을 뜻한다.

『삼국지연의』에는 마초가 부친 마등이 살해당한 소식을 듣고 원수를 갚기 위해 조조를 공격하였다고 하였으나 사실은 정반대로 마초가 모반을 일으켰다가 마등이 주멸을 당한 것이다. 마초의 모반으로 마등 일가족 2백여 명이 살해되었다.

『자치통감』 권65 건안 13년(208년)에 형주를 정벌하려는 조조가 양주에 있는 마등을 조정으로 불러들이자 마등이 조정에 들어가 위위(衛尉)에 임명되고 가족을 업성으로 이사 오게 하였으며 마초를 편장군으로 삼았다고 하였다. 또 권66 건안 16년(211년)에는 조조가 장로를 토벌하자 마초는 자신을 습격할 것으로 의심하여 반란을 일으켰고 동관에서 조조와 크게 싸워 결국은 조조에게 무너졌다고 하였으며, 건안 17년의 기록에는 위위 마등을 죽이고 삼족을 멸했다고 하였다. 업성으로 이주하여 살던 마등의 가족들이 피살된 이유가 마초가 반란을 일으켰다가 실패한 것임을 알 수 있다.

103

물불을 가리지 않는다

부탕도화赴湯蹈火

赴 갈 부, 湯 끓을 탕, 蹈 밟을 도, 火 불 화

출처 익주의 장송이 허도의 조조에게 가서 양수에게 한 말.

본문

별가(別駕)를 맡은 장송(張松)이 익주(益州), 지금의 사천(四川) 성도(成都)의 유장(劉璋)에게 한중(漢中)의 장로(張魯)를 막아낼 계책을 말한다.

"제가 직접 허도로 가서 한중의 장로를 치도록 조조를 설득하겠습니다. 그러면 장로는 조조를 막아내느라 여유가 없을 것이니, 어느 틈에 촉중(蜀中)을 엿볼 수 있겠습니까?"

유장은 승낙하고 조조에게 진상할 황금, 진주, 비단을 장송에게 주면서 떠나게 했다. 이에 장송은 몰래 서천의 지리를 그린 지도를 숨겨서 가지고 허도로 갔다.

장송은 시종들에게 뇌물을 주고 난 후에야 겨우 조조를 만날 수 있었다.

조조는 장송이 생긴 것이 상스럽고 비천하여 불쾌했다. 장송은 이마가 튀어나오고 머리는 뾰족하며 코는 납작하고 이가 드러났으며 키는 5척도 못 되었고 목소리는 큰 종소리처럼 우렁찼다. 더군다나 조조는 자신과 충돌하는 장송의 말을 듣자 소매를 떨치며 일어나서 후당으로 들어가 버렸다.

조조의 좌우 신하들이 장송을 꾸짖고 속히 돌아가라고 했는데 그 가운데 양수(楊修)는 박학하여 말을 잘하고 아는 것이 남보다 뛰어났다.

장송은 양수가 말을 잘하는 선비라는 것을 알고 그에게 트집을 잡아 비난하고 싶었다. 양수도 자기 재주만 믿고 세상의 선비들을 깔보았기 때문에 장송의 풍자하는 말을 듣고 바깥 화원으로 데리고 나가서 주인과 손님의 예로 자리를 정하고 앉았다.

"촉 땅으로 가는 길이 험난하다고 하던데 멀리서 오시느라 수고가 많았습니다."

"주인의 명령을 받들면, 물불을 가리지 않고 감히 사양하지 않습니다."

간체자 赴汤蹈火

발음 푸 탕 다오 훠(fù tāng dǎo huǒ)

회수 60회

해설 "끓는 물에 뛰어들고 타는 불에 들어가다"라는 뜻으로, 어려움이나 위험을 무릅쓰고 용감하게 나아감 또는 물불을 가리지 않음을 비유하는 말이다. 유사 성어로는 '간뇌도지(肝腦塗地)', '분신쇄골(粉身碎骨)'이 있다.

104

남들보다 뛰어나고, 특출한 인재를 배출하다

출호기류, 발호기췌出乎其類, 拔乎其萃

出 날, 뛰어날 출, 乎 온, 어조사 호, 其 그 기, 類 무리 류,
拔 뺄, 특출(特出)할 발, 萃 모일 췌

출처 양수가 촉 땅의 인재에 대한 질문에 장송이 한 대답.

본문

양수가 장송에게 묻는다.

"촉중의 인물은 어떻습니까?"

"문장으로는 사마상여(司馬相如)가 있고, 의술로는 장중경(張仲景)이 있으며, 점복(占卜)으로는 엄군평(嚴君平) 등의 인물들이 나왔고, 삼교구류(三教九流)의 모든 학문에 걸쳐 남들보다 뛰어나고 출중한 인재를 배출하였으니, 그 많은 인물은 어찌 다 기억하리오."

간체자 出乎其类, 拔乎其萃

발음 추 후 치 레이(chū hū qí lèi), 바 후 치 추이(bá hū qí cuì)

회수 60회

해설 '췌(萃)'는 풀이 모여 있는 모양으로, 같은 무리가 모여 있는 것을 말한다. '출호기류, 발호기췌'란 "사람의 인품과 재능이 같은 무리보다 뛰어나다"라는 뜻이다.

『맹자』「공손추」(公孫丑) 상편에 '출어기류(出於其類), 발호기췌(拔乎其萃)'라고 하였다. "성인도 보통사람들에게서는 또한 그와 같은 것이니, 대체로 같은 종류 가운데에서 뛰어나고 여럿 중에서 빼어나다. 그러나 인류가 생

겨난 이래로 공자보다 더 훌륭한 사람은 없었다"라고 하였다. 맹자의 저서에서 공자의 제자 유약(有若)이 공자를 모든 동물 중에서 기린, 모든 새 중에서 봉황, 여러 산 중에서 태산, 모든 물 가운데 바다와 같은 존재로 세상에 유일무이한 성인으로 인식하였다.

105

기억력이 뛰어나다

과목불망過目不忘
過 지날 과, 目 눈 목, 不 아닐 불, 忘 잊을 망

출처 양수가 기억력이 아주 뛰어난 장송에게 한 말.

본문

양수가 좌우 사람을 불러 작은 상자 속의 책을 가지고 오라고 하여 장송에게 보여준다.

장송이 보니 책 제목이 『맹덕신서(孟德新書)』였다. 장송이 훑어보니 모두 13편으로 병법에 관한 것이었다.

"승상께서 『손자병법』 13편처럼 친히 새로이 지어낸 병서인데 후세에 길이 남을 것이오."

장송이 크게 웃는다.

"이 책은 촉 땅에서는 삼척동자도 다 외우는데 어찌 새로운 저술이라는 것이오? 이 책은 전국시대 때 무명씨가 지은 책이오. 승상이 표절하고 자기가 지었다고 하여 공을 속인 거요."

"승상의 비밀리에 숨겨온 책이니 비록 책으로 만들어지기는 했어도 아직 세상에 발표하지는 않으셨소. 공이 촉중의 삼척동자도 다 외운다고 말하다니 어찌 속이려는 것이오?"

"공이 내 말을 믿지 않는다면, 내가 한번 외워보겠소."

장송은 처음부터 끝까지 다 외우는데 한 글자도 틀리지 않았다.

"공은 기억력이 뛰어나니, 참으로 천하의 기이한 천재요."

간체자 过目不忘

발음 궈 무 부 왕(guò mù bù wàng)

회수 60회

해설 한번 본 것은 잊어버리지 않는다는 뜻이다. 유사 성어로 널리 듣고 잘 기억한다는 뜻의 '박문강기(博聞强記)'가 있다.

『자치통감』(資治通鑒) 권100에 보인다. "부융(符融)은 문학을 좋아하고 시비를 가리는데 남보다 뛰어났으며 한 번 들은 것은 즉시 다 외워 기억력이 아주 좋았다. 또한 힘도 장사여서 백 명을 대적할 수 있었고, 말을 타고 활을 쏘며 창으로 찌르는 것을 잘하여서 어려서부터 이름이 났다"라고 하였다. 부융(?-383년)은 감숙 천수(天水) 사람으로 동진(東晉)의 맹장 사현(謝玄)에게 패하긴 했지만 비수(淝水)의 전투로 유명한 전진(前秦)의 왕 부견(符堅)의 동생이다.

106

박학다식하고 기억력이 좋다

박문강기博聞强記
博 넓을, 널리 박, 聞 들을 문, 强 굳셀, 힘쓸 강, 記 기억할 기

출처 양수가 조조에게 장송에 대해 한 말.

본문

양수가 승상부에 들어가서 조조에게 묻는다.

"왜 장송을 업신여기셨습니까?"

"그가 하는 말이 불손해서 그랬소."

"승상께서 예형도 용서하셨는데 어찌 장송은 받아들이지 않으십니까?"

"예형의 문장은 지금에도 전해질 정도여서 차마 죽이지 못했으나 장송은 무슨 능력이 있소?"

"장송은 언변이 뛰어나 한번 말하면 강물이 쏟아지듯 하여 아무 막힘이 없습니다. 승상께서 지으신 『맹덕신서』를 그에게 보여줬더니 한번 보고는 다 외웠습니다. 세상에 이런 박학다식하고 기억력이 좋은 자는 없을 것입니다. 그가 말하길 이 책은 전국 시대 무명씨가 지은 것이라고 하는데 촉 땅에서는 삼척동자도 다 외운다고 합니다."

"옛날 사람의 생각과 우연히 들어맞은 것이 아니겠소?"

그러고는 조조는 그 책을 태워버리라고 하였다.

간체자 博闻强记

발음 보 원 창 즈(bó wén qiáng zhì)

회수 60회

해설 지식이 풍부하고 기억력이 좋은 것을 형용하는 말이다. '박문강식(博聞强識)', '박문강지(博聞强志)'라고도 하며, 유사 성어로는 '박고통금(博古通今)', '박학다재(博學多才)', '박학다문(博學多聞)', '박람군서(博覽群書)', '견다식광(見多識廣)' 등이 있다. 반대어는 '고루과문(孤陋寡闻)'이다.

장송이 조조에게 사신으로 간 것은 사실이지만 사신으로 행한 일의 내용은 대부분 허구다. 『삼국지연의』에서는 건안 16년이라고 하였는데 건안 13년 때이고, 만난 장소도 허도가 아닌 형주였다. 『삼국지』「유장전」에 유장은 별가 장송을 보내 조조를 만나 보게 했는데 당시에 조조는 이미 형주를 평정하고 유비가 달아나게 했으므로 다시 장송에게 관심을 기울여 관직을 주지 않아 장송이 원망하였는데 그러다가 조조가 적벽에서 패하고 역병까지 겹쳐 죽는 자가 속출하자 장송이 돌아와 조조를 헐뜯으며 유장에게 조조와 관계를 단절하라고 권했다고 하였다.

장송이 조조를 헐뜯는 장면에서 화용도에서 관우를 만나고, 마초에게 쫓겨 수염을 자르고 전포를 벗어던진 일 등은 역사에서 일어나지도 않았다.

지도를 바친 일에 관하여는 『삼국지』「선주전」 주에 인용한 『오서』에 유비는 장송을 만나고 장송의 추천으로 후에 법정을 만났는데 촉 땅의 넓이, 병기 창고와 군사의 수, 주요 도로의 원근 등을 물으니 장송이 모두 대답하였고 산과 강의 위치가 표시된 지도를 그려주어 익주의 허실을 훤히 알 수 있었다고 하여, 지도는 미리 준비해둔 것이 아니고 조조에게 바치기 위해 미리 만든 것도 아니다. 유비가 장송을 만난 자리에서 촉에 대해 물으니 그에 대해 장송이 대답하고 지도를 그린 것이다.

107

푸른 산은 늙지 않고 맑은 물은 항상 흐른다

청산불로 녹수장존靑山不老 綠水長存

靑 푸를 청, 山 뫼 산, 不 아닐 불, 老 늙을 로,
綠 푸를 록, 水 물 수, 長 길 장, 存 있을 존

출처 유비가 장송의 도움에 감사하며 한 말.

본문

조조가 장송을 교련장으로 장송을 불러 호위군 군사의 위용을 보여주며 묻는다.

"촉 땅에서 저런 영웅적 인물들을 본 적이 있소?"

"우리 촉중에서는 일찍이 이런 군대와 무기는 보지 못했어도 인의(仁義)로 다스리는 사람은 보았습니다."

조조는 얼굴색이 변했고 장송은 전혀 두려워하는 기색이 없었다.

조조가 장송을 가리키며 말한다.

"나는 천하의 쥐새끼 같은 무리를 초개(草芥)와 같이 여기오. 우리의 대군은 싸워서 이기지 않은 적이 없고, 공격하여 차지하지 않은 곳이 없었으니, 나에게 순종하는 자는 살고 거역하는 자는 죽는다는 것을 너는 아느냐?"

"옛날 승상께서 복양(濮陽)에서 여포를 치던 때와 완성(宛城)에서 장수(張繡)와 싸우던 날, 적벽에서 주유와 대결했던 일과 화용도(華容道)에서 관우와 만났던 일, 그리고 동관(潼關)에서 수염을 자르고 도포를 벗어 던진 일과 위수에서 배를 빼앗아 타고 화살을 피했던 일이 다 천하무적이셨습니까?"

조조가 크게 화를 낸다.

"썩은 선비가 어찌 감히 나의 단점만을 들추어내느냐!"

조조가 장송을 죽이려 하나 양수가 그를 죽이면 인심을 잃는다고 막았다.

순욱이 간하여 장송은 대신 곤장을 맞고 쫓겨났다.

장송이 관사로 돌아와서 그날 밤 서천으로 돌아가다가 생각한다.

"내가 본래 서천 땅을 조조에게 바치려고 했는데, 조조가 이렇게 사람을 업신여길 줄이야 누가 알았으랴. 유장에게 큰소리치고 왔는데 빈손으로 돌아가자니 촉중 사람들의 웃음거리가 될 바에야 차라리 형주의 유비의 인의가 멀리까지 소문이 났으니 유비가 어떤 사람인지 한번 보고 마음을 정하리라."

장송은 형주로 가서 유비의 극진한 대접을 받았다. 장송이 3일 동안 머무는데도 유비는 사천에 대해 언급조차 하지 않는다. 장송이 하직하던 날, 유비가 10리 장정(長亭)에서 송별연을 벌이고 술을 권한다.

"이 장송이 보기에 형주는 동쪽에서 손권이 범처럼 웅크리고 앉아 노려보고 북쪽에서는 조조가 고래처럼 입을 벌리고 삼키려고 하는 곳이니, 오래 계실 곳이 결코 아닙니다."

"나도 그런 줄은 알고 있지만 아직은 안전하게 갈 곳이 없소이다."

"만약 형주와 양양의 군사를 일으켜서 서쪽으로 쳐들어가면 패업을 이룰 수 있으며 한나라 황실을 다시 일으킬 수 있습니다."

"유장은 한나라 황실의 종친인데 익주를 차지할 수 있겠소?"

"유장은 품성이 어리석고 나약하여 어질고 능력 있는 인재를 등용할 줄 모릅니다. 공께서 먼저 서천을 차지하여 기반으로 삼고 그런 다음에 북쪽으로 장로가 있는 한중을 도모하고 중원을 거두어 조정을 바로잡아 이름을 청사에 남기시면 그 공로는 실로 막대한 줄로 압니다. 제가 촉 땅에서 호응하겠습니다."

"비록 차지하려고 해도 어떤 계책이 좋은지 모르겠소."

장송이 품에서 지도를 꺼내어 보인다.

"내게 절친한 친구 둘이 있는데 하나는 법정(法正)이고 다른 하나는 맹달(孟達)입니다. 그들이 형주에 오면 함께 의논하실 수 있을 겁니다."

유비가 두 손을 모아 감사를 표한다.

"푸른 산은 늙지 않고, 맑은 물은 항상 흐르니, 언젠가 대업이 성공하면 반드시 후하게 보답하리라."

간체자 青山不老, 绿水长存

발음 칭 산 부 라오(qīng shān bù lǎo), 뤼 수이 창 춘(lǜ shuǐ chán cūn)

회수 60회

해설 "푸른 산 맑은 물은 언제나 젊다"라는 뜻으로, 시간이 오래 경과되어 영원히 남아 있거나 시간이나 기회가 얼마든지 있음을 비유하는 말이다.

장송이 조조를 비꼬며 한 말인 '천하무적(天下無敵)'은 『맹자』「이루(離婁)」 상편에 "임금은 인을 좋아하여 천하의 적수가 없습니다"라는 문구에서 유래하였다.

108

덕을 갖춘 사람의 풍모가 있다

유장자풍有長者風
有 있을 유, 長 길, 아른 장, 者 놈 자, 風 바람, 풍채 풍

출처 장송이 유장에게 조조의 공격을 막아낼 계책으로 도움을 청할 유비의 인품에 대해서 한 말.

본문

장송이 익주로 돌아와 유장을 뵈었다. 유장이 허도에 가서 조조를 만난 일은 어찌 되었는지 묻는다.

"조조는 한나라의 역적으로 천하를 찬탈하고 이미 서천을 칠 생각을 품고 있습니다."

"그렇다면 이 일을 어찌하면 좋겠소?"

"장로도 조조도 서천을 감히 가벼이 침범하지 못하게 할 계책이 하나 있습니다."

"그 계책이 뭐요?"

"형주의 유비는 주공과는 친족이고 천성이 인자하고 덕을 갖춘 사람의 풍모가 있습니다. 적벽 싸움 이후에 조조는 유비의 이름만 들어도 가슴이 찢어진다는데 하물며 장로야 말할 것이 있겠습니까? 왜 주공은 사자를 보내어 유비와 우호 관계를 맺지 않으십니까? 밖에서 유비의 지원을 받기만 하면 조조와 장로를 막아낼 수 있습니다."

"나도 그런 생각을 한 지 오래인데 누굴 사자로 보내는 것이 좋겠소?"

"법정과 맹달이 아니면 다른 사람을 보낼 수 없습니다."

간체자 有长者风

발음 여우 장 저 펑(yǒu zhǎng zhě fēng)

회수 60회

해설 '장자(長子)'는 나이가 많은 사람 혹은 덕망(德望)이 있고 관대(寬大)한 사람을 뜻한다. '유장자풍'이란 "장자의 풍모가 있다"라는 뜻으로, 어떤 사람의 고상한 품덕(品德)과 너그러운 도량을 갖춘 인품을 형용하는 말이다.

109

달걀을 쌓아 놓은 것처럼 위태롭다

누란지위 累卵之危

累 쌓을 누, 卵 알 란, 之 갈, 어조사 지, 危 위태로울 위

출처 황권이 유장에게 유비를 서천으로 불러들이지 말라며 한 말.

본문

유장이 법정과 맹달을 불러들여 서신 한 통을 썼다. 법정을 먼저 사자로 보내 서신을 유비에게 전하여 우호 관계를 맺게 하고, 맹달에게 군사 5천 명을 주어 유비를 영접하게 하여 원조를 받으려고 의논 중이었다.

황권이 땀을 흘리며 뛰어들어와서는 크게 외친다.

"장송의 말을 들으시면 41개의 주군(州郡)은 이미 다른 사람에게 빼앗기는 것입니다!"

"유비가 나와 친척 간인데 그와 우호 관계를 맺고 구원을 청하려고 하는데 넌 어찌 그런 말을 하느냐?"

"유비는 사람을 관대하게 대하고 부드러운 것으로 강한 것을 이기니 대적할 수 없는 영웅입니다. 그런 유비를 서천을 불러들이고 거주민으로 대우하면 유비가 어찌 몸을 낮추어 작아지려고 하겠습니까? 만약 손님으로 대하면 한 나라에 주인이 둘이 있는 셈이니 제 말을 들으시면 서천은 태산처럼 안전할 것이고, 만일 제 말을 듣지 않으시면 달걀을 쌓아 놓은 것처럼 위태로워질 것입니다. 장송이 형주를 지나서 돌아왔으니 이것은 분명 유비와 미리 짜고 하는 짓입니다. 먼저 장송부터 목을 베시고 유비와 절교하십시오.

그러면 서천은 천만다행일 것입니다."

간체자 累卵之危

발음 레이 롼 즈 웨이(lěi luǎn zhī wēi)

회수 60회

해설 '누란(累卵)'은 쌓아 놓은 여러 개의 알이란 뜻으로, 매우 위태로운 형국을 비유하는 말이다. '위여누란(危如累卵)'이라고도 한다. 유사 성어로는 '천균일발(千钧一发)', '일촉즉발(一觸卽發)', '화소미모(火烧眉毛)' 등이 있다. 반대 성어로는 '안여반석(安如磐石)', '온여태산(稳如泰山)', '안여태산(安如泰山)' 등이 있다.

"부드러운 것은 강한 것을 이긴다"라는 말은 '유능극강(柔能克强)'이라는 성어인데, 『노자』 36장에 나오는 "부드럽고 약한 것이 강하고 강한 것을 이긴다"라는 '유약승강강(柔弱勝剛强)'에서 유래한 것이다. 또한 78장에 "약한 것이 강한 것을 이기고, 부드러운 것이 강한 것을 이긴다(弱之勝强, 柔之勝强)"라고 하였다.

그러한 성질의 예로 든 것이 물[수(水)]인데, 단단한 바위나 강한 철은 물에 의해 쪼개지고 닳아지며 녹슬어 버리는 것처럼 물이 돌이나 철보다 강하다. 78장에 "천하에 물보다 더 부드럽고 약한 것이 없다. 그러나 굳고 강한 것을 꺾는 데는 물보다 더 뛰어난 것이 없다. 어떤 것도 물의 본성을 바꿀 수가 없기 때문이다(天下莫柔弱於水, 以攻堅强者 莫知能勝, 以其無以易之)"라고 하였다.

110

발등에 불이 떨어지다

소미지급燒眉之急

燒 불사를, 태울 소, 眉 눈썹 미, 之 갈, 어조사 지, 急 급할 급

출처 유장이 성을 지키며 조조의 군대가 물러나기를 기다리라는 황권의 말을 듣고 한 말.

본문

유장이 묻는다. "그러다가 조조와 장로가 쳐들어오는 날이면 어떻게 막을 것인가?"

황권이 대답한다. "문을 닫고 요새를 튼튼하게 하며 성을 높이 쌓고 호(壕)를 깊이 파놓고서는 적군이 물러날 때까지 참고 견디면 됩니다."

"적군이 쳐들어오면 당장 발등에 불이 떨어진 것인데 참고 견디며 때가 조용해지기를 기다린다면 이것은 어리석은 계책이다."

간체자 烧眉之急

발음 사오 메이 즈 지(shāo méi zhī jí)

회수 60회

해설 눈썹에 불이 붙었다는 뜻으로, 매우 위급함을 이르는 말이다. 유사 성어로는 눈썹에 불이 붙었다는 뜻의 '초미(焦眉)' 혹은 그런 위급함을 말하는 '초미지급(焦眉之急)' 그리고 눈썹에 불이 붙었다는 뜻의 '연미(燃眉)'도 매우 위급함을 이르는 말이다.

111

말은 백락을 만나야 기뻐서 울고, 사람은 자기를 알아주는 사람을 만나면 목숨도 바친다

마봉백락이시, 인우지기이사馬逢伯樂而嘶, 人遇知己而死
馬 말 마, 逢 만날 봉, 伯 성씨 백, 樂 즐거울 락, 而 어조사 이, 嘶 말 울 시
人 사람 인, 遇 만날 우, 知 알지, 己 자기 기, 死 죽을 사

출처 법정이 유장에게 한 말.

본문

유장이 성을 지키며 때를 기다려야 한다는 황권의 건의를 받아들이지 않고, 법정을 보내려고 하는데, 왕루(王累)가 반대한다.

"장송을 믿으시면 화를 자초하는 것입니다."

"아니다. 내가 유비와 우호 관계를 맺으려는 것은 장로를 막기 위해서다."

"장로가 국경을 침범한다면, 그것은 우리에게는 버짐이나 옴과 같은 가벼운 피부병 정도이지만, 유비가 서천으로 들어오는 날이면 생사가 걸린 큰 병입니다. 더군다나 유비는 당대의 효웅(梟雄)입니다. 처음엔 조조를 섬기다가 후에 조조를 죽이려고 했고, 또 손권을 따르다가 결국 형주를 빼앗은 인물인데, 그런 심보를 가진 사람과 어찌 자리를 함께할 수 있겠습니까? 유비를 불러들이면 서천은 망합니다."

"다시는 그런 말 하지 마라. 유비는 나와 종친이다. 그가 어찌 나의 땅을 빼앗으려고 하겠는가?"

유장은 홍군과 왕루를 밖으로 몰아내고 법정에게 즉시 유비에게로 가라고 명하였다.

법정은 유비를 만나 유장의 편지를 바쳤다.

아우뻘 되는 유장이 종형께 글월을 올립니다. 이 유장은 친구 사이에 길흉은 서로 돕고, 걱정과 근심이 있으면 서로 돕는다는 옛말을 알고 있습니다. 하물며 친족 간에는 더할 나위가 없겠지요. 이제 장로가 북쪽 한중에 웅거하고 있으면서 서천을 공격할 생각만 하고 있다고 하니, 너무나 불안해서 삼가 서신을 바칩니다. 군사를 일으키시어 도둑들을 무찔러 주십시오. 우호를 맺고 큰 은혜에 보답하겠습니다. 군사를 거느리고 왕림해주시기 바랍니다.

유현덕이 법정에게 말한다.

"지난번에 장송이 그대를 칭찬하더니만 이렇게 직접 지도를 받게 되어 기쁘오."

법정이 말한다.

"촉 땅의 보잘것없는 관리가 무슨 뛰어난 점이 있겠습니까? 그러나 옛말에 '말은 백락을 만나야 기뻐서 울고, 사람은 자기를 알아주는 사람을 만나면 목숨도 바친다'라고 했습니다. 장송이 지난번에 말씀드린 일을 장군께서 하실 생각이 있으십니까?"

간체자 马逢伯乐而嘶, 人遇知己而死

발음 마 펑 보 러 얼 쓰(mǎ féng Bó Lè ér sī), 런 위 즈 얼 쓰(rén yù zhī ér sǐ)

회수 60회

해설 백락(伯樂)은 춘추 시대 진목공(秦穆公) 때 사람으로 본명은 손양(孫陽)이다. 그는 말을 잘 알아보기로 유명했는데 안목이 뛰어나서 명마를 잘 골랐다고 한다. 오늘날에는 훌륭한 안목과 감별력이 있어 인재를 잘 발견하거나 선발하여 남보다 뛰어난 인재를 사용하는 사람을 비유하는 말이 되었다. 성어는 자신의 능력이 뛰어남에도 그 능력에 맞는 대우를 받지 못하는 것을 비유적으로 말한 것이다.

인재를 잘 알아보는 것을 '백락상마(伯樂相馬)'라고 한다 '상마(相馬)'의 '상(相)'은 자세히 보다, '상마'란 "말의 생김새를 보고 그 말이 좋은 말인지 나쁜 말인지를 감정하다"라는 뜻이다.

『고문관지(古文觀止)』 권7 육조당문(六朝唐文) 가운데 한유(韓愈)의 「잡설(雜說)」(4)에 "세상에 백락이 태어난 뒤에야 천리마(千里馬)가 있게 되었으니, 천리마는 항상 있으나 백락과 같은 사람은 항상 있는 것이 아니다"라고 하면서 세상에 훌륭한 말이 없다고 한탄하는 사람이 있는데, 세상에 정말로 천리마가 없는 것이 아니라 천리마를 알아보지 못하기 때문이라고 하였다.

『전국책』 「조책(趙策)」(1) 「진나라 필양의 후손 예양」에 예양은 "처음에 범씨(范氏)와 중항씨(中行氏)를 섬겼으나 뜻을 얻지 못해 그들을 떠나 지백(知伯)을 섬겼다. 지백은 그를 총애하였으나 지백이 진양 싸움에서 패하여 결국 한, 위, 조 삼진(三晉)이 지백의 땅을 삼분하였다. 그 가운데 조양자(趙襄子)는 지백을 가장 미워하여 그의 머리를 베어 해골을 술잔으로 삼았다. 예양은 산중으로 도망가서 한탄하길, '선비는 자기를 알아주는 사람을 위해 목숨을 바치고, 여자는 자기를 기쁘게 해주는 사람을 위해 화장을 한다고 하였으니, 나는 반드시 지백의 원수를 갚겠다'고 결심했다"라고 하였다. 여기에서 "선비는 자기를 알아주는 사람을 위해 목숨을 바치고, 여자는 자기를 기쁘게 해주는 사람을 위해 화장을 한다(士爲知己者死, 女爲悅己者容)"에서 '사위지기자사(士爲知己者死)'는 '인우지기이사(人遇知己而死)'와 유사한 성어다.

『열자(列子)』 「설부(說符)」에 진목공이 백락에게 말을 잘 식별하는 사람을 추천해달라고 해서 구방고(九方皐)를 천거한 일을 기록하였다. 구방고는 이치를 아는 것은 하늘의 뜻, 즉 천기(天機)인데, 핵심만 파악하여 말의 겉모습은 잊고, 말의 내면을 중시하여 중요한 특징만을 발견하여 천리마를 고르는 진수를 깨달았다고 한다.

이 성어는 세상의 인재가 아무리 능력을 갖추었다 하더라도 천리마를 알아볼 줄 아는 백락과 같은 사람을 만나야 제 능력을 발휘할 수 있다는 말이다.

"버짐이나 옴과 같은 가벼운 피부병"은 '선개지질(癬疥之疾)'이라고 한다. 위험성이 적거나 그렇게 중요하지 않은 작은 문제를 비유하는 말이다.

112

작은 새는 편안히 거처할 나뭇가지가 하나라도 있고, 교활한 토끼는 굴을 세 개나 뚫어놓는다

초료일지, 교토삼굴鷦鷯一枝, 狡兎三窟

鷦 뱁새 초, 鷯 굴뚝새, 메추라기 료, 一 한 일, 枝 가지 지
狡 교활할 교, 兎 토끼 토, 三 석 삼, 窟 굴 굴

출처 유비가 법정에게 자신의 신세에 대해 한 말.

본문

유비가 법정에게 대답한다.

"나는 평생 떠도는 나그네 신세라, 어찌 슬픈 생각과 한탄스러운 일이 없을 수가 있겠소? 일찍이 작은 새는 편안히 거처할 나뭇가지가 하나라도 있고, 교활한 토끼는 굴을 세 개 뚫어놓는다는 걸 생각하고 있소. 하물며 사람에게서야 더 말할 것이 있겠소? 촉중이 풍요로운 땅이라 차지하지 않으려는 것은 아니지만 유장이 나와 친척 사이라서 어찌 차마 도모하지 않는 것이오."

간체자 鹪鹩一枝, 狡免三窟

발음 쟈오 랴오 이 즈(jiāo liáo yī zhī), 쟈오 투 싼 쿠(jiǎo tù sān kū)

회수 60회

해설 '초료(鷦鷯)'는 작은 새를 비유한다. 『장자』「소요유」에 "뱁새와 굴뚝새는 깊은 숲속에 둥지를 틀지만 아주 작은 가지 하나에 불과하고, 쥐가 강물을 마셔도 겨우 자기 배를 가득 채울 정도면 충분하다"라고 하였다. 작은

가지 하나에 불과해도 몸을 의탁할 만한 둥지를 만들 수 있다는 말이니, '초료'는 안신처(安身處)나 일자리를 비유하면서 아울러 거처할 곳을 바라지만 높은 지위를 구하지는 않고 만족함을 내포한다.

'교토삼굴'은 『전국책』「제책(齊策)」의 명편 「풍훤객맹상군(馮諼客孟嘗君)」에 나온다. 풍훤이 말하길, "교활한 토끼는 굴을 세 개 뚫어놓아서 도망갈 구멍을 만든다. 지금은 하나의 굴만 있어 베개를 높이하고 누워 걱정이 없을 수가 없다"라고 하였다. '교토삼굴'과 "베개를 높이하고 누워 걱정이 없다"라는 뜻의 '고침무우(高枕無憂)'의 유래이다. '교토삼굴'의 유사 성어로는 '이화접목(移花接木)'이 있다.

113

일찍 일어나는 새가 벌레를 잡는다

축토선득逐兎先得

逐 쫓을 축, 兎 토끼 토, 先 먼저 선, 得 얻을 득

출처 법정이 유비에게 익주를 빨리 점령하라며 재촉하는 말.

본문

법정(法正)이 유비에게 말한다.

"익주(益州)는 땅이 매우 기름져 온갖 산물이 많이 나는, 천부지국(天府之國)이기 때문에 난세를 극복할 만한 분이 아니면 다스릴 수 없습니다. 그런데 유장은 어진 사람을 쓸 줄 모르니 마지않아 그 땅은 반드시 남의 손에 넘어갈 것입니다. 그래서 오늘 스스로 장군에게 촉 땅을 바치려는 것이니 기회를 놓치지 마십시오. 일찍 일어나는 새가 벌레를 잡는다는 말을 듣지 못했습니까? 장군께서 차지할 생각이 있으시면 신이 죽을 각오로 있는 힘을 다하겠습니다."

간체자 逐兎先得

발음 주 투 셴 더(zhú tù xiān dé)

회수 60회

해설 먼저 토끼를 쫓는 사람이 토끼를 잡는다는 뜻이다. 좋은 기회를 얻기가 힘이 들기 때문에 기회를 포착하는 능력이 있어야 하지만 기회를 찾으려는 노력도 필요하다.

114

외손뼉은 울릴 수 없다

고장난명孤掌難鳴

孤 외로울 고, 掌 손바닥 장, 難 어려울 난, 鳴 울 명

출처 조자룡이 손부인의 아두를 빼앗아 손권의 심복 주선의 배를 타고 가던 상황.

본문

방통과 맹달은 유비에게 유장을 죽이고 서천을 빼앗으라고 권유하여도 유비는 듣지 않는다.

위연이 홍문연(鴻門宴)처럼 칼춤을 추며 유장을 죽이려고 하니 유비가 차단한다.

어느 날 장로가 군사를 일으켜 가맹관(葭萌關)으로 쳐들어온다는 보고가 날아들었다. 유장이 유비에게 장로의 군사를 막아달라고 청한다. 모든 장수가 유장에게 건의하여 유장은 양회(楊懷)와 고패(高沛)를 부수관(涪水關)으로 보내어 지키게 하였다.

동오의 손권에게 고옹(顧雍)이 말한다.

"유비가 서천에 있으니 그가 돌아올 길을 끊고, 동시에 형주와 양양을 공격하면 되찾을 수 있습니다."

이때 오국태(吳國太) 부인이 화를 낸다.

"내 딸이 유비에게 시집갔는데 누가 내 딸을 죽이려고 하는가! 군사를 일으키면 내 딸은 어찌 되겠느냐!"

장소(張昭)가 손권에게 간한다.

“심복을 시켜 형주의 유비의 처 손부인(孫夫人)에게 밀서를 보내 동오의 국태부인이 병이 위독하여 딸을 보고 싶어 하며 손부인과 아들 아두도 함께 동오로 데려오라고 하십시오. 그래야 유비가 자기 아들과 형주를 맞바꾸자고 할 것입니다. 형주를 내놓지 않으면 그때 가서 형주를 쳐도 늦지 않습니다.”

손권의 심복 주선(周善)이 형주성에 가서 손부인을 만나 서신을 전하였다. 손부인은 일곱 살 된 아두를 안고 수레에 올라타고 주선을 따라 형주성을 벗어나 강변으로 달려가 배에 올라탄 뒤에야 조자룡이 달려오고 있었다.

조자룡이 배 안으로 들어가서 손부인의 품에서 아두를 빼앗아 안고 뱃머리로 나왔다. 한 손으로 아두를 안고 한 손에 칼을 잡고 버티고 서 있으니 아무도 감히 덤비지를 못한다.

주선이 배 뒤쪽에서 조종하여 배를 장강 중류로 몰고 간다. 바람이 순조로워 배는 빨리 달린다. 주선은 조자룡을 태우고 동오를 향해 갔다.

외손뼉은 울릴 수 없어서 조자룡은 비록 아두를 빼앗았어도 배를 언덕에 댈 수는 없었다.

나룻가에 10여 척의 배가 일자로 늘어서 열을 지어 오는데 뱃머리에 기가 나부끼고 북소리가 크게 진동한다. 장비였다. 장비가 순찰하다가 소식을 듣고 급히 달려온 것이다.

간체자 孤掌难鸣

발음 구 장 난 밍(gū zhǎng nán míng)

회수 61회

해설 혼자서는 어떤 일도 이룰 수 없음을 비유하는 성어다. “백지장도 맞들면 낫다”라는 속담과 같다. 『한비자』「공명(功名)」편의 “한 손으로 박수를 칠 수는 없다"라는 뜻의 '일수독박(一手獨拍)'과 같은 성어다. "한 가닥 실로는 줄을 만들 수 없고, 한 손으로는 소리를 낼 수 없다"라는 뜻의 '단사불선(單絲不線), 고장난명(孤掌難鳴)'으로도 쓰인다.

115

이치에 거슬리더라도 빼앗은 후에 이치에 따라 지키다

역취순수逆取順守

逆 거스를, 배반할 역, 取 얻을, 빼앗을 취, 順 따를 순, 守 지킬 수

출처 장송이 같은 종실인 유장의 익주를 빼앗는 것은 도리가 아니라며 거절하는 유비에게 보낸 서신에서 한 말.

본문

유비의 사자가 부수관(涪水關)에 이르자, 양회(楊懷)가 유비의 편지를 가지고 성도(成都)로 가서 유장에게 전달한다.

"유비가 서천에 들어온 후로 은혜와 덕을 널리 펴서 민심을 얻고 있으니, 그 속뜻이 의심스럽습니다. 그가 요구하는 군사와 군량을 보내지 마십시오. 유비를 돕는 것은 땔나무를 짊어지고 불 속으로 들어가는 것이나 다름없습니다."

"나와 유비는 형제지간인데, 어찌 돕지 않으리오."

자초(子初) 유파(劉巴)가 말한다.

"유비는 사납고 날랜 영웅입니다. 오랫동안 그를 촉중에 머물게 두면 호랑이를 방안으로 끌어들이는 것이며, 군사와 군량을 주어 돕는다면 이것은 호랑이에 날개를 달아주는 것과 같습니다."

유장은 황권(黃權)의 끈질긴 간언 때문에 늙고 약한 군사 4천 명과 쌀 만 섬만 보내기로 하였다.

유비가 유장이 보낸 사자에게 크게 화를 낸다.

"너희들을 위해서 적을 막고 있는데 이렇게 인색하면 누가 목숨을 내놓고 싸우겠느냐!"

방통이 계책을 유비에게 내놓는다.

"성도를 치는 것이 상책이고, 관을 지키고 있는 양회와 고패 두 장수를 죽이고 관을 빼앗아 부성을 점령한 뒤에 성도로 쳐들어가는 것이 중책이며, 백제성으로 물러나서 형주로 돌아갔다가 기회를 엿보고 천천히 촉을 치는 것이 하책입니다."

"중책이 느리지도 빠르지도 않으니 그 계책을 씁시다."

장송이 몰래 사람을 시켜 유비에게 서신을 보내려 하는데 친형인 광한(廣漢) 태수 장숙(張肅)이 찾아왔다. 장송은 급히 소매 속에 편지를 감추고 형을 영접했다. 장송은 형과 함께 술을 마시는데 소매 속에서 편지가 떨어졌다. 장송은 이를 보지 못했다. 술자리가 파하자 돌아가서 수하 사람은 그 서신을 장숙에게 바쳤다.

장숙이 서신을 봤다.

이치에 거슬리더라도 빼앗은 후에 이치에 따라 지키는 것은 옛 날 사람도 귀하게 여겼던 것입니다. 이제 큰일이 손안에 쥐어졌는데 어찌하여 그것을 버리고 형주로 돌아간단 말입니까? 이 장송이 그 소식을 듣고 실망하였습니다. 이 편지를 보는 즉시 군사를 신속하게 몰아 쳐들어오십시오. 장송이 안에서 호응하겠습니다.

장숙이 크게 놀라워하며 그날 밤에 장숙은 유장에게 가서 그 서신을 바쳤다.

"제 동생 장송이 유비와 공모하여 서천을 그에게 바치려고 합니다."

유장이 화가 치밀어 반역한 장송을 잡아다가 저잣거리에서 죽였다.

간체자 逆取顺守

발음 니 취 순 서우(nì qǔ shùn shǒu)

회수 62회

해설 군주를 배반하여 천하를 빼앗고 순리에 따라 나라를 다스린다는 뜻으로 정권 찬탈을 일컫는 말이다.

형주의 유비가 성도의 유장에게 군사와 군량을 요구하는 것에 대해 반대하는 양회의 말인 "땔나무를 짊어지고 불 속으로 들어간다"라는 것은 '파신조화(把薪助火)'라고도 한다. 또 유파의 말 가운데 "사납고 날랜 영웅"은 '효웅(梟雄)', "호랑이를 방안으로 끌어들이다"는 '종호입실(縱虎入室)', "호랑이에게 날개를 달아주다"는 '여호첨익(與虎添翼)'이라고 한다.

116

두 호랑이가 싸우면 반드시 한 마리는 다친다

양호상투필유일상兩虎相鬪必有一傷

兩 둘 양, 虎 범 호, 相 서로 상, 鬪 싸울 투,
必 반드시 필, 有 있을 유, 一 한 일, 傷 상할 상

출처 황충과 위연이 서로 낙성 공격의 선봉에 서겠다고 나서자 유비가 한 말.

본문

유비가 부성(涪城)으로 돌아와서 형주로 돌아갈 것이라고 부수관(涪水關)을 지키는 양회와 고패 두 유장의 수하 장수에게 알렸다.

양회와 고패 두 장수가 유비를 만나 술자리를 마련하였다.

유비가 두 장수에게 비밀리에 의논할 일이 있다고 말하여 두 장수가 데리고 온 군사 2백 명이 모두 중군(中軍) 밖으로 나가자 곧바로 유비가 유봉(劉封)과 관평(關平)을 불러 두 장수를 포박하게 하였다.

유비가 두 장수를 꾸짖는다.

"나는 네 주인과 친척 사이이자 형제나 다름없는데, 너희 둘이 어째서 서로 짜고 친척 간을 이간질하느냐!"

방통이 두 사람의 몸을 수색하니 과연 비수가 하나씩 나왔다. 양회와 고패 두 장수를 참했다.

유비는 부수관을 점령하고 방통과 함께 낙성(雒城)을 칠 일을 상의했다. 황충(黃忠)이 자원해서 낙성으로 가려는데, 위연(魏延)이 대신 앞장서겠다고 한다.

황충이 말한다.

"내가 이미 명령을 받았는데 네가 왜 나서느냐?"

"늙은이 근력으로는 할 수 있는 게 없소. 촉의 장수 냉포와 등현은 혈기왕성하고 사납다고 하는데 혹 노장군이 대적하지 못한다면 큰일을 망치는 결과가 되는지라 대신하길 원하는 거요."

"네가 나보고 늙었다고 하니 한번 겨뤄보겠느냐!"

유비가 말린다.

"내가 서천을 차지하려는 것은 오로지 두 사람의 힘에 의지하기 때문인데, 이제 두 호랑이가 싸우면 반드시 한 마리는 다칠 것인데, 그러면 나의 큰일이 그르치게 될 것이다. 적의 영채를 하나씩 맡아서 치되 먼저 빼앗는 사람을 첫째 공로자로 간주하겠다."

황충에게는 냉포의 영채를 치라고 하고, 위연에게는 등현의 영채를 치라고 하였다. 방통이 두 장수가 도중에 또 다툴 것이라고 말하자, 유비는 그를 보내 두 장수를 후원하라고 했다.

간체자 兩虎相鬪, 必有一伤

발음 량 후 샹 더우(liǎng hǔ xiāng dòu), 비 요우 이 상(bì yǒu yī shāng)

회수 62회

해설 '투(鬪)'자 대신 '쟁(争)'자를 쓰기도 하는데, 유사 성어로는 '휼방상쟁(鷸蚌相爭), 어옹득리(漁翁得利)'가 있고, 줄여서 '어부지리(漁父之利)'라고 한다.

117

홀로 출로가 막힌 산에 앉아 호랑이를 끌어들여 스스로 지키다

독좌궁산 인호자위獨坐窮山 引虎自衛

獨 홀로 독, 坐 앉을 좌, 窮 다할, 막힐 궁, 山 뫼 산,
引 끌, 이끌 인, 虎 범 호, 自 스스로 자, 衛 지킬 위

출처 엄안이 유장이 유비를 서천으로 끌어들인 것에 대해 한탄하며 한 말.

본문

유비와 방통은 출발하기 전에 낙성(雒城)에서 서로 만날 약속을 정했는데, 타고 있던 말이 갑자기 몸을 뒤흔드는 바람에 방통이 땅바닥으로 떨어졌다.

"이 말을 탄 지 오래되었지만 이런 일은 없었습니다."

"싸움에 나가서 이런 일이 생기면 생명이 위태롭소. 내가 타는 흰말은 길이 잘 들었으니 군사가 타고 가시오. 실수가 없을 것이오. 이 못난 말은 내가 타겠소."

한편, 낙성의 오의(吳懿)와 유궤(劉王貴)는 낙성을 지켰고, 장임(張任)이 낙성 동남쪽 계곡에 작은 길로 가서 매복하고 있는데 위연이 온다.

장임이 위연의 군사가 다 지나간 다음 방통의 군사가 오는 것이 보인다.

장임의 병사 하나가 손으로 방통을 가리키며 말한다.

"흰말을 타고 오는 대장이 유비입니다."

흰말을 탄 방통은 계곡의 좁은 길을 따라가다가 머리를 들어보니 양쪽으로 높이 솟은 산들이 바짝 솟아 있어 길이 좁고 나무는 빽빽하고 무성했다.

방통은 새로 항복해온 서천의 군사에게 이곳의 지명을 묻는다.

"낙봉파(落鳳坡)입니다."

방통이 깜짝 놀란다.

"내 호가 봉추(鳳雛)인데, 이곳의 지명이 봉황이 떨어지는 절벽이라니, 내게 이롭지 못하다."

방통이 군사들에게 즉시 후퇴하라고 호령한다. 그때 절벽에서 수많은 화살이 흰말을 탄 방통에게만 빗발치듯 집중되었다. 방통은 무수한 화살을 맞고 죽었다. 이때 그의 나이가 36세였다.

공명은 형주에서 장비와 길을 나누어 낙성에서 만나기로 하고 길을 떠났다. 장비는 가는 곳마다 항복을 받았고 파군(巴郡)에 이르렀다.

첩자가 돌아와서 고한다.

"파군의 태수 엄안(嚴顔)은 촉나라에서도 유명한 장수로 비록 늙었으나 힘이 쇠하지 않아 강한 활과 큰 칼을 잘 써서 만 명도 대적할 수 있는 용기가 있다고 합니다."

엄안은 유장이 법정을 보내어 유비를 서천으로 끌어들였다는 소식을 듣고 가슴을 치며 한탄한다.

"이것이야말로 깊은 산에 혼자 있으면서, 범을 끌어들여 자신의 호위로 삼으려는 것과 다름없다."

간체자 独坐穷山, 引虎自卫

발음 두 줘 충 산(dú zuò qióng shān), 인 후 쯔 위에(yǐn hǔ zì wèi)

회수 63회

해설 "자신을 지키지도 못하고 오히려 화를 초래하다"라는 뜻으로, 화를 자초함을 비유하는 말이다. '인호자위' 대신 '방호자위(放虎自衛)'를 쓰기도 한다.

유비가 탄 말이 양양의 단계를 뛰어넘어 위기를 벗어나게 해준 적로마인데, 방통의 죽음은 적로마와 관계가 없다. 『삼국지』「방통전」에 유비가 낙현으로 들어가 포위하자, 방통이 군사를 거느리고 성을 공격하다가 날아온 화살을 맞고 죽었다고 하였다. 지명으로 존재하지도 않는 낙봉파에서 방통이 죽은 것은 아니다.

63회에는 유비가 낙성을 공격할 때 촉군 장수 장임의 저항을 받고 방통이 그의 화살을 맞아 죽어 위기에 처하였으나, 64회에는 공명이 계책을 세워 장임을 사로잡는다.

『삼국지』「선주전」에 장임은 촉군 사람으로 대대로 가문이 보잘것없었지만 젊어서 담력과 용기가 뛰어나고 지조와 절개가 있어 종사가 되었고, 유장이 장임을 파견하여 부(涪)에서 유비를 막도록 하였으나 유비에게 패하여 물러나 낙성을 지켰고 유비가 장임을 사로잡았는데 유비는 장임의 충성심과 용맹함을 듣고 항복을 권했으나 두 주인을 섬길 수 없다며 거절하자 유비가 죽였다고 하였다. 장임은 결코 제갈량이 세운 계략에 걸려들어 참살당한 것이 아니며 장임은 제갈량과 아무 관계가 없다.

118

손발처럼 믿는 신하

고굉심복股肱心腹

股 넓적다리 고, 肱 팔뚝 굉, 心 가슴 심, 腹 배 복

출처 마초를 설득하여 투항하게 하려고 길을 떠나는 공명에게 유비가 한 말.

본문

장비는 마초가 가맹관을 공격한다는 말을 듣고 즉시 가서 마초와 싸우겠다고 말한다.

공명이 말한다.

"마초의 용맹은 천하가 다 알고 있소. 그가 위교(渭橋)에서 여섯 번 싸웠을 때 조조가 얼마나 혼이 났던지 수염을 자르고 전포를 벗어버리고 거의 죽을 뻔했으니 등한시할 상대가 아니오."

공명은 위연을 먼저 가맹관으로 보낸 다음에 이어서 장비를 보내니, 유비는 친히 후군을 거느리고 뒤따라갔다.

이튿날 가맹관에 마초의 군대가 당도했다. 은빛 갑옷에 흰 전포를 입은 마초는 풍채가 비범했고 인물이 참으로 뛰어났다.

유비가 말한다.

"세상 사람들이 마초를 금마초(錦馬超)라고 하더니 헛소문이 아니구나!"

장비와 마초는 백여 합을 싸웠으나 승부가 나지 않았다.

해가 저물었다. 장비가 유비에게 말한다.

"횃불을 군사들에게 잡게 하면 넉넉히 이길 수 있소."

양쪽 군사가 함께 함성을 지르고 수많은 횃불을 잡으니 밝기가 대낮 같았다. 또 승부가 나지 않자, 유비는 군사를 거두어 가맹관으로 돌아갔다.

유비가 공명에게 묻는다.

"마초의 영특한 용맹함을 내가 사랑하니 그를 어떻게 하면 내 사람으로 만들 수 있겠소?"

"듣건대 동천(東川)의 장로(張魯)는 자립하여 한녕왕(漢寧王)이 되려고 하고, 그 밑의 양송(楊松)은 뇌물을 좋아한다고 합니다. 양송에게 금과 은을 뇌물로 주고 그의 마음부터 사고 그 후에 장로에게 서신을 보내, '내가 유장과 함께 서천을 다투는 것은 그대의 원수를 갚기 위해서니 우리를 이간질하는 말을 듣지 말 것이며, 일이 끝난 뒤에는 내가 반드시 그대를 한녕왕으로 세워줄 것이니 즉시 마초를 불러들여라'라고 하십시오. 마초가 돌아가게 될 때, 계책을 써서 마초를 항복하게 하리라."

유비는 손건(孫乾)을 보냈다. 손건이 한중에 이르러 양송을 찾아가 온 뜻을 전하고 금은을 뇌물로 바쳤다. 양송은 기뻐하며 손건을 데리고 장로를 만나게 해주었다.

장로는 유비의 서신을 읽고 기뻐하고 즉시 사람을 보내 마초에게 군사를 거두고 돌아오라고 명령을 내렸다. 그러나 마초는 성공하지 않고는 군사를 거둘 수 없다고 거절했다.

양송은 마초가 원래 신용이 없는데 명령을 듣지 않고 군사를 거두어 돌아오지 않는 것은 반역의 뜻이 있기 때문이며, 서천을 빼앗아 촉의 주인이 될 생각만 있고 한중을 섬길 뜻이 없다는 유언비어를 퍼뜨리게 하였다.

장로가 유언비어를 곧이듣고 양송을 불러 상의한다. 양송이 계책을 말한다.

"마초에게 다음과 같이 분부하십시오. '네가 반드시 성공하겠다니 한 달의 기한을 준다. 대신 다음 세 가지를 달성하면 상을 주고 그렇지 못하면 죽음을 면치 못하리라. 첫째는 서천을 차지해야 하고, 둘째는 유장의 목을 베어 와야 하며, 셋째는 유비의 형주 군사를 몰아내는 것이다. 이 세 가지 중에 어느 한 가지라도 못하면 너의 목을 바쳐야 한다'라고 하십시오."

마초는 사촌 마대와 상의한 끝에 싸움을 집어치우는 것이 낫겠다는 결론을 내렸다.

양송은 보고를 받고 마초가 군사를 거느리고 한중을 치러 온다는 헛소문을 퍼뜨리는 동시에 관마다 굳게 지키며 마초를 들여놓지 말라는 지시를 내렸다.

이에 마초는 나아가지도 물러설 수도 없었다. 이때 공명이 유비에게 고한다.

"지금 마초가 진퇴양난에 빠져 있으니, 내가 친히 가서 이 세 치의 혀로 마초를 타일러 항복하게 하겠습니다."

"선생은 나의 손발처럼 믿는 신하인데, 선생이 갔다가 잘못이라도 생긴다면 어쩌려고 그러시오?"

공명은 가겠다고 하고, 유비는 보내지 않으려고 한다.

간체자 股肱心腹

발음 구 궁 신 푸(gǔ gōng xīn fù)

회수 65회

해설 '고굉(股肱)'은 다리와 팔을 뜻한다. '심복(心腹)'은 가슴과 배란 뜻으로, 마음 놓고 믿을 수 있는 부하를 가리킨다. '고굉심복'이란 임금의 손발처럼 믿는 신하를 뜻하며, 제왕을 보좌하는 대신을 비유하는 말이다. '고굉지신(股肱之臣)', '고굉이목(股肱耳目)', '복심고굉(腹心股肱)', '고굉복심(股肱腹心)'이라고 하지만, 간단히 두 글자로 '복심(腹心)' 혹은 '심복(心腹)'이라고도 한다.

"마초가 위교에서 여섯 번 싸웠을 때 조조가 얼마나 혼이 났던지 수염을 자르고 전포를 벗어버리고 거의 죽을 뻔했다가 살아난" 고사는 59회에 나온다.

"헛소문이 아니다"는 '명불허전(名不虛傳)'이다.

마초를 투항시켜 자신의 사람으로 만들려는 유비에게 공명이 계책을 세워 "장로에게 서신을 보내 유장과 싸운 것은 장로의 원수를 갚아주기 위해서라고 말하라"라고 한 대목이 나온다. 흥평(興平) 원년(194년), 유언이 죽고 유장이 왕이 되자, 유장은 장로가 그의 명령에 순종하지 않는다고 장로의 모친과 그의 가족을 죽였기 때문에 장로는 유장에게 원한을 품었다.

119

진퇴양난

진퇴양난進退兩難

進 나아갈 진, 退 물러날 퇴, 兩 둘 양, 難 어려울 난

출처 유장에게 직언을 해도 받아들여지지 않자 이회가 유비를 찾아가서 마초가 처한 상황에 대해 한 말.

본문

이때 수하 사람이 들어와서 조자룡의 추천장을 가진 사람이 서천에서 항복했다고 고한다. 이회(李恢)라는 사람이었다. 유비가 묻는다.

"그대가 지난날 유장에게 자주 간언을 하였다는데 왜 내게로 왔느냐?"

"신이 듣건대 '훌륭한 새는 나무를 가려서 앉고, 어진 신하는 주인을 골라서 섬긴다'라고 했습니다. 유장에게 간하여 신하가 된 도리를 다했으나 제 말을 들어주지 않아 싸움에서 패한 것은 당연한 이치입니다. 장군은 촉에서 어진 덕을 펼치고 계시니 반드시 성공하실 것입니다. 그래서 찾아왔습니다."

유비가 감사를 표시하자, 이회가 서두를 꺼낸다.

"지금 마초는 진퇴양난의 곤경에 처해 있습니다. 제가 농서(隴西)에 있을 때 서로 알고 지내던 사이였는데 가서 마초를 타이르고 항복을 받아오면 어떻겠습니까?"

간체자 进退两难

발음 진 투이 량 난(jìn tuì liǎng nán)

회수 65회

해설 앞으로 나아가기도 어렵고 뒤로 물러나기도 어렵다는 뜻이다. 이러지도 저러지도 못하는 안타까운 상황을 비유적으로 일컫는 말이다. '진퇴쌍난(進退雙難)', '진퇴유곡(進退維谷)'이라고도 하는데, 후자는 『시경(詩經)』「대아(大雅)」〈쌍유(桑柔)〉편에 나온다.

"훌륭한 새는 나무를 가려서 앉고, 어진 산하는 주인을 골라서 섬긴다"라는 명구는 '양금상목이서(良禽相木而棲), 현신택주이사(賢臣擇主而事)'이다. '상(相)'은 가리다, 택(擇)하다의 뜻이다.

120

해가 중천에 솟으면 기울어지고 달이 차면 곧 이지러진다

일중칙측 월만칙휴日中則昃 月滿則虧

日 해 일, 中 가운데 중, 則 법칙 칙, 昃 기울 측
月 달 월, 滿 가득할 만, 虧 이지러질 휴

출처 이회가 친구 마초에게 말하는 세상의 이치.

본문

이회가 마초의 영채로 가서 병사에게 자신을 먼저 밝혔다. 마초가 말한다.

"이회가 왔단 말이지? 그가 말 잘하는 선비인 것은 내가 잘 알고 있는데, 그가 온 것은 나를 설득하려는 것이 틀림없다."

이회가 말한다.

"월나라의 서시를 비방하는 자는 있어도 그녀의 아름다운 용모는 속일 수 없었고, 제나라의 무염(無鹽)은 훌륭했지만 못난 얼굴을 가릴 수는 없었다. 해가 중천에 솟으면 기울어지고, 달이 차면 곧 이지러지는 것은 천하의 이치다. 이제 조조는 장군의 부친을 죽인 원수이며, 또 농서는 장군이 이를 갈며 원한을 품은 곳이오. 앞으로 유장을 도와 유비의 군사를 물리칠 수도 없고, 뒤로는 양송을 억누르고 장로를 만날 수도 없게 되었으니, 천하에 장군을 받아줄 곳이 없는 몸이며 주인이 없는 신세요."

"공의 말이 지당하오. 나는 앞으로 나아갈 길이 없는 사람이오."

간체자 日中则昃, 月满则亏

발음 르 중 쩌 쩌(rì zhōng zé zè), 웨 만 쩌 쿠이(yuè mǎn zé kuī)

회수 65회

해설 사물이 극에 달하면 곧 반대 방향으로 전환됨을 비유하는 말이다. 『주역』「풍괘(豐卦)」 상사(象辭)에 "해가 중천에 솟으면 기울어지고, 달이 차면 이지러진다. 천지가 차고 비어지는 것도 시간의 흐름에 따라 자라고 사라지거늘, 하물며 인간 세계에서 말할 것도 없고, 귀신 세계에서는 더 말할 나위가 없도다!"라고 하였다.

『갈관자(鶡冠子)』「환류(還流)」편과 『태을금화종지(太乙金華宗旨)』에 나오는 "사물이 극에 달하면 곧 되돌아간다"라는 뜻의 '물극즉반(物極則返)'의 뜻과 같다. 유사 성어로는 '새옹지마(塞翁之馬)'도 있다. 『회남자(淮南子)』「인생훈(人生訓)」편에 나오는데, 변방 늙은이의 말이란 뜻으로 복이 화가 되고, 화가 복이 되는 등, 변화는 끝이 없고 예측 불가능함을 비유하는 말이거나, 화가 복이 되기도 하므로 재앙을 당한 사람을 위로할 때 쓰는 '전화위복(轉禍爲福)'과도 같은 말이기도 하다.

'모사무염(貌似無鹽)'이란 성어는 여성의 용모가 추함을 비유하는 말이다. 이 전고(典故)는 춘추시대 추녀로 성이 종리(鍾離)이고 이름이 춘(春)인 종리춘에서 유래하였다. 무염이 제나라의 무염이란 지방의 사람이기 때문에 그러한 이름이 지어졌다고 하는데, 무염(無鹽)과 "아름답지 않다"라는 뜻의 '무염(無艶)'과 발음이 같기 때문이라는 설도 있다. "제나라의 무염이 훌륭했다"라는 말은 무염이 조나라 군사를 이끌고 견성(鄄城)을 지키는 장수 백원(白元)으로부터 견성을 빼앗은 공을 세웠다는 것을 말한다. 백원은 바둑에서 이기면 제나라 무염장군에게 견성을 주겠다고 약속하였다. 두 사람이 바둑을 두기 시작하였다. 백원은 착각하여 전세가 열세로 역전되자 자리에서 벌떡 일어나서 허리에 찬 칼을 뽑으려고 할 때 무염이 철로 만들어진 바둑판을 들어 백원에게 던져서 그의 뇌가 파열되고 즉사하였다. 무염 신변에 있는 4명의 시녀가 백원의 호위무사들을 죽이자 조나라 군사들은 모두 사방으로 도망쳐 버렸고 제나라 군사가 견성을 점령하였다. 무염이 제나라 수도 임치로 개선하자, 제왕이 그녀를 영접하였고 연회를 베푼 잔치에서 제왕이 그녀를 왕후(王后)에 봉하였다고 전한다.

"조조가 마초 부친을 죽인 원수이다"라는 것은 건안 16년(211년)에 마초가 군사를 일으켜 동관(潼關)의 서쪽 관우(關右)를 공격하려는 조조에 대항하였는데 격파당하여 양주(凉州)로 도주하였고, 그 이듬해에 조조가 마초가 군사를 일으킨 것 때문에 그의 부친 마등(馬騰)을 주살하고 그의 삼족을 멸한 것을 가리킨다.

"이를 갈며 원한을 품다"라는 성어는 '절치지한(切齒之恨)'으로 원한이 매우 깊음을 비유한다.

121

어리석은 자를 버리고 밝은 주인에게 투항하다

배암투명背暗投明

背 등질 배, 暗 어두울 암, 投 투항할 투, 明 밝을 명

출처 이회가 마초에게 조조를 버리고 유비에게 투항하라고 권유하는 말.

본문

이회가 마초에게 말한다.

"유비는 어진 사람을 공경하고 선비에게 몸을 낮추는 분이시니 반드시 성공할 것이라 평소에 생각하고 있어 유장을 버린 것이오. 장군의 부친께서는 유비와 함께 역적을 쳐부수기로 약속을 한 분인데, 왜 당신은 어리석은 자를 버리고 밝은 주인에게 투항하여 장차 부친의 원수를 갚고 큰 공을 세우려 하지 않소?"

마초는 매우 감격하며 즉시 가맹관으로 가서 유비에게 항복했다.

유비는 마초를 영접하고 귀빈으로 대접했다.

간체자 背暗投明

발음 베이 안 터우 밍(bèi àn tóu míng)

회수 65회

해설 암흑에서 벗어나 광명을 찾는 것을 말한다. 정치적으로 한 진영에서 이탈하여 다른 진영으로 옮기는 것을 비유하는 말이기도 하다.

122

사람을 무시하다

방약무인傍若無人

傍 곁 방, 若 같을 약, 無 없을 무, 人 사람 인

출처 유장의 부하로 언변이 뛰어난 진복이 유비의 사자 간옹을 꾸짖으며 한 말.

본문

유비가 성도(成都)를 치기 위해 조자룡과 황충이 있는 면죽(綿竹)으로 갔다.

마초가 유장을 불러내어 항복을 받아오겠다며 성도로 갔다.

마초가 성도성에 도착하여 유장을 꾸짖으며 항복하여 백성들을 살리라고 외쳤다. 유장은 얼굴이 흙빛이 되어 성 위에서 기절했다.

이튿날, 유비의 사자 간옹(簡雍)이 성 밑에 와서 성문을 열어달라고 하자, 유장은 열어주고 영접했다. 간옹이 수레를 타고 들어오며 성안의 모든 사람을 멸시하는 눈초리가 거만하였다.

언변이 뛰어난 진복(秦宓)이 칼을 뽑아 들고 큰소리로 꾸짖는다.

"소인배가 뜻을 이루었다고 사람을 무시하는구나! 네가 감히 촉중의 인물을 업신여기느냐!"

간옹이 수레에서 급히 내려 인사를 한다.

간옹이 웃으며 말한다.

"형님을 못 알아봤습니다. 너무 책망하지 마십시오."

간옹이 유장을 만나 유비는 관대하고 인자하여 결코 해칠 뜻이 없다고 하자, 이튿날 유장은 친히 인수와 문서를 간옹에게 내주고 함께 수레를 타고 성을 나와 항복했다.

간체자 傍若无人

발음 팡 뤄 우 런(páng ruò wú rén)

회수 65회, 70회

해설 옆에 사람이 없는 듯 행동하다라는 뜻으로, 주위의 다른 사람을 전혀 의식하지 않고 제멋대로 말하거나 행동하는 것을 이르는 말인데, 주위에 사람을 의식하지 않고 어떤 한 가지 일에 집중하여 몰두하는 모습을 가리키기도 한다.

『사기』「자객열전(刺客列傳)」에 형가는 연나라의 개백정과 축(筑)의 명수인 고점리(高漸離)와 가까이 지냈는데 형가는 술을 즐겨 날마다 개백정과 고점리와 함께 연나라 장터에 나가 술을 마셨고, 술에 취하면 고점리가 축을 울리고 형가가 거기 맞추어 노래를 불러 사람들과 함께 즐기는가 하면, 나중엔 함께 울며 옆에 사람이 없는 듯이 행동했다고 하였다.

123

보통 사람보다 뛰어나다

절륜초군絶倫超群

絶 끊을, 남보다 나을, 뛰어날 절, 倫 인륜, 무리 륜,
超 넘을, 뛰어날 초, 群 무리 군

출처 형주를 지키는 관우가 마초와 무예를 겨루겠다고 하자 공명이 관우에게 한 말.

본문

유비가 항복하는 유장에게 말한다.

"대세와 시국이 이러하므로 어찌할 도리가 없소."

공명이 청한다.

"이제 서천은 평정되었으니 주인이 둘이나 있을 수는 없습니다. 유장을 형주로 보내십시오. 유장이 촉 땅을 잃은 것은 그가 너무 나약했기 때문입니다. 아녀자의 마음같이 사사로운 정에 이끌려 일을 결정짓지 못하면 촉 땅도 오래 보전하기 어렵습니다."

유비는 유장을 형주의 남군(南郡) 공안(公安)에 가서 살도록 명령을 내려 떠나보냈다.

어느 날 관평이 유비를 찾아와서 부친 관우의 서신을 전달하며 말한다.

"아버지가 마초의 무예가 출중하다는 걸 알고 서천에 와서 겨뤄보고 싶다고 합니다."

유비가 놀란다.

"관우가 마초와 겨룬다면 한 명은 죽어야 끝장이 날 것이다."

공명이 관우에게 서신을 띄울 것이니 안심하라고 한다.

관평이 형주로 와서 부친에게 공명의 서신을 건넨다.

관우가 뜯어본다.

마초가 용맹하나 경포, 팽월 따위에 불과합니다. 장비와 앞을 다툴지언정 미염공은 천하에 보통사람보다 뛰어납니다. 이제 공이 지키는 형주는 막중한 곳인데, 만일 서천으로 왔다가 형주를 잃는 일이라도 생긴다면 그 죄를 무엇으로 갚으렵니까?

관우는 공명이 자신의 마음을 안다고 여겨 서천으로 갈 뜻을 접었다.

간체자 絶伦超群

발음 차오 췬 줴 룬(chāo qún jué lún)

회수 65회

해설 『삼국지』「관우전」에도 "관우는 마초가 투항해왔다는 소식을 듣고 일찍이 그에 대해 아는 바가 없었으므로 제갈량에게 편지를 써서 마초의 인품과 재능이 누구와 비교할 만한지 물었다. 제갈량은 우위를 지키려는 관우의 마음을 알았으므로 '마초는 문무를 고루 갖추었으며 용맹함이 보통사람을 뛰어넘는 당대의 걸출한 인물로 한나라의 경포나 팽월과 같은 부류로 장비와 나란히 선두를 다툴 수 있지만, 미염공의 남보다 뛰어난 것에는 미치지 못합니다'라고 대답했다"라고 하였다.

관우는 자가 운장(雲長), 하동(河東) 해현(解縣), 지금의 산서 운성(運城) 해주(解州) 사람이다. 삼국시대 촉국의 장비, 조운, 황충, 마초와 더불어 오호장군(五虎將軍)으로 불렸다. 오랜 기간에 걸쳐 통치자들이 그를 신격화시켜 관공(關公), 관제(關帝)로 추앙을 받았다. 관우는 용맹하고 싸움을 잘하여 남보다 무예가 뛰어넘어 수많은 전공을 세웠다. 그는 일찍이 원소 수하의 장군 안량과 문추를 참살하였으며, 조조의 다섯 요새를 쳐부수고 여섯 명의 수하 장수의 목을 베었다. 관우는 촉주 유비에게 충심을 다하여 받들어 유비의 중용을 받았다. 그러나 그의 치명적인 약점은 정치 모략이 결핍하였고 성격이 오만하여 남을 업신여겼다는 것이다. 214년에 유비가 서천을 공격할 때 관우에게 형주를 맡겨 지키게 하였는데 관우는 제갈량이 마초를 항복시켰다는 소식을 듣고 서천에 가서 마초와 무예를 겨뤄보겠다고 하여, 공명은 관우의 성격을 알고 있었으므로, 일부러 마초는 한나라 초의 경포나 팽월에 비견되지만, 관우에 비해 뛰어나지는 않다고 말했다. 관우는 공명의 칭찬을 듣고 기뻐한 것을 보면 그의 성격을 짐작할 수 있다.

'초군절륜(超群絶倫)'이라고도 하며 간단히 '절륜(絶倫)'이라고도 한다.

'아녀자의 마음'이란 뜻의 '부인지인(婦人之仁)'은 『논어』에 나오는 말이다.

124

한 자루의 칼을 차고 모임에 가다

단도부회單刀赴會

單 홑, 한 자루 단, 刀 칼 도, 赴 갈 부, 會 모을, 모임 회

출처 노숙이 관우를 잔치에 초청하자, 관우가 칼 한 자루를 차고 잔치에 간 것.

본문

건안 20년(215년), 유비가 익주를 차지하자, 손권은 형주를 되찾고 싶었는데 장소가 계책을 내놓는다.

"유비가 의지하는 사람은 제갈량입니다. 그의 형인 제갈근은 우리 오나라에서 벼슬을 하고 있으니 우선 제갈근의 가족부터 잡아들이시고 그런 다음 그를 서천에 보내어 그의 동생 제갈량에게 형주를 반환하도록 설득하라고 분부를 내리십시오. 만일 형주를 반환하지 않으면 가족을 다 죽일 것이라고 하십시오."

손권은 제갈근의 가족을 모두 잡아들여 감금해두고 제갈근을 서천으로 보냈다.

제갈근이 유비에게 손권의 서신을 바쳤다.

유비가 말한다.

"형주 땅 반만 돌려주리라. 장사(長沙), 영릉(零陵), 계양(桂陽) 세 군만 그들에게 돌려주겠네."

제갈근이 유비의 서신을 가지고 형주에 도착한 뒤 관우를 만났다. 관우가 편지를 읽고 내줄 수 없다고 하였다.

제갈근은 다시 서천으로 가서 유비를 만나 관우가 내주지 않는다고 하자, 유비가 대답한다.

"공은 잠시 동오로 돌아가시오. 내가 동천의 한중을 차지하게 되면 관우를 한중으로 보내고 그때 형주를 되돌려주겠소."

손권은 화를 내고는 제갈근에게 가족을 데리고 가도록 내주고, 동시에 관리들을 세 군에 보냈으나 모두 쫓겨났다.

손권이 노숙을 불러 책망한다.

"유비를 위해 보증도 서주고 형주를 빌려주더니 유비는 서천을 차지했는데도 형주를 반환하지 않고 있소. 그대는 그저 앉아서 바라보기만 할 겁니까?"

노숙이 계책을 말한다.

"군사를 육구(陸口)에 주둔시키고, 관우를 모임에 초청하여 좋은 말로 타이르고 그래도 말을 듣지 않으면 매복시킨 도부수들을 시켜 그를 죽여 버리는 겁니다."

노숙은 육구 영채 바깥 정자에서 사람을 골라 배에 태워 강을 건너보냈다. 강어귀에서 관평이 사자를 형주로 데리고 갔다.

사자는 관우 앞에 나가 노숙이 연회에 초청하는 뜻을 간곡하게 전하고 서신을 바쳤다. 관우가 서신을 읽고 나서 사자에게 말한다.

"노숙이 초청하니 내일 연회에 가겠다."

관평이 노숙이 초청한 것은 다른 속셈이 있을 것인데 왜 가겠다고 허락했는지 물었다.

"형주를 반환하라고 독촉하는 것이겠지. 그러니 내가 가지 않으면 비겁하다고 할 것이다. 내일 혼자서 작은 배를 타고 수행원 십여 명만 데리고 칼 한 자루만 쥐고 연회에 나아가서 노숙이 날 어떻게 대하는지 보겠다."

"어째서 호랑이 굴에 들어가십니까?"

이튿날 노숙은 강 언덕으로 사람을 보냈다.

강 저편에서 한 척의 배가 오는데 붉은 기에 관(關)이란 글자가 쓰여있다. 관우는 푸른 두건을 쓰고 푸른 전포를 입고 배 위에 앉았는데 그의 곁에는 주창(周倉)이 큰 칼을 받들고 서 있고 8,9명의 장정들이 허리에 칼을 차고 있었다.

노숙이 정자 뜰 안으로 관우를 영접하고 인사를 마치자, 서로 잔을 들어 술을 마신다. 노숙이 말한다.

"유비가 이 노숙에게 우리 주인 손권과의 사이에 보증인으로 세우고 형주를 잠시 빌려주되 서천을 차지하면 반환하기로 약속했는데, 이미 서천을 차지했는데도 아직 형주를 반환하지 않으니 이렇듯 신용이 없으면 어찌하오리까?"

"적벽 싸움에서 조조를 격파하였거늘 조그만 땅 하나도 받아서는 안 된단 말이오? 고맙다고는 못할망정 다시 내놓으라고 재촉합니까?"

"우리 주공 손권께서 유비가 몸 둘 곳이 없음을 불쌍히 여겨 발붙일 땅까지 내주신 것은 다음날에 공을 세우라는 뜻이었소. 그런데 유비는 우리의 호의를 미끼로 서천까지 차지하고는 형주까지 점령하고 있으니, 이는 자기 욕심만 알고 의리를 저버리는 것이라, 만천하의 웃음거리가 될까 걱정입니다."

"형님이 알아서 할 일이고, 내가 관여할 바가 아니오."

"두 사람이 도원에서 결의할 때 살고 죽기를 함께하기로 맹세했다고 들었소. 그러니 유비와 그대가 서로 다를 것이 없소. 그런데 어찌 그런 핑계만 댑니까?"

주창이 소리를 지른다.

"천하는 오직 덕이 있는 사람만이 살기로 되어 있는데, 어찌 너희들만 땅을 차지해야 한단 말이냐!"

관우는 안색이 변하여 벌떡 일어나서 주창의 큰 칼을 빼앗듯이 움켜쥐고는 주창을 꾸짖는다. 주창은 관우의 뜻을 알아차리고 먼저 강 언덕으로 달려가서 붉은 기를 휘둘렀다. 저편 강 위에서 대기 중이던 관평의 배가 일제히 출발하여 화살처럼 건너온다.

관우는 오른손에 칼을 들고 왼손으로 노숙의 손을 끌어당기며 취한 척 한다.

"공이 오늘 나를 잔치에 초청했으니 형주 얘기는 하지 맙시다. 내 이미 취했으니 우리의 옛정이 깨질까 두렵소. 다음날 그대를 형주로 초청해서 잔치를 베풀 것이니 그때 다시 상의하리라."

노숙은 정신이 나간 사람 마냥 관우의 손에 이끌려 강변까지 나갔다. 여몽과 감영이 군사를 거느리고 출동하고 싶었으나, 관우가 손에 큰 칼을 들고 노숙을 움켜쥐고 있어서 혹시 노숙이 다칠까 감히 나서지 못했다.

관우는 배 가까이에 이르러서야 노숙의 손을 놓고 뱃머리에 오르며 작별 인사를 한다. 노숙은 멍하니 서 있는데, 관우가 탄 배는 벌써 바람을 타고 떠나갔다.

간체자 单刀赴会

발음 단 다오 푸 후이(dān dāo fù huì)

회수 66회

해설 '단도(單刀)'란 무방비 상태의 홀몸을 상징하는 말로, '단도부회'란 홀로 위험을 무릅쓰고 대담하게 적진에 들어가는 매우 용감함을 비유하는 말이다. 모임에 참석하는 사람의 지략과 담대한 식견을 찬양하는 말이다.

이 '단도회(單刀會)'는 극작가와 소설가의 윤색을 통해 관우를 영웅으로 만들었고, 노숙은 도리어 '서목촌광(鼠目寸光)', 즉 "쥐의 눈으로는 아주 작은 빛만 본다"라는 뜻으로 "안목이 좁아서 멀리 내다보지 못하다", "식견이 좁다", "근시안적이다", "한 치 앞을 내다보지 못한다", "세상 물정에 어둡다", "우물 안 개구리" 등으로 비유되는 인물로 재창조되었다. 이것은 문학가들의 창작이지 실제 역사적 사실은 아니다. 노숙은 손권과 유비의 연맹(聯盟)을 촉진 시킨 인물이었고, 동오를 죽을 때까지 지키며 마음을 바꾸지 않은 충신이었다.

실제 사서 『삼국지』 「노숙전」의 기록은 다음과 같다.

"유비가 익주를 점령하자, 손권이 여몽(呂蒙)에게 명하여 장사, 영릉, 계양의 세 개의 군을 강제로 공격하여 빼앗도록 하였고, 한편 노숙에게는 이 세 개의 군을 구원하러 오는 관우를 막기 위해 파구(巴丘), 지금의 호남성 악양(岳陽)을 지키게 하였다. 과연 세 개의 군을 장악하자, 관우가 구원하기 위해 남쪽으로 내려오다가 노숙에게 막히고 말았다. 노숙은 익양(益陽)에서 관우와 서로 대치하고 있었는데, 관우에게 서로 만나자고 요청하여 각각 병마를 백 보 밖으로 주둔시키고 장군끼리만 단도(單刀)를 갖고 함께 만났다. 노숙이 관우를 꾸짖으며, '익주를 얻었으면서 형주를 돌려줄 뜻도 없고, 단지 세 개의 군만이라도 돌려주기를 요청했는데도 명에 따르지 않고 있소'라고 말했다. 노숙은 벽력같은 소리를 질러 크게 꾸짖었는데 말투와 낯빛이 매우 절절했다. 관우는 자리에서 일어나며 '나라의 일인데 이 사람이 무엇을 알겠소!'라고 말하고는 떠나려고 하였다. 유비는 상수(湘水)를 경계로 나누었으며 양쪽 군대는 싸움을 끝냈다."

'단도부회'의 주인공은 분명 노숙이었다. 결과는 관우의 영웅적 표상을 창조하려고 윤색을 한 것이다. 소설 공간에서는 실제 관우와 노숙이 "장씨의 갓을 이씨가 쓰다"라는 뜻의 '장관이대(张冠李戴)', 즉 사실을 잘못 알거나 명실상부하지 않음을 드러냈다.

주창(周倉)은 정사에 기록이 없고 소설에 등장하는 허구의 인물이다. 조조에게 항복해 있던 관우가 유비의 소재를 확인하여 돌아가려는 장면에서 등장한다. 관우가 다섯 요새를 격파하고 곽상이란 지주의 집에 하룻밤 신세를 지게 되는데 밤중에 관우의 적토마를 훔치려는 자가 바로 주창이다. 관우 곁에서 모시게 해달라고 간청하여 이후로 관우의 오른팔이 된다. 단도부회에 관우와 함께 갔다. 건안 24년(219년)에 관우가 번성을 공격하고 구원군으로 온 방덕과 격전을 벌인다. 관우가 장마가 되자 강물을 막아두었다가 수문을 열어 강을 범람시켜 위나라 구원병을 수몰시켰고 주창이 방덕을 배를 전복시켜 방덕을 생포하였는데 반항하여 살해하였다. 그 후 오나라 여몽의 책략에 걸려들어 관우와 함께 쫓기게 되고 왕보와 함께 맥성에 남았으나 관우와 관평이 탈출하여 서천으로 가던 중 매복한 오나라 군사에게 붙잡혀 처형되었다는 소식을 듣고 자살했다.

정사 「노숙전」의 기록에 의하면 익양에서 노숙은 관우와 만났다고 하였다. 단도회의 결과는 없었고 쌍방이 대치하며 전쟁이 일촉즉발이었다. 당시에 조조가 한중을 공격하였고 유비는 익주를 잃을까 두려워 손권과 강화를 하였다. 쌍방이 약정하였고 상수를 경계로 삼았는데 형주 땅을 나누어 강하(江夏), 장사, 계양은 손권에게 속하고, 남군, 무릉, 영릉은 유비에게 속하게 되었다. 손권과 유비는 휴전하였다

건안 20년(215년) 유비가 관우에게 익양(益陽)에 군대를 주둔하고 손권의 부하장수 여몽(呂蒙)에 대항하라고 명했다. 정사 「감녕전(甘寧傳)」에 "노숙을 수행하여 익양에 가서 관우에 대항하였다. 관우가 정예병사 5천 명을 뽑아 상류 10여 리의 얕은 개울에 배치하고 밤을 틈타 냇물을 건너려 한다고 말했다. 노숙이 장수들과 상의할 때, 감녕은 병사 500명을 더 늘려주면 관우에 대항할 것이며 관우는 자신이 기침하며 가래침을 뱉는 것을 듣고 감히 물을 건너지 못할 것이라고 확신하며 물을 건너면 자기의 포로가 될 것이라고 말했다. 노숙이 천 명을 뽑아 감녕에게 주니 관우는 이 소식을 듣고 물을 건너지 못하고 땔나무를 엮어 진영을 만들었는데 광우뢰(關羽瀨)라고 한다"고 하였다.

원대의 극작가 관한경(關漢卿)이 『단도회』라는 희곡작품을 지었는데 4절(折)로 구성되었다. 제1절은 노숙이 형주를 되찾기 위해 교공(喬公)과 상의하는 내용이고, 제2절은 노숙이 사마휘를 방문하였으나 반대하는 내용이며, 제3절은 관우가 의연하게 노숙의 초청을 받아들이고 '단도부회'하는 장면이며, 제4절은 관우의 지혜와 용맹함으로 무사히 되돌아오는 내용이다.

125

형제 가족과 같은 사랑

골육지은骨肉之恩

骨 뼈 골, 肉 고기, 살 육, 之 갈, 어조사 지, 恩 은혜, 사랑할 은

출처 손권을 위기에서 구해준 주태(周泰)에게 손권이 한 말.

본문

헌제와 복황후(伏皇后)는 조조를 죽일 생각이 있는 복황후의 부친 복완(伏完)에게 밀서를 보내어 조조를 제거하는 일을 도모할 작정이었다. 환관 중에 충의가 있는 목순(穆順)에게 밀서를 맡기고 복완에게 전달하도록 하였다.

목순이 밀서를 상투 속에 숨기고 궁을 나와 복완의 저택에 가서 바쳤고, 복완이 써준 답장을 목순은 서신을 상투 속에 감춘 뒤에 궁으로 돌아왔다.

어떤 자가 목순이 수상하다고 조조에게 보고하여 조조가 목순의 상투 속의 머리를 뒤지니 복완의 서신이 나왔다. 유비, 손권과 손잡고 궁 바깥의 구원을 받아야 한다는 내용이었다. 조조가 목순을 고문하였으나 목순은 끝내 불지 않았다.

그날 밤, 조조는 복완의 저택을 포위하고 황후의 밀서를 찾아냈다.

다음 날, 조조는 복황후의 옥새를 거두어 오라고 명하였다. 상서령 화흠(華歆)이 숨어 있는 복황후를 찾아냈다.

건안 19년(214년), 조조는 헌제의 복황후를 때려 죽이게 하고, 황후 소생의 두 아들에게 독약을 먹여 죽였으며, 복황후의 부친 복완 등 그의 친족 2백

여 명을 저잣거리로 끌어내어 참하였다.

이듬해에 정월 초하루 설날을 축하하는 자리에서 조조의 딸 조절(曹節)은 헌제의 황후가 되었다.

조조는 기세가 등등하여 대신들과 동오와 촉을 칠 일을 상의한다.

장로는 군대를 보내 한중에서 가장 험한 양평관(陽平關)에 영채를 세우게 했다.

조조는 허저, 서황, 하후연, 장합 네 장수와 함께 양평관을 점령했다. 장로는 방덕에게 나가 싸우게 하니 방덕은 조조의 네 장수와 맞서 싸웠다. 조조의 장수들이 방덕을 이기지 못하자, 조조가 가후에게 방덕을 어떻게 하면 항복하게 할 수 있는지 묻자 가후가 계책을 말한다.

"장로의 수하에 양송이란 모사가 있습니다. 그는 뇌물을 아주 좋아하니 그에게 뇌물을 주고 장로에게 방덕을 중상모략하게 시키면 일이 성사될 것입니다."

양송은 조조의 첩자가 보낸 황금으로 만든 가슴을 가리는 방탄조끼 엄심갑을 받고 마음이 흡족해하며 밀서를 보았다.

양송이 장로에게 가서 말한다.

"방덕은 조조의 뇌물을 받고 일부러 싸움에서 지고 돌아온 것입니다."

장로가 방덕을 노려보고 내일 나가서 싸워 이기지 못하면 죽이겠다고 말했다.

이튿날 조조의 군사가 남정성을 공격하자 방덕이 나가 싸웠다. 허저가 싸우다가 지는 체하고 달아나니 방덕이 쫓아온다. 그런데 그만 함정에 빠지고 말아 사로잡혔다. 방덕이 항복했다.

장로는 양송과 함께 남정성 남쪽 성문을 열고 달아났다. 조조는 사람을 파중(巴中)에 보내 장로에게 항복을 권했다.

장로는 파중성을 나가 허저와 싸우다가 파중성으로 들어가려는데 양송이 성문을 열어주지 않는다. 장로는 달아날 길이 없는데 조조가 항복을 권하자, 결국 조조에게 항복했다. 조조는 장로를 진남장군(鎭南將軍)에 봉하니 한중은 마침내 평정되었다.

조조는 양송은 자기 주인을 팔아 부귀영화를 구한 자라고 하며 참하고 그 시체를 저잣거리에 내다가 백성들에게 보였다. 세상 사람들이 양송을 비웃었다.

손권이 친히 10만 대군을 거느리고 합비(合肥)를 공격했다. 조조의 수하 장수로 합비성을 지키고 있는 장료(張遼)가 나가서 싸우려고 하자, 평소에 장요와 사이가 좋지 않은 이전(李典)이 개인적인 감정으로 공적인 일을 모른 체하겠냐며 죽음을 각오하고 싸우겠다고 나선다.

장료가 이전에게 말한다.

"그대는 소요진(逍遙津) 북쪽에 가서 매복하고 있다가 적군이 쳐들어오면 소사교(小師橋) 다리를 끊어버리시오."

뒤에 쳐져 후군으로 오던 손권이 소요진 북쪽에 이르렀을 때였다. 왼편에서는 장료가, 오른편에서는 이전이 군사를 거느리고 달려온다. 손권은 조조의 많은 군사를 대적할 수 없게 되자, 능통이 큰소리로 외친다.

"주공은 왜 빨리 소사교를 건너가지 않습니까?"

소사교는 이미 끊어져 있었다. 손권이 어쩔 줄을 모르는데 부하 장수들이 소리친다.

"일단 뒤로 물러났다가 다시 달려가서 다리가 끊어진 곳을 뛰어넘으십시오."

손권은 뒤로 일단 물러났다가 다시 말을 달려 쏜살같이 달리며 채찍을 번쩍 들어 치니 말은 뛰어 허공을 날아 다리 언덕에 내렸다. 손권이 다리 남쪽 언덕에 뛰어내리자, 서성과 정봉이 급히 배를 저어 와서 영접했다.

소요진 싸움에 강남 사람들이 얼마나 혼이 났는지, 밤에 울던 아이도 '장료가 온다'라고 하면 울음을 그쳤다고 한다.

조조는 합비성을 도와야 한다는 측근들의 진언을 받아들이고, 한중의 요충지인 정군산(定軍山)을 지키도록 하후연을 남겨두고, 나머지 군사들은 모두 다 유수(濡須)를 향하여 급히 남하하였다.

손권이 유수에서 군사를 수습하고 있는데, 조조가 한중에서 40만 대군을 거느리고 합비를 도우려고 온다는 보고가 들어왔다.

조조는 다섯 갈래로 장료, 이전, 서황, 방덕과 함께 쳐들어갔다.

손권이 조조의 장수들에게 포위당하자, 주태가 포위를 뚫고 나왔다. 대신 주태는 여러 군데 창을 맞고 화살까지 박혔어도 손권을 구해냈다. 여몽과 손책의 사위 육손이 조조의 군사를 물리쳤다. 주태가 손권을 구해준 공로를 생각하고 주연을 베풀어 위로했다. 손권이 말한다.

"몸에 상처를 입었으니 내 어찌 형제 가족과 같은 사랑으로 경을 대하지 않으며, 중책을 맡기지 않으리오. 경은 나의 공신이며, 마땅히 경과 더불어 영욕을 같이 하고 안락과 환난을 함께 할 것이오."

손권은 유수에서 조조와 싸워 한 달이 넘었으나 이기지 못했다. 손권은 조조에게 화평을 청하고 백성들을 안전하게 하는 것이 상책이라는 참모들의 진언에 동의하고, 해마다 공물을 바치기로 하고 화평을 청했다.

건안 21년(216년)에 헌제는 신하들의 요청에 따라 표문을 올려 조조를 위왕(魏王)에 책봉한다고 공표했다. 조조의 정(丁)부인은 소생이 없었고, 첩 유씨는 아들 조앙이 있었으나 일찍 죽었고, 변씨가 4형제를 낳았는데 조비(曹丕), 조창(曹彰), 조식(曹植), 조웅(曹熊)이었다.

조조는 재주가 있는 조식을 후사로 삼으려고 하였는데, 조비는 아버지의 뒤를 잇지 못할까 두려워 가후에게 계책을 물었다. 가후가 조비에게 계책을 일러주었다.

조조가 멀리 싸우러 나갈 때는 모든 아들이 전송하는데, 조식은 아버지의 공덕을 칭송하는 말이 저절로 문장을 이루었고, 조비는 아버지를 전송하는데 울기만 하고 절을 하여 좌우에서 사람들이 측은하게 여겼다. 이에 조조는 조식이 재주가 뛰어나도 진실한 마음은 조비만 못하다고 생각했다.

조조가 가후에게 누구를 세자로 세우면 좋겠냐고 물었다. 가후는 지난날의 원소와 유표 부자를 생각했다고 대답했다. 조조는 크게 웃으며 마침내 조비를 왕세자로 삼았다.

간체자 骨肉之恩

발음 구 러우 즈 언(gŭ ròu zhī ēn)

회수 68회

해설 '골육(骨肉)'이란 뼈와 살이란 뜻으로, 부모나 형제, 자매 등의 가까운 혈족을 말하는데, '골육지친(骨肉之親)'이라고도 한다. '은(恩)'은 은정(恩情)을 말하며, 은혜롭게 사랑하는 마음을 말한다. '골육지은'이란 가족 간의 깊고 두터운 사랑을 뜻하며, '골육지정(骨肉之情)'이라고도 한다. 반대말은 '골육상잔(骨肉相殘)'으로 혈연관계에 있는 사람들끼리 서로 해치며 싸우는 일을 뜻한다. '잔(殘)'은 해치다, 죽이다는 뜻이다.

조조가 후계자로 조비를 선택한 사례에서 보듯이 나라를 다스리는 능력은 문학적 재능이나 문장 능력이 아니라 심성임을 알 수 있다.

『후한서』「복황후전」에 복황후는 건안 5년에 벌어진 동승이 조조에게 참살당한 것을 보고 두려워서 부친 복완에게 편지를 보내 조조를 도모하려고 했는데 복완이 행동으로 옮기지 못했다고 하였다. 복황후가 편지를 싸서 부친 복완에게 보낸 때가 건안 15년이 아니라 5년이고, 또 복완이 황후의 편지를 읽고 즉시 행동에 옮기지 못했다. 건안 14년에 복완이 죽었다.

호랑이 굴에 들어가지 않고서 어찌 호랑이 새끼를 얻을 수 있나?

불입호혈 언득호자不入虎穴 焉得虎子

不 아닐 불, 入 들, 들어갈 입, 虎 범 호, 穴 구멍, 굴 혈,
焉 어찌 언, 得 얻을 득, 子 아들, 새끼 자

출처 장합의 뒤를 추격하려는 황충을 말리는 유봉에게 황충이 한 말.

본문

장비는 뇌동(雷銅)과 함께 한중의 서남쪽에 있는 파서(巴西)의 낭중(閬中) 땅을 지켰다.

조조의 장수 장합(張郃) 소속 3만 명의 군사는 파서 동남쪽의 험한 산을 의지하고 탕거(宕渠), 탕석(蕩石), 몽두(蒙頭) 세 곳에 군사를 나누어 영채를 세웠다.

장합은 파서의 낭중을 치기 위해 군사 반을 모아 떠났다.

장합의 군사들이 험준한 산을 이용한 장비와 뇌동의 협공으로 대패하고 탕거로 달아나 굳게 지킬 뿐 싸우러 나오지 않았다.

장비가 탕거에서 10리 바깥에 영채를 세우고 여러 차례 장합에게 싸움을 걸어도 장합은 나오지 않는다. 50여 일 동안 서로 대치만 하던 중에 장비는 매일 술을 마시고 장합을 욕했다.

유비가 장비에게 보낸 사자가 돌아와서 하는 말이 장비는 술만 마신다고 보고했다. 공명이 술을 장비에게 보내야겠다고 말하자, 유비가 말한다.

"내 아우는 원래 술을 폭음하면 실수를 저지르거늘, 어째서 술을 보내는

거요?"

"장비가 술에 취하면 산 앞에 앉아 장합에게 욕을 하며 방약무인(傍若無人)한 태도를 보이니, 이는 장비가 술을 마시고 싶어서가 아니라 장합을 무찌르기 위한 계책일 것입니다."

위연(魏延)을 시켜 술을 장비에게 보냈다.

장비는 군막 아래에서 술을 마시며 졸개 둘이 그 앞에서 씨름하게 하였다.

장합이 이를 보고 자신을 업신여긴다며 화를 내고는 명령을 내려 밤에 장비의 영채를 습격하기로 하였다.

장합이 그날 밤 산 아래로 내려가서 보니, 장비가 촛불을 크게 밝히고 술을 마시고 있다. 장합이 크게 소리를 지르며 쳐들어갔으나 장비는 앉아 있을 뿐 꼼짝도 하지 않는다. 장합이 말을 달려 들어가 창으로 찔러 거꾸러뜨리고 보니, 장비가 아니라 짚으로 만든 사람이었다.

장합은 영채 세 곳을 모두 장비 군사들에게 빼앗기고 와구관(瓦口關)으로 달아났다.

장비는 승리를 거두자, 유비는 장비의 계책이 장합을 산에서 끌어내리는 것이었음을 알게 되었다.

장합이 조홍(曹洪)에게 구원병을 요청하였지만 조홍이 거절하며 계속 장비를 공격하라고 하여 다시 장비와 싸웠지만 대패하여 와구관으로 달아나서 굳게 지킬 뿐 나오지 않았다.

장비는 위연과 함께 연일 공격해도 와구관을 함락시키지 못했다.

장비는 한중(漢中)에서 파서로 통하는 관도(官道)가 막히면 창계(蒼溪)를 지나 재동산(梓潼山) 을 거쳐 한중으로 통하는 길이 있고, 재동산의 좁은 길로 가면 바로 와구관 뒤라는 것을 알게 되었다.

장비는 위연에게 와구관 정면을 공격하게 하고 자신은 재동산 좁은 길을 빠져나가 와구관을 뒤에서 공격하기로 했다. 장비와 위연의 협공 작전에 걸려든 장합은 한중의 남쪽 남정(南鄭)의 조홍에게 갔다.

장합이 가맹관을 지키는 장수 맹달(孟達)과 곽준(霍峻)을 공격하였다. 맹달이 장합을 맞이하여 싸우다 대패하여 돌아왔다.

공명이 가맹관이 위기에 놓여 낭중의 장비를 그곳으로 보내야만 장합을 물리칠 수 있다고 말하니, 법정(法正)이 장비가 지금 와구관과 낭중을 모두 지키고 있는데 또 가맹관으로 가라고 할 수 없다며 반대하자, 황충(黃忠)이 나서서 자신이 가겠다고 하였다.

공명이 답한다.

"황장군은 비록 용맹하나 이미 일흔 나이로 너무 늙었으니 장합의 상대가 되지 않소."

황충이 분연히 나서며 외친다.

"비록 늙었으나 두 팔은 아직도 3석(石)의 활을 잡아당기고 천 근 무게를 들어 올릴 수 있으니 장합 따위 보통사람을 어찌 대적하지 못한다고 하시오."

황충은 당장 뛰어나가 큰 칼을 쥐고 날듯이 춤을 추며 벽에 걸린 활을 내려 연달아 잡아당겨 두 개나 부러뜨렸다.

황충은 엄안과 함께 장합과 싸우러 가려 하는데, 조운이 간한다.

"가맹관을 잃으면 성도(成都)까지 위험한데, 노인 장수가 큰 적을 무찌를 수 있겠습니까?"

공명이 대답한다.

"늙은 두 장수의 손에 한중을 얻을 것이오."

조운과 장수들 모두가 어이가 없다는 듯 웃고는 물러났다.

황충과 엄안이 가맹관에 이르렀는데, 맹달과 곽준도 늙은 두 장수가 온 것을 보고 의아스럽게 생각했다.

장합도 황충을 보고 늙은 주제에 부끄러운 줄도 모르고 싸우러 왔다고 비웃는다.

엄안이 뒤에서 장합을 황충과 함께 협공하자 장합은 패하여 달아났다.

조홍은 하후돈의 조카 하후상(夏侯尙)과 항복해온 장수 한현(韓玄)의 동생 한호(韓浩) 둘에게 군사를 주어 장합을 도우라고 보냈다.

황충은 날마다 정탐꾼을 보내어 일대의 지리를 상세히 알고 있는데 엄안이 말한다.

"천탕산(天蕩山)이란 산이 있는데 그 산속에 조조가 군량과 마초를 쌓아두었소. 그곳을 차지하면 한중을 얻을 수 있소."

하후상과 한호가 황충과 싸워 이틀 동안 두 개의 영채를 빼앗고 가맹관 아래까지 추격하니 황충은 굳게 지키기만 하고 나오지 않았다. 이를 유비에게 보고하니, 공명이 말한다.

"이는 늙은 장수가 적군을 교만에 빠뜨리는 계책입니다."

그러나 조자룡은 공명의 말을 믿지 않자 유비가 황충을 돕도록 유봉(劉封)을 가맹관으로 보냈다.

유봉이 가맹관에 도착하여 황충을 만나니 황충이 유봉에게 말한다.

"적을 교만하게 만드는 계책이오. 여러 영채를 적에게 일부러 주어 치중을 쌓게 한 것이오. 오늘 밤 곽준은 가맹관을 지키고 맹달은 나와 함께 양식과 마초를 운반하고 적군의 말을 빼앗아올 것이오."

하후상과 한호 두 장수는 싸우러 나오지 않는 적군을 기다리다가 지쳐서 잠을 자는데 밤에 황충이 쳐들어온다는 소식을 듣고 갑옷도 입지 못하고 달아나니 군사들도 먼저 달아나려고 서로 짓밟아 수없이 많이 죽었다.

날이 샐 무렵 황충은 잃었던 영채를 모두 탈환하고 적군이 쌓아두었던 무기와 안장, 말을 노획하였다. 황충은 맹달을 시켜 적의 군수품 모두를 가맹관으로 운반하고, 군사를 독촉하여 적군의 뒤를 추격하려는데 유봉이 말린다.

"군사들이 피곤한데 노장군은 잠시 쉬시지요."

황충이 말한다.

"호랑이 굴에 들어가지 않고서 어찌 호랑이 새끼를 얻을 수 있겠소?"

황충의 추격을 받은 장합은 달아났다.

한중 남쪽에 서쪽에서부터 정군산, 천탕산, 남산, 미창산이 연이어 연결되어 있어 이 산들을 장악하면 곧바로 한중을 점령할 수 있었다. 양식을 쌓아둔 미창산에는 하후연이 지키고 있고, 정군산(定軍山)과 잇닿아 있다. 천탕산에는 하후상의 형 하후덕(夏侯德)이 지키고 있었다. 장합과 하후상은 천탕산을 버리고 정군산으로 달아났다.

건안 23년 7월, 유비와 공명은 조자룡과 장비를 선봉으로 삼고 유비가 친히 군사 10만 명을 거느리고 한중을 치러 갔다. 유비의 대군은 가맹관을 나가서 영채를 세우고 황충과 엄안을 불러 남정(南鄭)을 지켜주는 요충지로 양평(陽平)으로 나가는 길을 확보할 수 있는 정군산을 정벌하도록 명했다.

공명이 황급히 말한다.

"하후돈의 사촌 동생인 하후연(夏侯淵)은 『육도삼략(六韜三略)』이란 병서(兵書)에 능통하고 적이 예상하지 못한 곳을 공격하는 급습이 장기인데 임기응변을 잘하기 때문에 조조가 서량(西凉)을 방비하는 막중한 임무도 그에게 맡겼었소. 마초와 싸워 장안을 지켰고 한중 땅도 오직 그에게 맡긴 것은 그만큼 출중한 장수이기 때문이오. 장군이 하후연을 이기리라고는 장담할 수 없으니 관우에게 이 일을 맡겨야 할 것 같소."

황충이 흥분하여 대답한다.

"옛날 염파(廉頗)는 나이 팔십에 쌀 한 말을 먹고 고기 열 근을 먹어치웠으며 모든 나라 제후들이 염파의 용기가 무서워서 감히 조나라 국경을 침범하지 못했소이다. 더구나 이 황충은 이제 나이가 70도 안 되었소. 군사 3천 명만 거느리고 가서 단번에 하후연의 목을 끊어 휘하에 바치리라."

공명은 거듭 하락하지 않았고 황충은 굳이 가겠다고 우겨댔다.

정군산 수비를 맡은 하후연은 황충과 싸우다 마침내 최후를 맞는다.

간체자 不入虎穴, 焉得虎子

발음 부 루 후 쉐(bù rù hǔ xué), 옌 더 후 쯔(yān dé hǔ zǐ)

회수 70회

해설 『후한서』「반초전」에는 '불입호혈(不入虎穴)', '부득호자(不得虎子)'라고 하였다.

역경을 극복해야 성공할 수 있다. 고통 없이는 얻는 것은 아무것도 없다는 No pain, no gain과 같다.

공명이 황충의 계책은 적군을 교만하게 하는 계책이라고 하였는데, 이를 '교병지계(驕兵之計)'라고 한다.

127

손님이 도리어 주인이 되다

반객위주反客爲主

反 돌이킬, 반대로 반, 客 손님 객, 爲 할, 될 위, 主 주인 주

출처 법정이 황충에게 말한 계책.

본문

조홍은 말을 달려 허도로 가서 조조에게 한중의 사태를 보고했다.

건안 23년 조조는 40만 대군을 일으키고 친히 한중을 향해 떠났다. 남정에 이르니 조홍이 나와 조조를 영접했다.

이때 유비는 황충을 시켜 법정과 함께 정군산을 공격하는 중이었다. 하후연은 정군산 군영 대채를 굳게 지키고 싸우지 않았다.

하후상이 정군산 대채를 떠나니 황충의 부장 진식(陳式)이 맞아 싸웠다. 하후상은 몇 합도 싸우지 않고 패한 척하고 달아난다. 진식이 뒤를 쫓다가 양쪽 산 위에서 포석이 떨어져서 돌아오려 하는데 등 뒤에서 하후연이 군사를 거느리고 달려온다. 진식이 하후연에게 사로잡혀 적의 영채로 끌려갔다.

진식이 포로가 되었다는 보고를 듣고 법정이 황충에게 말한다.

"하후연은 천성이 경솔하고 조급하여 용기만 믿고 꾀가 부족한 위인이니 우리는 군사를 격동시켜 영채를 거두고 나아가다가 영채를 하나씩 세워서, 하후연이 싸우러 나오도록 유인하여 사로잡자. 이 계책은 손님이 도리어 주인이 된다는 계책이오."

황충은 그 계책대로 영채를 거두고 전진하며 영채를 세우고 머물다가 다

시 앞으로 나아갔다.

하후연이 나아가서 싸우려는데 장합이 나아가서 싸우면 실패한다고 충고한다.

법정이 황충에게 말한다.

"정군산 서쪽에 또 하나 높은 산이 있는데 사방이 험악한 길이고 그 산 위에 올라가면 정군산의 허실을 굽어볼 수 있소."

밤에 황충은 그 산 위로 올라가니, 하후연의 부하장수 두습(杜襲)이 지키고 있었는데 황충을 보고는 산을 버리고 달아났다.

황충은 산 정상을 점령했는데 바로 정군산과 마주하고 있었다.

하후연은 나아가서 싸우지 않을 수 없다고 하였지만 장합은 대채를 굳게 지켜야 한다고 반대했다. 하후연은 장합의 충고를 듣지 않고 맞은편 산 밑으로 가서 군사를 나누어 산을 포위하고 황충에게 싸움을 걸었으나 황충은 움직이지 않았다.

하후연의 군사들은 오후부터 지쳐서 말에서 내려 땅에 앉아 쉬고 있었다. 법정이 붉은 기를 들어 한 번 흔드니 고각(鼓角) 소리가 일제히 일어나고 함성이 크게 진동하여 황충이 말을 달려 쏜살같이 산 아래로 내려간다.

하후연은 손쓸 사이도 없이 황충이 하늘에서 내려오듯 앞에 이르러 큰소리로 꾸짖으니 마치 우렛소리 같았다. 하후연이 몸을 바로잡기 전에 황충의 칼이 이미 떨어지자, 하후연의 몸은 머리에서부터 어깨까지 두 동강이 나버렸다.

간체자 反客为主

발음 판 커 웨이 주(fǎn kè wéi zhǔ)

회수 71회

해설 피동적인 것이 변해서 주동적인 것이 됨을 비유하는 말이다.

128

만 명도 대적할 용기

만부지용萬夫之勇

萬 일만 만, 夫 지아비 부, 之 어조사 지, 勇 날랠, 용감할 용

출처 조조의 장수 허저가 두려워하는 군사들에게 한 말.

본문

조조가 다시 대군을 거느리고 사곡(斜谷)의 좁은 길로 나와 한수(漢水)를 치러 왔다.

황충과 조자룡이 조조의 군사를 쳐부수어 조조의 군사는 한중 근교의 남정으로 달아난다.

원래 위연과 장비는 엄안에게 낭중을 지키게 하고 남정을 점령하였다. 조조가 놀라 남정을 포기하고 양평관(陽平關)으로 달아났다.

유비는 적을 추격하여 남정을 확보하였다.

공명이 장비와 위연에게 말한다.

"적군의 군량미를 운반하는 길을 끊어라."

공명은 황충과 조자룡을 불러 분부한다.

"불을 질러 산을 태워라."

한편, 조조는 양평관을 지키며 적의 동태를 살피게 했다.

조조는 허저(許褚)를 시켜 양평관으로 운반하는 곡식을 호위하여 오도록 분부했다. 곡식을 운반하여 오는 관리를 만났다.

관리가 말한다.

“포주(褒州)의 땅은 산세가 험악해서 통과하기가 어렵습니다.”

허저가 대답한다.

“나는 만 명도 대적할 만한 용기가 있는데 뭘 두려워하리오.”

밤에 포주 경계에 들어서서 절반까지 갔을 때였다. 한 무리의 군사가 달려 나와 앞을 가로막았다. 앞장선 장수는 바로 장비였다. 허저는 장비의 창에 어깨를 찔려 말에서 떨어졌다. 군사들은 황급히 허저를 부축해서 달아나고, 장비는 곡식과 마초를 실은 수레를 빼앗아 돌아왔다.

조조가 양평관으로 도망쳐 돌아왔는데 촉군이 성 밑까지 쫓아와서 동문에 불을 지르고 서문에서 함성을 지르고 남문에 불을 지르며 북문에서 징과 북을 마구 쳐 댄다.

조조는 양평관을 버리고 달아나는데 앞에 자신의 둘째 아들 조창(曹彰)이 나타났다. 조조는 군사를 돌려 사곡 경계 입구에다 영채를 세웠다.

유봉이 나와서 조창과 싸워 대패하였으나, 맹달이 나아가 조창과 막 싸우려고 하는데 조조의 군사들 사이에 일대 혼란이 일어났다. 마초(馬超)가 쳐들어왔기 때문에 조조의 군사들이 놀란 것이다.

맹달이 조조의 군사를 협공하고, 마초는 무예를 뽐내며 용맹을 과시하니 조조의 군사가 감당하지 못하였다.

간체자 万夫之勇

발음 완 푸 즈 용(wàn fū zhī yǒng)

회수 72회

해설 아주 용감하다는 뜻이다. 원래 ‘만부부당지용(萬夫不當之勇)’에서 파생된 성어다. ‘당(當)’은 막다, 맞서다의 뜻으로, ‘만부지용’은 만 명의 사내라도 당해내지 못하는 용기를 말한다. 비범한 용맹함을 형용하는 말이다.

129

닭갈비

계륵鷄肋

鷄 닭 계, 肋 갈비 륵

출처 조조가 정한 야간 암호.

본문

조조는 군사를 사곡 경계 입구에 주둔시키고 굳게 지킨다.

조조가 군사를 주둔한 지 며칠이 지났다. 쳐들어가자니 마초가 굳게 버티고 있어 자신이 없고, 그렇다고 군사를 뒤로 물리자니 촉군이 비웃을 것을 생각하여 이러지도 저러지도 못하고 있었다.

이때 요리사가 조조에게 닭고기를 끓인 탕을 바쳤다. 조조는 그릇 속에 닭갈비가 들어 있는 것을 보고 더욱 느끼는 바가 있어 곰곰이 생각하고 있는데 하후돈이 군막 안으로 들와서 청한다.

"오늘 밤 암호는 무엇으로 정하셨습니까?"

조조는 입에서 나오는 대로 대답한다.

"계륵, 계륵으로 하라."

하후돈이 모든 사람에게 암호를 전하여 그날 밤 통행할 때 군사들 암호는 계륵인 것을 알았다.

행군 주부(主簿) 양수(楊修)는 계륵이라는 말을 듣자 수행하는 군사들에게 명령한다.

"각기 행장을 꾸려라. 이곳을 떠날 테니 돌아갈 준비를 해라."

이 소문을 들은 하후돈이 놀라 곧 양수를 병영 안으로 불러 그에게 묻는다.

"귀공은 어째서 군사들에게 행장을 꾸리라고 했소?"

양수가 대답한다.

"오늘 밤 암호를 들으니 위왕(魏王)께서 곧 군사를 물리실 의향이 있소. 닭갈비란 먹자니 먹을 것이 없고 버리자니 아까운 것이죠. 지금 우리 군사는 앞으로 나아가면 승산이 없고 뒤로 물러나면 적군의 웃음거리가 될 것이니 여기 있어봤자 아무 소용이 없게 되었습니다. 차라리 일찍 돌아가는 것만 못하죠. 두고 보십시오, 위왕께서 내일 회군할 것이오. 내일 모두가 소란을 떠는 일이 없도록 군사들에게 미리 행장을 꾸리라고 일렀습니다."

"귀공은 참말로 위왕의 속마음을 환히 들여다보셨소."

하후돈은 감탄하고 자신도 행장을 꾸렸다. 이에 영채의 장수들도 모두 다 같이 돌아갈 준비를 서둘렀다.

그날 밤에 조조는 마음이 산란하고 잠이 오지 않아서 혼자 영채를 돌아보는 중이었다. 그런데 하후돈의 영채 안에 군사들 모두가 행장을 꾸리고 떠날 준비를 하고 있었다. 깜짝 놀란 조조는 군막으로 들어가서 하후돈을 불러오게 하고 그 이유를 물었다.

"주부 양수가 위왕께서 군사를 뒤로 물려 돌아가실 의향이 있음을 이미 알고 있었습니다."

조조는 양수를 불러 꾸짖었다. 양수는 서슴지 않고 닭갈비에 대한 뜻을 풀어서 대답했다.

조조는 크게 노하였다.

"네가 어찌 감히 근거도 없는 말을 지껄여서 군사들의 마음을 어지럽히느냐? 이 자를 끌어내어 당장 참수하라!"

도부수가 양수를 끌고 나가 참하고, 그 목을 정문 바깥에 걸어 본보기로 삼았다.

원래 양수는 자신의 재주를 믿고 경솔하게 여러 번 조조의 비위를 거스른 적이 있었다.

언젠가 조조가 꽃동산을 만들게 했는데 완성이 되었다고 해서 조조가 가보고 아무 말 없이 문 위에다 '활(活)'이란 글자 하나만 써놓고 돌아갔다.

사람들은 그 뜻을 몰랐는데 양수가 말한다.

"문 안에 활자를 넣으면 넓을 활자가 되니, 이는 승상께서 문이 너무 넓은 것을 싫어하신다는 뜻이오."

이에 꽃동산의 담을 다시 쌓아 적당하게 고쳐서 다시 조조를 모셔왔다.

조조는 기뻐하며 누가 그 뜻을 알았느냐고 물으니, 좌우 사람들 모두가 양수라고 대답했다. 조조는 겉으로는 칭찬했으나, 마음속으로는 양수를 시기했다.

어느 날에는 북방에서 지금의 요구르트와 같은 수(酥) 한 합(盒)을 보내왔는데 조조는 그 합 위에 '일합수(一合酥)'라고 써서 책상 위에 놓아두었다.

양수가 들어와서 보더니, 한 숟가락씩 떠서 사람마다 나누어주고 수를 다 먹어버렸다. 조조가 어떻게 그렇게 먹었냐고 물으니, 양수는 대답한다.

"합 위에 친필로 쓰신 '일합수(一盒酥)'의 '합(盒)'은 인(人), 일(一), 구(口)가 모여서 된 글자이므로 '일합수'란 '일인일구수(一人一口酥)'이니 한 사람마다 한 입씩 먹도록 했습니다."

조조는 웃었으나 속으로는 양수를 미워했다.

조조는 혹시 자기를 암살하려는 자가 있지 않나 의심해서 평소 좌우 사람들에게 일렀다.

"난 꿈에 사람을 죽이는 버릇이 있으니, 내가 잠들면 결코 내게 가까이 오지 말라."

어느 날, 조조는 군막에서 잠을 자다가 침상에서 바닥으로 굴러떨어졌다.

시종이 이불을 가져다가 덮어주려는 찰나에 조조가 칼을 뽑아 그 시종을 찔러죽이고 다시 침상에 올라가더니 아무 일도 없었던 것처럼 코를 골고 잤다.

자고 일어난 조조가 시종이 죽어 있는 것을 보고 깜짝 놀라서 어찌 된 일인지 물었다.

사실대로 얘기하자 조조는 통곡하니 사람들은 조조가 정말 꿈결에 사람을 죽이 줄로만 알았다.

그러나 양수는 그 속뜻을 알기 때문에 장사 지내는 곳에 가서 죽은 시종을 가리키며 탄식한다.

"승상이 꿈을 꾼 것이 아니라 꿈을 꾼 사람은 바로 자네일세."

조조는 그 말을 전해 듣고 양수를 더욱 미워했다.

조조의 셋째 아들 조식(曹植)은 양수의 재주를 사랑하여 평소에 불러서 밤이 새도록 담론하곤 하였다. 조조는 조식을 세자로 세울 작정이었다. 장남 조비(曹丕)는 그것을 알고 있었다.

하루는 조조가 조비와 조식의 재능을 시험해보려고 성 밖에 심부름을 갔다가 오라고 했다. 그리고는 즉시 사람을 시켜 성문 문지기에게 그들을 성문 밖으로 내보내지 말라고 했다. 조비가 먼저 나가려고 하자 문지기가 잎을 막고 성 밖으로 내보내지 않았다. 조비는 할 수 없이 그냥 돌아왔다. 조식은 그 사실을 듣자 양수에게 어찌하면 좋은지 물었다.

"왕의 명령을 받고 나가는 것이니, 만일 앞을 가로막는 자가 있으면 참해버려도 됩니다."

조식이 성문으로 가니 문지기가 앞을 가로막자 조식이 문지기를 꾸짖는다.

"왕명을 받들고 나가는데, 누가 감히 앞을 가로막느냐!"

조식이 칼을 뽑아 문지기의 목을 베었다.

이에 조조는 조식을 유능한 아들이라고 생각했다.

후에 어떤 자가 조조에게 모든 것은 다 양수가 일러준 것이라고 고했다.

조조가 크게 화가 나서 조식까지도 싫어하게 되었다.

양수는 조식을 위해 대답할 10여 개의 조목을 작성해놓고 조조가 묻거든 그 조목에 맞게 대답하라고 했다.

조조가 군사나 나랏일을 물을 때마다 조식이 청산유수처럼 대답하니 너무 잘하는 것을 의심했다.

그 후로 조비는 조식을 모시는 좌우 사람들을 매수하여 양수가 조식에게 적어준 10여 개 조목의 글을 훔쳐오게 하여 그것을 조조에게 바쳤다.

조조는 그것을 보고 화를 낸다.

"양수, 이놈이 어찌 감히 나를 속이는가!"

이때부터 양수를 죽이기로 작정하였다.

그러다가 계륵으로 군사들의 마음에 소란을 일으켰다는 죄목을 씌워 양수를 죽였다. 그의 나이가 서른넷에 불과했다.

간체자 鷄肋

발음 지 레이(jī lèi)

회수 72회

해설 큰 의미도 없지만 버리기도 아까운 것을 비유하는 말이다.

조조와 유비의 한중 전투에서 조조가 유비를 도모하고자 하나 뜻대로 되지 않자 무심코 이 계륵이란 말을 내뱉었는데, 당시 주부였던 양수가 이를 해석하길, '유비를 취하고자 하나 번번이 실패하고, 그렇다고 무작정 돌아가면 세상 사람들의 비웃음을 살까 두렵다'라며 조조가 은밀히 퇴각할 것을 명하였다고 판단한 나머지, 미리 행장을 챙기다가 조조의 오해를 사서 죽임을 당한 것이다. 재주가 아무리 뛰어나도 경솔하게 아무 때나 사용하면 그 재주도 아무 소용이 없어지게 되며 오히려 죽음에까지 이를 수도 있음을 경계하는 좋은 사례이다.

계륵 암호로 인한 양수의 죽음은 71회에 나오는데, 역사의 기록에 근거한 이야기지만 약간 변형되었다. 『삼국지』「무제기(武帝紀)」의 건안 24년, 봄의 기록에 인용한 『구주춘추(九州春秋)』에 의하면 실제 한중 쟁탈전에서 양수가 계륵이란 암호의 의미를 알아차렸다. 『후한서』「양진전(楊震傳)」에 첨부된 「양수전」에 양수는 재주가 있고 영민하였기 때문에 조조가 그를 미웠고 또 양수가 원술의 생질이었기 때문에 후환을 우려하여 마침내 사건에 연루시켜 죽였다고 하였다. 이현(李賢)의 주에 인용한 『속한서(續漢書)』에 양수가 조식과 술을 마시고 취해서는 황궁에서 마차를 멋대로 달렸고 조창을 헐뜯는 말을 지껄였는데 조조가 크게 노하여 마침내 양수를 체포하여 참수하니 그의 나이 45세였다고 하였다. 이 기록에 근거하여 양수는 한중 쟁탈전에서 죽은 것이 아니다. 한중 쟁탈전은 건안 24년 5월에 끝났고, 양수는 그해 가을에 참수되어 죽었다. 죽은 장소도 한중이 아니고 허창이었다. 또 죽은 나이가 34세가 아니고 45세였음을 알 수 있다.

72회는 "제갈량이 지혜로 한중을 빼앗다(諸葛亮智取漢中)"라는 고사인데, 한중 전투는 실제 지휘자는 제갈량이 아니다. 제갈량은 성도에 있었고 한중 전투에 가담하지 않았다. 한중 전투는 유비와 법정의 합작품이다. 『삼국지』「법정전」에 의하면 법정이 한중 공략을 건의했고 군사 지휘는 유비 몫이었다. 법정은 또 정군산 탈취에도 지휘를 맡았다. 『삼국지』「선주전」에 유비가 마침내 한중을 얻었다고 하였다.

130

하룻강아지 범 무서운 줄 모른다

초생지독불외호初生之犢不畏虎

初 처음 초, 生 날 생, 之 갈, 어조사 지, 犢 송아지 독,
不 아닐 불, 畏 두려울 외, 虎 범 호

출처 관평이 부친 관우에게 방덕을 두고 한 말.

본문

조조의 군사가 사곡 경계 입구의 영채를 떠나가려고 하는데 위연이 이끄는 촉군이 달려온다.

위연이 조조를 향하여 활을 쏘며 달려온다. 조조는 화살을 맞고 몸을 뒤집으며 말에서 떨어졌다. 위연이 쏜 화살이 조조의 인중(人中)을 맞았기 때문에 앞니 두 개가 부러졌다.

조조가 군사를 거느리고 사곡으로 후퇴했다. 마초의 복병이 조조를 추격한다. 조조는 군사를 재촉하여 밤낮을 쉬지 않고 달아나 경조(京兆)에 이르러서야 안심하였다.

유비가 한중을 평정했다.

공명이 법정과 함께 유비에게로 갔다.

"양천(兩川)을 평정했으니 하늘의 뜻에 응대하고 민심에 순종하여 황제의 자리에 오르십시오."

유비가 깜짝 놀란다.

"나는 비록 한나라 종실이지만 신하의 몸이니, 대위(大位)에 오른다면 이는 한나라에 대한 반역이오."

"잠시 한중왕(漢中王)이라도 되시오."

"천자의 조서를 받지 않고서 왕이 되면 법을 어기는 것이오."

유비는 세 번이나 거듭 사양했으나 수하들의 뜻을 막지 못해 마침내 승낙했다.

건안 24년, 면양(沔陽)에다 단을 쌓고, 법정이 유비를 단 위로 올려 모시고 면류관과 옥새를 바쳤다.

유비는 남쪽을 향해 앉고 한중왕이 되었으며 유선(劉禪)을 세자로 세웠으며, 제갈량을 군사로 삼고 관우, 장비, 조운, 마초, 황충을 오호장군(五虎將軍), 위연을 한중의 태수로 임명했다.

유비는 즉시 허도로 표문을 올려서 흉악한 역적을 쳐서 없애고 사직을 안정시키겠다고 하였다.

조조는 업군에서 유비가 한중왕이 되었다는 소식을 듣고 화가 나서 즉시 군사를 일으켜 한중왕과 승패를 겨루겠다고 하자, 중달(仲達) 사마의(司馬懿)가 나선다.

"손권은 여동생을 유비에게 시집보낸 뒤 다시 데려갔고, 유비는 형주를 점령하고 반환하지 않기 때문에 서로가 원한을 품고 있습니다. 강동에 보내 손권을 설득하여 형주를 치게 하면, 유비는 반드시 서천과 동천의 군사로 형주를 구원할 것입니다. 그때 가서 대왕께서 한중과 서천을 치면 유비는 양쪽을 동시에 막지 못하고 반드시 무너질 것입니다."

조조는 만총(滿寵)을 손권에게로 보냈다.

만총이 손권에게 말한다.

"장군이 형주를 치기만 하면, 위왕은 한중과 서천을 쳐서 머리와 꼬리를 동시에 협공하고 유비를 격파한 뒤에 그 땅을 반씩 나누어 차지하고 서로 다시는 싸우지 않기로 맹세하자는 것입니다."

제갈근이 말한다.

"관우가 형주에 온 후로 유비의 주선으로 장가를 들어 먼저 아들 하나를 두었고 다음에 딸 하나를 두었다고 하니 주공의 세자와 통혼하도록 주선하십시오. 관우가 허락하면 관우와 함께 조조를 쳐부수고, 거절하면 조조를 도와 형주를 쳐서 빼앗으면 됩니다."

손권은 제갈근을 형주로 보냈다.

제갈근이 관우에게 말한다.

"우리 주공 오후(吳侯)에게 아들이 있고 장군에게는 딸이 있다는 말을 듣고 혼인을 청하러 왔습니다. 우리가 서로 우호 관계를 맺고 힘을 합쳐 조조를 치면 좋지 않겠소."

관우가 갑자기 화가 나서 소리친다.

"범의 딸을 어찌 개자식에게 시집을 보낸단 말이오?"

손권이 관우가 무례하다고 크게 화를 낸다.

보즐(步騭)이 말한다.

"조조가 오래전부터 한나라를 삼키고 싶으나 두려운 것은 유비가 있기 때문입니다. 그가 사람을 우리에게 보낸 것은 우리가 군사를 일으키게 하고 실은 촉을 삼키려고 하니, 이는 모든 불행을 우리 동오에게 뒤집어씌우려는 수작입니다. 조조의 부하 장수 조인(曹仁)이 이미 양양(襄陽)과 번성(樊城)에 군사를 주둔시키고 있어 바로 육로로 형주를 칠 수 있습니다. 그런데 왜 도리어 주공에게 군사를 일으키라고 합니까? 조조에게 조인을 시켜 형주를 치라고 하고 그러면 관우는 번성을 칠 것입니다. 관우가 형주를 떠나면 주공이 형주를 쳐서 쉽게 되찾을 수 있습니다."

유비가 보고를 듣고 공명과 상의하니 공명이 관우에게 먼저 번성을 치게 하라고 건의한다.

관우는 명령을 받고 부사인(傅士仁)과 미방(糜芳) 두 장수를 선봉으로 삼아 형주성 밖에 주둔하게 하였다.

부사인과 미방이 군막 뒤에서 술을 마시는 동안에 불을 잘못 다뤄 불리화포에 붙어 병영이 벼락이 치듯 진동하고 터져서 무기와 군량과 마초를 태워버렸다.

무사를 불러 두 사람에게 각각 곤장 40대를 치고 벌로 부사인에는 공안(公安), 미방에게는 남군(南郡)으로 가서 지키라고 지시했다.

관우는 양양으로 큰길을 달렸다. 이때 조인은 친히 군사를 거느리고 양양성을 나와 관우를 맞아 싸웠다. 달아나던 조인의 군사는 반 이상이 양강(襄江)에 빠져 죽었다. 조인은 양양을 버리고 번성으로 물러나서 지켰다. 관우는 양양성을 점령하였고, 승세를 몰아 번성을 포위하는 중이었다. 조인이 이를 조조에게 보고하자, 조조는 우금(于禁)을 파견했다.

조조는 우금을 정남장군(征南將軍)으로 높이고, 방덕에게 7군(軍)을 거느리고 가서 번성을 구원하게 하였다. 7군의 동형(董衡)이 우금을 찾아뵙고 고한다.

"원래 방덕은 마초의 수하 장수였는데 어쩔 수 없이 위나라에 항복한 자입니다. 그의 옛 주인 마초는 촉에서 오호장군으로 있고, 그의 친형이 서천에서 벼슬을 하고 있으니, 방덕을 선봉에 세우는 것은 불을 끄기는커녕 타오르는 불에 기름을 뿌리는 격입니다."

조조가 방덕을 불러들여 선봉의 인수(印綬)를 반납하라고 했다.

방덕이 머리를 바닥에 찧고 얼굴에 피가 낭자하여 말한다.

"저는 한중에서 대왕께 투항한 후로 많은 은혜를 입었기 때문에 비록 간과 뇌를 땅에 뿌릴지라도 그 은혜를 다 갚지 못할 것을 생각했는데 대왕께서 저를 의심하십니까? 마초와 저는 서로 섬기는 주인도 다르고 옛 의리도 벌써 끊어졌는데 제가 이제 어찌 딴마음을 품을 수 있겠습니까?"

방덕은 사람을 시켜 관(棺)을 하나 짜게 했다. 떠나기 전에 친구들에게 말한다.

"위왕에게 많은 은혜를 입었기 때문에 죽음으로 보답하기로 맹세했소. 관우와 싸워 내가 그를 죽이지 못하면 그가 날 죽일 것이며, 설사 그에게 죽을지라도 그를 잡지 못하면 난 자살할 것이니 관을 짠 것은 내가 맨손으로 돌아올 리가 없다는 것을 보이기 위해서요."

방덕이 번성으로 갔다.

관우가 말한다.

"천하의 영웅들이 내 이름만 들어도 두려워하지 않는 자가 없거늘, 어린 방덕이 어찌 감히 날 멸시하는가! 내 가서 방덕이란 놈을 베어 한을 풀리라!"

관평이 자청하여 나가 방덕과 싸웠으나 패하자, 관우가 청룡도를 들고 나선다. 방덕과 백여 합을 싸웠으나 역시 승부가 나지 않았다.

방덕이 영채로 돌아와 사람들에게 말한다.

"사람들이 관우를 영웅이라고 하더니 내 오늘에서야 그 말을 믿겠다."

한편, 관우도 영채로 돌아와서 관평에게 말한다.

"방덕이 칼 쓰는 법이 능숙해서 참으로 나의 적수가 될 만했다."

관평이 말한다.

"속담에 하룻강아지 범 무서운 줄 모른다고 했습니다. 방덕은 한낱 졸개에 불과한데 만일 부친께서 혹시 다치시기라도 한다면 이는 한중왕의 막중한 부탁을 저버리는 일이 됩니다."

이튿날, 관우와 방덕 두 사람이 다시 싸웠으나 50여 합에 도달했을 때였다. 방덕이 갑자기 말머리를 돌려 달아나니, 관우가 즉시 뒤쫓는다. 방덕이 일부러 도망치는 체하다가 슬며시 칼을 인장 고리에 끼우고 번개같이 활로 관우를 향해 쐈다. 화살은 관우의 왼쪽 팔에 꽂혔다. 관우가 영채로 돌아와서 화살촉을 뽑아냈다. 다행히 상처가 깊지 않았다.

간체자 初生之犊不畏虎

발음 추 성 즈 두 부 웨이 후(chū shēng zhī dú bù wèi hǔ)

회수 74회

해설 처음 태어난 송아지는 호랑이를 두려워하지 않는다는 뜻으로, 세상

경험이 적은 젊은이는 두려워할 것이 없어서 감히 말하거나 행동에 옮김을 비유하는 말이다.

"하늘의 뜻에 응대하고 민심에 순종하다"라는 것은 '응천순인(應天順人)'이고, "타오르는 불에 기름을 붓는 격이다"라는 것은 '발유구화(潑油救火)'라고 한다.

사서에 유비가 오호장(五虎將)을 봉했다는 기록은 없다. 『삼국지』「촉서(蜀書)」에 관우, 장비, 마초, 황충, 조운을 합쳐 하나의 전기로 만들어 「관장마황조전(關張馬黃趙전)」이라 했다. 오호장이란 명칭은 『삼국지평화』 하권에서부터이다. 호(虎)라 함은 다섯 장군의 용맹함을 드높여서 부른 호칭이다. 오호장은 촉한에만 있고 위나라와 오나라에는 이와 유사한 정식 명칭이 없다.

131

할 수 없이 한 행동이다

신불유기身不由己
身 몸 신, 不 아닐 불, 由 순종할 유, 己 자기 기

출처 조조의 수하 우금이 포로로 잡혀 관우에게 애걸하며 한 말.

본문

관평이 활에 맞은 부친 관우를 구하여 영채로 돌아가는데 방덕이 말을 돌려 칼을 휘두르며 쫓아갈 때 징이 울렸다.

우금은 방덕이 관우를 활로 쏘아 맞힌 것을 바라보며, 방덕이 큰 공을 세우는 날이면 자신의 꼴이 무엇이 될까 하는 질투심에 일부러 징을 울려 방덕을 불러들인 것이다.

우금은 방덕이 큰 공을 세울까 두려워 군사를 움직이지 않는다. 우금은 7군을 번성 북쪽 10리 떨어진 산 밑 골짜기 증구천(罾口川)으로 옮겨 영채를 세웠다. 방덕을 산골짜기 뒤로 보내어 주둔하게 하여 공을 세우지 못하게 하였다.

때는 가을철이라 연일 소낙비가 내렸다. 관우는 군사들을 시켜 배와 뗏목을 준비하게 하였다.

증구천에 주둔하고 있는 위나라 군사들은 날마다 비가 그치지 않으므로 걱정을 하는데, 독장(督將) 성하(成何)가 우금에게 충고한다.

“만일 강물이 불어 넘치는 날이면 우리 군사는 위태롭습니다.”

우금이 성하에게 군사들을 현혹하지 말라고 꾸짖으니, 방덕이 성하에게

말한다.

"그대 의견이 맞으나 우금이 군사를 옮기지 않으니 어쩔 도리가 없네. 내일 내 군사만이라도 다른 곳으로 옮겨야겠다."

그날 밤 비바람이 크게 일어난다. 사방에서 비바람이 치더니, 7군은 쥐들처럼 어지러이 이리 뛰고 저리 뛰며 살 구멍을 찾다가 물결과 파도에 쓸려 떠내려간 자가 헤아릴 수 없을 정도였고 평지의 물도 한 길이 넘었다.

우금과 방덕이 각기 조그만 산으로 올라가서 물을 피하는데, 관우가 북을 치며 큰 배를 타고 온다. 우금이 항복하겠다고 하여 관우가 그를 결박하고 배에 가두었다. 관우가 방덕을 잡으러 갔다. 관우의 화살을 맞고 방덕의 군사들이 물속에 떨어져 죽고 다른 군사들도 다 항복했지만 방덕만 혼자서 끝내 싸운다. 형주의 군사가 조그만 배를 몰아 둑 가까이 접근하자 방덕이 재빨리 배 위로 내려가서 10여 명을 죽이고 번성 쪽으로 달아나는데 주창이 큰 뗏목을 타고 내려와 방덕이 탄 배를 들이받으니 배가 뒤집히고 방덕이 물속에 빠졌다. 주창은 물에 익숙한 사람이고 형주에서 수련을 쌓았으며 힘도 세어서 방덕을 사로잡을 수 있었다.

우금이 거느린 7군도 다 물에 빠져 죽고, 헤엄칠 수 있는 자들도 모두 항복했다.

우금이 관우에게로 끌려왔다. 우금은 땅에 엎드린 채 목숨만 살려달라고 애걸하였다.

관우가 묻는다.

"네 어찌 왜 감히 나에게 항거했냐?"

"조조가 가라는 명령에 하는 수 없이 그렇게 한 것이니, 바라건대 저를 불쌍히 여기시면 맹세코 은혜에 보답하겠소."

관우는 우금을 형주로 압송하고 옥에 가두기로 했다.

관우가 방덕에게 왜 항복하지 않느냐고 물으니, 방덕은 칼을 맞고 죽을지언정 항복하지 않겠다며 관우에게 욕을 하자, 관우가 화가 나서 도부수를 시켜 방덕의 목을 베도록 하였다.

간체자 身不由己

발음 션 부 여우 지(shēn bù yóu jǐ)

회수 74회

해설 자신의 언행은 스스로 생각을 결정할 수 없다는 뜻.

사람은 세상에 태어나 한번 죽는데 그 죽음이 어떤 자는 개죽음이고 어떤 사람은 태산보다 더 무거운데, 우금과 방덕의 죽음은 사뭇 달랐다. 하나는 비겁하게 목숨을 구걸하고, 다른 하나는 항복하지 않고 절개를 지키며 떳떳하게 죽음을 그대로 맞았다.

관우가 조인이 지키는 번성을 포위하자, 조조가 우금에게 명하여 7군을 거느리고 가서 구원하라고 하니 방덕이 자청하여 선봉이 되어 관을 메고 출전한다. 관을 메고 출전한다는 뜻은 죽음을 무릅쓰고 출전하겠다는 비장한 각오의 표현이다. 후에 곤경에 빠진 우금은 항복을 청했고, 물에 빠진 방덕을 주창이 생포하였는데 관우에게 우금은 목숨을 구걸했지만 방덕은 옥설을 퍼붓고 절대 항복하지 않겠다고 우기다가 죽는다.

조조의 명을 받고 방덕이 우금의 선봉이 되어 조인을 구원하러 갔다고 하였지만, 『삼국지』「방덕전」에는 방덕은 당시에 조인을 따라 번성에 주둔하고 있었다고 하여 사실이 아니다. 또 「방덕전」에 "방덕이 번성에 주둔하고 관우를 정벌했는데 방덕의 사촌 형이 한중에서 유비를 받들었기 때문에 번현(樊縣)의 장수들이 방덕을 의심하자 방덕이 이렇게 말했다. '나는 몸소 병사를 이끌고 관우를 공격할 것이오. 올해 내가 관우를 죽이지 못하면 그가 날 죽일 것이오.'"라고 했지만 방덕이 관을 메고 목숨을 다해 싸운다고 말한 적은 없다.

『삼국지』「관우전」에 가을에 큰 장맛비가 내려 한수(漢水)가 넘치는 바람에 우금이 지휘하던 7군이 모두 물에 빠졌다고 하였다. 관우가 계책을 세워

7군을 수몰시킨 것은 아니다. 『삼국지』「방덕전」에 조인이 방덕을 보내 번성 북쪽에 주둔하도록 했는데 열흘 넘게 비를 만나 한수가 범람하였고 관우는 배를 타고 공격하였으며 이후에 싸움이 격렬해졌고 물이 점점 불어났으므로 관리와 병사들이 투항했고 방덕은 작은 배를 타고 조인의 진영으로 돌아가려고 해도 물살이 급해져 배가 전복되고 활과 화살이 모두 떨어져 배를 껴안고 물 위로 떠서 간신히 목숨을 건졌고 관우에게 붙잡혔다고 하여 『삼국지연의』에서처럼 주창의 배에 부딪혀 전복되는 바람에 주창의 손에 사로잡힌 것은 아니다.

132

뼈를 깎아내어 독을 치료하다

괄골료독刮骨療毒

刮 깎을, 깎아낼 괄, 骨 뼈 골, 療 병 고칠 료, 毒 독 독

출처 번성에서 조인의 궁노수가 쏜 독화살이 관우가 오른팔에 맞아 말에서 떨어진 것을 가리킨다.

본문

번성을 지키던 조인이 성을 굳게 지키고 있는데 열흘이 지나자 물이 점점 빠지기 시작했다.

관우가 번성의 북문에 이르러 말을 세우자, 성루에서 조인은 관우가 엄심갑과 녹색 전포만 입은 것을 보고 궁노수 5백 명에게 신호하니, 화살이 빗발치듯 아래를 향해 날아간다. 관우가 급히 물러서려고 말을 돌려세우려다가, 그만 오른팔에 화살 한 대를 맞고 몸을 뒤집으며 말에서 떨어졌다.

조인이 관우가 말에서 떨어진 것을 보고는 성 밖으로 나갔다가 관평에게 쫓겨 들어왔다. 관평은 부친 관우를 구출하여 영채로 돌아가 화살 끝을 뽑아냈다. 화살촉에 독이 발라 있기 때문에 이미 독이 뼈까지 들어가서 관우의 오른팔은 퍼렇게 부어서 움직이지 못했다.

관평과 장수들은 상처가 더 나빠질까 염려되어 사방으로 의원을 찾아다녔다.

어느 날, 어떤 사람이 강동에서 조그만 배를 타고 와서, 영채에 이르렀다. 머리에는 네모난 관을 쓰고 넓은 옷을 입고 팔에는 푸른 주머니를 걸고 있었

다. 자신을 소개한다.

"저는 패국(沛國) 초군(譙郡) 사람으로 이름은 화타(華佗)이고 천하의 영웅이신 관장군께서 독화살에 맞았다는 말을 듣고 고쳐드리려고 이렇게 왔습니다."

관평이 묻는다.

"옛날 동오의 주태(周泰)를 고치신 분이 아니시오?"

"그러하오."

관우는 마량과 바둑을 두다가 의원이 왔다는 전갈을 받고 인사를 마친 다음 차 대접을 한다. 화타가 팔을 보여 달라고 청하니, 관우가 웃옷을 벗고 팔을 보여준다.

"화살을 맞은 상처는 활촉에 오두(烏頭)라고 하는 독이 뼈에까지 침투했습니다. 치료하지 않으면 이 팔은 쓸모가 없게 됩니다."

관우가 술상을 차려 내오라고 하고 자신도 술을 몇 잔 마시고는 마량과 바둑을 두면서 팔을 뻗어 화타의 치료를 받는다.

화타가 칼로 뼈를 긁어내는 소리가 사각사각 나니, 보는 사람 모두가 낯을 가리고 하얗게 질린다. 그러나 관우는 간혹 술을 마시고 고기 안주를 먹으며 바둑을 두면서 태연하게 웃고 말하는데 전혀 아파하는 기색이 없다.

간체자 刮骨疗毒

발음 과 구 랴오 두(guā gǔ liáo dú)

회수 75회

해설 정사『삼국지』에도 '괄골독료'의 고사가 기록되어 있지만, 화타가 치료한 것이 아니다. 당시에 화타는 조조가 죽여서 이미 존재하지 않았다. 화타가 뼈를 깎아내어 독을 치료하였다는 고사가 생겨난 이후로 이 말은 의지가 강한 사람 또는 의지가 강함을 비유하는 말로 쓰이게 되었다.

화타가 동오의 주태를 고친 일은『삼국지연의』제15회에 나온다.

화타는 동한 말경 때 민간 의원으로 초(譙), 지금의 안휘성 박주(亳州) 사람이다. 동한 말, 전란이 빈번했을 때 역병이 크게 유행하여 그는 여러 지역을 돌아다니며 병자를 고쳤다.

"뼈를 깎아내는" '괄골(刮骨)'의 고통을 견딘 용감한 장수는 관우만이 아니었다. 『북사』(北史)의 기록에 의하면 "장손자언(張孫子彦)은 말에서 떨어져 어깨가 부러져 어깨뼈를 들어 올리고 살을 갈라 뼈를 톱질하였는데 피가 엄청 많이 흘러도 농담하며 아무렇지도 않게 여기니 사람들이 관우보다 더 뛰어나다고 생각했다"라고 하였다. 『송사』(宋史)에는 조광윤(趙光胤)이 북주(北周) 때 수춘(壽春)을 공격할 때 성루에서 화살을 연달아 쏘는데 화살이 커서 굵은 기둥만 했고 아장(牙將) 장경(張瓊)이 몸으로 화살을 막았는데 화살이 그의 허벅지를 맞혔고 화살촉과 갑옷이 뼈에 붙어 나오지 않자 장경이 술을 마시고 사람이 부서진 뼈를 꺼내라고 하자 피가 많이 나와도 기색이 태연하였다고 한다. 남송 때 악비와 함께 금나라에 대항한 명장 한세충(韓世忠)도 독화살에 맞아 뼈에 독이 침투하여 억지로 긁어내었다고 한다. 명대에도 이러한 기록은 사서에 셀 수 없을 정도로 많이 보인다. 다만 사람들이 관우를 존경하는 것은 관우가 처한 시대가 이르고, 그의 용맹함이 사람들 인상에 깊이 각인되어 있기 때문이다.

『삼국지연의』에 화타가 관우를 치료한 때가 건안 24년이라고 하였는데, 화타가 죽은 지 11년이나 지난 시기다. 『삼국지연의』의 고사는 『삼국지』「관우전」에 "관우는 화살에 왼쪽 팔이 꿰뚫린 적이 있었다. 나중에 상처는 비록 다 나았어도 비가 오는 날엔 통증을 느껴 의원에게 맡겨 팔의 독을 긁어냈다. 관우는 장수들을 초청하여 연회를 열어 서로 마주하고 있었는데 팔에서 나는 피가 흘러 떨어져 그릇에 가득해도 관우는 고기를 자르고 술을 마시며 평소처럼 웃으면서 말을 하였다"라고 한 기록을 바탕으로 윤색한 것인데, 왼쪽인데 오른팔이라고 했고, 그냥 의원이라고만 했지 누구인지는 구체적으로 밝히지 않았다. 「화타전」에도 화타가 관우를 치료하였다는 기록이 없다.

『삼국지』「화타전」에 침과 약으로는 환부에 미칠 수 없어 반드시 절개해야 할 경우에는 환자에게 마취약을 먹여 잠시 취한 듯 죽은 듯 지각하는 바가 없게 하고 환부를 잘라 꺼냈다고 하여 화타가 마취제를 발명하였음을 알 수 있어 관우가 마취도 하지 않고 치료를 받지는 않았을 것이다.

『삼국지』「화타전」에 화타를 추종한 오보(吳普)에게 말하길, 몸을 움직이는 운동을 해야 장수를 한다고 하며 자신의 운동법을 오금희(五禽戲)라고 하였는데 호랑이, 사슴, 곰, 원숭이, 새의 동작을 본뜬 도인(導引)의 작용이 있다고 하였다. 오보는 이것을 시행하여 90여 세에도 귀가 밝고 눈이 밝으며 치아가 튼튼했다고 한다.

133

패하여 맥성으로 달아나다

패주맥성敗走麥城

敗 패할 패, 走 달아날 주, 麥 보리 맥, 城 성 성

출처 관우가 여몽에게 빼앗긴 형주를 탈환하러 가다가 위나라 군사에게 패하여 도주한 행동.

본문

관우는 형주의 군사를 거느리고 번성을 치려고 한다. 그 틈을 타서 손권은 형주를 빼앗으려는 계책을 세운다. 손권은 여몽(呂蒙)을 대도독에 임명하고 강동의 모든 군사를 통솔하게 하였다.

여몽은 군사 3만 명과 쾌속선 80여 척을 점검하고, 헤엄을 칠 줄 아는 자에겐 흰옷을 입혀 장사꾼으로 가장하여 배 위에서 노를 젓게 하고 군사들을 모두 배 밑에 깊이 매복시켰다. 육손(陸遜)에게 군사를 일으킨 사실을 알렸다.

여몽이 이끄는 쾌속선이 일제히 출발하여 심양강(潯陽江)으로 나아간다.

배가 북쪽 언덕에 닿으니 강변의 봉화대를 지키는 형주 군사들이 와서 검문한다.

동오 사람들이 말한다.

"우리는 장사꾼들인데 강에서 바람을 만나 이곳에 잠시 피하려고 왔습니다."

재물을 나누어주고 사정했다. 봉화대를 지키는 군대가 강변에 정박하는 것을 허락했다.

그날 밤 배 안에 매복하고 있던 군사들이 일제히 쏟아져 나와 모든 요충지의 적군들을 사로잡아 배 안에 가두고 밖으로 못 나오게 하였다. 모든 배가 형주로 다가가는데도 강변 일대의 사람들은 아무도 수상하게 여기는 사람이 없었다.

여몽은 포로들을 구슬려 목숨을 살려주는 대신 앞장세워 한밤중에 형주 성문 밑에 끌고 가서 성문을 열라고 소리치게 하였다. 형주 군사인 줄 알고 성문을 열었다. 동오의 군사가 일제히 쳐들어가서 마침내 형주를 점령했다.

며칠 뒤에 손권이 형주로 왔다. 공안(公安)의 부사인(傅士仁)과 남군(南郡)의 미방(糜芳)은 우번(虞翻)이 설득하여 항복시키겠다고 하여 그를 보냈다.

우번이 공안에 가서 화살에 항복하라는 편지를 꿰어 성안으로 쏘아 보냈다. 관우에게 꾸지람을 듣고 벼르던 일이 생각난 부사인은 성문을 활짝 열었고 형주로 가서 항복했다.

손권은 부사인에게 남군에 가서 미방을 설득하여 항복하게 하라고 청하자, 부사인이 남군을 향해 길을 떠나간다.

서황은 면수에서 크게 싸움을 하고　　徐公明大戰沔水

관우는 패하여 맥성으로 달아나다　　關雲長敗走麥城

미방이 형주가 함락되었다는 소식을 듣고 아무 대책도 세우지 못하고 있는데, 부사인이 찾아왔다.

부사인이 미방을 설득한다.

"난 충성이 부족한 게 아니라 형세가 위급하고 힘이 부족하여 버틸 수 없어서 이미 동오에게 항복했소. 장군도 속히 항복하는 게 나을 것이오."

"어찌 차마 은혜를 많이 입은 한중왕을 배반할 수 있겠소?"

"관운장이 이기고 돌아오면 우리를 용서하지 않을 것이오."

이때 관우가 보낸 사자가 미방을 찾아와서 말한다.

"관장군 진중에 군량미가 부족해서 특별히 찾아왔소이다. 남군과 공안 두 곳에서 흰쌀 10만 석을 즉시 보내라는 분부이십니다. 두 장군은 밤낮을 가리지 말고 적의 최전방 진지의 포위를 풀고 떠나 교대로 운반해가시오. 만약 늦으면 참수한다고 하십니다."

미방이 놀라서 부사인을 보고 말한다.

"이미 형주가 동오의 군사에게 함락됐는데 어떻게 이 군량을 운반하여 지나갈 수 있겠소?"

부사인이 칼을 뽑아 당상에서 사자에게 다가가 그의 목을 베었다.

미방이 놀란다.

"공은 어찌하여 그를 죽였소?"

"관공의 뜻은 바로 우리 둘을 죽이려는 것이오. 우리가 그냥 죽을 수는 없소. 공이 속히 동오에 항복하지 않으면 반드시 관공이 우릴 죽일 것이오."

때마침 급히 여몽이 군사를 거느리고 성 바로 아래까지 왔다는 보고가 왔다. 미방이 크게 놀라 부사인과 함께 성 밖으로 나가 항복하였다. 여몽이 크게 기뻐하며 손권에게로 데리고 갔다.

한편, 조조는 허도(許都)에서 신하들과 형주를 논의하는데, 동소(董昭)가 조조에게 계책을 낸다.

"지금 번성(樊城)이 포위되어 목이 빠지게 구원을 기다리고 있으니, 성안으로 화살을 쏘아 서신을 보내 위나라 군사를 안심시키고, 또한 동오의 군사가 형주를 공격할 것이라는 소문을 퍼뜨리면 관우는 형주를 잃을까 걱정이 되어 군사를 물릴 것이며, 그때 서황(徐晃)에게 퇴각하는 관우의 군사를 습격하게 하면 완전한 승리를 거둘 수 있습니다."

서황이 계책을 세워 관평(關平)과 요화(廖化)를 격파하자, 둘은 대채(大寨)로 달아나서 관우에게 고한다.

"조조가 대군을 거느리고 번성을 구하러 오는 중이라고 합니다. 사람들 모두가 그러는데 형주가 이미 여몽의 공격을 받고 함락됐다고 합니다."

관우가 꾸짖는다.

"적이 유언비어를 퍼뜨려 우리 군사를 어지럽히려는 것이다! 동오의 여몽은 병들어 위독하여 어린 육손(陸遜)이 대신하고 있으니 염려할 것 없다!"

관우의 말이 다 끝나기도 전에 서황의 군사가 도착했다는 급한 보고가 있었다. 관우가 말을 대령하라고 분부하였다.

관평이 관우에게 간한다.

"아버님께서는 상처가 아직 다 낫지 않았으니 나가서 싸우지 마십시오."

"나는 서황과 옛날에 친분이 있어 그의 능력을 잘 알고 있다. 그가 물러가지 않으면 내가 먼저 그를 참하고 적의 장수들을 훈계하겠다."

관우와 서황은 번성에서 싸웠다.

둘이 맞붙어 80여 합을 했는데도 승부가 나지 않았다. 번성에 갇혔던 조인(曹仁)이 조조의 구원군이 온다는 소식을 듣고 군사를 거느리고 성에서 나와 서황과 함께 관우의 군사와 싸우니 형주의 군사들이 혼란에 빠졌다. 관우가 말머리를 돌려 급히 양강(襄江) 상류 쪽으로 달려가니 위나라 군사들이 쫓아온다. 관우가 급히 양강을 건너 양양(襄陽)을 바라보고 달아났다. 갑자기 파발꾼이 달려와서 고한다.

"형주는 이미 여몽의 손에 함락되었고, 부사인과 미방 모두 이미 동오에 항복했습니다."

관우가 크게 화를 내는데 마침 군량미를 독촉하러 갔던 자가 돌아와서 말한다.

"공안의 부사인이 남군에 가서 사자를 죽이고 미방을 꾀어 함께 동오에 항복하러 가버렸습니다."

관우는 화가 치밀어 가슴에 기가 막히더니 상처가 터져 기절하였다. 여러 장수가 구해주어 관우가 깨어나자 사마(司馬) 왕보(王甫)에게 말한다.

"그대의 말을 듣지 않은 것이 후회되오."

관우는 조루(趙累)의 말에 따라 마량(馬良)과 이적(伊籍)에게 서신을 주어 밤낮을 가리지 말고 성도(成都)로 가서 구원을 청하도록 떠나보내고, 형주를 빼앗으러 관우는 친히 선봉이 되었고 요화와 관평을 남겨 추격해오는 적군을 끊도록 하였다.

조조가 군사를 거느리고 마피(摩陂)에 주둔하였다. 서황의 군대가 오니 조조가 친히 영접하려고 영채에서 나왔다. 서황의 군사들이 오는데 대오가 정연하고 조금도 흐트러짐이 없었다.

조조가 크게 기뻐하였다.

"서장군은 참으로 옛날 한나라 명장 주아부(周亞夫)의 풍모가 있소."

한편, 관우는 군사를 거느리고 형주를 탈환하러 나아가는데, 장수와 군사들은 도중에서 몰래 도망쳐 먼저 형주로 돌아가는 자가 많았다. 장흠(蔣欽), 한당(韓當), 주태(周泰)가 관우를 향해 세 갈래에서 협공한다. 관우가 급히 군사를 거두어 달려가다 보니, 남산 언덕 위에 사람들은 형주 본토 사람들이었다. 관우가 화가 나서 그 산 위로 올라가려는데 산 양쪽에서 군사들이 달려나온다. 왼편은 정봉(丁奉), 오른편은 서성(徐盛)이었다. 장흠이 뒤를 쫓아와서 관우를 겹겹이 포위하자 관우 수하의 군사들은 점차 흩어져 달아난다.

형주 군사들이 모두 다 산 위에 나와 서서 형과 아우, 아들과 아버지를 부르며 찾는 소리가 끊이질 않았다. 이에 관우 수하의 군사들은 마음이 변하여 가족을 찾는 소리에 응대하여 뿔뿔이 흩어졌다.

관평과 요화가 두 방면에서 달려와 포위망을 뚫고 들이닥쳐 관우를 구출하고 달아난다.

관평이 관우에게 고한다.

"군사들의 마음이 변했으니 반드시 성지를 얻어 잠시 주둔하고 구원병을 기다리시죠. 맥성이 작기는 하지만 당분간 주둔할 만합니다."

관우가 관평을 따르기로 하고 패잔병을 재촉하여 맥성에 도착하였다.

간체자 败走麦城

발음 바이 저우 마이 청(bài zǒu Mài chéng)

회수 76회

해설 전쟁에서 불리하거나 패배한 상황을 형용하는 말인데, 실수를 저지르거나 교만하면 불리한 상황이나 궁지에 빠지게 됨을 비유한다. 또 능력이 있는 사람도 실수할 때가 있음을 형용하는 말이다.

75회에 여몽이 손권에게 건의하길 관우가 조조를 공격한 틈을 타서 형주를 습격하여 빼앗자고 하녀 손권은 여몽을 형주 습격의 대장으로 삼았는데 여몽은 형주 함락이 어렵다는 것을 알고 두문불출하였고 이때 육손이 병문안을 와서 계책을 올리자 여몽은 육손을 천거하여 자신의 임무를 대신하게 한다. 그러나 『삼국지』「여몽전」과 「육손전」을 보면 형주를 빼앗자고 건의한 사람이 여몽이고 육손을 골라 임무를 대신하게 한 계책도 여몽이 세웠다. 『삼국지』「여몽전」에서 여몽은 용감하고 지모가 뛰어났으며 결단력과 군사계책에 밝았고 관우를 사로잡은 일이 그 가운데 가장 절묘한 계책이었다고 한 것처럼 형주 기습 작전을 지휘한 사람은 여몽이고 육손은 조수였을 뿐이었다. 그런데 『삼국지』「육손전」에 육손과 여몽의 관우에 대한 평가를 통해 보면 두 사람의 견해에 차이가 있다. 육손이 관우의 성격을 잘 파악하고 있어 관우 격파의 계책은 육손으로부터 나온 것이 아닌가 하는 의문이 생긴다.

「육손전」에 여몽이 질병을 이유로 건업에 왔을 때 육손이 가서 방문하고는 관우와 접하고 있으면서 어떻게 멀리 내려왔냐고 하면서 나중에 걱정되지 않겠냐고 묻는다. 육손은 걱정은 되지만 질병이 너무 심해서 왔다고 대답한다. 육손이 말하길, "관우는 자기 용기에 의지하여 다른 사람을 능멸합니다. 큰 공을 세워 마음이 교만해지고 의지는 안일해져서 북쪽으로 진격할 것만 생각하고 우리에게 경계하는 마음을 두지 않고 있습니다. 당신이 질병에 걸렸다는 소식을 들으면 더욱 방비하지 않을 것입니다. 지금 생각하지 않고 있을 때 나가면 그를 붙잡을 수 있습니다. 당신이 내려와서 손권을 만난 것은 좋은 계략입니다"라고 하여 관우의 자신감과 교만함을 잘 알고 그것을 역이용하는 계책을 세웠고 반면에 여몽은 "관우는 용맹하여 대적하기 어렵소. 형주를 이미 점거하고 은혜와 신의를 시행하고 있으며 원래 공로가 있고 담력과 기세가 성대하여 도모하기 쉽지 않소"라고 하여 관우의 능력을 두려워하고 있음을 알 수 있다. 그래서 손권이 병든 여몽에게 대신할 수 있는 사람을 추천하라고 하자 여몽은 육손을 추천한 것이다. 여몽의 육손에 대한 평가는 육손은 사려 깊고 재기가 중임을 맡을 만하고 살피고 생각하는 것이 큰 일을 맡길 만하여 관우를 무찌를 수 있다고 하자, 손권은 육손을 불러 편장군 우부독(右部督)으로 임명하고 여몽을 대신하도록 했다고 하였다.

효문제(孝文帝)는 강후 주발의 아들 중에서 주아부를 조후(條侯)로 봉하여 강후의 계승자로 삼았다.

흉노가 변경을 침략하자 효문제는 주아부를 장군에 임명하여 세류(細柳)에 주둔시켰는데 황제가 친히 군대를 위문하러 갔고 주아부는 군영에서는 말을 달릴 수 없다고 하자, 문제는 고삐를 잡고 서서히 전진하며 진정한 장군이라고 감동하였다. 효문제가 임종할 때 태자에게 국가가 급난(急難)한 일이 있으면 주아부는 군대를 거느리는 중임을 맡을 만하다고 말했다. 문제가 죽은 후 경제(景帝)가 즉위하여 주아부를 거기장군(車騎將軍)에 임명하였고 오초(吳楚)의 난이 일어났을 때 주아부는 태위의 직무를 대행하였는데 황제의 명령을 집행하지 않고 보루를 굳게 지킨 결과 사태는 안정을 회복하여 오초의 반란은 3개월 만에 평정되었다.

134

한 잔의 물을 한 수레의 장작불에 끼얹다

배수거신杯水車薪
杯 잔 배, 水 물 수, 車 수레 거, 薪 땔나무, 장작불 신

출처 요화가 유봉과 맹달이 지키는 상용으로 가서 구원병을 청해도 맹달이 거절하며 한 말.

본문

조루가 관우에게 말한다.

"맥성에서 상용(上庸)은 가깝고 그곳에는 유봉(劉封)과 맹달(孟達)이 지키고 있으니, 속히 사람을 보내어 구원병을 데려오게 하소서. 상용의 군사들이 여기에 와서 돕는 동안 서천(西川)에서 구원병이 오면 군사들의 마음도 저절로 진정될 것입니다."

논의하고 있는데 군사가 와서 고한다.

"오나라 군사들이 맥성을 포위하였습니다."

관우가 묻는다.

"누가 포위를 뚫고 상용에 가서 구원병을 청해올 것인가?"

요화가 나선다. 요화는 관우가 써준 편지를 받아 말에 올라 성문을 열고 달리다가 동오 장수 정봉과 맞부딪쳤다. 이에 관평이 대신 정봉을 무찔러서 요화가 무사히 말을 달렸다.

요화가 상용에 도달하여 유봉과 맹달을 만났다.

맹달이 말한다.

"동오의 군사가 이미 형주의 9군(郡)을 장악하였고 비좁은 맥성만 남았소. 조조는 마피에 4,50만 명의 군사를 주둔하고 있다고 하니 이곳 상용 산성의 군사로는 손권과 조조 양쪽의 대군을 대적할 수 없소."

유봉이 말한다.

"관장군은 나의 숙부인지라 차마 이대로 앉아 있을 수만은 없지 않겠소."

맹달이 웃는다.

"관공은 그대를 조카로 생각하지 않을 겁니다. 한중왕이 옛날에 장군을 아들로 삼으려고 할 때 관장군은 마땅치 않게 여겼소. 한중왕이 왕위에 오른 뒤에 세자를 세우려는데 관공이 유봉은 양자이기 때문에 후사를 잇는다는 것은 말도 안 된다고 반대했고, 또 유봉을 상용 산성으로 보내어 후환이 없도록 하시라고 했다고 합니다. 어째서 실속 없는 숙부와 조카 사이의 의리를 생각하고 위험한 짓을 하려 하시오."

유봉이 요화에게 말한다.

"이곳 산성이 항복한 지 얼마 안 되어 민심이 안정되지 않았기 때문에 군사를 나누어 도와드릴 수가 없소이다."

요화는 놀라 땅바닥에 머리를 조아리며 호소한다.

"그렇다면 관장군은 절망입니다!"

맹달이 말한다.

"설령 우리가 간다 해도 한 잔의 물로 한 수레의 장작불을 끌 수는 없소. 장군은 속히 돌아가서 촉 땅에서 구원병이 오길 조용히 기다리는 것이 옳을 것이오."

요화는 크게 통곡하며 구걸하였으나 유봉과 맹달은 소매를 뿌리치고 안으로 들어갔다. 요화는 일이 틀린 것을 알고 한중왕에게 가서 고하고 구원병을 청하는 수밖에 없다고 생각하고는 말에 올라 유봉과 맹달을 크게 욕하며 성을 나와 한중왕이 있는 성도를 향해 말을 달렸다.

간체자 杯水車薪

발음 베이 수이 처 신(bēi shuǐ chē xīn)

회수 76회

해설 달걀로 바위 치기. '배신(杯薪)' 또는 '거신배수(車薪杯水)'라고도 한다.

135

철석같다

철석鐵石
鐵 쇠 철, 石 돌 석

출처 제갈근이 맥성을 지키고 있는 관우에게 가서 항복을 권하였다가 실패하고 돌아와 손권에게 관우의 마음 상태를 전한 말.

본문

한편, 관우는 수하에 남은 군사가 5백 명뿐이고 그나마 반수 이상이 부상병이고 성 안에는 양식이 많이 남아 있지 않았다.

제갈근이 관우를 찾아왔다.

"손권의 분부를 받고 장군께 권할 말씀이 있어 찾아왔습니다. 우리 오후(吳侯)께서 관공이 귀순하면 형주와 양양 일대를 다스릴 수 있고 집안 식구도 안락할 수 있게 해준다고 합니다.

관우가 말한다.

"우리 주공 한중왕께서 항상 자기 손발처럼 나를 아끼셨거늘, 내 어찌 의리를 저버리고 적국에 투항할 수 있으리오. 맥성이 함락되는 날에 죽을 따름이오. 옥은 깨져도 빛이 변하지 않고, 대나무는 불에 타도 곧은 절개를 굽히지 않나니, 몸은 비록 죽어도 이름은 죽백(竹帛)에 남을 것이다. 그대는 여러 말 말고 속히 성을 나가거라. 내 손권과 함께 사생결단하리라."

제갈근이 오후를 뵙고 보고한다.

"관우는 마음이 철석같아 설득할 수가 없었습니다."

손권이 말한다.

"관우는 충신이로다."

간체자 铁石

발음 테 스(tiě shí)

회수 76회

해설 굳고 단단한 것을 비유하는 말인데, '철석심(鐵石心)' 혹은 '심여철석(心如鐵石)'이라고도 한다. "철석같다"라는 말은 마음이나 의지, 약속 따위가 아주 굳고 단단한 것을 뜻한다.

마지막 부분에 관우가 죽어가면서 이름을 죽백에 남기겠다고 한 말에서 '죽백'이란 서적을 뜻하고, "이름을 죽백에 남긴다"라는 말은 '명수죽백(名垂竹帛)'이라는 성어로 이름이 청사(青史)에 길이 빛남을 이르는 말이다. 그래서 '청사죽백(青史竹帛)'은 역사를 기록한 책을 가리킨다.

136

우호 관계

진진지호秦晉之好

秦 나라 진, 晉 나라 진, 之 어조사 지, 好 좋을 호

출처 손권이 관우에게 예전에 각자의 자식들을 서로 혼인시켜 우호 관계를 맺고자 했던 과거의 일을 관우에게 상기시키며 한 말.

본문

손권이 계책을 물으니, 여몽이 대답한다.

"관장군은 군사가 많지 않아 큰길로 달아나지 않고 맥성 바로 북쪽에 있는 험한 산길로 도망칠 것입니다. 주연(朱然)에게 맥성 북쪽 20리 떨어진 곳에 매복시키고 관우가 오면 싸우지 말고 일단 통과시키고서 그 뒤를 습격하면 반드시 임저(臨沮)로 달아날 것입니다. 그때 반장(潘璋)을 시켜 임저 산골길에 매복하고 기다리게 하면 관우를 사로잡을 수 있습니다. 지금 곧 맥성을 공격하되, 북쪽 성문만 남겨두어 관우가 달아날 길을 열어주십시오."

한편, 관우는 맥성 안에서 기병과 보병을 점검하니 겨우 3백 명에 불과했다. 양식과 마초도 동나기 일보 직전이었다.

그날 밤, 맥성 밖에 오나라 군사가 몰려와 심지어 이름까지 부르면서 항복을 권하는 소리가 들끓자, 성벽을 넘어가서 항복하는 자가 많았으나 구원병은 역시 오지 않았다.

조루(趙累)가 말한다.

"상용에서 구원병이 오지 않는 것은 유봉과 맹달이 일부러 보내주지 않

기 때문입니다. 어찌 이 외로운 성을 버리고 서천으로 갔다가 다시 군사를 일으켜 돌아와서 구원하지 않으십니까?"

관우가 성 위로 올라가 보니 북문 밖에는 적군이 별로 많지 않았다.

관우가 맥성 백성들에게 묻는다.

"여기서 북쪽으로 가면 지세가 어떠하냐?"

"북쪽은 좁은 산골길입니다. 서천으로 통합니다."

관우가 오늘 밤에 북쪽 길로 떠나겠다고 말한다.

왕보(王甫)가 간한다.

"좁은 길에는 적군이 매복하고 있습니다. 큰길을 달리도록 하십시오."

"적군이 매복하고 있어도 내가 뭘 두려워하겠느냐?"

왕보가 통곡하며 고한다.

"보병 백여 명과 함께 죽기를 각오하고 성을 지키겠습니다. 적에게 항복하지는 않겠습니다. 군후께서 속히 돌아오셔서 저희를 구원해주십시오."

관우는 주창과 왕보에게 맥성을 맡긴 뒤에 관평, 조루와 함께 북문 밖으로 뚫고 나가 산길로 들어선다.

관우 일행이 20여 리 지나왔을 때 징소리와 북소리가 일제히 일어나더니 함성이 진동하며 주연이 창을 들고 외치고 사방에서 복병이 나타났지만, 관우는 싸울 생각도 없이 임저로 통하는 작은 길로 달아난다. 주연이 관우의 뒤를 쫓으며 군사들을 죽이니 군사의 수가 점점 줄어든다.

이번에는 반장이 달려든다. 관우가 칼을 휘두르니 반장이 패해 달아난다. 조루가 싸우다가 죽었다. 따르는 군사가 10여 명에 불과했다. 관우가 관평과 함께 결석(決石)에 이르니 양쪽이 높은 산이고 산밑은 갈대와 억새가 다 메말랐다.

관우가 한참 달려가는데 양쪽에서 복병들이 나타난다. 오나라 군사들은 긴 갈고리와 쇠줄로 관우가 탄 말의 다리부터 감아서 쓰러뜨린다. 관우는 말에서 굴러떨어져 반장의 수하 마충(馬忠)에게 사로잡혔다. 관평이 부친을 구하려고 싸우다가 힘이 다하여 결국 사로잡혔다.

마충이 관우를 붙들고 손권 앞에 데려왔다.

손권이 말한다.

"과인은 장군의 높은 덕을 사모했는지라 우호 관계를 맺고자 했는데 어째서 거절했소? 공은 스스로 천하무적이라 자부하더니 어째서 나에게 사로잡혔나? 그래도 손권에게 항복하지 않겠소?"

관우가 손권을 꾸짖는다.

"유황숙과 도원에서 의를 맺고 한나라 황실을 일으키기로 맹세했는데 어찌 반역의 무리와 손을 잡으리오. 너희들의 간특한 계책에 걸려들어 죽을 따름이라. 여러 말 할 것 없다."

서기관 주부(主簿) 좌함(左咸)이 간한다.

"옛날 조조가 관우를 자기 사람으로 만들려고 갖은 대접을 다 했어도 결국엔 붙들지 못했습니다. 그를 사로잡았는데도 없애지 않는다면 나중에 분명히 후환이 있을 것입니다."

손권이 아무 말 없이 한참을 생각하다가 옳다고 말한다. 마침내 관우는 끌려 나와 참하라는 명령이 떨어지자, 관우와 관평 부자는 주살되었다. 건안 24년(219년), 관우의 나이 58세였다.

한편, 오나라 군사가 맥성 아래에 와서 관우 부자의 목을 보이며 왕보와 주창에게 항복을 권하였다. 왕보와 주창은 급히 성 위로 올라가서 보니 과연 관우 부자의 목이었다. 왕보는 순간 기가 막혀 성에서 떨어져 죽고, 주창은 칼을 뽑아 목을 찔러 자결하였다. 맥성은 동오에게 넘어갔다.

손권은 관우를 죽이고 형주와 양양 일대를 거두어 차지하자, 잔치를 벌였다. 손권은 여몽을 상좌에 앉히고 장수들에게 말한다.

"과인이 오랫동안 형주를 얻지 못했는데 이제 쉽사리 차지한 것은 다 여몽의 공로이다. 여몽은 노숙보다도 또한 주유보다도 훨씬 뛰어난 공을 세웠다."

장소가 말한다.

"관우 부자가 죽었다는 것을 알게 되면 유비가 모든 병력을 모아 원수를 갚으러 쳐들어올 것이니, 우리 동오로서는 대적하기 어려울 것입니다."

손권이 대책을 물으니 장소가 대답한다.

"먼저 관우의 목을 조조에게 보내고 유비에게는 조조가 이렇게 했다고 알리십시오. 그러면 유비가 조조를 저주하며 위나라를 칠 것이니 우리는 그들이 싸우는 결과를 보아 중간에서 이득을 취하면 됩니다."

한편, 조조는 이때 마피에서 낙양으로 회군해 있었는데, 동오에서 관우의 목이 왔다는 소식을 듣고 기뻐했다. 그런데 사마의가 나와 말한다.

"그건 동오가 우리에게 불행을 뒤집어씌우려는 수작입니다."

조조가 그 이유를 물었다.

"동오는 관우를 살해하고 복수를 당할까 두려워 관우의 목을 대왕께 바치고 유비의 분노를 대왕께 돌리게 하여 동오를 치는 대신 우리 위나라를 치게 하자는 배짱이고 동오는 중간에서 이익을 취하자는 속셈입니다."

조조가 어떻게 해야 남의 원수를 사지 않을 것인지를 물었다.

"좋은 향나무로 몸을 새기게 하여 관우의 목과 맞붙인 뒤에 대신의 예로 장사를 지내십시오. 그러면 유비는 동오의 손권을 크게 원망하고 전력을 기울여 동오를 칠 것입니다. 우리는 촉이 이기면 동오를 치고, 동오가 이기면 촉을 쳐서, 두 세력 중 하나가 남는다 하더라도 그것이 오래 남겠습니까? 마침내는 우리 손에 쉽사리 망할 것입니다."

한중왕이 동천에서 성도로 돌아왔다.

허정(許靖)이 유비에게 아뢴다.

"바깥소문을 들으니 형주는 여몽에게 함락되었고, 관장군은 살해당했다고 합니다."

유비가 흐느껴 운다.

"관운장이 죽었다면 과인은 혼자 살 수 없으니, 과인이 내일 군사를 거느리고 가서 관운장을 구출하리라."

유비는 사람을 낭중(閬中)의 장비에게 보내 이 사실을 알리라고 하였다.

간체자 秦晋之好

발음 친 진 즈 하오(qín jìn zhī hǎo)

회수 77회

해설 진(秦)나라와 진(晉)나라 사이의 우호 관계를 뜻하는데, 혼인을 맺은 두 집 사이에서 서로 가까워지고 친해진 정을 비유하는 말이다.

좁은 길에는 적군이 매복하고 있으니 큰길로 가라는 왕보의 충고를 받아들이지 않고 적군이 매복해도 두려울 것이 없다고 호언장담하는 자만과 오만함이 결국은 관우를 죽음에 이르게 하였다.

『삼국지』「육손전」에 육손이 관우의 교만함과 남을 능멸하는 성격의 소유자라고 한 것처럼, 관우는 남을 경시하는 태도 때문에 남의 도움을 받지 못하고 결국은 죽음에 이른 것이다.「관우전」에 "남군 태수 미방이 강릉에 있고 장군 사인(士仁)이 공안에 주둔했는데 평소에 관우가 자신들을 경시했으므로 싫어했다. 관우가 출병하자 미방과 사인이 군수물자를 보내주었는데 힘을 다해 돕지는 않았다. 관우가 돌아가면 반드시 징벌하겠다고 하자 미방과 사인은 두려워하고 불안해서 손권이 미방과 사인을 유인하니 두 사람은 손권을 맞이했다. 게다가 조조가 서황을 보내 조인을 도왔으므로 관우가 이기지 못하고 돌아왔다. 손권이 강릉을 점령하고 관우의 처자식을 포로로 붙잡았다. 손권은 장수를 보내 관우를 공격하고 관우와 관평을 임저(臨沮)에서 참수했다"라고 하였다.

137

연못 속의 교룡

지중물池中物
池 못 지, 中 가운데 중, 物 만물 물

출처 화흠이 조비에게 조식을 죽여야 후환이 없다고 간하며 조식의 인물에 대해 한 말.

본문

조조가 낙양에서 관우를 장사지낸 후로 밤마다 관우가 보였다. 조조는 매우 놀라고 겁이 났다. 겨우 잠이 들었는데 머리를 풀어헤치고 검은 옷을 입은 사람이 자신에게 손가락질하며 꾸짖고는 칼을 뽑아 내리치자 크게 소리를 지르며 꿈에서 깨어났다. 머리가 쑤시고 아파서 견딜 수가 없었다. 화흠이 급히 주태를 치료했다는 신의(神醫) 화타(華佗)를 불렀다. 그는 춘추 시대 때 명의(名醫) 편작(扁鵲)이나 전한 시대 명의 순우의(淳于意) 창공(倉公)과 견줄 만하다는 명의이다. 그가 와서 조조를 진맥하고 나서 말한다.

"머리가 아픈 원인은 풍(風)으로 생긴 병입니다. 뇌 속에 박혀 있는 풍연(風涎)이 고여 있기 때문입니다. 도끼로 두개골을 열고 뇌수에 박힌 점액을 씻어내면 병의 뿌리를 없앨 수 있습니다."

조조가 화를 낸다.

"네가 날 죽일 작정이구나! 네가 관우와 친하다더니 이 기회에 내게 원수를 갚으려는 것이 분명하다."

화타는 옥에 갇혔다가 결국 옥에서 죽었다.

조조는 화타가 죽은 후로 병이 더 나빠졌다.

조조는 조홍(曹洪), 진군(陳群), 가후(賈詡), 사마의(司馬懿)를 부르고 침상 가까이 오게 하고 뒷일을 부탁하였다. 조조가 유언하였다.

"창덕부(彰德府) 강무성(講武城) 밖에 무덤 72개를 만들고, 어느 무덤이 진짜 내가 묻혔는지를 세상이 모르게 하라. 후세 사람이 내가 묻힌 곳을 알면 혹시 파낼까 두렵다."

조조가 죽었다. 그의 나이 66세였고, 때는 건안 25년(220년) 봄 정월이었다.

조비(曹丕)는 가후(賈詡)를 태위(太尉), 화흠(華歆)을 상국(相國), 왕랑(王郎)을 어사대부(御史大夫)로 삼았으며, 죽은 조조를 무왕(武王)이라는 시호를 내리고, 업군(鄴郡) 고릉(高陵)에 장사지냈다.

다음 날, 임치(臨淄)에서 사자가 돌아왔다.

임치후(臨淄侯) 조식은 날마다 정의(丁儀), 정이(丁廙) 형제와 함께 술에 취하여 오만하고 무례하게 굴었다.

조비는 보고를 듣고 화를 내며 즉시 허저(許褚)에게 명한다.

"호위군(虎衛軍) 3천을 거느리고 속히 임치로 가서 조식을 사로잡아 오너라."

허저가 임치성에 들어가니, 조식이 정의, 정이 형제와 함께 술을 마시고 있었다. 허저는 모두 결박하여 수레에 싣고 업군으로 돌아왔다,

조비가 모두를 죽이라고 명했는데, 조비의 어머니 변씨(卞氏)가 이 소식을 듣고 조비를 찾아와 울면서 말한다.

"네 동생 식(植)은 평소 술을 좋아하고 미친 척하는 것은 자기 가슴 속 재주를 믿기 때문에 방종해서이다. 네가 형제간의 정을 생각해서 목숨을 살려주어라. 그래야 어미가 저승에 가더라도 눈을 감을 수 있다."

"저도 동생의 재주를 사랑하는 터인데 어찌 해치려고 하겠습니까? 동생의 버릇을 훈계하려고 하는 것이니 너무 근심하시지 마십시요."

조비는 조식을 불러들이는데 화흠이 묻는다.

"조금 전에 태후께서 나오시어 전하께 자건(子建)을 죽이지 말라 사정하시지 않으셨습니까?"

"그렇소."

"자건은 재주를 품고 지혜를 갖추고 있어, 결코 연못 속의 교룡이 아닙니다. 만약 일찍 없애지 않으면 후환이 있을 것입니다."

"모친의 명을 어길 수는 없잖소."

"사람들이 모두 말하길 자건은 입을 열면 문장이 된다고 하던데, 신은 믿지 않습니다. 주상께서 그를 불러들여 재주를 시험하여, 못하면 죽이고 잘하면 귀양을 보내어 천하의 문인들 입을 막아야 합니다."

조식이 들어와 두려워하며 엎드려서 죄를 청했다.

조비는 말한다.

"너는 나와 형제지간인데 어찌 감히 재주를 믿고 예의를 무시하느냐? 너는 늘 사람들 앞에서 문장을 자랑했지만, 나는 네가 남이 써 준 것을 대신한 것으로 의심하고 있으니, 지금 너에게 일곱 걸음을 걷는 동안에 시 한 수를 지어 읊어보도록 분부하니, 과연 시를 지으면 살려줄 것이요 시를 짓지 못하면 거짓으로 알고 용서하지 않으리라."

"청컨대 제목을 주소서."

정전 위에 두 마리 소가 흙담 밑에서 싸우다가 그 중 한 마리가 우물에 빠져 죽는 광경이 그려져 있는 수묵화가 걸려 있었다.

조비가 그 그림을 가리키며 말한다.

"저 그림을 제목으로 삼아라."

이에 조식은 일곱 걸음을 걷는 동안에 이미 시를 짓고 읊었다.

조비와 신하들이 모두 놀랐다. 조비가 또 말한다.

"일곱 걸음에 시를 지었으나 나는 늦게 지었다고 생각한다. 너는 제목을 받는 즉시 시를 지을 수 있겠느냐?"

"제목을 주십시오."

"나는 너와 형제지간이니 이것을 제목으로 삼되 형제라는 글자를 쓰지 마라."

조식은 조금도 생각하는 기색도 없이 즉석에서 시를 지어 읊는다.

煮豆燃豆萁(자두연두기) 콩을 찌는데 콩깍지로 불을 지피니,
豆在釜中泣(두재부중읍) 콩은 가마솥에서 소리 내어 운다.
本是同根生(본시동근생) 본래 한 뿌리에서 나서 자랐는데도,
相煎何太急(상전하태급) 왜 이다지도 급히 볶아대느냐?

조비는 동생의 시를 듣자, 자기도 모르게 눈물이 흘러내렸다. 조식을 안향후(安鄕侯)로 강등시키니, 조식은 하직 인사를 하고 말에 올라 떠나갔다.

간체자 池中物

발음 친 진 즈 하오(chí zhōng wù)

회수 79회

해설 평범하고 보잘것없으며 속이 좁으며 아무 능력도 없는 사람을 비유하는 말이다.

정사 『삼국지』 「주유전(周瑜傳)」에 "유비가 손권을 알현할 때, 주유가 상소를 올렸다. '유비는 용맹하고 영웅다운 자태를 갖추었고, 장비와 관우는 호랑이와 같은 장수이니 틀림없이 오랫동안 몸을 굽혀 다른 사람의 지배를 받지 않을 것입니다. 제 생각에 가장 좋은 방법은 유비를 오군으로 옮겨 그를 위해 궁전을 성대하게 짓고 미녀들과 진귀한 보물을 많이 주어서 그의 눈과 귀를 즐겁게 하고, 관우와 장비를 나누어 각기 한쪽에 배치하고 저와 같은 사람이 그들을 지휘하여 싸우게 한다면 대사가 안정될 것입니다. 지금 땅을 나누어 그들이 기반을 세우도록 도와주고, 이 세 사람이 함께 변방에 있도록 한다면, 아마 교룡이 구름과 비를 얻어 끝내 연못 속의 교룡이 안 되는

것처럼 될 것입니다'"라고 하였다. "연못 속의 교룡"이 바로 '지중물'인데, 교룡이 아직은 연못 속에 있어 아무 쓸모가 없는 존재에 불과하다.

자건(子建)은 조식의 자(字)이다.

주유는 '지중물'이란 비유를 사용하여 유비는 야심이 있어 한곳에 웅거하지 않을 것이므로 그들에게 형주 땅을 준다면 교룡이 비구름을 만나듯이 한낱 연못 속에 있지만은 않을 것이라고 간언하였는데, 후에 '지중물'이란 가슴에 큰 뜻이 없고 현실에 안주하는 사람을 비유하는 말이 되었다.

『삼국지연의』 55회에 유비가 손권의 여동생과 결혼하기 위해 지금의 남경 동쪽의 진강(鎭江) 감로사(甘露寺)로 오니, 주유가 계책을 내고 편지를 써서 손권에게 보냈는데 그 밀서에서 말하길, "지금 유비를 놓아주면 이것은 교룡이 비구름을 얻은 것과 같아서 결국은 연못 속의 하찮은 존재가 아닐 것입니다"라고 하였다.

'지중물'이란 잠룡(潛龍)의 상태를 말하는데, 일단 용이 비구름을 만나면 승천하여 대권을 차지할 수 있는 상태가 된다는 말이다. 『주역』 건괘(乾卦)의 초구효(初九爻)는 "연못 속의 용이니 아직 쓰이지 않은 상태(潛龍勿用)"라고 하였는데 가장 아랫자리에 있어 어떤 것이 시작되는 단계로 마치 용이 물속에 잠겨 있는 것과 같아서 자신의 능력을 아직 쓸 수 없으니 때를 기다려야 한다는 뜻과도 같다.

조조의 유언 중의 '창덕(彰德)'은 지금의 하남성 안양(安陽)이다.

조식이 지은 시는 「칠보시(七步詩)」라고 한다. 콩의 뿌리는 조비와 조식의 부친 조조이고, 가마솥에서 소리 내어 우는 콩은 조식, 불을 지피는 콩깍지는 조비다.

138

훌륭한 아버지 밑에 못난 자식이 없다

호부무견자虎父無犬子

虎 범 호, 父 아비 부, 無 없을 무, 犬 개 견, 子 아들 자

출처 유비가 적을 물리치는 관우의 아들 관흥과 장비의 아들 장포의 무예를 보고 한 말.

본문

헌제에게 화흠(華欽)이 찾아와 천하를 위왕 조비에게 넘기라고 협박한다. 황제는 할 수 없이 화흠에게 나라를 양도한다는 조서와 옥새를 내주었다.

허창 남쪽 근교 번양(繁陽)에 3층으로 쌓은 수선대(受禪臺)에서 헌제가 친히 옥새를 바치니 조비가 받고 황제 자리에 올랐다. 연호를 황초(黃初)라고 하고 국호를 위(魏)라고 하였으며 부친 조조를 태조(太祖) 무제(武帝)로 높였다.

조비는 헌제를 산양공(山陽公)에 봉하였는데, 헌제가 산양으로 가는 도중에 살해당했다.

한편, 공명은 한중왕이 황제의 자리에 올라 한나라를 계승해야 한다는 표문을 올려도 유비는 반대하였다. 마침내 성도의 무담(武擔) 남쪽에 단을 쌓고 한중왕 유비를 모셔와 단에 오르게 하고 제사를 지냈다. 선주(先主) 유비는 연호를 장무(章武)라 하고 제갈량을 승상에 임명하였다.

선주는 칙명을 발표한다.

"도원에서 관우, 장비와 생사를 같이하기로 맹세했는데 둘 다 손권에게 살해되어 원수를 갚지 않으면 맹세를 저버리는 것이다. 군사를 총동원하여

동오를 쳐부수고 역적을 사로잡아 원한을 갚겠노라."

낭중의 장비는 관우가 동오에게 살해됐다는 소식을 듣고 아침저녁으로 통곡하였다. 술에 취하면 화가 더해져서 부하들이 조금이라도 잘못을 저지르면 매질을 하였기 때문에 매를 맞고 죽는 자가 많았다.

장비는 상복으로 무장하고 동오를 치기 위해 군사들에게 3일 안으로 흰 기와 흰 갑옷을 마련하라 명했다. 말장(末將) 범강(范疆)과 장달(張達)이 장비를 찾아가 기한을 더 달라고 하자, 장비가 친히 매를 들어 그들의 등을 각각 50대씩 후려갈기며 만일 마련하지 못하면 즉시 죽이겠다고 엄포를 놓았다.

장비가 술에 크게 취하여 자고 있을 때 범강과 장달이 몰래 장중으로 들어가서 칼로 장비의 배를 찔렀다. 장비는 크게 외마디소리를 지르고 죽었는데 그이 나이 55세였다.

두 장수는 장비의 목을 베고 머리를 가지고 도망쳐 동오로 들어갔다.

선주 유비는 장비가 죽었다는 표문을 받았다. 선주는 방성대곡하다가 자리에서 쓰러져 기절했다.

선주는 오반을 선봉으로 삼고 장포와 관흥에게 어가를 호위하게 하고 동오로 쳐들어갔다.

한편 범강과 장달은 장비의 머리를 오후(吳侯) 손권에게 바쳤다.

장무 원년 가을 8월에 선주는 백제성(白帝城)에 어가를 주둔했다.

백제성에 있던 선주가 자귀(秭歸)에 왔고, 오반은 의도(宜都) 땅에 이르러 영채를 세웠다. 손책이 총애했던 장수의 아들 손환(孫桓)이 급히 의도 땅 접경에 가서 영채를 세우고 촉군과 대치하였다.

선주는 무협(巫峽), 건평(建平)에서부터 이릉(彝陵) 경계까지의 70여 리 사이에 40여 개소의 영채를 늘어세웠다.

장무 2년 봄 정월에 황충(黃忠)은 선주 유비를 따라 오나라를 치는데, 선주가 늙은 장수는 쓸모가 없다고 말한 것을 듣고서 이릉 땅 영채로 갔다.

황충이 나가 싸우는데 달아나는 반장(潘璋)을 추격하다가 주태, 한당, 반장, 능통에게 포위당한다. 황충이 급히 퇴각하려는데 언덕에서 마충이 쏜 화살에 어깨를 맞았다. 관흥과 장포가 황충을 구하였으나 황충은 화살 맞은 상처가 터져서 병세가 위중하였다. 마침내 황충은 세상을 떠났다. 그의 나이 75세였다.

선주는 어림군을 거느리고 효정(猇亭)으로 나아가 장수들을 불러모아 군사를 8로(路)로 나눴다. 황권은 수로로 나아가고, 선주는 친히 대군을 거느리고 육로로 나아갔다.

동오의 한당(韓當)과 주태(周泰)가 선주가 친히 쳐들어온다는 보고를 받자 말을 타고 나아가다 선주가 거느리는 촉군을 만났다.

한당의 부장 하순(夏恂)이 창을 높이 들고 말을 달려나가자, 장포(張苞)가 장팔모(丈八矛)를 잡고 말을 달려 싸우니 하순이 도망쳤다. 주태의 동생 주평(周平)이 말을 달려 나아가니 관흥(關興)이 칼을 들고 말을 달려 맞섰다. 장포가 하순을 찔러 죽이니 주평이 놀라 미처 손을 쓰지도 못하는 사이 관흥이 한칼에 주평마저 두 동강으로 베어 죽였다.

관흥과 장포가 승세 몰아 한당과 주태에게 달려들자, 한당과 주태 두 장수는 황급히 자기네 진영 속으로 후퇴하여 물러났다. 선주가 이를 보고 찬탄한다.

"훌륭한 아버지 밑에 못난 자식이 없다고 하더니 과연 그렇구나!"

선주가 진격을 지시하니 촉군이 쳐들어가 오군이 크게 패하여 달아났다.

이때 오나라 장수 감녕(甘寧)은 이질이 낫지 않아 배 안에서 쉬고 있는데 오랑캐 군사가 머리를 풀어헤치고 맨발로 진격하였다. 선두에 선 자는 번왕(番王) 사마가(沙摩柯)였다. 그는 태어나면서부터 얼굴이 피를 바른 듯 붉고 푸른 눈은 튀어나왔으며 늘 철질려골타(鐵蒺藜骨朶)라는 무기를 쓰며 허리 좌우에는 활을 달았는데 그 모습이 위풍당당하였다.

감녕이 오랑캐 군사를 보고 겁에 질려 달아나다가 사마가가 쏜 화살에 머리를 맞고 부지구(富池口)에 이르러 큰 나무 밑에 앉은 채로 죽었다. 오왕 손권은 이 소식을 듣고 매우 슬퍼하며 감녕을 성대하게 장사를 지내게 하고 사당도 지은 후로 해마다 제사가 끊이지 않았다.

후세 사람들이 감녕을 찬탄하는 시가 있다. 내용은 다음과 같다.

오군(吳郡)에서 감녕이 일어났는데
원래 장강의 해적으로 세칭 금범적(錦帆賊)이었다.
동오를 섬기라던 소비(蘇飛)가 동오에 잡혔을 때
그를 살려주어 친구의 은혜를 갚아주었다.
능통의 부친 능조(凌操)를 죽여 원수가 되었으나
위기에 빠진 능통을 구해주어 친교를 맺었다.
백 명의 군사로 밤에 조조의 진영을 습격하여
항상 군사를 몰아 큰 공을 세웠다.
영험하도다! 까마귀도 그의 신령을 나타내니,
천추에 그를 제사 지내는 향불이 끊이지 않는다.

간체자 虎父无犬子

발음 후 푸 우 췐 쯔(hǔ fù wú quǎn zǐ)

회수 83회

해설 호랑이처럼 용맹한 아버지에게 개와 같은 자식은 없다는 뜻으로 용맹한 아버지의 자식은 그 아버지를 닮아 용맹함을 형용하는 말이다. 그 아버지에 그 아들이다.

관흥은 관우의 아들이고, 장포는 장비의 아들이다.

정사 『삼국지』「장비전」에 "맏아들 장포는 일찍 죽었다"라고만 하여 그의 업적에 대한 기록이 없으므로 『삼국지연의』에서 묘사된 장포의 활약은 허구이다.

『삼국지』「관우전」에 "관흥은 자가 안국(安國)이고, 어려서부터 명성이 나서 승상 제갈량은 그를 매우 높이 평가했다. 약관의 나이에 시중(侍中), 중감군(中監軍)이 되었지만 몇 년 후에 죽었다"라고 하였다. 『삼국지연의』에 관흥에 관한 묘사는 대부분 허구이다.

마충이 쏜 화살에 어깨를 맞은 황충이 상처가 터져 위중해져서 세상을 떠났다고 하였는데 시기와 장소가 다르고 오나라 정벌전에서 죽은 것이 아니다. 『삼국지』「황충전」에 황충은 건안 24년(219년)에 정군산에서 하후연을 죽였고 유비가 한중왕이 되었으며 황충은 그 이듬해(220년)에 죽었다. 『삼국지』「선주전」에 유비는 건안 26년(221년)에 한중왕에 올랐고 개국 연호를 장무로 고쳐 그해 장무 원년이 되었다. 『삼국지연의』에 장무 2년(222년)에 황충이 동오를 정벌하러 갔다가 죽었다고 하여 사서와 2년의 차이가 난다. 유비가 동오 정벌을 나서기도 전에 죽었는데, 황충이 동오 정벌에서 이릉에서 죽었다는 것은 사실이 아니다. 『삼국지』「황충전」에 건안 24년(219년)에 황충이 하후연의 목을 베니 하후연의 군대가 크게 패해 황충은 정서장군으로 승진했고 이해에 유비는 한중왕이 되어 황충을 후장군에 임명하려고 하였으나 제갈량이 황충의 명망이 평소에 관우나 마초와 같은 서열이 아닌데 관우가 이를 달가워하지 않을 것이라며 반대하였으나 유비는 황충을 관우와 지위를 나란히 하여 관내후 벼슬을 하사했고 다음 해에 황충이 세상을 떠났다고 하여 황충은 천수를 다하고 죽은 셈이고 전쟁터에서 죽은 것은 아니다.

감녕의 고사는 38, 67, 68회에 자세하다. 『삼국지연의』에 묘사된 감녕의 사적은 사서의 기록과 대동소이하다. 다만 『삼국지』「오서」〈감녕전〉에 "유표에게 의탁했으나 임용되지 않거나 보통 사람의 대우를 받아 오나라로 귀순했다. 손권은 그를 특별 대우했는데 주유를 수행하여 오림(烏林)에서 조조를 무찔렀다. 노숙을 수행하여 관우에 대항하여 공을 세우니 손권이 그를 서릉 태수에 임명하였다. 감녕은 비록 사납고 살생을 좋아했지만 호방하고 맑은 성정(性情)과 계략이 있었다. 그는 재물을 가벼이 여기고 장사들을 존중했으며 유능한 인물을 후하게 대우했다. 또 그는 병사를 훈련시켰는데 병사들도 기꺼이 그를 위해 목숨을 바쳤다. 감녕은 손권이 합비를 공격하는데도 참가하였다. 그가 죽자 손권이 매우 애통해했다"라고 하였다. 『삼국지연의』에 기록된 그의 죽음은 사서에는 보이지 않는다.

139

처음부터 끝까지

전시전종全始全終
全 완벽할 완선(完善)할 전, 始 시작할 시, 終 끝날 종

출처 손권이 촉나라 사신 등지에게 촉나라와의 우호 관계에 대해 한 말.

본문

선주는 계속 오군을 추격하여 효정 땅을 점령하였다.

관흥은 부친의 원수 반장을 추격하여 산속에서 그의 목을 베고 부친이 쓰던 청룡언월도를 되찾았다.

마충(馬忠)은 미방, 부사인과 함께 강가를 지켰다. 선주의 처 미부인의 오빠 미방은 형주의 군사가 미방과 부사인은 배신자이니 두 역적을 죽이고 촉군 진영으로 투항하자고 하는 말을 엿듣고 한밤중에 장중으로 들어가 마충을 찔러 죽이고 머리를 베어 들고 효정으로 말을 타고 달려가 선주를 뵙고 마충의 머리를 바치며 자신들의 죄를 용서해달라고 해도 선주가 화를 내고는 관우의 신위를 차리게 하고 마충의 머리를 갖다 놓고, 친히 미방과 부사인을 참하여 관우에게 제사를 지냈다.

한편 소식을 들은 손권이 겁이 나서 신하들과 상의하는데 보즐이 아뢴다.

"촉나라 임금이 미워하는 자는 범강과 장달을 사로잡아 장비의 머리와 함께 돌려보내는 동시에 형주 땅을 다시 돌려주고 손부인을 보내시고 힘을 합쳐 위나라를 치자고 제의하십시오."

손권은 침향목으로 짠 상자에다 장비의 머리를 비단으로 싸서 넣고 범강

과 장달을 결박하여 수레에 감금하고 사신을 효정으로 보냈다.

장포가 범강과 장달을 죽이고, 부친 관우의 신위에 제사를 지냈다.

선주가 노하여 말한다.

"불구대천 원수는 손권이다. 손권과 우호 관계를 맺는다면 이것은 도원에서 맹세한 뜻을 저버리는 것이다. 먼저 동오를 없앤 다음 위나라를 없애리라."

한편 소식을 들은 손권에게 감택(闞澤)이 아뢴다.

"노숙과 여몽 모두가 죽었어도 현재 육손(陸遜)이 형주에 있습니다. 그는 유생이지만 웅대한 재주와 지략을 품고 있어 주유 못지않은 인물로 지난날 관우를 격파한 것도 그의 계책이었습니다."

손권은 백관을 모두 불러모아 육손을 단에 오르게 하고 대도독 진서장군에 제수하며 6군 81주와 형초의 모든 군사를 지휘하도록 위촉하였다.

육손이 효정에 당도했으나 한당과 주태 등 모든 장수에게 각자가 맡은 요충지를 지키기만 하고 절대로 경솔하게 적군과 싸우지 말라고 명령을 내렸다.

한편 선주 유비는 효정에서부터 천구(川口)까지 군사를 배치하는데 7백리(280km) 거리에 앞뒤로 40여 곳에 영채를 늘어세웠다. 낮이면 정기가 하늘을 덮고 밤이면 불빛이 하늘에 반짝거렸다.

선봉인 풍습(馮習)이 선주에게 아뢴다.

"날씨가 무더워 군사들은 불 속에 있는 것과 같습니다. 물을 길어오는 데도 불편합니다."

선주는 영채를 산과 숲이 무성한 곳으로 옮기면서 시냇물이 가까운 곳에 주둔했다.

마량이 고한다.

"승상이 동천에 와서 요충지를 점검한다고 하니, 우리가 영채를 옮긴 지형을 그림으로 그린 지도를 보내고 승상의 의견을 들어보도록 하시죠."

마량은 도본(圖本)을 가지고 제갈량이 있는 동천으로 길을 떠났다.

한당과 주태는 동오의 첩자로부터 이 사실을 전해 듣고 육손에게 갔다.

"이 기회에 쳐들어가서 무찌릅시다!"

육손은 수하 장수들에게 촉군이 지칠 때까지 더 기다리라고 지시하였다.

위나라 군대의 첩자가 조조에게 달려가 보고한다.

조조가 웃는다.

"병법에 고원과 습지와 험악한 곳에는 군사를 주둔하지 않는다고 했는데 유비가 동오의 육손에게 패하리라. 육손이 이기면 동오의 군사가 촉 땅으로 쳐들어갈 것이고 그러면 동오는 텅 비게 되고 그때 위군이 쳐들어가서 동오를 차지하리라."

한편 마량이 도본을 공명에게 보여주자 공명이 놀란다.

"누가 영채를 이렇게 배치했나? 한나라의 운수는 끝났도다! 적이 불로 공격하면 어찌할 것인가? 육손이 지키기만 하고 싸우러 나오지 않는 것은 이런 기회를 노린 것이다."

육손은 주연과 주태에게 불로 공격하라고 하였다.

바람이 세차고 불길이 퍼져 모든 나무에 불이 붙자 선주의 군사들은 정신을 잃고 서로 짓밟는 자가 무수히 많았으며 또한 뒤에서 동오군의 공격을 받아 죽는 병사가 셀 수 없을 정도였다.

조자룡이 나타나 선주를 구출하여 백제성으로 달아났다.

육손이 승리를 거두고 군사를 몰아 서촉으로 행하는데 어복포(魚腹浦)에 닿았다. 제갈량이 서천으로 들어갈 때 군사를 거느리고 돌들을 옮겨 여울에다 진(陣) 모양으로 쌓았는데 사면팔방으로 드나들 수 있는 문이 나 있었다. 육손이 빠져나갈 길이 없자 노인이 자신을 따라 나오면 된다고 하여 겨우 빠져나왔다. 그 노인은 공명의 장인 황승언이었다. 그가 말하길, 이 석진(石陣)은 팔진도(八陣圖)라고 하는데 둔갑법(遁甲法)에 따라 8개 문을 반복시켜 매일 매시간 무궁한 변화를 일으키니 군사 10만 명과 견줄 만하다고 하다고 했다.

육손이 회군한다

"촉군을 추격하여 멀리 가면 그 틈을 타서 위군이 동오에 쳐들어올 것이다."

위군 수십만 명이 동오 접경으로 이동하고 있었다.

선주는 백제성에 머물며 거처하는 관역(館驛)을 영안궁(永安宮)이라고 하였다. 선주는 백제성 영안궁에서 병들어 병석에 눕더니 점점 병이 위중해졌다. 선주는 사신을 성도로 보내 승상 공명과 상서령 이엄(李嚴)에게 속히 영안궁으로 와서 유언을 들으라고 일렀다.

성도의 공명은 태자 유선을 성도에 남겨두고, 선주의 차남 노왕(魯王) 유영(劉永)과 삼남 양왕(梁王) 유리(劉理)와 함께 백제성으로 향하였다.

공명이 백제성 영안궁에 당도하여 선주를 뵈었다. 공명이 흐느껴 우는데, 선주가 보니 마량의 동생 마속(馬謖)이 공명 곁에 서 있었다. 선주는 마속을 내보내고 공명에게 묻는다.

"승상이 마속의 재질을 어떻게 생각하시오?"

공명이 대답한다.

"마속은 당대의 인재이옵니다."

"그는 말이 실제 행동보다 지나치니 큰 책임을 맡겨서는 안 되오."

선주가 운다.

"공의 재주는 조비보다 열 배나 뛰어나니 천하를 안정시키고 큰일을 성취할 것이오. 내 아들을 도울 만하거든 돕고, 인품이 부족하거든 그대가 스스로 성도의 주인이 되시오."

"신은 힘을 다하여 충성을 바치리니 죽음으로써 보답하리라. 오장육부를 땅에 뿌리는 한이 있더라도 폐하께서 신을 알아주신 은혜에 보답하겠습니다."

"외로운 아들을 승상에게 부탁하니 내 부탁을 저버리지 말라."

선주는 말을 마치자 붕어하니 나이가 63세로 때는 장무 3년 4월이었다.

공명이 성도로 돌아와서 태자 유선을 황제로 즉위시켰는데 그의 나이 17세였다. 유선은 승상 제갈량을 익주목에 임명하고 선주를 소열황제(昭烈皇帝)라는 시호를 바쳤다. 후주는 장비의 딸을 황후로 맞이하였다.

건흥(建興) 원년 가을 8월에 위나라가 조진(曹眞)을 대도독으로 삼아 10만 대군으로 양평관으로 진격하게 하여 촉을 공격하자, 공명은 동오에 등지(鄧芝)를 보내어 오나라와 우호 관계를 맺게 하였다.

촉나라에서 등지가 사자로 왔다는 전갈이 오자, 손권은 어떻게 대답할지를 물으니, 장소가 말한다.

"가마솥에 기름을 붓고 장작불로 끓이십시오. 무사들 천 명을 뽑아 늘어세우고 등지를 불러들이십시오. 옛날 역이기(酈食其)가 제나라에 유세객으로 왔던 고사를 들먹이며 끓는 기름 가마솥에 넣어 삶으리라고 호령하십시오."

등지는 자신이 상국(上國)의 천사(天使)라 작은 나라의 주인에게는 절할 수 없다며 손권에게 길게 읍만 하고 절은 하지 않았다.

손권이 성을 내며 소리친다.

"네가 세 치 혀를 놀려 옛날 역이기가 제나라를 설복시켰던 것처럼 그런 수작을 부리는구나. 무사들은 이 자를 가마솥에 처넣어라!"

"나는 촉나라의 선비로 동오에게 도움이 되고자 왔소."

"과인은 촉나라 주인과 강화하고 싶은데, 촉나라 주인이 아직 나이가 어려 아는 것이 없어 처음부터 끝까지 우호 관계를 지켜줄지 그것이 걱정이오."

"대왕께서 촉과의 연합을 거절하면 위나라는 즉시 군사를 일으켜 오나라를 칠 것이고, 그러면 우리 촉나라도 천하대세를 따라 위나라와 함께 오나라를 치지 않을 수 없습니다."

등지가 가마솥 속으로 뛰어들려고 하자, 손권이 급히 등지를 말리고 초대하여 상빈(上賓)으로 예우하였다.

"과인은 촉나라 주인과 우호 관계를 맺고자 하니 선생이 주선해주시오."

손권은 사신으로 중장랑(中郎將) 장온(張溫)을 보냈다.

한편, 공명은 후주에게 아뢴다.

"우리가 오나라와 우호 관계를 맺으면 위나라는 반드시 우리를 공격하지 못할 것이며, 오나라와 위나라도 싸우지 못하고 안정될 것입니다. 그러면 신은 군사를 거느리고 남쪽으로 가서 남만(南蠻)의 맹획(孟獲)부터 평정하고, 그 뒤에 위나라를 도모할 작정입니다. 위나라만 쓰러지면 동오도 오래 견디지 못할 것이므로 천하 통일을 성취할 수 있을 것입니다."

간체자 全始全终

발음 췐 스 췐 중(quán shǐ quán zhōng)

회수 86회

해설 시작부터 끝까지 모두가 좋아 일을 성실하게 잘함을 형용하는 말이다. 『장자』「대종사(大宗師)」와 『사기』「진승상세가」에는 '선시선종(善始善終)'이라고 하였다.

역이기가 제나라를 설복시켰던 일이란 『사기』「역생열전(酈生列傳)」에 보인다. 역이기(기원전 268년-기원전 203년)는 진류(陳留) 고양(高陽) 사람으로 진나라 말경 때 유방의 수하로 저명한 유세객이다. 어려서 가난하고 독서를 좋아하였으며 문지기 말단 관리였지만 어진 선비나 호강(豪强)이 감히 그를 함부로 대하지 못하였고 마을 사람들은 그를 미친 서생이라고 불렀다. 유방이 진류에 군대를 주둔하고 있을 때 유방을 따랐는데 계책을 세워 진류성을 공격하고 군량미를 얻었다. 진나라 망한 후에 그가 유방에게 건의하여 형양(滎陽)을 탈취하고 오창(敖倉)을 점거하여 양식 보급을 공고하게 하여 한나라의 기반을 다지는 데 공을 세웠다. 제나라에 출사하여 제나라 왕 전광(田廣)을 설득하여 한나라에 귀순하게 하였고 제나라 왕은 한왕과의 싸움을 포기하고 70여 개의 성을 한나라에 바치고 항복하였다. 한왕 4년(기원전 204년)에 한나라 장수 회음후 한신이 역이기의 공을 시기하여 군사를 일으켜 제나라를 습격하니 제나라 왕 전광이 역이기에게 속았다며 역이기를 삶아 죽였다고 하였다.

역이기는 세 치 혀로 열국을 유세하여 유방이 통일하는데 중대한 공헌을 하였다. 더욱이 초나라와의 싸움 후반기에 제나라를 유세하여 귀순하게 하였고 유방이 영포(英布)를 평정한 후에 분봉할 때 역이기를 생각하여 그의 아들 역개(酈疥)를 후작에 봉하려고 하였으나 역개가 후작에 어울리는 공을 세우지 못했고 최후에는 결국 고양후(高粱侯)에 봉했다.

140

하늘에는 해가 둘이 없으며, 백성에게는 두 임금이 없다

천무이일, 무민이왕天無二日 民無二王

天 하늘 천, 無 없을 무, 二 둘 이, 日 태양 일, 民 백성 민, 王 임금 왕

출처 촉나라 사신 등지가 오나라 군주 손권에게 한 말.

본문

동오의 사신 장온이 등지와 함께 촉나라의 후주를 알현하고 다음 날, 장온은 공명을 만났다.

장온과 등지는 공명에게 하직하고 함께 동오로 떠났다. 동오에 도착한 장온이 손권에게 보고한다.

"그들은 우리 오나라와 동맹하기를 바랐습니다. 그래서 등지가 답례하기 위해 신과 함께 다시 왔습니다."

손권은 기뻐하며 잔치를 베풀어 등지를 대접하며 말한다.

"우리 오나라와 촉나라가 한마음 한뜻으로 힘을 모아 위나라를 쳐서 무찌르고 천하의 반을 얻은 후에 우리 두 나라가 나눠서 다스리게 되면 어찌 기쁘지 않겠소."

등지가 대답한다.

"하늘에는 해가 둘이 없으며, 백성에게는 두 임금이 없는 법입니다. 위나라가 멸망한 뒤에는 천하가 누구에게로 돌아갈지 알 수 없습니다. 그러니 임금이 된 자는 덕을 닦고, 신하가 된 자는 충성을 다하면 저절로 싸움이 없어지게 되겠지요."

"그대의 지극한 정성이 바로 이러한가!"

손권이 크게 웃었다.

등지는 촉 땅으로 돌아갔다.

이때부터 오나라와 촉나라는 우호를 맺었다.

간체자 天无二日, 民无二王

발음 텐 우 얼 르(tiān wú èr rì), 민 우 얼 왕(mín wú èr wáng)

회수 86회

해설 하늘에는 동시에 두 개의 태양이 있을 수 없고, 백성에게는 동시에 두 임금이 있을 수 없음을 비유하는 말이다. '천무이일(天無二日), 토무이왕(土無二王)'이라고도 한다.

『맹자』「만장(萬章)」 상편에 보인다. "『요전(堯典)』에 이르기를 '순(舜)이 섭정한 지 28년 만에 요(堯)가 마침내 별세하니, 백성들이 아버지와 어머니를 잃은 듯이 3년 상을 하였다'라고 하였고, 공자가 말하길, '하늘에는 두 태양이 없고, 백성에게는 두 임금이 없다'라고 하였다"라고 하였다. 요임금이 늙어서 정사를 돌보지 못하자 순이 천자의 일을 대행했으니 당시에는 천자가 둘이었지만 요임금이 섭정하다가 죽었으니 하늘 아래 두 임금이 없게 된 것이다.

141

애간장이 끊어지는 듯하고 안심하지 못하다

할두견장割肚牽腸

割 벨 할, 肚 배 두, 牽 끌 견, 腸 장 장

출처 공명이 포로로 집혀온 만병을 풀어주며 한 말.

본문

건흥 3년, 남만(南蠻)의 수령 맹획(孟獲)이 10만 명의 만병(蠻兵)을 일으켜 경계를 침범하고 약탈을 하였다. 건녕(建寧)의 태수 옹개(雍闓)가 맹획과 내통하고 모반하였다. 장가군(牂柯郡) 태수 주포(朱褒)와 월준군(越雋郡) 태수 고정(高定) 두 사람도 맹획에게 항복하여 성을 바쳤다.

공명은 남쪽 이민족들이 복종하지 않아 걱정하여 군사를 일으켜 토벌하려고 하였다.

공명은 고정의 부하 악환(鄂煥)을 사로잡은 후에 결박을 풀어주고 술과 음식을 대접하며 그를 시켜 고정을 설득하여 항복하게 하였다. 제갈량은 반간계를 써서 옹개와 고정 사이를 이간하여 악환이 옹개를 죽이고 고정은 자신의 군사와 옹개의 군사를 이끌고 공명에게 가서 항복하게 하였으며, 고정이 악환과 함께 주포의 영채로 가서 주포를 죽이게 하였다.

공명은 고정을 익주의 태수에 임명하여 삼군을 통솔하게 하였고 악환은 아장(牙將)으로 삼았다.

옹개, 주포와 고정 3로의 반란군이 평정되자, 영창(永昌) 태수 왕랑이 성에서 공명을 영접했다. 공명은 영창군을 위기에서 구한 여개를 만났다. 여개는 공명에게 군사를 주둔시킬 만한 곳과 전투하기에 유리한 곳을 조사하여 만든 지도를 바쳤다.

공명은 여개를 길잡이로 삼아 남쪽 이민족 영역으로 깊숙이 들어갔다.

천자가 보낸 칙사 마속이 공명에게 왔다.

마속이 공명에게 아뢴다.

"남만은 서천에서 멀고 산세가 험하므로 그것만 믿고 복종하지 않은 지가 오래되었습니다. 오늘 그들을 격파해도 내일이면 또다시 배반할 것입니다. 군사를 쓰는 데는 적의 마음을 공격하는 것이 상책이고 적의 성을 공격하는 것은 하책이며, 마음으로 싸우는 것이 상책이고 군사로 싸우는 것은 하책입니다. 승상께서 남만의 마음만 복종시키면 그것으로 충분합니다."

공명이 지혜로 옹개를 격파했다는 보고를 듣고, 맹획은 마침내 세 동천(洞天)의 원수(元帥)를 소집했다. 제1동은 금환삼결(金環三結), 제2동은 동도나(董荼那), 제3동은 아회남(阿會喃) 원수였다.

맹획이 말한다.

"제갈량이 우리 접경을 침범하는지라 우리는 힘을 합쳐 싸우지 않을 수 없소. 이기는 자에겐 동주(洞主)로 삼으리라."

조자룡과 위연이 즉시 군사 5천 명을 이끌고 만병을 길잡이로 삼아 출발한다. 조자룡이 금환삼결에게 달려들어 창으로 찔러 말에서 쓰러뜨리니, 나머지 만병은 모두 달아난다.

위연이 동도나를 공격하니 달아났으나 추격하지 않았다.

조자룡이 아회남의 영채 뒤를 쳤을 때는 마충이 영채 앞을 공격하던 중이었다. 협공을 당한 만병은 크게 패하였다.

공명은 동도나와 아회남을 끌고 오라고 하고 그 결박을 풀어주고 술과 음식과 옷을 주고 풀어주며 동천으로 돌아가서 다시는 악한 자를 돕지 말라고 타이른다.

한편, 맹획은 보고를 받고 불같이 화를 내며 다시 만병을 일으켰다. 왕평의 군사를 만난 맹획의 부하가 뛰쳐나와 어우러져 싸운 지 몇 합에 왕평은 달아난다. 이에 맹획이 왕평을 뒤쫓는다. 맹획이 신이 나서 추격하는데 양쪽에서 장의와 장익이 나와 맹획이 돌아갈 길을 끊었다. 이에 만병이 대패하여 맹획이 달아나는데 조자룡이 나타나 앞길을 가로막는다.

맹획은 겨우 기병 10여 명을 거느리고 산골짜기 속으로 달려 들어간다. 앞은 좁은 길이라 말이 더 갈 수가 없었다. 맹획은 말을 버리고 산을 기어 넘어가 달아나다가 미리 매복하고 있던 위연에게 붙잡혀 포로가 되었다.

위연이 맹획을 끌고 공명에게 갔다. 공명이 군대 장막에 앉아 있는데 결박당한 만병들이 무수히 끌려 들어온다. 그들의 결박을 풀어준다.

"너희들은 선량한 백성들인데 불행히도 맹획에게 징집을 당한 것이다. 너희들 부모 형제들이 몹시 너희들을 기다리다가 싸움에서 패했다는 소식을 들으면, 애간장이 끊어지는 듯 안심하지 못하고 피눈물을 흘릴 것이니 각자 집으로 돌아가서 부모 형제를 안심시켜 주어라."

간체자 割肚牵肠

발음 거 두 첸 창(gē dù qiān cháng)

출처 87회

해설 애간장이 끊어지는 듯 염려가 되어 마음을 놓지 못하여 늘 마음에 걸려 안심하지 못함을 비유하는 말이다. 동의어로는 '견장괘두(牽腸掛肚)', '견장할두(牽腸割肚)' 등이 있다.

142

머리를 감싸고 쥐가 달아나듯 도망가다

포두서찬抱頭鼠竄

抱 감쌀 포, 頭 머리 두, 鼠 쥐 서, 竄 달아날 찬

출처 사로잡혔다가 풀어주어 달아나는 맹획의 모습.

본문

공명은 무사를 시켜 결박을 풀어주니, 맹획과 맹우 등 동천의 추장들은 절을 하며 감사하고 돌아갔다.

이때 촉군은 노수(瀘水)를 건너가서 점령하고 있었다.

마대가 돌아가는 맹획에게 말한다.

"다시 잡히는 날엔 결코 살려 주지 않으리라."

맹획이 대채에 이르렀을 때는 조자룡이 이미 그곳을 점령하고 군사와 말을 배치한 후였다. 조자룡이 맹획을 타이른다.

"승상이 살려주신 그 은혜를 잊지 말라."

맹획이 접경지대 산을 빠져나가려 하는데, 위연이 산 위에서 말을 급히 세우더니 소리친다.

"험한 요충지는 다 차지했는데 어리석은 너는 아직도 우리에 항거하려 하느냐. 다시 네가 잡히면 용서하지 않으리라."

맹획이 자기 동천으로 머리를 감싸고 쥐가 달아나듯 달아났다.

간체자 抱头鼠窜

발음 바오 터우 수 촨(bào tóu shǔ cuàn)

회수 88회

해설 실패를 당한 후에 낭패하여 도망감을 비유하는 말이다. 『한서』「괴통전(蒯通傳)」에서 유래하였다. "당초에 상산왕(常山王) 장이(張耳)와 성안군(成安君) 진여(陳餘)가 문경지교(刎頸之交)를 맺었는데, 장염(张黶)과 진석(陳釋)의 일로 서로 다투어 상산왕이 머리를 감싸고 쥐가 달아나듯 한왕에게 귀순하였다"라고 하였다. '문경지교(刎頸之交)'란 서로 죽음을 대신할 수 있을 만큼 막역한 사이라는 뜻이다. 그 후의 사정은 『사기』「회음후열전」에 자세하게 기록되어 있다. 한신과 장이가 군사 수만 명을 거느리고 동쪽으로 정경(井陘)을 평정한 뒤에 조나라를 치려고 했다. 조나라 왕과 성안군 진여는 군사를 정경 입구로 집결시켜 놓고 군사 20만 명을 청했으나 광무군(廣武君) 이좌거(李左車)가 반대하였다. 한신과 장이가 이 소식을 듣고 기뻐하며 군대를 이끌고 정경의 좁은 길로 내려갔다. 그리하여 한신은 1만 명을 먼저 출발시켜 정경 입구를 나와 강을 등지고 배수진을 치게 했다. 한나라 군사는 양쪽에서 공격을 가하여 조나라 군대를 대파하고 성안군 진여를 저수(泜水)에서 목을 베고 조나라 왕 헐(歇)을 사로잡았다.

143

일곱 번 놓아주었다가 일곱 번 사로잡다

칠금칠종七擒七縱

七 일곱 칠, 擒 사로잡을 금, 縱 세로, 놓아줄 종

출처 공명이 목숨을 살려주자 맹획이 울며 한 말.

본문

공명은 맹획을 돌려보냈다.

맹획은 은갱동(銀坑洞)으로 갔다. 은갱동 밖에 세 개의 강이 만나는 삼강(三江)이 있다. 맹획이 있는 은갱동에서 동남쪽으로 7백여 리를 가면 오과국(烏戈國)이 있다. 오곡을 먹지 않고 살아 있는 뱀과 사나운 짐승만 먹으며 몸에는 비늘이 돋아있어 칼과 화살도 뚫지 못한다는 올돌골(兀突骨)이 그 나라의 주인이다. 이곳의 병사들은 등(藤)으로 만든 갑옷을 입었는데 기름을 발라 말렸기 때문에 강을 건너도 빠지지 않고 뜨며 물이 묻어도 젖지 않으며 칼에 맞거나 화살로 쏴도 상하지 않았다.

맹획이 이 나라에 가서 오돌골에게 부탁하여 함께 촉군에 대항하기로 했다.

위연은 날마다 싸우다가 달아나기를 되풀이하여 올돌골이 촉군을 격파하며 뒤를 쫓아갔다. 위연이 전투태세를 취하자, 올돌골이 코끼리를 타고 나온다. 위연이 달아나니 만병(蠻兵)이 뒤를 쫓는다. 만병은 산속에 풀 한 포기 나무 한 그루 없는 것을 보고 매복한 촉군이 없다고 짐작하고 마음 놓고 뒤를 쫓아 골짜기 안으로 들어가니 검은 기름을 칠한 상자를 실은 수레 열 대가 길에 놓여 있었다.

갑자기 산 위에서 큰 나무와 돌들이 마구 굴러떨어져 입구가 막혔다. 그리고 작은 수레에 가득 실은 마른 나무에서 일제히 불이 붙었다. 올돌골은 황급히 군사를 후퇴시켰다. 수레에 화약이 실려 있는데 불이 수레에 붙었다. 양쪽 산 위에서 횃불이 마구 날아 떨어지고, 횃불이 땅에 닿자마자 철포가 폭발하니 골짜기에 불덩어리가 어지럽게 춤을 추며 난다. 물에 이로운 것이 불에는 불리하다고 하던데, 만병들이 입은 등나무로 만든 갑옷은 칼과 화살로는 뚫을 수 없지만 기름을 먹여 만든 물건이라 불이 닿기만 하면 모두 불이 붙어 반사곡(盤蛇谷) 안에서 타서 죽었다.

맹획이 급히 말을 돌려 달아나는데 마대(馬岱)가 달려 나와 길을 막고 맹획을 사로잡았다.

공명이 맹획을 끌고 오라고 하여 맹획이 장막 아래 꿇어앉자, 공명은 그의 결박을 풀어주었다. 맹획이 운다.

"일곱 번이나 사로잡았다가 일곱 번 놓아준다는 일은 옛날부터 없었다. 내 비록 은덕을 모르는 이민족 사람이지만 자못 예의는 아니, 어찌 염치도 없겠느냐."

맹획은 기어서 공명의 장막으로 가서 사죄한다.

"다시는 반역을 하지 않겠소."

이에 남만은 공명의 은덕을 감격하여 공명을 위해 살아 있는 사람을 신으로 모시는 생사당(生祠堂)을 세우고 계절마다 제사를 지내기로 하였다.

간체자 七擒七纵

발음 치 친 치 쭝(qī qín qī zòng)

출처 90회

해설 상대방을 마음으로 복종시킴을 비유하는 말로, 상대를 마음대로 다룸으로도 쓰인다.

『삼국지』「촉서」〈제갈량전〉에는 "건흥 3년(225년), 제갈량은 군대를 이끌고 남쪽으로 정벌을 나서 이해 가을에 모두 평정했다. 새로 평정한 여러 군에서 군수물자가 나오므로 나라가 풍요로웠다"라고 하였다. 그리고 배송지 주에 인용한 『한진춘추(漢晉春秋)』에도 이르기를, "제갈량이 남중(南中)에 이르러 가는 곳마다 승리를 거두었다. 맹획이라는 자가 있는데 일곱 번 풀어주고 일곱 번 사로잡고서도 제갈량은 여전히 맹획을 놓아주었다. 맹획은 가지 않고 말하기를, '공은 하늘과 같은 위엄을 지니셨습니다. 우리 남인(南人)은 두 번 다시 모반하지 않겠습니다'라고 했다. 그래서 전지(滇池)에 이르렀다. 남중이 평정되자, 모든 지역을 그 수령들에게 다스리게 했다"라고 하였다. 『삼국지연의』는 『삼국지』 배송지의 주의 기록을 기초로 하고 여기에 많은 허구를 가미하였다.

'칠종칠금'을 '칠금맹획(七擒孟獲)'이라고도 한다.

『삼국지』「제갈량전」에 건흥(建興) 원년(223년)에 남중(南中)의 여러 군이 한꺼번에 반란을 일으켰고, 건흥 3년(225년) 봄 제갈량은 군대를 이끌고 남쪽을 정벌하여 이해 가을에 모두 평정했다고 하였는데, 여기에 배송지 주에 인용한 『한진춘추(漢晉春秋)』에 의하면 '칠금맹획(七擒孟獲)'의 고사는 기록되어 있다. 『화양국지(華陽國志)』에도 맹획의 '칠노칠사(七虜七事)'에 관한 기록이 보인다. 그러나 일곱 번씩이나 사로잡고 놓아준다는 것이 실제로 사실이었을까 라는 의문은 남는다.

144

만두

만두饅頭
饅 만두 만, 頭 머리 두

출처 사람 고기 대신 소고기와 염소 고기를 넣은 소로 만든 음식.

본문

공명은 모든 군사를 돌려 촉 땅으로 돌아가는데, 선봉 위연이 거느린 군사가 노수(瀘水), 지금의 사천 금사강(金沙江)에 이르렀을 때였다.

사방에서 검은 구름이 몰려들고, 노수 강물에서 한바탕 광풍이 일어나더니, 모래가 날고 돌이 굴러서 군사들은 더 나아갈 수가 없었다.

공명이 맹획에게 왜 그런지 물었다.

"노수에는 원래 미친 신이 있어 재앙을 일으키니 그곳을 왕래하는 사람은 반드시 제사를 지내야 합니다."

"어떻게 제사를 지내야 하느냐?"

"49개의 사람 머리와 검은 소, 흰 염소를 잡아 제사 지내면 저절로 바람과 물결이 잔잔해지고 해마다 풍년도 듭니다."

"이는 다 내 죄로다. 마대의 군사 천여 명이 이 물에서 죽었고, 우리가 죽인 남만 사람을 다 이 물에 버렸으니, 미친 넋과 원한 맺힌 귀신들이 원통해서 이러는 것이다. 내 오늘 밤 제사를 지내 위로하리라."

남인이 말한다.

"옛날부터 49명의 사람을 죽여 그 머리를 바치고 제사 지내면 원한 맺힌 귀신들이 저절로 흩어졌습니다."

"또 산 사람을 죽여야 한단 말이냐?"

공명은 소와 말을 잡고 밀가루로 사람의 머리를 만들어 그 속에 사람의 고기 대신 쇠고기와 염소 고기로 소를 넣으라고 지시하고 그것을 만두라고 불렀다.

그날 밤에 노수 강변의 언덕에다 향을 피우고 제물을 놓고 49개 등잔을 밝힌 다음 기를 세우고 만두를 늘어놓았다.

공명은 제사를 지낼 때 제문을 읽게 하였다.

공명은 통곡하고 비통해 하니 촉군 군사들과 맹획 등 모든 남만 사람들도 우는데, 구름과 안개 속의 수천의 원귀들이 다 바람을 따라 흩어지고 바람이 잔잔해지니 물결도 조용해졌다.

이에 촉군은 안전하게 노수를 건넜다.

간체자 馒头

발음 만 터우(mán tou)

회수 91회

해설 명대 낭영(郎瑛)의 필기(筆記) 『칠수유고(七修類稿)』에 "만두(饅頭)는 본래 명칭이 만두(蠻頭)였다. 남만(南蠻) 땅에서는 사람의 머리로 신에게 제사를 지냈는데 제갈량이 맹획을 정벌한 후에 명하여 밀가루로 고기를 싸고 사람의 머리 모양으로 만들어 신에게 제사를 지냈고 이를 만두(蠻頭)라고 일컬었다. 지금은 말이 와전되어 만두(饅頭)가 된 것이다"라고 하였다.

청대의 만두의 명칭에 대해 북방에서는 소 없는 것을 만두, 소 있는 것은 포자(包子)라고 하였으며, 남방에서는 소 있는 것을 만두, 소가 없는 것을 대포자(大包子)라고 하였다. 『청패유초(清稗類鈔)』에 "만두(饅頭)는 만수(饅首)라고도 하는데, 소가 없는 만두를 먹을 때는 반드시 반찬과 함께 먹었다. 남방에서는 만두라고 하는 것은 실제로는 포자이다. 포자는 송대에 이미 있었는데 가운데에 소가 있고 각종 고기, 채소, 과일이 들어 있으며 맛은 짜거나 달아 각기 달랐는데, 간식으로만 먹었기 때문에 정찬의 음식은 아니었다"라고 하였다.

오늘날의 만두는 소가 없는 만두와 소가 있는 만두 두 종류가 있는데 특히 후자는 포자라고 한다. 소 없는 만두는 북방 사람의 주식이다.

145

부귀한 집안의 자제

고량자제膏粱子弟

膏 살찔, 기름진 고, 粱 기장 량, 子 아들 자, 弟 아우 제

출처 위연이 공명에게 올린 계책에서 위나라 하후무에 대해 한 말.

본문

공명은 군사를 거느리고 면양(沔陽)에 이르러 마초의 무덤 앞을 지나다가 그의 동생 마대에게 상복을 입게 하고 친히 제사를 지낸 후에 영채로 돌아와서 진군할 일을 상의한다.

첩자가 들어와서 보고한다.

"위나라 군주 조예(曹睿)는 부마 하후무(夏侯楙)에게 관중의 모든 군사를 거느리고 대적하라 했답니다. 그래서 하후무가 우리 군사와 싸우러 오는 중입니다."

위연이 공명에게 계책을 올린다.

"하후무는 부유한 집 자제로 나약하고 계책이 없습니다. 저에게 군사 5천 명만 주시면, 포중(褒中)에서 진령(秦嶺)을 따라 동쪽으로 나아가서 자오곡(子午谷)을 거쳐 북쪽으로 올라가면 10일 안에 장안에 진입할 수 있습니다. 하후무는 우리가 쳐들어왔다는 걸 알기만 하면 반드시 성을 버리고 달아날 것이니 저는 동쪽에서 공격하고 승상께선 대군을 거느리고 사곡(斜谷)에서 나오면 함양 서쪽을 평정하실 수 있습니다."

간체자 膏粱子弟

발음 가오 량 쯔 디(gāo liáng zǐ dì)

회수 92회

해설 부유한 집의 호화로운 생활을 하는 자식을 비유하는 말이다. '환고자제(紈褲子弟)', '환과자제(紈絝子弟)'라고도 하는데, '환고(紈褲)'란 비단으로 만든 화려한 옷으로 부귀한 사람을 지칭한다. '고(褲)'는 바지라는 뜻의 '고(袴)'와 같은 글자다.

문무를 두루 갖추다

문무쌍전文武雙全
文 글월 문, 武 호반 무, 雙 두 쌍, 全 온전할 전

출처 남안 사람이 공명에게 강유를 소개하는 말.

본문

강유(姜維)가 천수(天水)의 태수 마준(馬遵)에게 계책을 말한다.

"자기는 천수성 밖의 요긴한 곳에 매복하고 있다가, 태수는 성을 떠나 멀리 가지 말고 가는 체하다가 되돌아오는데 불이 오르거든 신호인 줄 알고 서로 앞뒤에서 협공하기로 하면 크게 이길 수 있습니다. 그때 제갈량을 사로잡겠습니다."

천수 태수 마준은 성을 나가 신호를 기다리고, 양서(梁緖)와 윤상(尹賞)만이 남아서 성을 지켰다.

원래 공명은 조자룡을 산골에 매복시키고 천수의 군사가 성을 떠나면 그 틈에 습격하라고 일렀다.

조자룡이 천수성 아래에 이르러 큰소리로 외치며 성을 공격하는데 강유가 나타나 조자룡과 싸운다. 조자룡은 창 쓰는 강유의 솜씨에 놀란다.

"이런 곳에 이런 인물이 있을 줄이야 누가 알았으리오."

사방에서 군사들이 달려오니 조자룡은 달아나는데 강유가 그 뒤를 쫓는다.

조자룡은 돌아가서 공명에게 적의 계책에 걸려들었다며 보고한다. 공명

이 놀라서 그가 누구인지 묻는다.

남안 사람이 대답한다.

"그는 강유라고 합니다. 천수 기현(冀縣) 사람이고 그는 어머니를 극진한 모시는 효자로 문무를 두루 갖추었으며 지혜와 용맹함을 갖춘 참으로 당대의 영걸입니다."

조자룡이 강유를 칭찬한다.

"그가 창 쓰는 솜씨가 보통이 아니었습니다."

공명이 아쉬워한다.

"이번에 천수성을 점령하려고 했는데, 그런 인물이 군사를 지휘할 줄은 몰랐다."

간체자 文武双全

발음 원 우 솽 췐(wén wǔ shuāng quán)

회수 93회

해설 '문무전재(文武全才)'와도 같다. 천하를 잘 다스리고 또 군사를 거느리고 싸울 수 있는 인재를 말한다. 또 각 방면의 재능을 갖추고 있음을 나타내기도 한다.

147

백성들을 도탄에 빠뜨리다

창생도탄蒼生塗炭

蒼 푸를, 백성 창, 生 살 생, 塗 진흙, 진창 도, 炭 숯, 재 탄

출처 공명이 왕랑을 꾸짖는 말.

본문

촉군이 기산에 이르렀고 선봉대는 위수 서쪽까지 왔다는 보고를 받은 위나라 군주 조예는 태화(太和) 원년(227년)에 대전에서 조회를 열고 상의한다.

사도(司徒) 왕랑(王朗)이 대장군 조진(曹眞)을 기용하여 대도독으로 삼아 촉군을 물리쳐야 한다고 아뢰었다.

조진은 부도독으로 곽회(郭淮)를 추천하였다.

왕랑은 나이가 70세였는데 군사(軍師)에 임명되어 조진, 곽회와 함께 장안에 이르고 위하(渭河) 서쪽에 영채를 세웠다.

공명과 왕랑이 마주하고 대치하였다. 왕랑이 말한다.

"귀공은 하늘에 순종하는 자는 번영하고, 하늘을 거역하는 자는 망한다는 말을 듣지 못했는가? 우리 위나라 군사는 백만 명이고 뛰어난 장수가 천 명이나 되오."

공명이 수레 위에서 한바탕 크게 웃는다.

"황건적이 창궐하자, 동탁, 이각, 곽사가 잇달아 일어나 황제를 협박하고 백성들을 핍박하니, 조정에는 썩은 나무 같은 자들이 벼슬을 하고, 궁에는 짐승과 같은 것들이 나라의 봉록을 먹고, 늑대 같은 마음과 개 같은 행실을 일삼는 무리가 나라의 정사를 휘두르고, 간사하고 아첨하는 자들이 정권을

잡아 사직을 폐허로 만들어 백성들을 도탄에 빠뜨렸다. 너 왕랑은 효렴(孝廉)으로 천거되어 벼슬길에 들어섰으면 임금을 바르게 보좌하고 나라를 도와서 한나라 유씨를 모셔야 마땅하거늘, 도리어 역적 놈들과 짜고 천자를 몰아낼 줄을 누가 알았으리오. 머리털이 허연 늙은 도둑놈아! 네가 저승으로 가서 한나라 임금들을 무슨 면목으로 뵐 테냐!"

왕랑은 공명의 말을 듣자, 가슴이 막혀 크게 외마디소리를 지르더니 말 아래로 떨어져 죽었다.

간체자 苍生涂炭

발음 창 성 투 탄(cāng shēng tú tàn)

회수 93회

해설 '창생(蒼生)'이란 백성을 말하며, '억조창생(億兆蒼生)'은 수많은 백성을 가리킨다. '도(塗)는' 진흙 구덩이, '탄(炭)'은 불구덩이를 말한다. '도탄'이란 진창이나 숯불에 빠졌다는 뜻으로, '창생도탄'은 백성들의 삶이 몹시 어렵고 비참한 상태에 처하여 고통을 받고 있음을 이르는 말이다. 유사 성어 '수심화열(水深火熱)'은 『맹자』「양혜왕」(하)편에 나오는데 "만승의 나라를 가지고 만승의 나라를 정벌하였는데, 바구니에 밥을 담고 병에 국물을 담아서 왕의 군대를 환영하는 것은 어찌 다른 이유가 있으리오. 물과 불을 피하기 위해서입니다. 그런데 만약 물이 깊어지고 불이 더욱 뜨거워진다면 또 다른 곳으로 전향(轉向)할 뿐입니다"라고 하였다. 여기에서 "물이 깊어지고 불이 더욱 뜨거워진다"라는 것이 바로 '수심화열'로 백성들의 어려운 처지를 비유하는 말이다. 만승의 나라는 제나라와 연나라를 가리키는데, 이 「양혜왕」의 문구 다음에 연나라가 제나라 백성에게 포악한 짓을 하니 제나라 왕이 연나라를 정벌하거늘 연나라 백성들은 정차 자기들은 수화(水火)의 가운데에서 구원해 줄 것이라고 여겨 바구니에 밥을 담고 병에 국물을 담아서 왕의 군대를 환영한 것입니다"라고 하였다. '수화'란 '도탄'을 가리킨다.

148

대수롭지 않게 여기다

등한시지等閑視之

等 무리, 똑같을 등, 閑 마구간, 등한히 할 한, 視 볼 시, 之 갈, 어조사 지

출처 가정에 군대를 주둔하는 것에 대해 위연의 말에 대해서 공명이 한 말.

본문

위주(魏主) 조예(曹睿)는 장합을 선봉으로 임명하여 사마의(司馬懿)와 함께 출발하고 신비(辛毗)와 손예(孫禮) 두 장수를 보내 조진(曹眞)을 도우라고 하였다.

사마의가 영채를 세우고 장합을 불러들여 말한다.

"제갈량은 매사에 신중하여 서두르지 않는다. 그가 자오곡(子午谷)을 거쳐 바로 장안을 치는 것이 훨씬 빠르다는 것을 알면서도 가만히 있는 것은 혹 실수라도 있을까 위험한 짓을 하지 않으려는 것이기 때문이오. 그는 사곡(斜谷)에서 군사를 출발시켜 미성(郿城)을 공격하여 점령하려고 두 방면으로 나누어 하나는 기곡(箕谷)을 공격할 것이다. 조진에게 미리 격문을 보내 미성을 굳게 지키되 촉군이 와도 나가서 싸우지 말라고 일러두었소. 대신 손예와 신비를 시켜 기곡으로 통하는 길을 끊고 만약 촉군이 오면 기습하여 격파하도록 지시했소."

장합이 묻는다.

"장군은 군사를 어디로 나아가게 할 것이오?"

사마의가 대답한다.

"진령(秦嶺) 서쪽에 길이 하나 있고 그곳에 가정(街亭)이란 땅이 있소. 그 옆에 열류성(列柳城)이 있는데 이 두 곳은 한중으로 통하는 목구멍과 같은 요충지요. 제갈량은 조진이 방비하지 않을 것이라고 여겨 필시 그 길로 쳐들어올 것이니, 나와 그대는 가정을 점령하면 양평관도 멀지 않아 점령할 수 있을 것이오. 제갈량은 가정을 점령하고 군량을 운반할 길을 끊었다는 소식을 들으면 한중으로 돌아갈 것이오. 그때 우리가 작은 길로 공격하면 승리할 수 있을 것이고, 만일 제갈량이 한중으로 돌아가지 않으면 작은 길에 돌을 쌓아 통로를 끊고 군사를 배치하고 한 달만 지키면 촉군은 먹을 양식이 떨어져서 굶어 죽을 것이오. 그러면 제갈량도 내 손에 사로잡힐 것이오."

장합이 크게 깨닫고 사마의에게 엎드려 절한다.

"도독의 계책은 참으로 신과도 같소."

사마의가 말한다.

"제갈량은 맹달과는 다르오. 조심하지 않으면 제갈량의 계책에 말려들 것이오."

한편, 공명은 기산의 영채에 있는데 신성(新城)에 갔던 첩자가 돌아와서 고한다.

"사마의는 매일 하루에 이틀 길을 진군하여 8일 만에 신성에 들이닥치니, 맹달은 미처 손쓸 사이도 없었습니다. 더군다나 신탐, 신의, 이보, 등현이 사마의 군사와 내통하는 바람에 맹달은 죽었습니다. 사마의는 장안으로 돌아가서 위나라 군주 조예를 뵙고 장합과 함께 우리 군사를 막으러 오는 중입니다."

공명이 놀라서 말한다.

"맹달은 작전이 허술해서 죽어 마땅하다. 사마의는 가정을 점령하고 목구멍 같은 주요 도로를 끊을 것이다."

마속이 자기가 가정을 지키겠다며 나선다.

공명이 말한다.

"가정은 작은 곳이지만 매우 중요한 곳이다. 가정을 잃으면 우리 대군도

다 무너지고 만다. 그곳은 산도 없고 적을 막을 만한 험한 곳도 없으니 지키기가 어렵다."

마속이 대답한다.

"저는 어려서부터 병서를 숙독하여 병법을 잘 압니다. 어찌 가정 하나쯤 지키지 못하겠습니까?"

"사마의는 보통 무리와 다르고, 장합도 유명한 장수다. 네가 그들을 대적하지 못할까 걱정이다."

"만일 이번에 가서 실수하는 일이 있거든 바라건대 제 가족을 다 참하십시오. 군령장(軍令狀)을 써놓고 가겠습니다."

공명이 왕평을 불러 분부한다.

"네가 평소 조심성이 많다는 것을 잘 알고 있어 이번에 중대한 책임을 맡기려고 한다. 너는 가서 요긴한 길목을 골라 영채를 세우고 적군이 통과하지 못하도록 잘 지켜야 한다. 진영을 세우면 바로 사방의 지형과 길을 자세하게 지도로 그려서 보내고, 매사를 서로 의논해서 신중히 행동하고 결코 경솔해서는 안 된다."

마속과 왕평은 떠났다.

공명은 위연을 불러 가정 뒤에 가서 주둔하라고 분부한다.

위연이 반문한다.

"어째서 그런 한가한 곳에 가 있으라고 하십니까?"

공명이 말한다.

"너를 보내어 가정을 후원하게 하는 것은 양평관으로 통하는 가장 요긴한 길을 장악하고 한중으로 통하는 목구멍을 지키라는 큰 책임이다. 그런데 어째서 한가한 곳이라고 하느냐? 너는 이 이 일을 등한시하여 나의 큰일을 그르치지 않도록 하라."

위연은 군사를 거느리고 길을 떠났다.

공명은 조자룡과 등지를 불러 분부한다.

"그대들은 기곡으로 가서 군사가 많은 것처럼 꾸미되, 만일 위나라 군사가 오거든 싸우다가 물러서기도 하여 정신이 없게 하여라. 나는 사곡을 거쳐 미성(眉城)을 칠 것이다. 미성만 점령하면 장안을 격파할 수 있다."

공명은 강유를 선봉으로 삼고 군사를 거느리고 사곡으로 출발하였다.

간체자 等闲视之

발음 덩 셴 스 즈(děng xián shì zhī)

회수 95회

해설 '등한(等閑)'이란 마음에 두지 아니하거나 대수롭지 아니함을 뜻하여, 중시하지 않아 평범하고 일반적이라는 의미다.

91회에서부터 104회까지 제갈량이 북벌하여 위나라를 공략하는 유명한 '육출기산(六出祁山)' 이야기인데, 제갈량이 여섯 차례 군대를 이끌고 기산으로 나와 북벌하여 중원을 점령하려다가 오장원에서 병으로 죽는다.

100회에서 기산의 중요성에 대해 제갈량은 "기산은 장안의 머리이다. 농서(隴西)의 여러 군에서 병력을 이동시킬 때에도 반드시 이곳을 지나야 한다. 위수를 굽어보고 뒤로는 사곡과 접해 있어 왼쪽과 오른쪽으로 드나들며 마음대로 군사를 매복시킬 수 있어 용무지지(用武之地)이다. 기산을 먼저 차지하여 지리적 이점을 이용하려고 하는 것이다"라고 하였다.

『삼국지』「제갈량전」과 비교해 보면 제갈량의 '육출기산'은 역사적 사실에 부합되지 않는다. 제갈량이 위나라를 공략한 일은 모두 여섯 차례다. 첫 번째는 건흥 6년(228년) 봄에 제갈량이 기산을 치고 가정에서 싸웠으나 실패하고 물러났다. 마속이 제갈량의 지시를 어기고 군사행동 중에 잘못을 범하여 장합에게 크게 졌다. 제갈량은 한중으로 돌아와 마속을 죽여 병사들에게 사죄했다.

두 번째는 같은 해 겨울, 산관(散關)을 나와 진창(陳倉)을 포위했는데 조진(曹眞)이 막았으며 군량이 떨어져 돌아오고 말았다. 세 번째는 건흥 7년(229

년)에 제갈량은 진식(陳式)을 보내 무도(武都)와 음평(陰平) 두 군을 치게 했는데 건위(建威)로 나갔는데 위나라 옹주 자사 곽회(郭淮)가 물러나자 두 군을 평정하고 돌아왔다. 네 번째는 건흥 8년(230년) 가을에 위나라 군대가 공격해오자 성고(城固)와 적판(赤坂)에서 막아냈다. 다섯 번째는 건흥 9년(231년) 봄에 기산을 포위하고 목우로 군수물자를 운송했다. 군량이 떨어져 군사를 물렸는데 도중에 장합을 화살로 쏘아 죽였다. 여섯 번째는 건흥 12년(234년) 봄에 야곡을 거쳐 무공(武功)과 오장원을 점거하고 유마로 군수물자를 날랐는데 사마의와 위남(渭南)에서 대치하다가 제갈량이 오장원에서 병으로 죽자 퇴군했다.

제갈량이 북벌을 단행한 것은 실제로는 다섯 차례로 네 번째 건흥 8년이 경우는 공격은 아니고 성을 지킨 것뿐이다. 『자치통감』의 기록에도 건흥 8년 가을의 위나라 군대가 공격해오자 성을 지키며 기다렸다고 하여 북벌은 아니다.

여섯 차례 북벌 중에 기산으로 나간 경우는 첫 번째와 다섯 번째 두 차례뿐이다. 세 번째는 건위로 나갔고 나머지는 모두 한중 일대를 거쳤을 뿐이니 기산으로 출병한 것이 아니다.

『삼국지연의』에 제갈량이 여섯 차례 북벌을 단행할 때마다 사마의가 등장하는 것은 사실이 아니다. 『삼국지』「명제기(明帝紀)」와 『진서(晉書)』「선제기(宣帝紀)에 의하면 당시에 사마의는 남쪽 전선에서 군사를 통솔하고 있었고, 제갈량을 막아낸 장수는 조진이었다. 건흥 9년에 조진이 죽고 나서부터 비로소 사마의가 촉군의 침범을 막아냈다.

오장원에서 제갈량이 죽은 후에도 계책을 내어 "죽은 공명이 산 중달을 쫓아내다"라는 고사를 꾸며낸 것은 제갈량의 이미지를 구축하기 위한 나관중의 술책이다.

149

철수하는 군대를 습격하지 말며, 막다른 길로 도망가는 적을 추격하지 말라

귀사물엄, 궁구막추歸師勿掩, 窮寇莫追
歸 돌아갈 귀, 師 스승, 군사 사, 勿 말 물, 掩 가릴, 덮칠, 습격할 엄
窮 궁할, 막힐 궁, 寇 도둑, 외적 구, 莫 아닐, 말 막, 追 따르를, 좇을 추

출처 사마의가 후퇴하는 촉군을 추격하는 장합에게 한 말.

본문

한편, 마속은 왕평과 함께 가정 땅에 이르러 사방의 지세를 둘러보고는 웃는다.

"이런 궁벽한 산에 위나라 군대가 어찌 올까."

왕평이 말한다.

"다섯 방면으로 갈리는 길목에 영채를 세우고 목책을 세워야 하오."

마속이 반대한다.

"저 산은 사방으로 이어진 산이 없고 또 수목도 무성하니 이는 하늘이 주신 요충지요. 저 산 위에 군사를 주둔시키도록 하라."

"군사를 길목에 주둔시키고 벽을 쌓아 올리면, 적군 10만 명이 오더라도 통과하지 못할 것이오. 산 위에 주둔했다가 만일 적군이 산을 포위하면 어쩔 것이오?"

"병법에 '높은 곳에 올라 아래를 굽어보면, 그 형세가 마치 대나무를 쪼갠 것과 같다'라고 했으니, 만일 적이 온다면 한 명도 살려서 돌려보내지 않으리오."

"저 산은 홀로 외진 곳이라 만일 적군이 와서 우리가 산 아래에서 물을 길어 먹는 길을 끊는 날이면 우리는 싸워보지도 못하고 스스로 혼란에 빠질 것이오."

"『손자병법』에 '죽을 땅에 들어선 뒤라야만 살아남을 수 있다'라고 했으니 그렇다면 죽기를 각오하고 싸워서 일당백은 하리라."

"참군(參軍)이 꼭 산 위에 영채를 세우겠다면, 나에게 군사를 나눠주시오. 나는 서쪽에 가서 작은 영채를 세우고 앞뒤에서 적을 몰아치는 기각지세(掎角之勢)를 이루고 있다가 만일 적군이 오는 날이면 서로 호응합시다."

마속이 왕평의 요구를 거절했는데, 산속의 백성들이 떼를 지어 달려와서 위나라 군사가 쳐들어온다고 알려주자 그때가 되자 겨우 마속이 말한다.

"너에게 5천 명을 줄 테니 마음대로 가서 영채를 세워라."

왕평은 그 산에서 10리 정도 떨어진 곳에 영채를 세우고, 지도를 그려 부하에게 주며 말한다.

"이 지도를 승상께 바치고, 마속이 산 위에 영채를 세웠다고 알려라."

한편, 사마의는 둘째 아들 사마소를 먼저 가정으로 보내며 주의시킨다.

"가정에 적군이 있거든 군사를 출정시키지 마라."

사마소가 가정에 가서 살피고 나서 보고한다.

"길에는 영채도 목책도 없고 적군은 산 위에 주둔했습니다."

사마의는 귀가 번쩍 뜨였다.

"적군이 산 위에 있다면, 이건 하늘이 우리의 승리를 도우시는 것이다."

정탐꾼이 와서 사마의에게 알리길, 왕평이 영채를 세웠다고 고하였다.

이에 사마의는 장합에게 명령을 내린다.

"왕평이 올 길을 끊고, 산을 포위한 뒤에 적군들이 물을 길어 먹는 길부터 끊고, 저절로 혼란해지는 틈을 타서 공격하라."

이튿날, 사마의는 산을 포위했다. 사방에 위나라 군대가 있고 기를 세우고 대오가 엄격하니 촉나라 군사가 겁을 먹고 산 아래로 내려갈 엄두를 내지 못한다.

마속이 붉은 기를 휘둘러 지시를 내렸으나 촉군은 한 명도 움직이지 않는다. 화가 난 마속은 친히 두 장수를 참하니, 군사들이 기겁하고 겨우 산 아래로 내려가 적을 공격했으나 위나라 군사는 흩어지지 않는다. 촉군은 다시 후퇴하여 산 위로 올라가서 영채의 문을 굳게 닫고 구원병이 오기만을 기다린다.

위나라 군대가 산을 포위하고 있으니 산 위에는 물이 없어서 밥을 짓지 못하고 크게 혼란에 빠져 영채의 문을 열고 산 아래로 내려가서 항복한다.

사마의는 산 주위에 불을 지르게 하니 산 위의 촉군은 갈팡질팡한다. 마속은 할 수 없어 남은 군사를 몰아서 산 아래로 내려가 서쪽으로 달아난다. 사마의는 일부러 길을 열어주고 장합을 보내어 뒤를 쫓게 하였다.

장합 앞에서 갑자기 북소리와 징 치는 소리가 나더니 위연이 달려와서 장합에게 달려든다. 위연이 다시 가정을 탈환하고 추격하자, 복병이 나타나고 사마의와 사마소가 위연을 포위하였으나 이에 왕평이 쳐들어와 포위를 풀었다.

사마의가 곽회에게 말한다.

"가정을 잃었으니 공명은 반드시 달아날 것이오. 귀공은 속히 조진과 함께 그를 추격하시오."

사마의가 장합을 불러 분부한다.

"위연, 왕평, 마속 등이 양평관으로 물러나서 지킬 것이니, 내가 양평관을 치러 가면 공명이 우리 뒤를 끊을 것이다. 잘못하면 공명의 계책에 걸려들고 말 것이다. 병법에 철수하는 군사를 습격하지 말고, 막다른 길로 도망가는 적을 추격하지 말라고 했으니, 너는 기곡(箕谷)으로 가서 철수하는 촉군을 위협해라. 난 사곡 방면의 촉군을 상대할 것이다."

장합은 기곡으로 떠났고, 사마의가 명령을 내린다.

"사곡을 거쳐 서성(西城)으로 나아간다. 서성은 산골의 조그만 마을이지만 촉군이 곡식을 쌓아둔 곳이며 남안(南安), 천수(天水), 안정(安定) 세 군으로 통하는 길목이니, 서성을 얻기만 하면 세 군을 다 탈환할 수 있다."

사마의는 사곡으로 출발했다.

간체자 归师勿掩, 穷寇莫追

발음 구이 스 우 옌(guī shī wù yǎn), 츙 커우 머 주이(qióng kòu mò zhuī)

회수 95회

해설 '엄(掩)'은 엄습(掩襲)의 뜻으로, 적이 준비하지 못한 사이에 갑자기 습격함을 말한다. '궁(窮)'은 궁지(窮地)를 뜻하며, 막다른 골목에 이른 것처럼 앞길이 막힌 매우 어려운 처지를 말한다. 철수하는 군대를 습격할 수 없고, 퇴로가 막힌 적이 도망가는데 추격할 수 없음을 뜻한다. 막다른 골목에 몰린 적은 죽음을 무릅쓰고 반격할 수 있어 희생을 감수할 수밖에 없음을 비유하는 말이다.

『손자병법』「군쟁(軍爭)」편에 "철수하는 군대를 습격하지 말며, 궁지에 몰린 적은 추격하지 말아야 한다"라고 하였다.

마속이 가정에 오기 전에 공명에게 자신은 어려서부터 병서를 숙독하여 병법을 잘 알고 있다고 하였는데, 여기서도 이러한 그의 병법 이론에만 밝은 면모가 잘 드러나 있다. 영채를 선정하는 문제에서 왕평과 의견충돌이 일어난다. 병법에 "높은 곳에 올라 아래를 굽어보면, 그 형세가 마치 대나무를 쪼갠 것과 같다"라는 전술은 '빙고시하(憑高視下), 세여벽죽(勢如劈竹)'이다. 실제 전쟁을 겪은 경험을 통해 길목을 지키려는 왕평과는 달리 무조건 『손자병법』에 의존하려는 마속은 '죽을 땅에 들어선 뒤라야만 살아남을 수 있다'라는 전술을 고집하였다. 이는 '치지사지이후생(置之死地而後生)'이다.

150

성을 비우는 계략

공성계空城計

空 빌, 비울 공, 城 재, 성곽 성, 計 계략 계

출처 제갈량이 신성에서 사마의를 물리친 계책.

본문

한편, 공명은 왕평이 보낸 지도를 보고 놀란다.

"마속이 이렇게 무지할 수 있나! 우리 군사를 다 함정에 빠뜨렸다. 산 위에 영채를 세워 위군이 산을 사방으로 포위하여 물 긷는 길이 끊겼으니 우리 군사는 저절로 무너졌도다. 가정을 잃었으니 우리가 어떻게 돌아갈 수 있겠나."

파발꾼이 달려와서 보고하길 가정과 열류성을 다 잃었다고 하였다.

공명은 탄식하더니, 급히 관흥과 장포를 불러 분부한다.

"너희들은 무공산(武功山) 샛길로 가서 위군을 만나도 싸우지 말고 북을 치며 함성을 질러 많은 군사가 있는 것처럼 꾸며서 그들을 놀라게 하고, 그들이 달아나면 추격하지 말고 바로 양평관으로 가거라."

공명은 또 장익(張翼)을 불러 험한 검각(劍閣) 산길을 수리하여 성도로 되돌아갈 때 장애가 없도록 미리 준비하라고 분부한다. 또 마대(馬岱)와 강유(姜維)에게 산골짜기에 먼저 매복했다가 우리 군사가 다 물러간 뒤에 군사를 거두라고 지시했다.

공명은 모든 지시를 내린 다음 서성으로 물러가서 군량미와 마초를 옮기는데 파발꾼이 달려와서 보고한다.

"사마의가 15만 대군을 거느리고 이곳 서성으로 벌떼처럼 쳐들어오고 있습니다."

공명이 명령을 내린다.

"모든 깃발은 숨겨두고 모든 성문을 열어두고 성문마다 군사 20명씩 백성으로 분장하고 길거리를 빗질하며 위나라 군사가 와도 함부로 움직이지 말라."

이에 공명은 학의 털로 만들거나 학의 문양을 넣은 신선도사(神仙道士)가 입는 학창의(鶴氅衣) 차림에 두껍고 부드러우며 광택이 나는 비단으로 만든 두건인 윤건(綸巾)을 쓰고 두 동자에게 거문고를 들려 성루 위로 올라가서 난간에 의지하고 앉아 향을 피우며 연주를 한다.

한편, 위나라 군사가 성에 당도하여 공명의 이러한 모습을 보고 곧바로 사마의에게 보고한다. 사마의가 웃기만 하고 믿어지지 않아 직접 가서 바라보니 과연 공명이 성루에 앉아 웃는 듯 조용한 모습으로 향을 피워놓고 거문고를 연주하는데 왼쪽 동자는 보검을 받쳐 들고 서 있고, 오른쪽 동자는 손에 고라니 꼬리로 만든 먼지떨이를 들고 서 있다. 또 성문 안팎으로 백성 20명이 머리를 숙이고 청소를 하는데 그야말로 방약무인한 태도였다.

사마의가 갑자기 의심이 나서 즉시 군대를 뒤로 물리니 아들 사마소가 묻는다.

"제갈량이 수하에 군사가 없어서 일부러 저런 짓을 하는 것뿐입니다. 왜 후퇴하려 하십니까?"

"공명은 매사에 조심하고 모험을 하는 성격이 아니다. 이제 크게 성문을 열어놓았으니 분명 복병이 있을 것이다. 이럴 때 우리가 쳐들어가면 계략에 말려든다."

이에 위나라 군사가 모두 물러났다.

공명은 멀리 위나라 군사들이 물러가는 것을 보고 웃는다. 관리들이 위나라의 15만 대군이 쳐들어왔다가 그냥 물러가니 그 까닭을 물었다.

"사마의는 평소 내가 매사에 조심하여 위험한 짓을 하지 않는다는 것을 알기 때문이다. 복병이 있는 줄로 의심해서 물러간 것이다. 어쩔 수 없이 그렇게 한 것뿐이다. 그가 반드시 북쪽 산길로 갈 것이다. 나는 이미 관흥과 장포를 그곳에 매복시켜 놓았다."

"승상의 전술은 신이나 귀신도 예측하지 못할 것입니다."

"나의 군사는 2천 5백 명에 불과한데 성을 버리고 달아나야 멀리 갈 수도 없어 사마의에게 붙잡힐 것이 당연하지 않겠냐? 내가 사마의라면 후퇴하지 않았을 것이다. 이제 서성의 백성들은 군사를 따라 한중으로 들어가라. 사마의가 반드시 또 올 것이다."

공명은 군사를 거느리고 서성뿐만 아니라 안정, 천수, 남안의 관리, 백성들과 함께 서성을 떠나 한중으로 갔다.

한편, 사마의는 무공산 산길을 달려가며 두 아들에게 말한다.

"내가 이렇게 달아나지 않았다면 반드시 제갈량의 계책에 걸려들었을 것이다."

이때 큰길 쪽에서 장포의 군사가 쳐들어오고, 산골짜기에서 관흥이 이끄는 군사의 함성 지르는 소리가 진동하며 북소리와 징 치는 소리가 하늘을 흔들었다. 위군은 촉군이 얼마나 되는지 알 수 없어 군수품을 그냥 버리고 달아났다. 관흥과 장포는 위군을 추격하지 않고 군량과 마초만을 거두어 돌아갔다.

사마의는 산과 골에 모두 촉군이 있는 것으로 여기고 큰길로 나서지 못하고 가정으로 돌아갔다. 조진이 공명이 물러간다는 보고를 듣고 추격한다. 그런데 산 뒤에서 촉군이 쳐들어오는데 강유와 마대가 이끄는 군사였다. 조진은 돌아갔고 촉군은 한중을 향해 달린다.

조자룡과 등지는 기곡에 매복하고 있다가 공명의 전령을 받고 돌아가다가 기곡으로 가던 곽회를 만나 그의 군사들을 격퇴하고 한중을 향해 갔다.

곽회와 조진은 남안, 천수, 안정을 다시 탈환하였다.

한편, 촉군이 한중으로 돌아간 뒤에 사마의는 서성으로 가서 지난날의 경과를 물어보고, 그때야 크게 후회하여 하늘을 우러러보며 탄식하였다.

"나는 공명을 따라갈 수가 없구나!"

간체자 空城计

발음 쿵 청 지(kòng chéng jì)

회수 95회

해설 성을 비우는 계략으로 성이 빈 것처럼 보이게 하여 적을 혼란스럽게 만드는 방법이다. 위급한 상황에서 빈 것처럼 위장하여 적을 속이는 고도의 전략을 말한다. 역량이 부족한 것처럼 속여서 상대방을 미혹시키거나 물러나게 만드는 것을 비유한다. '기각지세'란 앞뒤에서 적과 맞서는 태세를 말한다.

제갈량의 공성계 계략은 사실이 아니다. 『삼국지』「제갈량전」 배송지 주에 인용한 곽충(郭沖)의 「제갈량은모오사(諸葛亮隱謀五事)」 가운데 삼사(三事)에 제갈량은 양평관(陽平關)에 주둔하면서 위연에게 주력 부대를 인솔하고 동쪽으로 가게 하고 남은 1만의 군사로 성을 지킬 때 사마의가 20만 대군을 거느리고 쳐들어왔고, 긴박한 상황에서 제갈량은 깃발을 내리고 북을 멈추게 하고 4개의 성문을 활짝 열어젖힌 뒤 땅을 청소하게 하였는데 이것을 본 사마의가 혹시 복병이 있나 의심하여 급히 퇴각했다고 하였다. 이에 대해 배송지는 제갈량이 위나라를 칠 당시 위나라 수장이 조진이었지 사마의가 아니라는 것이다. 당시 사마의는 남쪽 전선에서 부대를 통솔하고 있었다고 하였다. 더 나아가서 곽충이 말한 것처럼 사마의가 20만 대군을 일으켰고 이미 제갈량의 군사가 적고 힘도 약하다는 것을 알고 있었는데 복병이 있으리라고 의심이 들더라도 방어시설을 설치하고 신중하게 처리하면 될 일인데 무슨 이유로 곧바로 달아나겠느냐고 하였다. 사마의를 물리치기 위해 제갈량이 공성계를 쓰지 않았다는 것이다.

역사상 공성계의 예가 있었을까?

『삼국지』「문빙전」 배송지 주에 인용한 『위략』에는 "위나라 장수 문빙(文聘)이 손권의 군사 수만 명의 공격을 받는다. 마침 큰비가 내려 성벽이 무너져도 보수를 하지 못했는데 성안 사람들에게 몸을 숨기라고 명한 뒤 자신도 집 안으로 들어가 베개를 높이 하고 누워 있었다. 손권이 의심이 들어 감히 성을 공격하지 못하고 가버렸다"라고 하였다.

『삼국지』「조운전」 배송지 주에 인용한 『조운별전』에도 "조운이 연락이 끊어진 황충을 맞이하러 간 일이 있었다. 도중에 갑자기 조조의 군대를 포위를 당하게 되었고 조운은 포위망을 뚫고 퇴각한다. 진영으로 돌아온 조운은 문을 활짝 열고 깃발을 내리게 했으며 북을 치지 말라고 일렀다. 조조는 조운이 복병을 숨겨두었을 것으로 의심하여 군사를 이끌고 가버렸다"라고 하였다.

151

눈물을 씻으며 마속의 목을 베다

읍참마속泣斬馬謖

泣 울 읍, 斬 벨 참, 馬 말 마, 謖 일어날, 빼어날 속

출처 공명이 군율을 세우기 위해 눈물을 머금고 마속의 목을 벤 일.

본문

공명휘루참마속(孔明揮淚斬馬謖) 공명은 눈물을 씻으며 마속의 목을 베었고

주방단발잠조휴(周魴斷髮賺曹休) 주방은 머리털을 잘라 조휴를 속이다

공명이 한중으로 돌아갔다.

공명은 먼저 왕평을 불러 꾸짖는다.

"너에게 마속과 함께 가정을 지키라고 했거늘, 어째서 마속에게 간하지 않고 가정을 잃었느냐?"

왕평이 대답한다.

"길목에다 토성을 쌓아 영채를 세운 뒤에 지키자고 여러 번 권했으나 마 참군은 화만 내고 듣지 않았습니다."

공명은 마속을 군막 안으로 불러들였다. 마속은 스스로 자기 몸을 결박하고 들어와서 무릎을 꿇는다.

공명이 안색이 변하여 말한다.

"네가 만일 왕평의 말만 들었더라도 우리가 이런 불행을 당하지 않았을 것이다. 이제 점령했던 땅을 다 잃었으니 이는 다 네가 잘못한 책임이다. 만

일 군율을 바로 세우지 않으면 군사를 어찌 지휘할 수 있겠는가? 군법을 어겼으니 나를 원망하지 말라."

좌우 무사들에게 마속을 끌어내어 참하라고 호령한다.

마속이 울면서 말한다.

"승상은 저를 늘 자식처럼 대하시고 저도 승상을 아버지처럼 섬겼으나 이번에 제가 저지른 죄에서 벗어날 수는 없습니다."

무사들이 마속을 끌고 나가 원문(轅門) 밖에서 참하려는데, 공명이 울면서 말한다.

"옛날, 손무가 천하를 제압한 것은 군법을 지켰기 때문이오. 군법이 해이해지면 역적을 무엇으로 토벌하겠는가? 마속은 마땅히 참해야 한다."

무사가 마속의 목을 돌 아래에 받치니 공명이 대성통곡하였다.

"마속이 죄를 지어 군법을 밝히셨는데 왜 우십니까?"

"마속을 위해서 우는 것이 아니다. 선제께서 백제성에서 위독하셨을 때 말씀하시길, 마속은 그가 하는 말이 실제 행동보다 지나치니 장차 크게 써서는 안 된다고 하셨는데 과연 그 말씀이 맞도다. 그러므로 사람을 잘못 본 나 자신을 깊이 원망하며 선제의 선견지명이 생각나서 이처럼 통곡하는 것이오."

이 말을 들은 장수와 군사들은 눈물을 흘리지 않는 자가 없었다. 이때 마속의 나이 39세였다.

공명은 표문(表文)을 지어 장완에게 주며 후주(後主)께 아뢰고, 스스로 승상 자리에서 물러났다.

장완은 성도에 도착하여 후주를 뵙고 공명의 표문을 바쳤다.

신은 본래 평범한 재주라 외람된 자리에 앉아 병권을 쥐고 삼군을 격려하였으나 규율을 가르치지 못하고 군법을 밝히지 못하여 마침내 가정에서 명령을 어기는 사태가 발생하고 기곡을 지키지 못한 실수가 드러났으니, 모든 죄는 다

신에게 있습니다. 첫째는 밝지 못하여 사람을 알아보지 못했고, 둘째는 심사숙고해야 할 일에 대해 밝지 못했기 때문입니다. 청컨대 스스로 벼슬을 세 등급 내려 신의 허물을 꾸짖고자 하오나, 그 부끄러움을 이길 길이 없어 다만 엎드려 분부만 기다리겠습니다.

후주가 표문을 다 읽고 말한다.

"전쟁에서 이기고 지는 것은 병가에서 늘 있는 일인데, 승상은 어찌 이런 말을 하는가?"

시중(侍中) 비의(費禕)가 말한다.

"신이 듣건대 나라를 다스리는 사람은 반드시 법을 존중해야 한다고 하니, 법을 실시하지 않으면 무엇으로 사람들을 복종시킬 수 있겠습니까? 승상이 싸움에서 패하고 벼슬을 깎은 것은 마땅한 일입니다."

후주가 말한다.

"공명을 우장군으로 삼을 것이니, 그대로 승상의 직무를 맡아보고 군사도 예전처럼 총지휘하라."

비의는 공명이 이번 일로 부끄러워할까 걱정이 되어 축하한다.

"서촉(西蜀)의 백성들은 승상께서 적의 네 고을을 점령한 것에 대해 기뻐하고 있습니다. 그리고 천자께서 승상이 강유를 얻었다는 소식을 들으시고 기뻐하셨습니다."

"군사가 패하고 돌아와 한 치의 땅도 빼앗지 못했으니, 이는 나의 큰 죄인데 강유 한 사람 얻었다고 해도 그것이 위나라에 무슨 손실이 되겠소?"

"승상은 다시 위나라를 치시겠습니까?"

"우리 대군이 기산과 기곡에 주둔했을 때, 우리 군사가 적군보다 많았으나 도리어 패했으니, 군사의 수가 많고 적은 것에 원인이 있지 않고 군사를 지휘하는 대장에게 모든 책임이 있음을 깨달았습니다. 누구나 나의 잘못을 지적하고 나의 단점을 꾸짖어주오. 그래야 이 어려운 일을 결정할 수 있고 역적들을 무찌를 수 있으니 성공할 날도 머지않을 것입니다."

비의와 장수들이 공명의 말에 깊이 감복했다. 이에 비의는 성도로 돌아가고 공명은 한중으로 돌아갔다.

간체자 泣斩马谡

발음 치 잔 마 쑤(qì zhǎn mǎ sù)

회수 96회

해설 아끼는 사람을 질서를 바로잡기 위해 어쩔 수 없이 법대로 처단하여 버릴 때 비유적으로 쓰는 말이다.

마속이 공명에게 죽기 전에 부탁한 말 중에 "순임금이 곤(鯀)을 죽이고 우(禹)를 썼다"라는 것은 옛날 순임금이 치수에 실패한 곤을 죽였으나 곤의 아들 우에게 그 일을 맡겨 성공시킨 것을 가리킨다.

유비가 세상을 하직할 때 공명에게 마속은 "말이 실제 행동보다 지나치다"라는 평가는 '언과기실(言過其實)'이라고 한다.

'읍참마속'은 『삼국지』「제갈량전」 주에 인용된 『촉기(蜀記)』에 곽충(郭沖)의 말에 기초를 두고 있다. 그러나 『삼국지연의』 배송지 주에는 이 일은 믿을 수 없다고 하였다. 당시에 사마의는 형주의 도독으로 완성에 주둔했으므로 서성으로 군사를 이끌고 갈 수 없었기 때문이다.

152

국가를 위하여 있는 힘을 다하고 죽은 뒤에야 그만두다

국궁진췌 사이후사鞠躬盡瘁 死而後已

鞠 공, 다할, 굽힐 국, 躬 몸 궁, 盡 다할 진, 瘁 병들 췌
死 죽을 사, 而 어조사 이, 後 뒤 후, 已 그칠 이

출처 공명이 후주에게 바친「출사표」에서 한 말.

본문

촉나라 시중 비의는 성도로 돌아가고, 공명은 한중에 있으면서 곡식과 마초를 모아 저장하고 전쟁 준비를 하였다.

위나라 군주 조예(曹睿)는 사마의(司馬懿)를 불러 서천을 칠 일을 상의한다. 사마의는 활을 잘 쏘고 지혜가 깊어서 족히 제갈량에 대적할 만한 학소(郝昭)를 추천한다.

조예는 학소를 진서장군(鎭西將軍)에 임명하고 진창(陳倉)을 잘 지키게 하였다.

양주 사마대도독 조휴(曹休)의 표문이 왔다. 동오의 파양(鄱陽) 태수 주방(周魴)이 항복하겠다면서 밀서를 보내왔는데 7가지 이해관계를 말하고 동오를 격파할 수 있다고 하니 군사를 보내달라는 내용이었다. 조휴는 사마의에게 건위(建威)장군 가규(賈逵)와 함께 가서 조휴를 돕도록 지시하였다.

한편, 오주 손권은 무창(武昌)에서 파양 태수 주방이 보낸 표문을 보았다. 위나라 양주 대도독 조휴가 쳐들어올 기미가 보여 주방이 속임수를 써서 7가지 이해관계를 일러주고 위군을 동오 깊숙이 끌어들이기로 했다는 내용이니 군사를 매복시켰다가 그들을 사로잡으라는 것이었다.

손권이 육손(陸遜)을 불러 이 일의 지휘를 맡겼다.

조휴는 환성(皖城) 가까이 이르러 주둔하자, 주방이 와서 영접한다.

조휴가 묻는다.

"누가 그러던데 귀공은 원래 꾀가 많아서 말과 행동이 다를지 모른다며 걱정하지만, 나는 귀공이 나를 속이지 않으리라 믿소."

주방이 칼을 들어 자기 머리털을 잘라 땅바닥에 던지면서 말한다.

"난 진정으로 귀공을 대했거늘, 귀공은 날 놀리시오? 부모에게서 받은 모발을 끊어 나의 진정을 표하오."

가규가 환성에 와서 조휴에게 충고한다.

"주방이 자기 모발을 끊고 맹세했지만 그건 속임수요. 옛날 춘추 시대 때 오나라 사람 요리(要離)는 공자(公子) 광(光)으로부터 경기(慶忌)를 죽여 달라는 부탁을 받고 자기 팔을 잘라 그걸 가지고 가서 공자 광이 자기 팔을 끊었다고 속여 경기를 안심시킨 뒤에 경기를 찔러 죽인 일도 있었소. 너무 믿지 마십시오."

조휴는 가규를 영채에 남겨두고 동관(東關)을 치러 떠났다.

주방은 비밀리에 육손에게 연락을 취하고, 육손은 산길의 석정(石亭)에 군사를 매복시키고 진영을 벌려서 위군을 맞이하도록 하였다.

조휴는 주방을 길잡이로 앞장세워 가다가 석정에 이르러 주방이 조휴에게 군사를 주둔시키라고 일러준다. 이튿날 척후병이 돌아와서 오나라 군사들이 몰려와 있다고 고한다. 조휴가 놀라 주방을 찾았으나 주방은 이미 달아난 뒤였다.

조휴는 주방의 꾀에 넘어간 것을 후회하며 오군과 싸울 태세를 갖췄다. 조후는 패하고 가규의 도움으로 겨우 목숨만 건지고 돌아갔다.

손권이 개선한 주방을 불러 말한다.

"모발을 끊어 큰일을 이루었으니 마땅히 그 공을 죽백에 기록할지니라. 주방을 관내후(關內侯)로 봉하노라."

위나라 도독(都督) 조휴(曹休)는 석정(石亭)에서 동오의 육손에게 크게 패하고 회군한 뒤 마음이 울적해서 병이 들었고 낙양에서 등창이 나서 죽었다.

한편, 동오의 사신이 국서를 가지고 촉나라에 가서 우호 관계를 맺고 군사를 일으켜 위나라를 치도록 청하고, 조휴가 크게 패한 것을 선전했다.

후주는 기뻐하며 국서를 한중에 있는 공명에게 보냈다. 공명은 국서를 받고 잔치를 벌여 장수들을 모아 출정을 상의하는데, 갑자기 동북쪽에서 큰바람이 불더니 뜰 앞 소나무가 넘어졌다.

이때, 진남장군(鎭南將軍) 조운(趙雲)의 큰아들 조통(趙統)과 둘째 아들 조광(趙廣)이 공명을 찾아왔다.

조통과 조광 두 아들이 통곡하며 절한다.

"저희 부친이 지난밤 3경에 세상을 떠나셨습니다."

공명이 발을 구르며 통곡한다.

"조자룡이 죽었으니 이는 국가가 기둥 하나를 잃었고, 내가 팔 하나를 잃은 것이다."

후주도 조자룡의 소식을 듣고 방성대곡한다.

"짐이 어렸을 때 조자룡이 아니었던들 난리 속에서 죽었을 것이다."

즉시 대장군에 추증하고 칙명을 내려 성도 금병산(錦屛山) 동쪽에 장사를 지낸 뒤에 사당을 세우니 이때부터 4계절마다 제사를 지냈다.

제갈량이 후주에게 「출사표」(出師表)를 바친다.

선제께서는 한과 역적이 공존할 수 없으며, 조정이 서촉의 구석진 곳에 안정할 수 없다는 것을 깊이 생각하셔, 신에게 역적을 칠 일을 부탁하셨던 것입니다. 총명하신 선제는 신의 재주를 짐작하셨습니다. 역적을 치는데 신의 재주는 약하고, 역적의 힘은 강하다는 것을 아셨으나, 역적을 토벌하지 않으면 나라가 망하니, 가만히 앉아서 망할 때를 기다린다면 누가 역적을 치겠느냐 하시고 신에게 모든 일을 맡기신 뒤에는 거듭 의심하지 아니하셨습니다.

신은 이 중대한 책임을 맡은 이후로 밤이면 잠을 편히 이루지 못하고, 날마다 음식을 먹어도 맛을 모르고, 다만 생각하되 북쪽을 치려면 우선 남쪽부터 눌러야 하였기에 5월 한더위에 노수를 건너 남만에 깊이 들어가서 하루에 먹을 양식을 이틀에 나누어 먹는 고생을 했습니다. 이는 신이 자기 몸을 아끼지 않을 것이 아니라 나라를 생각함에 이처럼 구석진 서촉에 도읍을 정할 수는 없었기 때문입니다. 위험과 어려움을 무릅쓰고 선제의 남기신 뜻을 받들려고 한 것입니다.

…

병법에 이르기를, '적이 피곤할 때 그 기회를 놓치지 말고 쳐야 한다'라고 했습니다. 지금이 바로 우리 군사가 나아가야 할 때입니다. 신은 이제 삼가 다음 여섯 가지를 아룁니다. 장구한 계책을 써서 저절로 이기기를 바라고 가만히 앉아서 천하를 평정할 생각을 하니 신이 이해할 수 없는 것이 하나입니다. 관리들은 안정만을 논하고 함부로 성인의 말만 인용하고 실제로는 자기 뱃속에 의심이 가득하여 어려운 일을 당하면 가슴이 떨려 올해에도 싸우지 않고 다음 해에도 쳐들어가지 않다가 손권이 강동을 다 차지하도록 했으니, 신이 이해할 수 없는 두 번째입니다. 조조는 지혜와 계책이 월등히 뛰어나서 군사 쓰는 것이 옛날 손자나 오기를 방불케 합니다. 더구나 재주가 그만도 못한 신에게 위험한 일은 하지 말고 천하를 바로잡으라고 한다면 과연 가능하겠습니까? 이것이 신이 이해할 수 없는 세 번째입니다. 조조도 여러 차례 신하를 잘못 써서 실패하는 실수를 저질렀는데, 노둔한 신이 어찌 반드시 이기기라고만 믿겠습니까? 이것이 신이 이해할 수 없는 네 번째입니다. 신이 한중에 온 지 일년이 되었는데, 그동안 조자룡 등 무수한 장수들과 군사를 잃었으니, 만일 다시 몇 해가 지난다면 장수와 군사가 거의 다 없어질 터인즉, 그때는 무엇으로 적군을 대적하겠습니까? 이것이 신이 이해할 수 없는 다섯 번째입니다. 이제 머물며 지키거나 나아가서 싸우거나 노력과 비용은 마찬가지인데 속히 역적을 물리칠 생각은 않고 한 고을 땅이나 지키면서 역적과 장기전으로 버티려고 하니, 이것이 신이 이해할 수 없는 여섯 번째입니다.

…

대저 평정하기 어려운 것은 천하의 일입니다. 옛날 선제께서 동쪽의 오나라와 손을 잡고 서천을 차지하고, 군사를 일으켜 북쪽 위나라를 쳐서 하후연의 목을 베었으니, 이는 조조가 계책을 잘못 쓴 결과이며, 그래서 우리 한나라가 큰일을 성취할 기반을 세울 수 있었던 것입니다. 그러나 동오가 동맹을 어겨 관우가 패하고, 육손에게 자귀(秭歸)에서 계속 패했으며, 마침내 조비가 황제라고 칭하게 됐으니, 무릇 천하의 일이란 이와 같아서 예측하기가 어려운 것입니다. 그러므로 신은 국가를 위하여 있는 힘을 다하고, 죽은 뒤에야 그만둘 작정입니다. 성공하느냐 실패하느냐의 이해득실에 관해서는 신의 소견으로는 미리 알 수 없습니다.

후주는 기뻐하며 즉시 공명에게 출정을 명령했다.

공명은 30만 대군을 일으켜 위연에게 선봉을 지휘하고 곧바로 진창을 향하여 출정하도록 하였다.

간체자 鞠躬尽瘁, 死而后已

발음 쥐 궁 진 추이(jū gōng jìn cuì), 쓰 얼 허우 이(sǐ ér hòu yǐ)

회수 97회

해설 이 성어는 실제로는 제갈량의 「후출사표」에 나온다. 어떤 사람의 위대함을 형용할 때 쓰인다.

주방이 조휴를 속여 위나라 군대를 격파하고 큰 공을 세우자 손권은 주방을 승진시키고 잔치를 벌여 공을 치하하였으며 또한 촉나라에 사신을 보내 두 나라가 서로 우호 관계를 맺고 함께 위나라를 협공하자고 제의한 것에 공명이 잔치를 벌여 축하하던 바로 그때 조자룡이 죽은 것은 바로 인생사라는 것이 기쁜 일과 슬픈 일, 화(禍)와 복이란 서로 맞물려 있는 것이라는 저자의 삶을 바라보는 인생관이자 진리를 밝힌 것이다.

153

난공불락

난공불락難攻不落
難 어려울 난, 攻 공격할 공, 不 아닐 불, 落 떨어질 락

출처 위연과 강유가 공명에게 진창성에 대해 한 말.

본문

척후병이 진창성(陳倉城)을 정찰하고 돌아와서 공명에게 보고한다.

“학소(郝昭)가 진창성을 지키고 있는데 구덩이를 깊이 파고 성루를 높였으며 방어 목책을 두루 배치하여 매우 수비가 엄중했습니다. 차라리 성은 버려두고 태백령을 넘어 기산으로 나아가는 것이 편하겠습니다.”

“진창은 바로 북쪽이 가정이니, 반드시 그 성을 점령해야만 비로소 우리 군사가 나아갈 수 있다.”

위연이 진창성을 공격하였으나 며칠이 지나도록 끄떡도 하지 않는다.

이에 위연이 다시 돌아와서 공명에게 고한다.

“그 성은 난공불락입니다.”

공명이 화가 나서 위연을 참하려고 하였는데 근상이 나선다.

“학소는 저와 같은 고향 농서 사람입니다. 어릴 때부터 친한 사이이니 타일러서 항복하게 하겠습니다.”

근상이 학소를 만났으나 아무 소용이 없었다.

왕쌍까지 진창성에 와서 학소를 돕는다.

원래 공명은 진창성 안에 아무 준비가 없는 줄 알고, 구름다리로 공격하

게 하였으나 뜻밖에도 성 위에서 화전(火箭)으로 맞서 구름다리가 다 불타고 군사들도 불에 타서 죽어 떨어지니 촉군은 후퇴했다.

공명이 흙을 운반하여 호를 메우고 밤에 땅굴을 파고 몰래 성안으로 들어가려고 하였는데 학소도 성안에 호를 파서 땅 밑의 길을 끊었다. 이렇게 밤낮으로 20여 일이 지났으나 진창성은 끄떡도 하지 않았다.

공명이 근심에 싸여 있는데 왕쌍(王雙)이 쳐들어온다.

장의(張嶷)가 달려나가 왕쌍의 군대를 맞이하여 진영을 벌이고 대치하였다. 장의는 왕쌍에게 맞아 피를 토하며 되돌아왔다.

공명이 강유를 부른다.

"진창길로는 나아갈 수 없으니 다른 계책을 생각해보라."

강유가 대답한다.

"진창의 성과 호는 견고하고, 학소가 지키고 있고 왕쌍이 서로 돕고 있으니, 그들의 성을 함락할 수는 없습니다. 산을 의지한 채 강가에 영채를 세우고 굳게 지키게 한 뒤에 요긴한 길목을 지키게 하여 적군이 가정을 공격하지 못하게 하고, 승상은 기산을 습격하시면 조진을 사로잡으실 수 있을 것입니다."

공명은 기산을 향해 행군한다.

간체자 难攻不落

발음 난 궁 부 뤄(nán gòng bù luò)

회수 97회

해설 "공격하기 어려워 함락되지 않음"을 뜻하는 '난공불락'이란 성어를 『삼국지연의』에 직접 언급하지는 않았지만, 본문에서 '불능파(不能破)'와 위연이 공명에게 말한 '성난타(城難打)'는 '난공불락'과 같은 뜻이다. 또 강유를 불러 계책을 내놓으라고 했을 때, 강유가 한 말 속에 담겨 있다. "진창성은 견고해서 학소가 굳게 지키고 있고 또 왕쌍이 와서 도와주니 참으로 함락하기 어렵습니다"라고 하였다.

공명은 2차 북벌(北伐)이 실패하자, 대신 강유의 계책대로 적군이 진창성 입구를 굳게 지키고, 가정을 공격하지 못하도록 가정으로 통하는 길목을 지키며, 사곡으로 나와 기산(祁山)을 엄습하여 조진을 사로잡는 방법을 택하였다. 공명은 기산에 영채를 세우는 데 성공하고, 98회에는 진창성 입구에서 왕쌍은 위연(魏延)의 칼을 맞고 죽었으며, 한중(漢中)에 있던 공명은 진창성 안의 학소가 병이 위중하다는 보고를 받고 급히 관흥(關興)과 장포(張苞)를 진창성으로 보내었는데 진창성에 도착하여 촉군의 첩자를 진창성 안으로 들여보내어 불을 지르고 함성을 질러 안팎으로 호응하니 위나라 군사들은 큰 혼란에 빠져 이에 놀란 학소가 결국 죽었다. 공명은 자신이 사용한 병법을 "적이 생각하지 않는 뜻밖의 일을 감행하여, 무방비한 상태를 공격하라" 라고 하였다.

154

군사를 늦추는 계략

완병지계緩兵之計

緩 느릴, 늦출 완, 兵 군사 병, 之 갈, 어조사 지, 計 셈할, 꾀 계

출처 장합이 사마의에게 말한 군사를 늦추어 천천히 물러가는 공명의 계책.

본문

공명은 무도(武都)와 음평(陰平) 두 군을 점령하였다.

사마의가 공명이 무도와 음평을 차지했으니 백성들을 위로하러 가서 영채가 비었을 것으로 생각하고 군사를 보냈다. 그러나 공명이 미리 군사들을 매복시켜 놓았기 때문에 패하고 후퇴하였다. 공명은 위군의 무기와 말을 노획하여 영채로 돌아왔다. 위군은 반달 동안 꼼짝도 하지 않았다.

한편, 위나라 첩자가 사마의에게 보고한다.

"공명의 군사가 물러갑니다."

사마의가 말한다.

"공명이 분명히 큰 계책을 썼을 것이니, 함부로 움직이지 말라."

장합이 말한다.

"군량이 없어서 회군하는 것인데, 왜 추격하지 않습니까?"

"공명은 지난해에 큰 농사 수확을 했다. 우리를 유인하려는 것이니 척후병을 멀리 보내어 동정을 살피게 하라."

척후병이 돌아와서 보고한다.

"공명이 이곳에서 30리 바깥에 영채를 세웠습니다."

"공명이 과연 달아나지 않았다. 모두 영채를 지키고 함부로 나아가지 말라."

보름이 지났는데도 공명에게서 아무 소식이 없고 촉나라의 장수도 보이지 않는다. 사마의는 의아해서 다시 척후병을 보냈다. 척후병이 돌아와서 보고한다.

"촉군은 이미 떠나고 없습니다."

사마의가 가보니 촉군은 30리 밖으로 후퇴하여 영채를 세우고 있었다.

"역시 이는 공명의 계책이다. 뒤를 쫓지 말라."

또 10일 동안을 그냥 보내고 다시 척후병을 보냈더니 돌아와서 보고한다.

"촉군은 또 30리를 후퇴하고 영채를 세웠습니다."

장합이 말한다.

"공명은 우리가 추격할까 겁먹고 한중으로 군사를 늦추어 천천히 물러가는 것인데, 도독은 무엇을 의심합니까? 속히 추격해야 합니다. 제가 가서 결판을 내겠습니다."

사마의가 대답한다.

"공명은 속임수가 대단하니, 우리가 실수하는 날이면 사기를 잃고 만다. 함부로 나아가지 말라."

간체자 缓兵之计

발음 환 빙 즈 지(huǎn bīng zhī jì)

회수 99회

해설 후퇴할 경우 적의 추격을 늦추기 위한 계책으로 시간을 끈 다음 다시 생각할 여유를 갖는 것을 말한다.

155

신출귀몰하다

신출귀몰神出鬼沒
神 귀신 신, 出 날, 나타날 출, 鬼 귀신 귀, 沒 가라앉을, 사라질 몰

출처 공명이 만든 사륜거를 쫓아가도 축지법으로 도망가서 따라잡지 못하자 사마의가 공명을 가리켜 찬탄하는 말.

본문

공명이 군사를 줄이고 부엌을 늘리는 작전을 써서 한중 땅으로 후퇴하니, 사마의는 복병이 있을까 두려워 추격하지 못하고 장안으로 되돌아갔다.

공명은 대군을 이끌고 기산으로 오니, 사마의가 장합에게 말한다.

"공명은 반드시 농서(隴西)의 보리를 베어 군량으로 쓰려는 수작이다."

장합은 기산을 지키고, 사마의는 농서로 떠났다.

공명은 기산에 이르러 영채를 세우고, 강유와 위연을 거느리고 농서의 보리를 베기 위해 노성(鹵城)에 이르렀다.

노성 태수가 공명에게 사마의가 이미 와 있다고 말하자, 공명은 서촉에 있을 때 만든 사륜거를 내오게 하고는 강유, 마대, 위연에게 명한다,

"사륜거 한 대마다 24명씩 검은 옷을 입고 맨발로 서서 산발하고 칼을 들고 검은 바탕에 북두칠성을 수놓은 기를 들고 일제히 사륜거를 밀며 나아가라."

공명은 군사 3만 명에게 보리 벨 낫과 새끼줄을 준비하게 하고 장정 24명을 뽑아 검은 옷을 입히고 머리를 풀고 칼을 들고 맨발로 사륜거를 호위하게 한 뒤에 친히 그 위에 단정히 앉고, 관흥을 천봉신(天蓬神)으로 분장하게 한 다음 손에는 칠성(七星)을 그린 검은 기를 들고서 사륜거 앞에 서도록 하고,

일제히 위군 영채를 향해 나아간다.

사마의가 영채에서 나와 바라보고 하늘을 우러러 길게 탄식한다.

"공명은 과연 신출귀몰하는 재주를 가졌구나!"

간체자 神出鬼沒

발음 선 추 구이 모(shén chū guǐ mò)

회수 101회

해설 귀신같이 나타났다가 사라진다는 뜻으로, 행동이 신속하고 변화가 심하여 예측할 수 없음을 비유하는 말이다. 『회남자』「병략훈(兵略訓)」에 "전쟁을 잘하는 자의 행동은 마치 귀신이 출몰하듯이 한다(善者之动也，神出而鬼行)"라고 하였다. 병사들의 행동 변화가 빨라 적을 사로잡을 수가 없음을 비유한다.

156

작은 일을 참지 못하면 큰일을 망친다

소불인즉난대모小不忍則亂大謀

小 작을 소, 不 아닐 불, 忍 참을 인, 則 곧 즉, 亂 어지러울 난, 大 클 대, 謀 도모할 모

출처 사마의가 아들 사마소에게 경계하는 말.

본문

공명은 기산(祁山)에 오랫동안 주둔할 계책을 세웠다.

공명은 군사들에게 위나라 백성들과 함께 밭을 경작하게 하고, 촉군이 수확의 3분의 1을 차지하고 위나라 백성들에게 3분의 2를 주었으므로 위나라 백성들은 안심하고 농사를 지었다.

사마사(司馬師)가 부친인 사마의에게 고한다.

"촉군이 위수 강가에서 밭농사를 지으며 장구한 계책을 꾸미고 있으니 이는 위나라에 큰 걱정거리가 될 것입니다. 왜 촉군과 싸우지 않으십니까?"

사마의가 대답한다.

"폐하로부터 굳게 지키라는 칙명을 받았다. 경솔하게 출동해서는 안 된다. 옛말에 '작은 일을 참지 못하면, 큰일을 망친다'라고 했다. 우리는 지키는 것이 상책이다."

간체자 小不忍则乱大谋

발음 사오 부 런 쩌 롼 다 머우(xiǎo bù rěn zé luàn dà móu)

회수 103회

해설 작은 일이라도 참지 못하고 경솔하게 행동하면 큰일을 할 때 일을 망칠 수 있다는 말이다. 『논어』「위령공(衛靈公)」에 "교묘한 말은 덕을 어지럽히고, 작은 일을 참지 못하면 큰일을 망친다(巧言乱德, 小不忍则乱大谋)"라고 하였다. 주희(朱熹)의 집주(集注)에 "'작은 일을 참지 못한다'라고 하는 것은 아녀자의 어짐과 필부의 용기와 같은 것이다"라고 하였다. '아녀자의 어짐'이란 '부인지인(婦人之仁)'으로, 차마 하지 못하는 마음이 지나쳐서 일을 결단하지 못함을 이르며, '필부의 용기'란 '필부지용(匹夫之勇)'으로, 하찮은 일을 참지 못함을 이르는 말이다. 작은 일에 너무 집착하지 말고 남을 너그럽게 용서하고 포용하라는 말이다.

157

일을 꾸미는 것은 사람이지만, 일을 성공시키는 것은 하늘에 달렸다

모사재인, 성사재천謀事在人, 成事在天

謀 도모할 모, 事 일 사, 在 있을 재, 人 사람 인,
成 이룰 성, 天 하늘 천

출처 사마의가 위연의 유인책으로 성공 일보 직전에 비가 내려 살아난 것에 대해 공명이 한 말.

본문

공명은 사마의가 끝내 나오지 않으므로 마대(馬岱)를 불러 분부한다.

"상방곡(上方谷)에 목책을 치고, 영채 안에 참호를 깊게 파서, 마른 장작과 화약을 쌓아라. 주위 산에는 장작과 풀로 가짜 오두막집을 여러 채 짓고, 안팎으로 지뢰를 묻은 뒤에 기다려라."

공명이 마대의 귀에다 입을 대고 비밀리에 말한다.

"상방곡, 속칭 호로곡(葫蘆谷) 뒷길을 끊고, 계곡 입구에 군사를 몰래 매복시키고 있다가, 만일 사마의가 추격해오면 계곡으로 들어가도록 내버려 두고, 장작과 지뢰와 장작에 불을 질러라."

위연에게 분부한다.

"위나라 군사의 영채에 가서 싸움을 걸어 사마의를 끌어내어라. 그리고 계곡 안으로 유인해라."

고상(高翔)에게 분부한다.

"나무로 만든 소와 말을 이삼십 마리 혹은 사오십 마리씩 한 무리로 만들

어 곡식을 싣고 산속 길을 왔다 갔다 해라. 위나라 군사에게 납치되면 이건 너의 공로다."

위나라 군사가 나무로 만든 말과 소들을 빼앗아 사마의의 영채로 돌아왔다.

사마의가 포로를 심문한다.

"공명이 도독이 싸우러 나오지 않아 모든 군사에게 밭을 개간하라고 하였습니다. 이렇게 붙들릴 줄은 몰랐습니다."

공명은 고상에게 곡식을 운반하는 척 가장하고 나무로 만든 말과 소들을 몰고 상방곡 안을 왕래하도록 하였다. 위나라 장수가 습격하여 계속 승리하였다.

사마의가 사마사에게 말한다.

"기산은 촉군의 본거지다. 우리가 공격하면 적의 모든 영채에서 구원하러 몰려올 것이니, 그때 내가 상방곡을 공격하여 그들의 군량과 마초를 불태우면 적군이 앞뒤가 끊겨 크게 패할 것이다."

한편, 공명은 기산에 있으면서 위군이 올 것을 대비한다.

상방곡 어귀에 있던 위연은 사마의가 오자 접전을 벌였다. 위연이 말머리를 돌려 달아난다. 사마의가 추격하자 위연은 계속 달아나다 계곡 안으로 들어가 버렸다. 사마의가 병사를 시켜 계곡 안을 정탐하게 한다. 정탐한 병사가 말한다.

"계곡 안에는 적병이 없고, 산 위에는 오두막집만 여러 채 있습니다."

"그 오두막집은 바로 곡식을 쌓아둔 곳이다."

사마의가 군사를 거느리고 계곡 안으로 들어가자, 함성이 천지를 진동하고 산 위에서 횃불이 무수히 떨어져 출구를 태우고 끊어버리니 위나라 군사들은 도망쳐 나오지 못한다. 산 위에서 불붙은 화살이 빗발치듯 쏟아져서 지뢰에 불이 붙었고 오두막집 위의 마른 장작에 불이 번져 화염이 하늘로 치솟아 올라 삽시간에 계곡 안이 불바다가 되어버렸다.

사마의는 깜짝 놀라 꼼짝을 못하다가 두 아들을 얼싸안고 통곡한다.

"우리 부자 세 사람 모두 여기에서 죽는구나!"

울고 있는데 갑자기 광풍이 크게 일어나며 검은 기운이 하늘에 가득 차더니, 천지를 찢는 듯한 우렛소리가 나면서, 소나기가 물을 붓듯이 쏟아졌다. 골짜기에 가득한 불은 다 꺼지고 지뢰는 터지지 않아 모든 화기(火器)는 아무 소용이 없게 되었다.

동오의 군사가 달려와서 사마의를 구원하고 사마의 삼부자와 함께 위수(渭水) 남쪽의 대채로 달아났다. 그런데 대채는 이미 촉나라 군사에게 점령당했고, 부교(浮橋) 위에서 접전 중인 위나라 군사를 도와 촉나라 군사를 무찌르고 위수 북쪽에 영채를 세우고 머물렀다.

한편, 공명은 뜻밖에 큰비가 내려 지뢰가 폭발하지 않았고, 사마의 삼부자가 달아났다는 보고를 받고 탄식한다.

"'일을 꾸미는 것은 사람이지만, 일을 성공시키는 것은 하늘에 달렸다'고 하더니, 억지로 되는 것이 아니구나!"

간체자 谋事在人, 成事在天

발음 머우 스 짜이 런(móu shì zài rén), 청 스 짜이 텐(chéng shì zài tiān)

회수 103회

해설 일의 계획을 세우는 것은 사람이 하지만, 일의 성공과 실패는 하늘이 정한 운수에 달려 있으므로 때로는 인간이 아무리 노력해도 이루지 못하는 것도 있다는 말이다. 이 내용은 정사 『삼국지』에는 없는 허구이다. 제갈량이 사마의를 끌어내기 위해 여인들의 장식품을 보냈다는 이야기는 사실인데, 『진서(晉書)』「선제기(宣帝紀)」에 "제갈량이 여러 차례 도전했으나 황제 사마의가 나오지 않자, 황제에게 두건과 머리 장식 등 부인의 장식품을 보냈다"라고 하였다.

"나무로 만든 소와 말"은 '목우유마(木牛流馬)'로 군량을 운반하는 수레이다. 제갈량이 목우유마를 제작한 것은 사실이다. 『삼국지』 「제갈량전」에 "제갈량은 교묘한 생각에 뛰어났는데 기존의 활을 개조하여 연노(連弩)라든가 목우유마 등이 모두 제갈량의 머리에서 나온 것이다"라고 하였고, 또 건흥 9년(231년)에 제갈량은 다시 기산으로 나왔는데 이때 목우를 이용하여 군수물자를 운송했고, 건흥 12년(234년) 봄에 제갈량의 무리들이 사곡으로부터 나와서 유마로 군수물자를 운반했다고 하였다. 배송지 주에 인용한 『제갈량집』에는 목우유마 제작법을 상세하게 소개하고 있어 제갈량이 제작하였을 뿐만 아니라 실제로 군사 활동에도 사용되었음을 알 수 있다.

기산(祁山)은 감숙성 예현(禮縣) 동쪽, 서한수(西漢水) 북쪽에 있다. 서쪽은 북하(北岈), 지금의 평천(平泉) 대보자산(大保子山)에서 시작하여 동쪽으로 노성(鹵城), 지금의 염관진(鹽官鎭)까지이다. 삼국시대 때 농서(隴西)에서 촉중(蜀中)으로 통하는 목구멍에 속하여 공격과 수비에 요긴한 군사 요충지였다. 역사상 제갈량의 여섯 번 기산 정벌로 유명한 곳으로 '제갈량육출기산(諸葛亮六出祁山)'이라고 한다.

사마의가 상방곡에서 포위되었다는 것은 사실이 아니다. 『삼국지』 「제갈량전」 건흥 12년 봄, "제갈량의 부대는 사곡을 나와 유마로 군수물자를 운반하며 무공의 오장원을 점거하고 사마의와 위남(渭南)에서 대치하고 있었다. 제갈량은 군량 수급 때문에 군사를 나누어 토지를 경작하는 둔전(屯田)을 실시하여 장기전에 대비하였다"라고 하면서 사마의와 "백여 일 동안 대치하던 그해 8월에 제갈량은 병이 들어 군중에서 세상을 떠났다"라고 하였다. 제갈량은 사마의와 교전하지 않고 대치만 하고 있었음을 알 수 있어 사마의가 상방곡에서 불에 타죽을 뻔했던 일은 없었다.

104회에 "죽은 공명이 산 중달을 쫓아내다(死諸葛能 走生仲達)"라는 속담의 고사가 나오는데 이것도 사실이 아니다. 『삼국지』 「제갈량전」에 제갈량이 죽은 후에 사마의가 와서 그의 막사와 주둔지를 살펴보고는 그 정연함과 병법에 의거한 전략에 따라 배치한 것을 보고 "공명은 역시 천하의 기재(奇

才)로다!"라고 탄식했다고 하였다. 중국 각처에 있는 무후사(武侯祠)에 있는 편액 「天下奇才(천하기재)」는 여기에서 유래하였으며 제갈량을 상징하는 별칭이 되었다.

158

살고 죽는 것은 천명에 달렸다

사생유명死生有命

死 죽을 사, 生 날 생, 有 있을 유, 命 목숨 운명 명

출처 공명이 자신의 명을 연장하기 위해 설치한 촛불을 위연이 실수로 밟아 꺼졌을 때 공명이 탄식하며 한 말.

본문

한편, 사마의는 위수 북쪽에 영채를 세우고, 나가서 싸우지 말도록 모든 장수에게 지시를 내렸다. 사마의는 공명이 영채를 세우려고 사방을 순시한다는 보고를 듣고는 혼자 생각한다.

"공명이 만일 무공(武功)에 나아가 산을 의지하고 동쪽에 자리를 잡으면 우리에게 위험하지만, 위수 남쪽으로 나아가 서쪽 오장원(五丈原)에 머문다면 걱정할 것이 없다."

공명이 오장원에 주둔한 후로 위나라 군사에게 싸움을 걸었으나 나오지 않자, 이에 공명이 사자를 보내 부녀자의 두건과 흰 상복을 상자에 넣어 서신 한 통과 함께 위군 영채로 보냈다.

사마의는 굴속과 흙 속에 틀어박혀 싸움을 피하니, 부녀자와 다를 것이 없다.
부끄러울 줄 아는 마음이 남아 남자의 기상이 있다면 속히 나와 쳐들어와라.

사마의는 불쾌하게 생각하며 사자에게 묻는다.

"공명은 요즘 잠자리와 먹는 것이 어떠하며 맡아보는 일이 많냐?"

"새벽 일찍 일어나시어 밤이 늦어져서야 주무시며, 곤장 20대 이상 치는 형벌도 친히 살펴보시고, 식사하시는 양이 하루에 얼마 되지 않습니다."

사마의가 장수들에게 말한다.

"공명이 먹는 건 적고 일은 많으니, 오래 살 수 있겠나."

사자가 돌아가서 보고하자, 공명은 사마의가 자신을 잘 알고 있다고 생각한다.

주부(主簿) 양옹(楊顒)이 말한다.

"승상께서 장부와 문서를 친히 다 보시는데 그러실 필요는 없다고 여겨집니다. 다스리는 데에는 근간이 되는 것이 있는데 윗사람과 아랫사람이 맡은 직무가 달라야 합니다. 집안을 다스리는 법도에 비유하자면 노복은 농사를 짓고 하인은 부엌일을 하여 사업이 황폐해지지 않아 필요로 하는 것들이 모두 충분하니 집주인이 한가롭게 유유자적하며 베개를 높이하고 편히 잠자고 맛난 음식을 즐기기만 할 뿐입니다. 그런데 친히 그 일을 하면 몸은 쇠약해지고 정신은 피곤해져서 마침내 아무것도 이룰 수 없게 됩니다. 어찌 주인의 지혜가 노비보다 못하기 때문이겠습니까? 집안 주인의 도리를 잃었기 때문입니다. 승상께서 사소한 일까지 친히 처리하고 종일 땀을 흘리시니, 어찌 힘들지 않으시겠습니까? 사마의의 말이 지당합니다."

공명이 운다.

"내 어찌 그걸 모르겠소? 선제께서 내게 후주를 맡기신 것이 너무나 중대하기 때문이오. 다른 사람이 나처럼 마음을 다하지 않을까 걱정이 되오."

위나라 장수들은 공명이 모욕을 주었으니 사마의에게 출전하자고 독촉하자, 사마의가 위나라 군주 조예에게 표문을 올려 말하길, 죽기를 각오하고 결전을 벌여 조정의 은혜에 보답하고 위나라 군사가 당한 수모를 설욕하겠다고 하였다.

조예가 합비(合肥)에서 동오의 군사를 격파하여 동오가 크게 패했다는 뜻밖의 소식을 들은 공명은 길게 탄식하다가 그만 쓰러져 기절했다. 공명이 탄식한다.

"정신이 혼미하니 지병이 재발한 모양이다. 아마 얼마 살지 못할 것 같다."

그날 밤, 공명은 겨우 자리에서 일어나 장막을 나와 하늘을 우러러 천문을 보더니, 놀라서 강유(姜維)에게 말한다.

"주인 되는 별이 희미하니 내 목숨을 알겠다."

"기양법(祈禳法)으로 만회할 수 있지 않나요?"

"자네는 무장한 군사 49명을 거느리고 검은 기를 들고 검은 옷을 입고서 장막 밖을 에워싸고 호위해라. 나는 장막 안에서 북두성에 기도를 드릴 것이니, 만일 7일 동안 주인이 되는 등불이 꺼지지 않으면 나는 1기(紀) 12년을 더 살 수 있고, 꺼지면 반드시 죽을 것이다."

강유는 군사 49명을 거느리고 장막 밖에서 호위하였고, 공명은 머리를 풀어헤치고 장막 안에서 향기로운 꽃들로 제물을 차리고 땅 위에 7개의 큰 등불을 놓았으며, 장막 밖에는 49개의 작은 등불을 배치하고, 장막 안에 본명등(本命燈) 하나를 안치하고 절을 하며 축원을 하였다.

이튿날 공명은 몸을 부축받고 일하다가 계속 피를 토했다. 밤에는 강두성(罡斗星)을 밟으며 하늘에 기도를 올렸다.

공명은 기도를 드린 지 여섯 번째 되는 날 밤에 본명등의 불빛이 몹시 밝은 것을 보고 마음속으로 기뻤다.

강유가 장막으로 들어가 보니, 공명은 머리를 풀고 칼을 쥐고 강두성을 밟으며 걸어서 장성(將星)을 진정시키는데, 갑자기 영채 밖에서 함성이 일어난다.

강유가 사람을 내보내어 무슨 일인지 알아보라고 하여 장막을 나가려는데, 위연이 장막 안으로 급히 뛰어들어오면서 고한다.

"위나라 군사가 쳐들어왔습니다."

위연은 너무 급하다 보니 발이 본명등을 쳐서 불이 꺼졌다.

공명이 칼을 버리며 탄식한다.

"살고 죽는 것은 천명(天命)에 달렸다. 목숨은 기도한다고 연장될 수 없는 것이로다."

위연은 너무나 두려워서 땅바닥에 끓어 엎드려 어찌할 바를 모른다.

강유는 분노를 참을 수 없어 칼을 뽑아 위연을 죽이려고 한다.

세상의 모든 일은 사람 뜻대로 되지 않고,

마음 하나로는 목숨을 연장하기 어렵구나.

간체자 死生有命

발음 쓰 성 요우 밍(sǐ shēng yǒu mìng)

회수 103회

해설 사람의 목숨은 하늘에 달려 있다는 뜻이다. 『논어』「안연」에 "자하가 '제가 듣기에 살고 죽는 것은 천명에 달렸고, 부유해지고 귀하게 되는 것은 하늘은 달렸다'(死生有命, 富貴在天)라고 말하였다"라고 하였다.

104회에는 유비가 임종할 때 제갈량에게 훗날 위연이 모반할 것이라는 예측의 말을 하였는데, 105회에는 제갈량이 죽은 후에 위연과 양의(楊儀)의 충돌 이야기가 나온다. 위연과 사이가 나쁜 양의가 전군의 지휘자가 되자 이에 위연이 불복하고 두 사람을 각자 성도의 후주에게 상대방이 모반했다고 보고를 하고 마침내 서로 싸우는데 양의는 제갈량이 준 금낭묘계에 따라 마대를 시켜 위연을 죽인다는 내용이다.

『삼국지』「위연전」에 의하면 제갈량이 죽은 뒤 양의에 불복한 위연은 사사건건 충돌하다가 마침내 위연은 한중으로 달아났고 양의가 마대를 시켜 추격하여 죽이게 하였다고 하였다. 제갈량의 계책에 따라 위연을 죽인 것이 아니라 양의가 마대를 시켜 죽인 것이다. 더욱이 위연이 모반을 일으켰다가 죽임을 당한 것도 아니다.

양의가 성도로 돌아온 후 후주는 제갈량의 유언에 따라 장완에게 나랏일을 맡겼다. 양의는 자신의 자격과 경력이 장완보다 앞서고 공적도 높은데도 중용받지 못하자 크게 원망하는 말을 내뱉어 관직이 박탈당하고 평민이 되어 유배되었다가 자살했다. 『삼국지』「양의전」에 "제갈량은 양의의 재간을 매우 아끼고, 위연의 용맹함에 의지하였으므로 늘 두 사람이 사이좋게 지내지 못함을 안타까워하며 둘 중 한쪽으로 치우쳐 한쪽을 버리는 것은 차마 하지 못했다"라고 하면서 "건흥 12년 제갈량은 적과 싸우던 곳에서 세상을 떠났다. 양의는 군사들을 이끌고 돌아왔고 또 위연을 주살시켰으므로 스스로 공이 크다고 여겨 마땅히 제갈량을 대신하여 정권을 잡으리라고 생각했다. 제갈량은 평소 은밀히 살펴보고 평가하길 양의는 성격이 좁으므로 장완이 뒤를 잇도록 해야겠다고 했다. 양의는 스스로 나이나 관리 경력이 장완보다 앞서며 재능도 그를 뛰어넘는다고 생각했다. 그래서 원망하고 분노하는 말을 지껄이며 탄식하고 노여워하였다. 사람들이 그가 절제가 없음을 두려워하고 따르려하지 않았으나 비의만 그를 위로하였는데 비의에게 '승상 제갈량이 세상을 떠났을 때 만일 내가 군대를 이끌고 위나라로 갔다면 내 처지가 이렇게 떨어졌겠습니까? 후회막급입니다'라고 한 말을 그대로 은밀히 표로 만들어 후주에게 올렸다. 후주는 양의를 폐하고 서민이 되게 하고 시골로 내쫓았다. 양의는 유배지에서 다시 글을 올려 비방했는데 말이 너무 격렬하므로 군에 명령을 내려 잡아들이자 양의는 자살했다"라고 하였다.

양의가 제갈량의 관직이었던 승상 직위를 이어받지 못하자 전군을 이끌고 위나라로 가지 않은 일을 후회한다는 말을 한 것으로 보아 양의와 위연 둘 중에 누가 더 모반할 마음을 품었는지 알 수 있다. 『삼국지연의』에서는 양의는 제갈량으로부터 금낭묘계를 받아 긍정적 이미지로 묘사되고, 반면에 위연은 모반을 계획한 부정적 이미지로 묘사되어 실제 역사와는 다르다.

159

뱀을 그려놓고 발까지 덧붙이다

화사첨족畵蛇添足

畵 그릴 화, 蛇 뱀 사, 添 더할 첨, 足 발 족

출처 왕경(王經)의 군사를 무찔렀는데도 적도성(狄道城)을 치려는 강유에게 장익(張翼)이 간하는 말.

본문

사마소는 낙양으로 돌아가서 그의 형 사마사와 함께 조정의 대권을 잡고 마음대로 휘두르니 대신들이 복종했다. 위주(魏主) 조방(曹芳)은 사마가가 조정에 들어오기만 하면 무서워서 벌벌 떨며 바늘방석에 앉은 것과 같았다. 사마사가 조방의 최측근을 거리로 끌어내어 허리를 베어 죽이고 그들의 삼족을 멸하였다. 사마사가 태후에게 조방을 꾸짖도록 청하였다.

태후가 조방을 불렀다.

"너는 황음무도하니, 천하를 계승할 자격이 없다. 옥새를 바치고 제왕(齊王)의 벼슬을 줄 테니 오늘 안으로 떠나거라. 다시는 조정으로 돌아오지 마라."

사마사는 태후의 분부로 사람을 보내 조모(曹髦)를 도성으로 불러오게 하였다.

사마사는 조모를 새 임금으로 세우고 연호를 정원(正元) 원년(254년)으로 고쳤다.

사마사는 인수를 동생 사마소에게 주고 죽었다.

조모는 사마소를 대장군에 임명하였다. 이에 사마소가 입궐하여 조모에게 감사의 절을 하였다. 이때부터 사마소는 조정 안팎의 크고 작은 권력을 전부 장악했다.

한편, 강유가 후주에게 아뢴다.

"이번에 사마의가 죽었고, 사마소가 권력을 잡았으니, 함부로 낙양을 떠나지 못할 것입니다. 신은 이번 기회에 위나라를 쳐서 중원을 회복하겠습니다."

후주는 강유에게 위나라를 치라는 명령을 내렸다.

장익이 고한다.

"승상 공명이 여섯 번씩이나 기산으로 나가서 중원을 회복하려다가 불행하게도 도중에 세상을 떠나 성공하지 못했습니다. 내가 이미 승상의 분부를 받았으니, 충성을 다하고 국가에 보답하리라."

하후패(夏侯霸)가 말한다.

"먼저 포한(枹罕)으로 나아가서 조서(洮西)와 남안(南安)만 얻는다면 다른 군(郡)에 결정적인 영향을 줄 수 있습니다."

장익도 동의했다.

"병법에 '방비가 없는 적을 쳐야 하고, 적이 상상도 하지 못하는 것을 아군이 해야 한다'라고 했습니다. 비바람이 갑자기 불고 내리듯이 급히 나아가서, 위나라 군사에게 방비할 틈을 주지 않는다면 승리할 것이오."

강유가 5만 명의 군사를 거느리고 포한으로 나아가서 조수(洮水)에 이르자, 경계병이 옹주(雍州)의 자사 왕경과 부장군 진태(陳泰)에게 촉군이 쳐들어온다고 보고를 보냈다.

강유는 조수를 등지고 진영을 벌렸다.

왕경이 네 명의 수하 장수에게 분부한다.

"강유가 배수진(背水陣)을 쳤으니, 그들이 패하면 다 물에 빠져 죽을 것이오. 강유가 후퇴하거든 즉시 추격하시오."

네 장수가 좌우로 나뉘어 가서 강유와 싸웠다. 강유가 싸우는 척하다가 자기 진영으로 달아났다가 다시 조수 서쪽으로 달아나면서 강물이 가까워지자 장수들에게 외친다.

"뒤에 강물이 흐르니 사태가 위급해졌소. 장수들은 힘껏 싸우지 않겠소?"

강유의 수하 장수 모두가 일제히 돌아서서 적군 속으로 쳐들어가니 위나라 군사가 패했고 장익과 하후패가 두 방면에서 달려와 가세하여 위나라 군사의 뒤를 쳐서 포위하였다.

이에 강유는 분발하여 위엄을 떨치며 적군 속으로 들어가서 좌충우돌하니 위나라 군사들이 크게 혼란에 빠졌는데 조수에 빠져 죽는 자가 수두룩하며 목이 달아난 자가 만여 명이나 되어 시체가 길가에 수북하게 쌓였다.

왕경은 싸움에 패하여 적도성으로 도망쳐서 문을 굳게 닫고 지킨다.

강유는 싸움에서 크게 이긴 뒤에 다시 적도성을 치려고 하자, 장익이 간한다.

"장군은 공을 세워 위엄을 크게 떨쳤으니 일단 중지하시지요. 만일 나갔다가 뜻대로 되지 않는다면 그야말로 뱀을 그려놓고 발까지 덧붙이는 결과가 됩니다."

"그렇지 않소. 전에 싸워서 패했어도 오히려 다시 출전하여 적을 물리치고 성을 빼앗았으며 중원을 종횡으로 누볐는데, 위나라 군사는 이번 조수 싸움에서 겁을 집어먹고 있으니 가기만 하면 적도성을 점령할 수 있소."

장익은 거듭 말렸으나 강유는 끝내 듣지 않고 적도성을 치러 떠났다.

강유가 적도성을 포위하고 사방에서 매일 공격하였으나 함락하지 못하였다.

위나라 대장군 사마소가 등애(鄧艾)와 진태를 보내어 촉군을 격퇴하라고 명령을 내렸다.

강유는 장익을 적도성에 남기고, 자신은 등애와 싸우러 떠났다.

진태와 등애가 만난 후에 농서(隴西)로 진격하여 촉군을 피해 뜻밖에도 고성령(高城嶺), 지금의 감숙 위원(渭源) 서북쪽으로 돌아 적도의 동남쪽 산 위로 들어갔다.

강유가 행군하여 얼마 지나지 않아 동남쪽에서 위나라 군사들이 쏟아져 나온다.

강유는 동오의 계책에 걸려들었다고 판단하고는 급히 하후패와 장익에게 사람을 보내 후퇴 명령을 내렸다. 촉군은 적도를 버리고 한중으로 후퇴하였다.

강유는 뒤로 빠져 길을 끊으면서 후퇴하는데 계속 북소리와 징 치는 소리가 그치지 않아 쫓겨났는데, 검각(劍閣)의 잔도(棧道)로 들어선 뒤에야 그 북소리와 불길이 충천하던 곳은 실제로는 몇 명 안되는 위군이 많은 군사가 매복하고 있는 것처럼 의병계(疑兵計)를 썼다는 것을 알게 되었다.

진태가 촉군의 퇴로를 끊자, 9월 25일 촉군은 적도의 포위를 풀고 철수하여 종제(鍾提), 지금의 감숙 임조(臨洮) 남쪽으로 물러났다.

간체자 畵蛇添足

발음 화 서 텐 쭈(huà shé tiān zú)

회수 110회

해설 하지 않아도 될 일을 쓸데없이 하다가 도리어 잘못되게 함을 비유하는 말이다.

『전국책』「제책(齊策)」(2)에 "초나라에 제사를 지내는 사람이 있었는데 사인(舍人)들에게 술 한 주전자를 주었다. 딱 한 사람이 마실 정도여서 사인들이 서로 말했다. '여러 사람이 이 술을 마시면 부족하고, 혼자서 마시면 여유가 있을 것 같다. 그러니 땅에 뱀을 그려 먼저 그리는 사람이 술을 마시도록 하자.' 한 사람이 뱀을 먼저 그린 후에 술을 가져다 마셨다. 그리고는 왼손으로 술 주전자를 잡고 오른손으로 뱀을 그리면서 말했다. '나는 발도 그릴 수 있다.' 발을 다 그리기 전에 한 사람이 뱀을 다 그리고는 술 주전자를 가로채면서 말했다. '뱀은 본래 발이 없는 것인데 그대가 어떻게 발을 그릴 수 있나.' 그러고는 그 술을 마셔 버렸다. 뱀에 발을 그린 사람은 결국 술을 잃고 말았다"라고 하였다. 간단히 '사족(蛇足)'이라고도 한다.

포한은 지금의 감숙성 성회(省會) 란저우(蘭州) 서남쪽 임하(臨夏) 부근의 오지이다.

고적도(古狄道)는 위나라의 옹주(雍州) 농서군(隴西郡) 임조(臨洮)이다. 조하(洮河)가 흐르는 난주(蘭州) 남쪽에 있다. 동쪽으로 중원, 서쪽으로 하황(河湟), 북쪽으로 흉노, 남쪽으로 파촉(巴蜀)으로 통하는 요충지이다. 주안왕(周安王) 18년(기원전 384년)에 진헌공(秦獻公)이 서쪽으로 정벌을 나가 최후의 이민족 적융(狄戎)을 수복하고 적도현(狄道縣)을 설치했다.

적도는 전국시대 장성의 시작으로 흉노와 강족(羌族)의 침입을 막는데 첨병 역할을 다한 곳이다. 진소양왕(秦昭襄王) 27년(기원전 280년)에 적도에 농서군(隴西郡)을 설치하여 지금의 난주, 임하, 정서(定西), 천수(天水) 등지의 광활한 지역을 관리하였다.

다민족이 융합하던 곳으로 진시황 33년에 몽염(蒙恬) 장군이 30만 명의 군사를 거느리고 장성을 구축하였고, 한무제 원정(元鼎) 원년에 강족과 흉노 연합군 10만 명이 조하(洮河) 유역으로 침입하였다. 당현종 때 가서한(哥舒翰)을 파견하여 토번을 공격하고 황하구곡(黃河九曲)을 차지하는 등 조하 유역 일대를 수복하였다.

당대 시인 잠삼(岑參)이 "역참 하나를 지나니 또 역참이라, 역참을 지나는 말들이 마치 별들만큼이나 많구나. 아침에 함양을 출발하여도, 저녁이면 농산에 이르도다(一驛過一驛 , 驛騎如星流 , 平明發咸陽 , 暮至隴山頭)"라고 읊었듯이 적도에 역참이 많고 실크로드와 당번고도(唐蕃古道)의 요충지여서 상인과 승려의 왕래가 잦고 무역이 번성했음을 알 수 있다.

진한 때의 성은 오늘날의 문봉십자(文峯十字) 이남에 있고, 당대 축조한 성은 현성 남쪽 민간에서는 번성(番城)이라고 부르며, 현재의 성은 북송 때 왕소(王韶)가 축조한 희주성(熙州城)이다.

160

동쪽에서 소리를 지르고 서쪽을 치다

성동격서聲東擊西

聲 소리 성, 東 동녘 동, 擊 칠 격, 西 서쪽 서

출처 강유가 다시 반격해오지 않을 것이라고 장담하는 진태에게 등애가 촉군이 다시 쳐들어올 것이라며 촉군의 전법에 대해 한 말.

본문

강유는 적도성에서 달아나 종제(鍾題)에 주둔하였고, 위나라 군사는 적도성 밖에 주둔했다. 왕경은 적도성을 나와 진태와 등애를 영접했고, 강유의 적도성 포위를 풀어준 데 대해 감사를 표했다.

진태가 말한다.

"강유가 도주했으니 다시는 감히 쳐들어오지 않을 것입니다."

등애가 웃는다.

"촉군이 반드시 쳐들어올 이유가 다섯 가지 있소. 첫째, 촉군은 승세를 타고 있으나, 위군은 패하여 쇠약해졌기 때문입니다. 둘째는 촉군은 공명이 훈련을 시킨 정예부대고, 위군은 대장이 자주 바뀌었고 훈련도 미숙하기 때문입니다. 셋째는 촉군은 자주 배를 탔고, 위군은 육지에서 걸어 피곤한 정도가 다르기 때문입니다. 넷째는 적도(狄道), 농서(隴西), 남안(南安), 기산(祁山) 네 곳은 수비하기 적당하여, 촉군이 동쪽에서 소리를 지르고 서쪽을 공격하며, 남쪽을 노리는 척하다가 북쪽을 공격하기 때문에 위군이 여러 방면으로 군사를 나누어 지켜야만 하므로 군사를 넷으로 나누어 막아야 하기 때문입니다. 다섯째는 만일 촉군이 농서와 남안으로 나오면 강족(羌族)의 곡식을 빼앗아 먹을 수 있고, 만일 기산으로 나오면 보리를 빼앗아 먹을 수 있기 때문입니다."

간체자 声东击西

발음 성 둥 지 시(shēng dōng jī xī)

회수 111회

해설 동쪽을 쳐들어가는 척하면서 적을 교란하여 실제로는 서쪽을 공격하는 것을 이르는 말이다. 허장성세(虛張聲勢)로 적수를 마비시키는 방법을 말한다.

『삼십육계(三十六計)』 중에 "적군의 지휘계통이 혼란에 빠져 만회할 수 없는 지경에 처하여 '곤하태상(坤下兌上)'의 형상이 되면 그 열세를 이용하여 이를 취하라"라고 하였다. '곤하태상'이란 『주역』의 택지췌(澤地萃)괘로 아래 세 효(爻)는 곤(坤)으로 땅 지(地), 위의 세 효의 소성괘(小成卦)는 태(兌)로 못 택(澤)이다. 이 괘는 함께 모인 물은 괴멸되기 쉬우므로 지휘관의 원대한 목표와 정확한 지휘가 없으면 일시에 무너져 실패하고 만다는 뜻을 지녔다.

유사 성어로는 '출기불의(出其不意)', '출기제승(出奇制勝)' 등이 있다.

161

나이를 따지지 않고 벗으로 사귀다

망년지교忘年之交
忘 잊을 망, 年 해 년, 之 갈, 어조사 지, 交 사귈 교

출처 진태와 등애 두 장수가 서로 화해한 것.

본문

진태가 등애의 촉나라 군대가 다시 쳐들어올 분명한 이유 다섯 가지를 들고 탄복한다.

"공이 적군에 대해 신(神)처럼 알고 있으니, 무슨 걱정이 있으리오."

이때부터 진태와 등애 두 사람은 나이를 따지지 않고 벗으로 사귀었다.

등애는 마침내 옹주(雍州)와 양주(揚州) 두 방면의 군사를 매일 훈련하며, 모든 요충지마다 영채를 세우고 뜻하지 않은 적의 공격에도 방비할 수 있도록 조처했다.

간체자 忘年之交

발음 왕 녠 즈 자오(wàng nián zhī jiāo)

회수 111회

해설 나이에 구속받지 않고 깊은 우정을 맺는 것을 말한다.

『후한서』「예형전(禰衡傳)」에 "예형은 스무 살로 약관이었고, 공융(孔融)은 마른 살이었어도, 두 사람은 친구처럼 지냈다"라고 하였고, 『남사(南史)』「하손전(何遜傳)」에 하손은 "약관의 나이에 수재(秀才)가 되었는데, 범운(范

雲)이 그의 대책(對策) 문장을 보고, 크게 칭찬하였기 때문에 나이를 따지지 않고 친구로 지냈다"라고 하였다.

반의어는 '불공대천(不共戴天)'이다.

만남에는 여러 형태의 사귐이 있는데 그 가운데 만나서 좋은 사귐이 있고, 만나서 서로를 망치는 사귐도 있다.

지음지교(知音之交) 춘추시대 때 백아(伯牙)와 종자기(鍾子期)의 사귐으로, 서로를 알아주는 친구와의 교제를 말한다. 『열자(列子)』「탕문(湯問)」에 나온다. 거문고를 잘 타는 진(晉)나라 대부 백아가 거문고를 탔는데 지나가던 종자기가 듣고 태산이나 장강과 같다고 하자, 백아는 자신의 거문고 소리를 알아주는 종자기와 의형제를 맺었고 다음에 다시 만나기로 하고 헤어진다. 백아는 종자기를 찾아갔지만 이미 죽고 없었다. 종자기의 무덤을 찾은 백아는 이제 세상에 자신의 거문고 소리를 이해해 주는 사람이 없다며 거문고 줄을 끊어 버렸다고 전한다.

문경지교(刎頸之交) 전국 시대 조(趙)나라 혜문왕(惠文王) 때의 염파(廉頗)와 인상여(藺相如)의 사귐으로, 서로를 위해 목을 칼로 찌를 수 있을 정도로 죽음을 함께할 수 있는 막역한 사귐을 말한다. 『사기』「염파인상여열전(廉頗藺相如列傳)」에 나온다. 인상여와 장군 염파가 있어 강국인 진(秦)나라도 감히 조나라를 넘보지 못했다. 인상여는 '완벽귀조(完璧歸趙)'의 공로로 상대부(上大夫)에 오르게 되고, 그로부터 3년 후, 인상여는 진왕과 조왕이 면지(澠池)에서 회동했을 때의 공으로 상경(上卿)에 임명되자, 염파는 인상여가 자신보다 윗자리에 올라 매우 불쾌했다. 염파는 공공연히 "인상여를 만나면 기필코 모욕을 주고 말겠다"라고 말하고 다녔다. 이 말을 전해 들은 인상여는 염파와 마주치지 않으려고 했다. 인상여의 사인들이 이를 부끄러워하자, 인상여가 말하길, "강한 진나라가 감히 우리 조나라를 공격하지 못하는 것은 나와 염파가 있기 때문이다. 지금 두 마리 호랑이가 싸우게 되면 둘 다 무사할 수 없을 것이다. 내가 이렇게 하는 것은 국가의 위급함을 앞세우고 사사로운 원한을 나중으로 돌렸기 때문이다"라고 하였다. 이 말을 전해 들은 염파는 웃옷을 벗고 가시나무 회초리를 등에 지고 인상여의 집 문 앞에 이르러 사죄했다.

교슬지교(膠膝之交) 동한 때의 진중(陳重)과 뇌의(雷義)와의 사귐으로, 아교와 칠처럼 서로 친밀하여 떨어질 수 없는 사이를 말한다. 예장(豫章), 지금의 강서(江西) 남창(南昌)에는 품덕(品德)이 고상하고 남을 먼저 생각해주는 군자 진중과 뇌의가 있었는데 두 사람의 우정은 아교나 칠과도 같이 서로 떨어지지 않는 사이였다고 한다. '진뇌교칠(陳雷膠漆)'은 우정이 아주 깊음을 비유하는 성어다.

계서지교(鷄黍之交) 후한 때, 범식(范式)과 장소(張劭)의 사귐으로, 신의를 가진 친구 사이의 돈독한 우정을 말한다. 『후한서』「범식전(范式傳)」에 나온다. 산음(山陰) 사람 범식은 청년 시절에 경성의 태학에 들어가 공부하며 여남(汝南) 사람 장소와 친하게 지냈다. 어느 날 두 사람은 각자 낙향하기 전에 범식은 2년 뒤에 반드시 장소 집에 찾아가겠다고 약속했다. 장소는 집에 돌아와 어머니에게 이 일을 말씀드렸다. 그러자 장소 어머니가 말했다. "너희들이 약속했던 시간이 벌써 2년이 넘었는데 그 친구가 과연 올 것 같으냐?" 2년이 지나자 범식은 과연 약속대로 장소를 찾아왔다. 장소 어머니가 차려준 닭고기 요리와 기장밥으로 저녁 식사를 마친 뒤 두 사람은 즐겁게 그간의 회포를 푼 뒤 다시 헤어졌다. 범식은 나중에 형주자사(荊州刺史)와 범양태수(范陽太守)를 지냈는데 약속을 지키는 것으로 세상에 이름이 났다. '계서지약(鷄黍之約)'이라고도 한다.

사명지교(舍命之交) 서한 때, 좌백도(左白桃)와 양각애(羊角哀)의 사귐을 말한다. 『열사전(列士傳)』에 나온다. 좌백도와 양각애는 서로 알게 되어 동반자가 되어 초원왕(楚元王) 유교(劉交)를 만나러 가던 중에 큰 눈을 만났는데 그들이 입고 있는 옷은 홑옷이었고 먹을 양식도 부족했다. 좌백도는 친구를 위해 옷과 양식을 전부 양각애에게 주고 나무에 목을 매달아 자결하였다. 후세에 우정이 깊어 마음으로 알아주는 친구를 '양좌(羊左)'라고 부르게 되었다고 한다. '사(舍)'는 버린다는 뜻으로 사명(舍命)은 목숨을 버린다는 뜻이다. '양좌지교(羊左之交)'라고도 한다.

생사지교(生死之交) 삼국 시대 위나라 장수 냉포(冷苞)와 유궤(劉隤), 장임(張任)과의 사귐으로 생사를 같이하기로 맹세한 우정을 말한다. 『삼국지연의』 62회와 68회에 나온다. 62회에서는 촉군 장수 위연(魏延)이 위군 장수 냉포(冷苞)를 사로잡아 유비 앞에 끌고 오자, 유비가 그의 결박을 풀어주며 냉포에게 진심으로 항복하겠느냐고 물었을 때 냉포가 말하길, 원래 자신은 유궤와 장임과 생사를 함께하기로 맹세한 사이이니, 만일 자신을 놓아 돌려보내준다면 낙성(雒城)에 가서 그 두 사람도 항복하게 하고 낙성을 바치겠다고 하였다. 여기에서 "생사를 같이하다"라는 말은 '생사지교'라고 한다. 68회에도 동오의 장수 감녕(甘寧)이 조조의 수하 장수 악진(樂進)에게 활을 쏘아 자신을 구해주었다는 손권의 말에 능통(凌統)은 감녕에 대한 복수심을 버리고 생사를 같이하기로 서로 맹세했다고 하였다.

관포지교(管鮑之交) 관중(管仲)과 포숙아(鮑叔牙)의 사귐으로, 마음속으로부터 진정으로 친구를 알아주는 우정을 말한다. 『열자(列子)』「역명(力命)」과 『사기』「관안열전(管晏列傳)」에 나오는 관중과 포숙아의 사귐을 말한다. "나를 낳아준 사람은 부모이지만, 나를 알아준 사람은 포숙아다"라고 하였다.

금석지교(金石之交) 진말 서한 초에 한신(韓信)과 유방과의 관계를 나타낸 말로, 금석과 같이 견고해서 결코 영원히 변하지 않는 우정을 비유하는 성어다. 『한서』「한신전(韓信傳)」에 "그대는 비록 한왕(漢王) 유방과 금석과 같은 우정을 맺었다고 여기고 있지만 결국 한왕에게 사로잡히고 말았습니다"라고 하였다.

금란지교(金蘭之交) 산도(山濤)와 혜강(嵇康), 완적(阮籍)과의 사귐으로, 쇠같이 단단하고 난초처럼 향기로운 사귐을 비유하는 말이며, 후에 의기투합하거나 의형제를 맺는 것을 뜻하게 되었다. 『세설신어(世說新語)』「현원(賢媛)」에 "산도는 혜강, 완적을 한 번 만나더니 쇠나 난초처럼 의기투합하였다"라고 하였다. 『주역』「계사(繫辭)」 상(上)에서 유래하였는데, "두 사람의 마음이 하나가 되면 그것이 예리해서 쇠를 자를 수 있고, 마음이 같으면 하는 말은 그 향기가 난초와도 같다(二人同心, 其利斷金, 同心之言, 其嗅如蘭)"라고 하였다. '이인동심기리단금(二人同心其利斷金)'이란 두 사람이 마음을 합치면 큰 힘을 발휘할 수 있다는 뜻이다.

환난지교(患難之交) 고난(苦難)을 같이한 벗의 사귐을 말하는데 '생사지교(生死之交)'와 같은 성어다.

빈천지교(貧賤之交) 가난하고 미천할 때 사귄 친구를 말한다. 『후한서』「송홍전(宋弘傳)」에 광무제(光武帝)의 누이동생 호양공주(湖陽公主)가 과부가 되어 광무제가 신하들과 그녀의 재가를 논의하다가 공주가 송홍에게 마음이 있다는 것을 알고는 어느 날 송홍에게 "속담에 귀하게 되면 친구를 바꾸고, 부유해지면 아내를 바꾸는 것이 인지상정 아니겠소?"라고 말하자, 송홍이 대답하길, "미천할 때 사귄 친구는 잊을 수 없고, 가난할 때 조강을 먹던 어려운 시절의 아내는 내쫓지 못한다고 합니다(貧賤之交不可忘, 糟糠之妻不下

堂)"라고 하였다.

일면지교(一面之交) 단 한 번 만나 얼굴도 제대로 기억할 수 없거나 친분이 돈독하지 않은 사이를 이르는 말이다. 반쪽 얼굴의 사귐이란 뜻의 '반면지교(半面之交)'와 같은 성어다. 반면식(半面識)도 없는 사람, 일면식(一面識)도 없는 사람이라는 말이 있다. 한 번도 만나 보지 못한 사람이나 단 한 번만 만난 적이 있는 사람을 말한다. 『후한서』「응봉전(應奉傳)」에 여남(汝南) 사람 응봉은 기억력이 뛰어나 한 번 보거나 겪은 일은 절대 잊어버리지 않았다. 그가 스무 살 되던 해 어느 날, 팽성(彭城)에 있는 원하(袁賀)를 찾아갔는데 마침 그는 외출 중이었고, 수레를 만드는 장인이 나와 반쯤 얼굴을 내밀고 응봉을 바라보았다. 응봉도 돌아보지도 않고 그냥 가 버렸다. 수십 년이 흐른 어느 날, 응봉은 우연히 길에서 수레를 만드는 장인을 만나 알아보고 그를 불렀다. 장인은 처음에는 어리둥절하다가 응봉의 이야기를 듣고 비로소 옛날 일을 기억해 냈다. '얼굴을 반쯤 내밀고(出半面)'란 말에서 '반면지교'가 유래하였다.

포의지교(布衣之交) 베옷을 입고 다닐 때의 사귐이란 뜻으로 벼슬하기 전 선비 시절의 사귐이나 그때의 우정을 말한다. 가난할 때의 사귐이란 뜻의 '빈천지교(貧賤之交)'와 같은 말이다. '포의(布衣)'는 평민의 복장으로 평민을 뜻한다. 유향(劉向) 『전국책(戰國策)』「제책(齊策)」(3)에 제나라의 맹상군(孟嘗君)의 문객 중에 맹산군 부인과 사랑을 나누는 자가 있어 어떤 자가 일러바쳤으나 맹상군은 사모의 정을 품는 것은 인지상정이라 그럴 수 있다며 내버려 두었다. 1년 뒤에 그자를 맹상군이 불러서 말하길, "내가 위(衛)나라 군주는 내가 평민일 때 사귄 친구인데 수레와 말, 돈을 준비해놨으니 이제부터 위나라 군주와 사귀어보도록 하소서"라고 하자, 그가 위나라에 가자 과연 크게 환영을 받았다. 그 후에 제나라와 위나라가 사이가 나빠져서 위나라가 제나라를 공격하려고 했을 때 그가 나서서 위나라 군주를 설득하여 서로 두 나라가 공격하지 않기로 맹세를 했는데 공격하면 약속을 어기는 것인 동시에 맹상군을 속이는 것이니 만약 제나라를 공격하면 자신의 목에 칼을 찔러 그 피를 뿌리겠다며 위나라 군주를 협박하고 공격을 멈추게 하였다고 한다.

막역지교(莫逆之交) 허물이 없어 서로 거스름이 없는 아주 친밀한 사귐을 말한다. 본래 천지의 참된 도를 깨달아 사물에 얽매이지 않는 마음을 가진 사람들의 사귐을 말한다. 『장자』「대종사(大宗師)」에서 유래하였다. 어떤 네 사람이 서로 얘기를 나누는데, "누가 없는 것을 머리로 삼고, 삶을 척추로 여기며 죽음을 엉덩이로 삼겠는가? 누가 삶과 죽음이 일체라는 것을 알겠는가? 나는 이런 사람과 사귀겠노라"라고 하였다. 네 사람이 서로 바라보며 웃고, 마음에 거슬리는 것이 없어서 마침내 서로 벗이 되었다고 하였다.

수어지교(水魚之交) 물과 물고기의 관계처럼 떨어질 수 없이 아주 친한 관계를 일컫는다. 『삼국지』「촉서」〈제갈량전〉에 유비와 제갈량과의 사이로, 물과 물고기의 숙명적인 만남처럼 서로 떨어질 수 없는 사귐을 말한다.

촉한의 유비가 제갈량을 얻은 후 의형제 관우와 장비가 보기에 두 사람이 너무 친밀하게 보이자 현덕에게 불만을 표시했다. 그러자 유비는 자신이 제갈량을 얻은 것은 물고기가 물을 가진 것과 같으니 다시는 아무 말도 하지 말라고 했다. 수어지교는 친구처럼 친밀한 관계를 넘어 운명적으로 같이할 수밖에 없는 관계를 일컫는다.

162

사랑하면 살리고자 하고, 미우면 죽이고자 한다

애지욕기생, 오지욕기사愛之欲其生, 惡之欲其死

愛 사랑할 애, 之 어조사 지, 欲 하고자할 욕, 其 그 기, 生 살릴 생
惡 미워할 오, 死 죽일 사

출처 강유가 조정에서 농간을 부리는 환관 황호를 없애버려야 나라의 불행을 막을 수 있다고 한 간언에 대해 촉한의 군주 후주가 강유에게 한 변명의 말.

본문

촉한(蜀漢) 경요(景耀) 5년(262년) 겨울, 대장군 강유(姜維)는 사천 성도(成都)에 있는 후주(後主)에게 서신을 보내 위나라 출전 명령을 요청하였다.

강유는 위나라를 공격하여 중원을 회복하리라고 마음먹었지만 요화(廖化)는 위나라에는 등애(鄧艾)라는 장수가 있어 쉽게 이기지 못할 것이라고 하였다. 강유는 화를 내며 먼저 조양(洮陽) 땅을 점령하겠다고 군사 30만을 거느리고 출전하였다.

기산(祁山)에 있는 등애는 조양을 구하러 갔는데 조양의 목구멍에 해당이 되는 후하(侯河)에 매복하였다. 밤에 등애가 후하에서 군사를 거느리고 조양성으로 몰래 와서 강유의 촉군 영채를 습격하여 촉군은 대패했다. 강유는 간신히 후퇴하고 영채를 세웠다. 강유가 말하길, 이기고 지는 것은 병가상사(兵家常事)이니 성공과 실패는 이번 싸움에 달렸으니 군사들은 시종여일(始終如一)하고 물러가지 말라고 엄포를 놓았다.

장익(張翼)이 말했다

"등애의 위군이 여기에 왔으니 분명 기산이 비었을 것입니다. 장군께서는 등애와 싸워 조양과 후하를 공격하십시오. 저는 기산을 공격하여 점령한 다음에 장안으로 향하겠습니다."

강유가 등애를 공격하였으나 승패가 나지 않았다.

강유가 계속 싸움을 걸었으나 등애는 싸우지 않고 곰곰이 생각했다.

"촉군이 패했는데도 후퇴하지 않고 계속 싸움을 거니 이것은 필시 군사를 나누어 기산을 습격하게 한 것이다. 내가 가서 구원하겠다."

등애는 아들 등충(鄧忠)을 남겨두고 강유의 촉군을 공격하는 체하고서는 곧 기산으로 향했다. 강유는 눈치를 채고 기산으로 간 장익을 도우러 떠났다.

장익이 기산을 공격하니 기산의 위군이 위기에 봉착하였는데 이때 등애가 도착하여 촉군을 격파하고 장익을 산 뒤로 몰아넣고 퇴로를 막았다. 장익이 당황하고 있는데 강유의 촉군이 당도하여 등애의 위군을 공격했다. 등애의 위군을 강유와 장익이 협공했다.

한편, 성도의 후주는 환관 황호(黃皓)의 말만 믿고 주색에 빠져 조정의 일을 보살피지 않았다. 후주가 여색을 좋아했기 때문에 그를 의심하고 원망하는 사람이 많았다. 어진 사람들은 점점 물러가고 간사한 소인배들만 날로 모여들었다. 이때 우장군(右將軍) 염우(閻宇)란 자가 전혀 공로도 없는데 환관 황호에게 아첨하여 높은 벼슬을 차지하였다. 염우는 강유가 기산에 있다는 말을 듣고 환관 황호를 설득했다.

황호가 후주에게 아뢰었다.

"강유가 여러 번 싸웠으나 공을 세우지 못했으니 대신 염우를 보내십시오."

후주가 그의 말을 듣고 강유를 성도로 소환하였다.

한편, 강유는 회군하라는 칙명을 받고 철수하였다. 등애는 강유가 무슨 계책을 쓰는 줄 알고 의심이 나서 감히 강유의 군대를 추격하지 못하였다. 강유는 한중(漢中)으로 되돌아와서 군사를 쉬게 하고 자신은 성도로 가서 후주를 뵈려고 하였으나 후주는 열흘 동안 조회에 나오지 않았다.

강유는 의심이 나서 비서랑(秘書郎) 극정(郤正)에게 회군하라는 소환을 후주가 내린 까닭을 아느냐고 물었다. 극정이 웃는다.

"황호가 염우에게 공을 세울 기회를 주려고 꾸민 것인데 천자께서 조서를 내려 장군을 소환한 것이오."

강유는 화를 내며 환관 황호를 죽이겠다고 하자, 극정이 말했다.

"대장군은 승상의 뜻을 계승한 몸으로 책임이 막중하니 경솔하게 흥분하지 마시오."

후주는 황호와 함께 후원에서 술을 마시고 있는데 강유가 들어온다고 하여 황호는 급히 몸을 피했다. 강유가 기산에서 등애를 죽일 수 있었던 결정적인 순간에 후주가 소환한 사유가 무엇인지 물었으나 후주는 대답하지 못하자 계속 아뢴다.

"황호가 농간을 부리고 권력을 휘두르는 것이 마치 영제(靈帝) 때 십상시(十常侍)와 같습니다. 진나라를 망하게 한 환관 조고(趙高)의 예를 살피시고 황호를 죽이신다면 조정은 저절로 바로잡힐 것입니다. 또 중원 땅도 수복될 것입니다."

후주가 웃는다.

"황호는 보잘것없는 신하요. 권력을 휘두른다 해도 무능한 자라 동윤(董允)이 황호를 못 잡아먹어서 분통하기에 짐이 이상하게 생각하고 있으니 경은 개의치 마시오."

강유가 머리를 조아리며 말했다

"지금 황호를 죽이지 않으시면 머지않아 나라에 불행이 닥칠 것입니다."

후주가 말했다.

"'사랑하면 살리고자 하고, 미우면 죽이고자 한다'라고 하는 말이 있다. 경은 어찌해서 환관 하나를 용납하지 못하는 것이오?"

후주는 숨어 있던 황호를 불러내고 강유에게 사죄하게 했다.

황호가 흐느껴 울면서 말했다.

“폐하를 모시며 잔심부름만 하고 나랏일에는 간섭하지 않을 것이니, 절 죽이려 하지 마시고 불쌍히 여기시오.”

강유는 분을 참을 수 없어 궁을 나와 곧바로 극정에게 가서 이 일을 말했다. 극정이 걱정하며 말했다.

“장군에게 머지않아 재앙이 닥칠 것이오. 장군이 위기에 몰리면 이 나라도 망할 것이오.”

강유가 나라를 구할 길과 재앙을 피할 방도를 알려달라고 청하자, 극정이 말했다.

“농서(隴西)에 가면 답중(沓中)이란 땅이 있소. 땅이 비옥하니 장군은 승상이 생전에 둔전(屯田)했던 일을 본받아 군사들을 이끌고 가서 둔전하시오. 그러면 첫째는 곡식이 익으면 군량에 도움이 될 것이고, 둘째는 지역의 고을 전부를 도모할 수 있으며, 셋째는 위군이 한중을 감히 엿보지 못할 것이고, 넷째는 장군이 밖에 있을지라도 병권을 장악하고 있으니 남들이 해치지 못할 것이니 재앙을 피할 수 있습니다. 이것이 나라를 보존하고 몸을 안전하게 할 수 있는 길이오.”

다음날 강유는 후주에게 답중에 가서 제갈량이 했던 둔전을 하겠다는 뜻을 전하고 한중에 가서 장수들에게 한중 땅을 잘 지키라고 당부하고 자신은 군사 8만 명을 거느리고 답중을 향해 길을 떠났다.

간체자 爱之欲其生, 恶之欲其死

발음 아이 즈 위 치 성(ài zhī yù qí shēng), 우 즈 위 치 쓰(wù zhī yù qí sǐ)

회수 115회

해설 누군가를 사랑할 때는 결점조차 문제가 되지 않아 용서되어 모든 것이 다 좋아 보이지만, 미워할 때는 상대방이 별것이 아닌 아주 사소한 문제가 발생하거나 혹은 오히려 당신에게 잘 대해줄수록 당신은 그가 더욱 미워진다. 사랑한다면 그 사람을 잘 살게끔 해주는 것이라는 말이다. 사랑한다면 마음이 움직여서 상대에 대한 인정과 배려가 절로 생겨나는 법.

『논어』「안연(顔淵)」에 나오는 말이다. “사랑하면 그를 살리고자 하고, 미워하면 그를 죽이고자 한다. 이미 그가 살기를 바라고 또 그가 죽기를 바라는 것이 의문이다(愛之欲其生, 惡之欲其死, 旣欲其生, 又欲其死, 是惑也)”라고 하였다.

간단히 앞의 문구 ‘애지욕기생’만 사용하기도 한다.

‘병가상사’란 전쟁에서 이기고 지는 일은 흔히 있는 일이라는 뜻으로, 한 번의 실패에 낙심하지 말라는 뜻이다.

163

큰 걱정거리

심복지환心腹之患

心 마음 심, 腹 배 복, 之 갈, 어조사 지, 患 근심, 병 환

출처 사마소가 등애의 표문과 그가 만든 지도를 보고 화를 내며 한 말.

본문

한편, 등애는 강유가 답중에서 둔전하며 40여 개의 영채를 세우고 마치 긴 뱀처럼 연결하여 연락이 끊어지지 않게 하였다는 보고를 듣고 즉시 그 일대를 그린 지도를 만들게 하고 첩자를 보내어 표문과 함께 낙양으로 보냈다.

진공(晉公) 사마소는 지도와 표문을 읽고는 크게 화를 낸다.

"강유가 누차 중원을 침범하였는데 그를 소탕하지 못하였으니, 이것이 나의 큰 걱정거리다.

가충(賈充)이 말한다.

"강유는 공명에게 깊이 전수받아서 급히 그를 물리치기가 어렵습니다. 반드시 지혜와 용맹을 겸비한 장수를 보내어 그를 죽이면 병사들을 애써 동원할 필요도 없습니다."

종사중랑(從事中郎) 순욱(荀彧)이 말한다.

"그렇지 않습니다. 지금 촉주 유선은 주색에 빠져 황호만 신임하기 때문에 대신들은 모두 화를 피할 생각뿐입니다. 지금 강유가 답중에서 둔전하는 것도 사실은 화를 피하기 위한 것입니다. 대장을 시켜 그를 치면 반드시 이길 것인데 하필 자객을 쓸 게 뭡니까?"

사마소가 크게 웃으며 누굴 대장으로 보내야 좋은지 물으니, 순욱이 대답한다.

"등애는 당대의 훌륭한 인재이고, 종회(鍾會)를 부장(副將)으로 보내면 큰 일을 이룰 수 있습니다."

간체자 心腹之患

발음 신 푸 즈 환(xīn fù zhī huàn)

회수 115회

해설 체내 가슴앓이나 배앓이처럼 쉽게 고치지 못하는 고질(痼疾)을 뜻하는데, 아주 위험한 병이나 큰 걱정거리를 비유하는 말이다. 유사 성어는 '심복지질(心腹之疾)', '복심지질(腹心之疾)'이다. '심복지언(心腹之言)'은 55회에 나온다.

164

입술이 없으면 이가 시리다

순망치한脣亡齒寒

脣 입술 순, 亡 망할 망, 齒 이 치, 寒 찰 한

출처 오나라와 촉나라의 관계에 대해 중서승(中書丞) 화핵(華覈)이 오나라 군주 손휴(孫休)에게 아뢴 말.

본문

종회는 등애를 잡을 일을 강유와 상의한다.

강유가 말한다.

"감군(監軍) 위관(衛瓘)에게 명하여 등애를 체포하게 하십시오. 등애가 위관을 죽이려고 한다면 이는 반역의 증거가 되니, 그때 장군이 등애를 치십시오."

종회가 위관에게 명하여 등애 부자를 체포하라고 하니, 위관의 부하가 말린다.

"사도(司徒) 종회가 태위(太尉) 등애의 손으로 장군을 죽이게 하려는 것입니다. 등애가 반역했다는 증거로 삼을 속셈이니, 가지 마십시오."

위관이 성도로 달려가서 등애 부자를 체포했다.

종회와 강유는 결박당한 등애 부자를 보고 채찍으로 등애의 머리를 갈기며 욕한다.

"소나 치던 소인배가 감히 이럴 수 있느냐!"

강유도 욕한다.

"일개 필부가 요행수만 믿고 위험한 짓을 하더니, 오늘 이렇게 되었구나!"

이에 등애도 질세라 둘을 욕한다.

종회는 등애 부자를 낙양으로 보냈다. 종회는 성도로 들어가서 등애의 군사를 모두 빼앗고 강유에게 말한다.

"오늘에야 비로소 내 평생 원하던 바를 가지게 되었도다."

강유가 말한다.

"옛날 한신(韓信)은 괴통(蒯通)이 봉기하여 천하를 삼분하라는 권고를 듣지 않다가, 마침내 여후(呂后)의 손에 죽었소. 월나라 문종(文種)은 구천(句踐)을 도와 오나라를 격파하였으나, 관직을 버리고 은거하기 위해 범려(范蠡)를 따라 오호(五湖)로 떠나지 않았기 때문에 결국 살해되었소. 이 두 사람은 큰 공을 세웠지만, 이해에 밝지 못하고 예견이 빠르지 못했소이다. 그런데 이제 공은 큰일을 이루고 그 위엄이 주인을 진동시킬 정도이니, 어찌하여 배를 타고 흔적 없이 사라져버리고 아미산에 올라 적송자(赤松子)처럼 신선놀음하려고 하지 않습니까?"

종회가 웃는다.

"내 나이 아직 마흔도 안 되어 앞으로 나아갈 생각뿐인데, 어찌 이렇게 은퇴하여 한가하게만 지낼 수 있겠소."

"만약 은퇴하여 한가롭게 지낼 생각이 없다면 속히 좋은 계책을 도모하십시오. 이것은 공의 지혜와 힘으로 하실 수 있는 일이라 이 늙은이가 번거롭게 하지 않겠습니다."

종회는 손바닥을 쓰다듬으며 크게 웃는다.

"그대가 내 마음을 알고 있구려."

두 사람은 이때부터 큰일을 일으키려고 매일 상의했다.

강유가 종회에게 말한다.

"곽태후가 죽었으니, '임금을 죽인 사마소를 치고, 그의 죄를 밝히라'는 곽태후의 유서를 가짜로 만들어 공포하고, 공의 힘을 세상에 펼치면 중원을 장악할 수 있소이다."

두 사람은 모든 장수를 잔치에 오라고 하여 함께 술을 마셨다. 이 자리에서 종회가 곽태후의 가짜 유서를 공포하였다.

"사마소는 군주를 시해한 대역무도한 역적이니 조만간에 위나라를 찬탈할 것인즉, 내가 그를 치라는 내용이다. 너희들은 여기에 서명하라!"

장수들이 모두 놀라서 서로 얼굴만 쳐다보는데 종회가 칼을 뽑아 들고 말한다.

"명에 따르면 살려주고 명령에 복종하지 않으면 모두 참하리라."

겁먹은 장수들이 모두 서명하였고, 반대하는 장수는 궁중에 감금하였다.

궁 밖에서 함성 지르는 소리가 진동하며 사면팔방에서 군사들이 들이닥쳤다.

종회는 정전의 문을 닫고 군사들을 지붕 위로 올려보내어 기와를 벗겨서 싸우게 했다. 정전의 문이 부서지면서 바깥 군사들이 몰려오자, 종회는 칼을 뽑아 달려드는 군사들을 죽였으나 날아든 화살에 맞아 쓰러지자 장수들이 그의 목을 베었다.

강유는 정전 위에서 닥치는 대로 죽였으나 점점 가슴이 쑤시고 아파서 그만 하늘을 우러러 크게 외친다.

"나의 마지막 계책이 성공하지 못한 것은 하늘의 뜻이로다!"

마침내 칼로 자신의 목을 찌르고 죽으니, 그의 나이 59세였다.

위관이 말한다.

"등애가 살게 되면 나는 죽어도 묻힐 곳이 없게 된다."

호군(護軍) 전속(田續)이 나선다.

"지난날 등애는 강유(江油)에서 날 죽이려고 했으나 모든 장수가 통사정하여 목숨을 구했습니다. 이제 제가 그 원한을 갚겠습니다."

전속이 면죽(綿竹)에 도달했을 때, 등애의 부하 장수들이 등애 부자를 모셔다 내려놓고 다시 성도로 돌아오고 있었다. 등애는 옛날 자기 수하의 군사들이 오는 것을 보고 안심하고 가까이 가서 소식을 물으려고 하는데, 전속의 칼에 등애의 목이 떨어져 땅 위로 굴렀다. 군사들이 그의 아들 등충도 죽였다.

가충은 위관에게 성도를 맡기고 후주를 낙양으로 압송해갔다. 이때가 위나라 경원 5년(264년)이었다.

그해 봄, 오나라 장수 정봉(丁奉)은 촉나라가 이미 망한 것을 보고 마침내 군사를 거두어 동오로 돌아왔다.

중서승 화핵이 오주 손휴에게 아뢴다.

"우리 오나라와 촉나라는 입술과 이처럼 긴밀한 사이입니다. '입술이 없으면 이가 시리다'고 했습니다. 위나라의 사마소가 머지않아 우릴 칠 것이니 폐하께서는 미리 방비하십시오."

간체자 唇亡齿寒

발음 춘 왕 츠 한(chún wáng chǐ hán)

회수 119회

해설 가까운 사이에 있는데 하나가 망하면 다른 하나도 그 영향을 받아 온전하기 어려움을 겪는다는 뜻으로, 서로 밀접한 관계에 있는 것을 비유하는 말이다.

『좌전』「희공(僖公)」 5년에 기록하길, 진헌공(晉獻公)이 우(虞)나라에게 길을 빌려 괵(虢)나라를 치려고 하자 궁지기(宮之奇)가 "속담에 '입술이 없어지면 이가 시리다'라고 했는데, 바로 괵나라와 우나라의 관계를 말한 것입니다"라고 간했다. 진나라는 괵나라를 멸망시켰고, 돌아오는 도중에 우나라에 주둔했다가 기회를 타서 우나라를 습격하여 멸망시켰다고 하였다.

유사 성어로는 '순치상의(脣齒相依)', '소훼난파(巢毁卵破)' 등이 있고, 반대 성어로는 '격안관화(隔岸觀火)', '동상이몽(同床異夢)', '세불양립(勢不兩立)' 등이 있다.

165

주색에 빠져 인간의 도리에 어긋나다

황음무도荒淫無道

荒 거칠, 허황될 황, 淫 음란할 음, 無 없을 무, 道 길 도

출처 위나라 사마소가 압송되어온 촉나라 후주를 질책하며 한 말.

본문

촉나라의 후주가 압송되어 낙양에 도착했을 때, 사마소도 이미 장안에서 돌아와 있었다.

사마소가 후주를 질책한다.

"공은 주색에 빠져 인간의 도리에 어긋나오. 어진 사람을 몰아내고 정치에 실패하였으니 죽어야 마땅하다."

후주는 얼굴이 흙빛으로 변하여 어찌할 바를 모른다.

문무백관들이 상주한다.

"촉주(蜀主)는 나라의 기강을 잃었으나 다행히 일찍 항복했으니 용서해 주시는 것이 마땅한 줄로 아뢰오."

이에 사마소는 후주를 안락공(安樂公)에 봉하고 집과 월급, 비단 만 필, 동자와 노비 백 명을 하사했다.

사마소는 환관 황호가 촉나라를 좀먹고 백성들을 해쳤다고 하여 무사들을 시켜 거리로 끌어내어 능지처참(凌遲處斬)했다.

이튿날 후주는 친히 사마소에게 가서 절을 하며 감사를 표했다. 사마소는 잔치를 베풀고 대접했는데, 먼저 위나라 음악과 춤을 보여줬다. 촉나라 관리

들은 슬프나 후주는 기뻐한다. 사마소가 다시 촉나라 사람들을 시켜 촉나라 음악을 들려줬다. 촉나라 관리들은 눈물을 흘려도 후주는 즐거워서 웃기만 했다.

술에 취했을 때, 사마소는 가충에게 말한다.

"사람이 이렇게 무정할 수 있을까. 비록 공명이 살아있어도 저런 자를 오랫동안 보좌할 수 없을진대, 하물며 강유는 어떠했을까?"

사마소가 후주에게 묻는다.

"자꾸만 촉나라가 생각나지 않소?"

"이렇게 즐거운데 촉나라가 그립지 않습니다."

잠시 후에 후주가 옷을 갈아입으러 나가니, 극정이 보도까지 뒤따라가 울면서 아뢴다.

"폐하는 어찌하여 촉나라가 그립지 않다고 대답하십니까? 만일 다시 묻거든 울면서 대답하길, '조상의 무덤이 멀리 촉 땅에 있어 마음이 서쪽을 향하여 슬퍼져서 하루도 생각하지 않은 날이 없습니다'라고 하십시오. 그러면 진공(晉公) 사마소가 필시 폐하를 촉 땅으로 보내줄 것입니다."

후주는 명심하고는 다시 자리로 돌아와서 술에 약간 취했을 때 사마소가 또 묻는다.

"촉 땅 그립지 않소?"

후주는 극정이 알려준 말로 대답하려고 울려고 하는데 눈물이 나오지 않자 그만 눈을 감아버렸다. 사마소가 묻는다.

"어찌하여 극정이 하던 말과 비슷하오?"

후주는 놀라서 눈을 뜨고 말한다.

"명을 받들 듯이 하겠소."

사마소와 좌우 신하들 모두 웃는다. 사마소는 이때부터 후주가 성실하다고 믿고 의심하지 않았다.

간체자 荒淫无道

발음 황 인 우 다오(huāng yín wú dào)

회수 119회

해설 '황음'이란 주색에 빠짐을 뜻하고, '무도'는 인간의 도리에 어긋난 행위를 말한다. 술과 여자에 깊이 빠져 사람으로서 마땅히 할 도리를 하지 않음을 뜻한다.

'존명(尊命)'이란 상대방의 명령에 대한 존칭이다.

'능지처참(凌遲處斬)'이란 산 채로 살을 회 뜨듯 칼질로 발라내거나 토막을 내어 천천히 죽이는 형벌로 사형 중에서도 반역과 같은 중죄인을 처벌하는 형벌인데, 『대명률(大明律)』에는 '능지처사(陵遲處死)'라고 하였다. '능지'란 경사가 완만하여 힘들이지 않고 갈 수 있는 구릉지를 말하는데 사람을 천천히 고통스럽게 죽이는 형벌을 가리키게 되었다.

166

삼베옷을 입고 불을 끄다

피마구화披麻救火

披 헤칠, 걸칠 피, 麻 삼, 삼베 마, 救 구원할, 구, 火 불 화

출처 중서승(中書丞) 화핵(華覈)이 손호가 군사를 일으키지 말라며 간한 말.

본문

오주(吳主) 손휴(孫休)는 사마염(司馬炎)이 이미 위나라를 찬탈하였다는 소식을 듣자, 장차 반드시 그가 오나라에 쳐들어올 것을 알고 걱정하다가 병들어 눕게 되어 승상 복양흥(濮陽興)을 불러놓고 태자를 오게 하고는 그에게 절을 하게 하였다.

복양흥은 대신들과 상의하였으나 태자의 등극을 반대하는 신하가 있어 주저하다가 결국은 태자 대신 손호(孫皓)를 임금으로 정하였다. 손호는 손권(孫權)의 태자 손화(孫和)의 아들이다.

손호는 횡포가 날로 심해지고 주색에 빠져 중상시(中常侍) 잠혼(岑昏)만 총애하였다. 복양홍과 자신을 추천한 좌장군(左將軍) 장포(張布)가 간하자 손호는 격분하여 두 사람을 참수하고 그들의 삼족까지 몰살하였다. 이때부터 조정의 신하 중에 임금에게 간하는 자가 없었다.

무창(武昌)에 있던 손호 때문에 양주(揚州)의 백성들은 장강을 따라 양식과 물품을 진상하느라 갖은 고통을 겪어야 했다. 그러나 손호는 지나치게 사치하여 경제 사정이 좋지 않았다. 이에 좌승상 육개(陸凱)가 상소문을 올렸다.

> 지금 나라에는 1년 쓸 비용도 없을 정도로 재정 상태가 나빠져 바닥을 드러낸 상태입니다. 그런데도 관리들은 가혹하게 백성들에게 세금을 뜯어내고 있습니다. 전에는 궁녀가 백 명 정도였으나 지금은 천 명이나 됩니다. 폐하를 모시는 측근들은 사당을 조직하고 서로 시기하며 충신을 해치고 어진 인재의 등용을 가로막고 있으니 이들은 모두 정치를 좀먹고 백성들을 병들게 하는 자들입니다. 백성들에게 부역을 덜어주고 가혹한 세금 징수를 폐지하며 궁녀의 수를 줄이고 훌륭한 인재를 등용한다면 국가가 편안해질 것입니다.

손호는 상소문을 보고 이맛살을 찌푸렸으나 개의치 않고 대규모 토목공사를 일으켜 궁궐을 짓게 하였다. 술객(術客) 상광(尙廣)을 불러 천하를 차지할 수 있는 점을 치라고 하였다. 상광이 점괘가 나왔는데 손호가 낙양으로 들어간다는 것이었다. 낙양은 적국인 위나라의 수도이므로 천하를 통일한다는 뜻이다.

손호는 기뻐서 중서승 화핵에게 말했다.

"노장 정봉(丁奉)에게 총지휘를 맡겼으니 짐은 장차 옛 한나라의 땅을 차지하고, 촉주의 원수를 갚아줄 작정인데 어디를 먼저 쳐들어가야 하나?"

화핵이 간했다.

"촉주는 성도를 지키지 못하고 사직이 무너졌으니, 장차 사마염은 우리 오를 차지하려고 쳐들어올 것입니다. 폐하께서는 덕을 쌓아 백성들을 안정시키는 것이 상책입니다. 억지로 군사를 움직이면 이는 삼베옷을 입고 불을 끄려는 것과 같아서 도리어 자기 몸을 불태울 것입니다."

손호는 버럭 화를 내며 말했다.

"기회를 놓치지 않고 대업을 성취하려는데 재수 없는 말을 하느냐!"

손호는 무사를 시켜 화핵을 밖으로 몰아내게 했다. 화핵은 궁을 나오면서 탄식했다.

"이 아름다운 강산이 머지않아 남의 소유가 되겠구나!"

마침내 화핵은 은거하고 다시는 세상 밖으로 나오지 않았다.

손호는 진동대장군 육항(陸抗)에게 명령을 내보냈다.

"양양(襄陽)으로 쳐들어갈 기회를 엿보아라."

간체자 披麻救火

발음 피 마 쥬 훠(pī má jiù huǒ)

회수 120회

해설 스스로 고난이나 재난을 불러들이거나 화(禍)를 자초하는 것을 비유하는 말이다. 유사성로 '포신구화(抱薪救火)'가 있다. 『사기』「위세가(魏世家)」에 위나라 소왕(昭王)이 죽고 그의 아들 안희왕(安釐王)이 즉위하였는데, 진(秦)나라가 위나라를 격파하고 위나라 장수 망묘(芒卯)를 추방하자 위나라 장수 단간자(段干子)가 진나라에 남양(南陽) 땅을 주고 휴전을 청하였을 때, 소대(蘇代)가 위나라 왕에게 이르기를, 단간자가 땅을 바치면서 진나라를 섬긴다면 이는 마치 장작을 안고서 불을 끄러 가는 것이니, 장작이 모두 타버리지 않으면 불은 꺼지지 않을 것이라고 하였다. 소대의 말 가운데 "장작을 안고서 불을 끄러 가다"라는 성어가 '포신구화'인데, 잘못된 방법으로 재앙을 막으려다가 오히려 재앙이 더 커짐을 비유하는 말이다. 본질을 잘 파악하여 정확한 방법으로 문제를 처리해야지 만약 그렇지 않으면 문제가 더 커져 재앙이 계속 확대될 것이라는 경고적인 표현이다.

167

세상일은 뜻대로 되지 않는 것이 열에 여덟아홉이다

천하불여의사 십상팔구天下不如意事 十常八九

天 하늘 천, 下 아래 하, 不 아닐 불, 如 같을 여, 意 뜻 의, 事 일 사
十 열 십, 常 항상, 보통, 통상 상, 八 여덟 팔, 九 아홉 구

출처 양호가 오나라를 칠 때라고 표문을 보내어 사마염이 군사를 일으키려고 하였지만, 가충이 반대하여 오나라 정벌이 다음으로 미루어지자 실망하여 한 말.

본문

진주(晉主) 사마염(司馬炎)은 오나라의 육항이 양양을 침략할 것이라는 소식을 듣고 신하들과 상의했다.

가충(賈充)이 아뢰었다.

"오나라 손호는 덕으로 정치는 하지 않고 오로지 황음무도한 짓만 일삼으니 도독(都督) 양호(羊祜)에게 맡기면 동오(東吳)를 얻는 것은 손바닥 뒤집는 것보다도 쉬울 것입니다."

사마염은 양호를 양양에 보냈다.

양호는 양양을 수비하면서 군사와 백성들의 인심을 얻었다. 오나라 사람이 항복하러 왔다가 다시 오나라로 돌아가겠다면 돌려보내 주었다.

어느 날 부장이 보고하길 오나라 군대가 사기를 잃었다고 하니 이 기회에 습격하면 이길 수 있다고 하자, 양호가 웃는다.

"오나라의 장수 육항은 지혜와 꾀가 많은 사람이니 우리는 스스로 지키기만 하고 오나라에 변이 일어나길 기다려야지 경솔하게 공격하면 싸움에

서 패할 것이다."

어느 날 양호와 육항은 각각 사냥을 나갔다가 서로 만나게 되었다. 사냥을 끝내고 본영으로 돌아온 양호는 잡은 짐승들을 일일이 살펴보라고 하고 오나라 사람의 화살에 죽은 짐승은 가려내어 오나라로 돌려보냈다.

육항은 자기가 아끼던 좋은 술을 사람을 시켜 답례로 양호에게 보냈다.

양호가 육항이 보낸 술을 마시려고 하자, 부장이 혹시 술에 독이 들었는지 모르니 마시지 말라고 하였으나 양호는 그가 그런 사람은 아니니 의심하지 말라며 그 술을 다 마셨다.

이후로 양호와 육항은 서로 사람을 보내 수시로 문안하였다.

육항이 병환으로 며칠 동안 출입하지 못하였다는 소식을 듣고 양호가 약을 보냈으나 장수들이 해로운 약일 것이라고 하자, 육항은 머리를 가로저으며 양호 장군은 독살할 그런 사람이 아니라며 약을 먹었는데 이튿날 깨끗이 병이 나았다.

육항이 말했다.

"덕으로 나를 대했는데 폭력으로 대한다면 이는 싸우지 않고서도 우리를 굴복시키는 결과가 될 것이다. 각자 경계를 지킬 뿐, 자그마한 이익 때문에 경솔하게 서둘러서는 아니 될 것이다."

갑자기 오주 손호의 칙사가 왔다. 칙사가 육항에게 온 뜻을 말했다.

"천자께서 장군이 급히 진격하여 진나라 군대가 먼저 쳐들어오는 일이 없도록 하라고 했습니다."

육항이 아직은 진나라를 칠 수 없고 폐하가 덕을 닦아 형벌을 줄이고 국내를 편안하게 하는 데 힘쓰며 다른 나라와 싸우는 일에 골몰하지 말라는 내용의 상소문을 건업의 오주에게 보냈다. 손호가 상소문을 내던지며 말했다.

"짐이 듣건대 육항이 변경에 주둔하면서 적과 서로 상종한다더니 과연 그렇구나!"

손호는 다시 칙사를 보내 육항의 병권을 빼앗고 그를 사마(司馬) 벼슬로 강등시켰다. 대신 다른 장수를 보내 모든 군사를 통솔하게 하였다. 아무도 감히 이 일을 손호에게 간하는 자가 없었다.

손호는 매사를 제멋대로 처리했고 군사들을 들볶아서 원망하지 않는 자가 없었다. 승상을 포함한 장군들이 손호의 횡포와 무도함을 직언하다가 모두 주살되었다. 10여 년 사이에 주살된 충신만 40여 명이나 되었다.

한편, 양호는 육항이 파직당하고 손호가 민심을 잃은 것을 알게 되자, 오나라를 칠 때가 됐다고 여겨 낙양으로 표문을 보냈다.

> 기회는 하늘이 주지만, 성공은 반드시 사람의 힘으로 이루어지는 것입니다. 손호의 횡포가 유선보다 극악하고 오나라 백성들의 고생은 촉 땅의 백성들보다 극심합니다. 진나라의 병력은 전보다 더 강해졌으니 천하를 평정할 때가 되었습니다.

사마염은 즉시 군사를 일으키려고 해도 가충을 포함한 신하들이 오나라를 칠 때가 아니라며 강력하게 간하니 사마염도 결단을 내리지 못하다가 다시 기회를 기다리기로 하였다.

이 소식을 전해 듣고 양호는 탄식했다.

"세상에 뜻대로 되지 않는 것이 열에 여덟아홉은 되는구나. 이제 하늘이 주는데도 받으려 하지 않으니 참으로 애석하구나!"

함녕(咸寧) 4년(278년)에 양호는 낙양으로 돌아갔다. 그는 진주에게 자신은 고향에 가서 쉬겠다고 아뢰고 사직하였다.

사마염이 국가를 편안하게 할 좋은 방책을 가르쳐 달라고 하자, 양호가 말했다.

"이미 손호의 횡포와 학정이 극에 달했으니 지금은 싸우지 않고서도 이길 수 있습니다. 그러나 손호가 죽고 오나라에 어진 임금이 새로 등극하는 날 오나라는 폐하의 땅이 되지 않을 것입니다."

사마염은 크게 깨달은 바가 있어 물었다.

"지금이라도 군사를 거느리고 가서 치면 어떻겠소?"

양호는 사양하며 말했다.

"저는 이제 늙고 병이 들어서 감당할 수 없으니 지혜와 용기를 갖춘 인물을 물색하시죠."

이해 11월, 양호는 큰 병이 들어 위독했다.

사마염은 어가를 타고 친히 양호의 집으로 문병을 갔다.

사마염이 묻는다.

"짐은 경이 건의한 대로 오나라를 치지 않았던 걸 후회하고 있소. 지금 누가 경의 그 뜻을 이어받을 수 있겠소?"

양호는 눈물을 머금고 말했다.

"우장군(右將軍) 두예(杜預)가 이 일을 맡을 만합니다. 오나라를 칠 때는 반드시 그를 쓰십시오."

사마염이 말했다.

"경은 어찌하여 조정에서 남을 천거하고, 화를 자초하면서까지 상주문은 올리면서 그대 생각은 말하지 않는 거요?"

양호가 말했다.

"사적인 생각으로 은혜에 보답하는 것은 신이 할 바가 아닙니다."

말을 마치고는 양호는 죽었다.

사마염은 대성통곡을 하고 양호에게 태부(太傅) 벼슬을 추증(追增)하였다.

남주(南州), 즉 형주(荊州) 사람들은 양호가 죽었다는 소식을 듣자, 그의 덕을 사모하여 통곡하였다. 양양 사람들은 양호가 현산(峴山)에서 유람하였던 일을 생각하고 그 산에다 사당을 짓고 비석을 세워 제사를 지냈다. 그곳을 지나는 사람들은 비문을 읽고 울지 않는 자가 없어 그 비석을 타루비(墮淚碑)라고 하였다.

간체자 天下不如意事, 十常八九

발음 텐 샤 부 루 이 스(tiān xià bù rú yì shì), 스 창 바 쥬(shí cháng bā jiǔ)

회수 120회

해설 '천하불여의사(天下不如意事), 십상팔구(十常八九)'는 『진서(晉書)』「양호전(羊祜傳)」에 나오는 '천하불여의(天下不如意), 항십거팔구(恒十居八九)'와 같은 성어다.

세상에서 생기는 일들이란 열에 여덟아홉은 마음대로 되지 않는다는 뜻이다. 여기에는 두 가지 의미가 있다.

첫째는 세상일이 뜻대로 되는 일이 드물어 마음에 들지 않는다는 말이다. '십중구수천하사(十有九輸天下事), 백무일가의중인(百無一可意中人)'이라는 "열에 아홉은 세상일이 마음에 들지 않고, 백에 하나만 마음에 든다"라는 말이 있다. 인생에서 열 번 중에 아홉 번은 실패이고, 만족할만한 일은 아주 드물다는 뜻이다.

둘째는 불행한 일을 당해도 다음에는 분명 좋은 날도 있다는 '새옹지마(塞翁之馬)'와도 통한다. '불여의사상팔구(不如意事常八九), 가여인언무이삼(可與人言無二三)'이란 옛 중국의 격언이 있다. 앞의 구절은 송대 문학가 신기질(辛棄疾)이 그의 사(詞) 작품「하신랑(賀新郎)」에서 읊은 구절이고, 뒤의 구절은 방악(方岳)이 그의 시「별자재사령(別子才司令)」에서 앞 귀에다 덧붙여 읊은 구절이다. 원대 이후 희곡이나 소설에서 인용되는 이 문구는 방악의 시구에서 비롯되었다.

인생에서 열 번 중에 여덟아홉은 고통스럽고 뜻대로 되지 않지만, 자신의 마음의 고통을 알아주는 사람은 찾아봐도 두서넛 명뿐이다. 그러므로 자신을 위로해줄 사람을 찾을 필요가 없다. 그가 너를 위로해줄 말은 너와는 아무 관계가 없고 그 사람도 실은 네 고통이 뭔지 잘 모른다. 이것이 인생이다. 더욱이 큰일에 있어서 더욱 그러하다. 역사상 얼마나 많은 사람이 억울하게 고통을 받고 죽었을까?

어떤 일은 뜻대로 할 수 없다는 사실을 담담하게 받아들이고, 세상을 바꾸려면 우선 자신의 마음 상태를 변화시켜야 한다. 세상이 불공평한 것이 아니라 자신의 마음을 바꾸지 않기 때문에 그렇게 보일 뿐이다. 또 세상에 기쁜 일보다 슬픈 일이 더 많다고 여긴다면, 좋은 일이 있을 때 앞으로 닥칠지도 모르는 위험을 생각해서 매사에 신중하거나 무리하지 말 것이며, 어려울 때는 참고 견디다 보면 언젠가는 좋은 일도 생길 것이라고 삶을 긍정적으로 대해야 할 것이다.

안락하고 걱정이 없는 생활을 영어로 a bed of roses라고 하는데, Life isn't a bed of roses는 "인생은 달콤하지만은 않다"라는 뜻이 된다.

"손바닥 뒤집기보다 더 쉽다"라는 문구는 성어 '반장가득(反掌可得)'이다.

168

대나무가 쪼개지는 기세와 같다

파죽지세破竹之勢
破 쪼갤 파, 竹 대 죽, 之 갈, 어조사 지, 勢 세력 세

출처 강릉과 무창을 공격하여 점령한 여세를 몰아 두예가 건업을 칠 생각에 장수들에게 한 말.

본문

진주(晉主) 사마염(司馬炎)은 양호(羊祜)의 유언대로 두예(杜預)를 진남대장군(鎭南大將軍)에 임명하고, 형주의 군사를 지휘하도록 보냈다.

두예는 사람 됨됨이가 노련하여 세상 이치에 통달하였으며 학문을 좋아하여 특히 『춘추좌전』을 즐겨 읽었고 항상 지니고 다니면서 읽었으므로 사람들이 그를 좌전벽(左傳癖)이라는 별명까지 지어줬다.

오주 손호는 항상 술에 취했고 황문랑(黃門郎)이란 벼슬을 10명이나 두어 관리의 잘못을 규탄하게 하였는데 잔치가 끝나면 잘못이 드러난 관리를 색출하여 잡아다가 얼굴 가죽을 벗기거나 눈알을 뽑아내어 백성들이 공포에 떨었다.

한편, 익주(益州) 자사 왕준(王濬)이 진주 사마염에게 오나라를 쳐야 한다는 상소문을 올렸다.

손호는 황음무도하여 속히 정벌해야 합니다. 손호가 죽고 새로 어진 임금이 등극하면 우리에게 강한 적이 될 것입니다. 신이 만든 전함이 7년이나 지나

썩어가고 있고 신의 나이도 일흔이 지났습니다. 폐하께서는 기회를 놓치지 마시옵소서.

시중(侍中) 왕혼(王渾)이 아뢴다.

"손호가 북쪽으로 쳐들어오기 위해 준비 중이라고 하니, 다시 1년 만이라도 기다렸다가 오나라가 지치면 그때 가서 쳐들어가면 성공할 것입니다."

사마염은 옳다고 여겨 군사 동원을 중지시켰다.

얼마 후, 변방의 두예가 표문을 올렸다.

양호 장군이 조정의 신하들과 의논하지 않고, 비밀리에 계책을 폐하께 아뢴지라 조정의 신하들이 반대했지만, 오나라를 쳐야 할 사태가 무르익고 있는데 군사 동원을 중지하시면 어찌하실 것입니까? 손호가 무창으로 천도하고 강남의 성을 수리하고 백성들을 먼 땅으로 옮긴다면 적을 공격할 수 없습니다. 기회는 다시 오지 않습니다.

진주 사마염은 정전에 나아가 오나라에 대한 총공격의 명령을 내렸다. 오주 손호는 황급히 신하들을 불러 모아 대책을 논의했다. 수심이 얼굴에 가득한 손호가 총애하는 신하 잠혼이 아뢴다.

"적장 왕준의 전함을 산산조각으로 박살낼 묘책이 있습니다. 강남에 철이 많으니 쇠고리를 만들고 서로 엮어서 백여 가닥의 쇠사슬을 만들어서 장강에 가로질러 펴놓고 송곳 모양의 철추 수만 개를 만들어 강물 속에 배치하십시오. 진나라 배가 몰려오다가 쇠사슬과 쇠망치에 부딪히면 즉시 부서질 것이니 어찌 장강을 건널 수 있겠습니까?"

손호는 무릎을 치며 영을 내려 쇠사슬과 쇠망치를 만들게 하고 그것들을 강에 배치하였다.

한편 진나라 도독 두예는 군사를 거느리고 강릉으로 나와 아장(牙將) 주지(周旨)에게 명하여 장강을 건너 파산(巴山)에 매복하게 했다.

두예는 손흠과 싸워 이기는 등 진나라 군사가 강릉 땅을 완전히 점령하였다.

황주(黃州)에 이르는 모든 고을의 수령들이 싸우지도 않고 항복하였다. 두예가 더 전진하여 무창을 공격하여 항복을 받아낸 다음 장수들을 불러 모아 건업을 칠 일을 상의했다.

호분(胡奮)이 말한다.

"이제 봄물이 불어나면 오래 머물 수도 없으니, 겨울을 기다렸다가 다시 공격하시죠."

두예가 대답한다.

"옛날 연나라 장수 악의(樂毅)는 제수(濟水) 서쪽에서 결전을 벌여 강적 제나라를 평정했다. 이제 우리 군사는 널리 위엄을 떨치며 대나무가 쪼개지는 기세와 같이 쳐들어가기만 하면 적군은 저절로 무너지고 공격할 필요도 없을 것이다."

마침내 장수들에게 격문을 보내고 일제히 건업을 공격하라고 명하였다.

간체자 破竹之势

발음 포 주 즈 스(pò zhú zhī shì)

회수 120회

해설 대나무의 한끝을 갈라 내리 쪼개듯 거침없이 적을 물리치며 진군하는 기세를 비유하는 말인데, 혹은 연전연승하여 아무 장애가 없음을 이르는 말이기도 하다.

169

물이나 풍토가 몸에 안 맞다

불복수토不服水土

不 아닐 불, 服 옷, 따를 복, 水 물 수, 土 흙 토

출처 가충이 오나라 진영에 깊숙이 들어가서 기뻐하는 사마염에게 아뢴 말.

본문

이때, 진나라 용양장군 왕준이 수군을 거느리고 강물을 따라 내려가는데, 전방의 척후병이 와서 오나라 군사가 쇠사슬로 장강을 막고 쇠망치를 설치하여 방비하고 있다고 보고했다.

왕준이 웃는다.

"큰 뗏목 수십만 개를 만들고 그 위에 풀로 만든 사람들을 세워 갑옷을 입힌 다음 무기를 들려 떠내려 보내라."

오나라 군사들은 살아있는 사람으로 알고 일제히 달아나다가 찌르는 쇠망치가 뗏목에 달라붙어서 함께 떠내려갔다. 또 뗏목 위에다 횃불을 만들고 또 기름을 발랐기 때문에 쇠사슬에 부딪히기만 하면 쇠를 태워 녹이니 잠시 후에 토막이 나서 끊어졌다.

진나라 군사는 이미 우저(牛渚)를 완전히 점령하여 오나라 진영 깊숙이 쳐들어갔다. 이에 왕준이 급히 낙양으로 사람을 보내어 승리를 보고하였다.

사마염이 기뻐하는데 가충이 아뢴다.

"우리 군사는 오랫동안 남방에서 고생하고 있으니, 물이나 풍토가 몸에 안 맞아 분명 풍토병에 걸릴 것입니다. 그러니 군사들을 소환하여 다른 날을

도모하십시오."

비서승(秘書丞) 장화(張華)가 간한다.

"이제 손호를 사로잡을 절호의 기회인데 경솔히 군사를 소환한다면 그간의 모든 공로가 수포가 되어 참으로 애석한 일이 될 것입니다."

가충이 장화를 꾸짖는다.

"넌 하늘의 시기와 땅의 이로움을 잘 알지 못한다. 우리 군사를 곤경에 빠뜨릴 작정이냐."

이때 두예의 표문이 도착하였는데 군사를 진격시켜야 한다는 내용이었다.

마침내 사마염은 모든 군사에게 진격 명령을 내렸다. 왕준이 수로와 육로를 통해 일제히 오나라로 쳐들어가니 오나라 사람들이 진나라 깃발을 보기만 해도 항복했다.

간체자 不服水土

발음 부 푸 수이 투(bù fú shuǐ tǔ)

회수 120회

해설 낯선 땅에 가서 음식이나 자연환경에 적응하지 못하는 것을 말한다. 타향이나 외국에 가면 해당 지역의 기후와 음식이 자신의 몸과 맞지 않아서 식욕부진, 복통, 설사 같은 병을 앓는 경우가 있다. 타향에서 물이 맞지 않을 때 물갈이를 한다는 말을 쓴다. 반대로 '신토불이(身土不二)'는 자신이 태어나고 자란 땅에서 생산되는 식재료가 자신의 몸에도 잘 맞는다는 뜻이다. 현대 중국어로도 '수이투부푸(水土不服)'라고 한다.

170

수레에 관을 싣고 스스로 몸을 묶다

여친자박輿櫬自縛

輿 수레, 수레에 실을 여, 櫬 널, 관 친, 自 스스로 자, 縛 묶을 박

출처 손호가 진나라 장수 왕준에게 항복하며 한 행동.

본문

손호는 오나라 군사가 연패하고 있다는 소식을 듣고 대경실색하였다. 모든 신하가 강남의 군사들이 싸우지도 않고 항복을 한다고 고하니, 손호가 그 이유를 물었다.

"이 지경이 된 것은 다 잠혼(岑昏)의 죄입니다. 지금 폐하는 그를 죽이셔야 합니다."

"중귀(中貴) 따위가 어떻게 나라를 망칠 수 있겠소."

"폐하는 촉나라를 망친 황호도 환관이었던 것을 기억하지 못하십니까?"

신하들이 손호의 명령도 기다리지 않고 일제히 궁으로 몰려가서 잠혼을 난도질하여 죽이고 그의 살을 서로 씹어 먹었다.

오나라 장수들이 손호의 어림군(御林軍)을 거느리고 출발하려고 하는데 갑자기 서북쪽에서 바람이 크게 불더니 오나라의 깃발들이 일제히 다 배 안으로 거꾸로 넘어져 박힌다. 이 광경을 본 병사들은 불길한 생각이 들어서 모두 달아났다.

한편 장준이 이끄는 진나라 군사들은 금릉(金陵)의 석두성(石頭城)으로 진격하자, 오나라 군사들이 항복하고 석두성의 성문을 열었고 진나라 군사

들이 안으로 들어갔다. 손호는 스스로 자결하려고 하였으나 측근들이 설득한다.

"폐하께서는 촉주 유선처럼 안락공(安樂公)이 되십시오."

이에 손호는 수레에 관을 싣고 스스로 몸을 묶고 왕준의 군사가 있는 곳으로 가서 항복했다.

왕준은 표문을 낙양으로 보내 완전한 승리를 알렸다.

진나라 사마염은 술잔을 잡고 눈물을 흘리며 말했다.

"이는 양호의 공이로다. 그러나 직접 보지 못하고 세상을 떠났으니 애석할 따름이다."

한편, 오나라의 표기장군(驃騎將軍) 손수(孫秀)는 조정에서 물러 나와 남쪽 하늘을 바라보며 통곡한다.

"옛날 손책은 젊어서 한낱 교위(校尉)의 신분으로 오나라의 기초를 세웠는데 이제 손호는 강남을 모두 버렸구나! 푸른 장강아, 이 사람은 어찌 된 것이냐?"

왕준은 개선하고 오주 손호를 낙양으로 데려왔다.

손호는 머리를 조아리며 진나라 임금 사마염을 알현한다.

사마염이 그가 앉을 자리를 지시하며 말했다.

"이 자리를 마련해놓고 경을 기다린 지 오래되었소."

가충이 손호에게 물었다.

"귀공은 사람의 눈알을 뽑기가 일쑤고 얼굴 가죽도 벗겼다고 하던데 그건 어떤 경우의 형벌이오?"

"신하로서 임금을 죽이거나 또는 간특하고 교활하며 충성심이 없는 자에게 가하는 형벌일 뿐이오."

가충은 부끄러워서 아무 말도 하지 못한다. 원래 가충은 위나라의 신하로 진나라를 위해 충성한 사람이었다.

이때부터 삼국은 모두 사마염에게로 돌아갔으며 천하는 하나로 통일되었다. 이른바 "천하의 대세는 합한 지 오래되면 반드시 나누어지고, 나뉜 지 오래되면 반드시 합쳐진다"라는 바로 그것이었다.

간체자 舆榇自缚

발음 위 천 쯔 푸(yú chèn zì fù)

회수 120회

해설 '여친(輿櫬)'은 수레에 관을 싣는 것으로 극형을 달게 받겠음을 표시하는 것이고, '박(縛)'은 몸을 묶는 것을 말한다. 스스로 몸을 결박하여 형벌을 받기를 원한다는 투항 의식이었다.

『삼국지』「촉지」〈후주전(後主傳)〉에 "경요(景耀) 6년(263년) 여름, 위나라가 등애, 종회, 제갈서에게 동시에 촉을 공격하도록 명령했다. 겨울에 유선은 등애에게 항복한다는 편지를 보내냈다. 등애가 도성 북쪽까지 이르니, 후주가 수레에 관을 싣고 스스로 몸을 묶고, 군의 진영 문 앞까지 와서 알현했다, 등애가 유선의 결박을 풀어주고 관을 불태워버렸으며 앞으로 오게 하여 만났다. 태시(泰始) 7년(271년), 유선은 낙양에서 세상을 떠났다"라고 하였다.

옛날에 환관을 '중귀(中貴)'라고 했다.

항복하는 의식에는 '육단견양(肉袒牽羊)', '육단면박(肉袒面縛)'이라는 것도 있었다. '육단견양'은 윗옷 한쪽을 벗고 양을 끌고 간다는 뜻으로, 적에게 항복하여 신하가 되겠다는 뜻을 비유하는 말이다. 『좌전』「선공」 12년에 나온다. '육단면박'은 윗옷 한쪽을 벗고 얼굴을 쳐들어 앞을 볼 수 있도록 두 손을 등 뒤로 돌려 묶는 것을 뜻하는데 적에게 항복함을 비유하는 말이다. 『사기』「송미자세가」에 보인다.

당대 시인 이상은(李商隱)의 시 「주필역(籌筆驛)」의 두 번째 연은 이 성어와 관련이 있다.

> 徒令上將揮神筆(도영상장휘신필) 부질없이 상장군이 신기한 계책 내놓게 하더니
> 終見降王走傳車(종견항왕주전거) 끝내 항복한 후주가 역마 타고 가는 것을 보았네

대중(大中) 10년(856년) 겨울, 동천절도사(東川節度使) 유중영(柳仲郢)의 막부에 있었던 이상은은 그를 따라 장안으로 돌아가던 중에 지금의 사천성 북부 광원(廣元) 북쪽의 주필역을 지나면서 지은 작품인데, 위나라를 정벌하기 위해 출정하여 이곳에 주둔하면서 붓을 휘둘러 공문을 쓰고 책략을 내었던 제갈량을 경모하는 마음과 더불어 자신의 신세에 대해 한탄하였다. 지난날 제갈량이 주둔했던 주필역에서 시인은 지난날 애석하게 제갈량이 신기한 계책을 내놓았어도, 등애가 촉나라를 공격하자 후주는 끝내 항복하여 수레를 타고 촉 땅을 떠나 위나라 낙양으로 압송되어 간 사실을 기억하며 읊은 것이다.

171

솥의 발처럼 셋으로 나누다

정족삼분鼎足三分

鼎 솥 정, 足 발 족, 三 석 삼, 分 나눌 분

출처 후세 사람의 시에서 읊은 구절.

본문

그 후로 후한(後漢)의 황제였던 촉주(蜀主) 유선(劉禪)은 진(晉)나라 태시(泰始) 7년(271년)에, 위주(魏主) 조환(曹奐)은 태안(太安) 원년(302년)에, 오주(吳主) 손호(孫皓)는 태강(太康) 4년(283년)에 각각 세상을 떠났다.

지난날 삼국의 주인들은 다 자기들 명대로 살다가 죽은 것이다.

후세 사람이 고풍(古風) 한 수를 지어 자초지종(自初至終)을 읊었다. 그 처음 두 연과 마지막 두 연을 읽어보면,

한고조가 칼을 뽑아 함양으로 들어가니,
타오르는 붉은 해가 동쪽에서 솟아오르네.
광무제가 용처럼 일어나서 통일을 이루니,
황금빛 새가 날아서 하늘 한복판에 올랐네.
…
혼란한 세상의 일은 끝이 없고,
하늘의 운수는 아득해서 벗어날 수가 없네.
솥의 발처럼 셋으로 나뉜 일 꿈이 되었으니,

후세 사람은 옛일 애도하며 공연히 떠드네.

간체자 鼎足三分

발음 딩 쭈 싼 펀(dǐng zú sān fēn)

회수 120회

해설 솥의 세 발처럼 세 사람이 각기 한 지역에서 자립하다. 혹은 세 곳의 세력이 나란히 일어남을 이르는 말. 솥 '정(鼎)'은 천하를 셋으로 나누어 서로 다투며 균형을 잡는 것을 비유한다.

『사기』「회음후열전(淮陰侯列傳)」에 나온다. 제(齊)나라 출신의 모사(謀士)인 괴통(蒯通)은 천하의 대세가 한신의 손에 달려 있다고 생각하고 천하의 형세를 분석하며 한신에게 말했다.

"초나라와 한나라가 서로 다툰 지 오래되어 백성들의 원망을 깊어지고 있습니다. 천하의 성현(聖賢)이 아니고서는 이러한 참혹한 상황을 끝낼 수 없습니다. 만약 대장군께서 한나라 왕을 돕는다면 한나라가 천하를 얻게 될 것이고, 초나라를 돕는다면 초나라가 이기게 될 것입니다. 대장군께서 저의 계책을 써주신다면 쌍방 간에 손해를 보지 않고 그들이 공존(共存)하게 하며, 천하를 셋으로 나누어 솥의 발처럼 세워 놓으면(三分天下, 鼎足而居) 그 형세에서는 감히 아무도 먼저 움직이지 못할 것입니다. 대장군께서는 큰 뜻과 지략으로 초나라와 한나라의 싸움을 막으셔야 하며, 이렇게 하시는 것이 백성들의 소망에 따르는 것입니다. 이것은 하늘이 내린 기회입니다. 대장군께서 한나라 유방을 배반하지 않는다면 도리어 그 화를 입게 될 것이니 잘 생각하시기 바랍니다."

괴통의 말을 듣고 난 한신은 어떻게 결정을 내려야 할지 몰랐다. 자신이 유방에게 입은 은혜를 생각하니 자신의 이익만을 생각하여 의리를 저버릴 수가 없었다. 한신은 유방을 배반하여 불의(不義)한 이름을 얻을 수 없어서, 괴통의 계책을 받아들이지 않았다.

부록 1. 진한 역사

진(秦)	기원전 221년-기원전 206년	진시황의 전국 통일
초한(楚漢) 전쟁	기원전 206년-기원전 202년	유방 대(對) 항우
		한의 삼걸(三傑): 장량, 한신, 소하
전한(前漢)	기원전 202년-8년	유방의 건국
신(新)	8년-23년	왕망의 신 건국
후한(後漢)	25년-200년	광무제의 후한 건국
위(魏)	220년	조비의 위 건국

부록 2. 삼국 시대의 13주 - 『후한서』의 기록의 후한 때(153년) 13주의 인구

주	인구수	치소(治所)	현재
유주(幽州)	204만 명	계현(薊縣)	북경(北京)
기주(冀州)	593만 명	고읍(高邑)	하북(河北) 형대(邢臺)
청주(淸州)	370만 명	임치(臨淄)	산동(山東) 치박(淄博)
연주(兗州)	405만 명	창읍(昌邑)	산동(山東) 거야(巨野)
서주(徐州)	279만 명	하비(下邳)	강소(江蘇) 비주(邳州)
예주(豫州)	617만 명	허도(許都)	하남(河南) 허창(許昌)
병주(幷州)	70만 명	진양(晉陽)	산서(山西) 태원(太原)
양주(涼州)	40만 명	고장(姑臧)	감숙(甘肅) 무위(武威)
사예(司隸)	310만 명	낙양(洛陽)	하남(河南) 낙양
양주(揚州)	433만 명	건업(建業)	강소(江蘇) 남경(南京)
형주(荊州)	626만 명	강릉(江陵)	호북(湖北) 형주(荊州)
익주(益州)	724만 명	성도(成都)	사천(四川) 성도
교주(交州)	111만 명	번우(番禺)	광동(廣東) 광주(廣州)

부록 3. 후한 정치행정지구

황제

태부(太傅) : 실권 없는 명예직. 황제 보좌관

승상(丞相) : 최고위직으로 전한 때 폐지되었다가 조조가 부활시킴. 최고 행정장관

삼공(三公) : 내정 최고위직

태위(太尉) : 군사

사도(司徒) : 내정

사공(司空) : 토목

구경(九卿)

소부(少府) : 황실 재정

대사농(大司農) : 국가 재무

종정(宗正) : 황실 사무

대홍려(大鴻臚) : 외교

정위(廷尉) : 사법

태복(太僕) : 수레와 말 관리

위위(衛尉) : 황궁 호위

광록훈(光祿勳) : 황제 호위

태상(太常) : 황실 의례(儀禮)

중앙관제

중서(中書) : 황제 조칙을 기초

시중(侍中) : 황제 비서

상서(尚書) : 정무

지방관제

주(州)	목(牧)	주의 장관, 전권을 장악, 188년에 설치. 조조 연주목, 유비 서주목
	자사(刺史)	지방 행정 감찰 담당, 후한 시대 때 행정 권력 장악
군(郡)	태수(太守)	군을 통치, 전시 때 군대 통솔, 국(國)의 재상 직무
	상(相)	
현(縣)	현령(縣令)	큰 현에 설치된 지방관으로 군사와 감찰 행정 담당
	현장(縣長)	작은 현에 설치된 지방관으로 현령과 직무는 동일

부록 4. 후한 군대편제

대장군

표기장군(驃騎將軍) 거기장군(車騎將軍) 위장군(衛將軍)

무군대장군(撫軍大將軍)

중군대장군(中軍大將軍) 진군대장군(鎭軍大將軍)

정동장군(征東將軍) 정서장군(征西將軍) 정남장군(征南將軍) 정북장군(征北將軍)

사진장군(四鎭將軍) 사안장군(四安將軍) 사평장군(四平將軍)

참고문헌

『三國志』, 羅貫中 著, 人民文學出版社, 1998.

『三國演義』(軍事地圖本), 羅貫中 原著, 許盤清 外 地圖主編, 中國地圖出版社, 2011.

『三國志演義』, 나관중 지음, 김구용 옮김, 솔, 2007.

『古本完譯 삼국지』, 나관중 원저, 정소문 역주, 원경, 2000.

『本 삼국지』, 리동역 완역, 금토, 2005.

正史『삼국지』, 진수 지음, 김원중 옮김, 민음사, 2010.

『三國志』, 陳壽 撰, 中州古籍出版社, 2003.

『자치통감』, 사마광 지음, 권중달 옮김, 푸른역사, 2002.

『後漢書』, 范曄 撰, 中華書局, 2003.

『삼국지인물사전』, 고이데 후미히코 감수, 김준영 옮김, 들녘, 2000.

『삼국지사전』, 선뻐권 외 편저, 정원기 외 편역, 현암사, 2010.

司馬遷『史記』, 丁範鎭 외 옮김, 까치, 1994.

『詩經』, 金學主 譯著, 明文堂, 2002.

『관자』, 관중 지음, 김필수 외 옮김, 소나무, 2012.

『삼십륙계』, 編者未詳, 林東錫 譯註, 2014.

『전국책』, 劉向 編, 林東錫 譯註, 동서문화사, 2014.

『圖解三國演義』, 吳羽 編著, 南海出版公司, 2008.

『三國成語典故』, 郭清華 外 合著, 寧夏人民出版社, 2009.

『漢語成語大詞典』, 河北大學語言研究室 編纂, 河南人民出版社, 1988.

『三國志故事成語辭典』, 陳起煥 編, 明文堂, 2001.

『三國演義100名言』, 王春永 著, 廣西人民出版社, 2009.

『品三國』, 裴雲龍 編著, 農村讀物出版社, 2014.

『說三國』, 沈伯俊, 中華書局, 2005.

『三國古戰場』, 李思孟 著, 華藝出版社, 1992.

『三國文化概說』, 趙西堯 外 著, 河南大學出版社, 1993.

『三國風雲定軍山』, 郭清華 著, 中國文史出版社, 2013.

『三國演義研究』, 鎮江市三國演義學會, 江蘇古籍出版社, 1994.

『三國閑話』, 鄭逸梅 著, 中華書局, 2018.

『三國志고증학』, 이전원 외 지음, 손경숙 외 옮김, 청양, 1997.

『삼국지 인간을 말하다』, 위쉐빈 지음, 이해원 옮김, 뿌리깊은나무, 2006.

『삼국지 실패를 말하다』, 위쉐빈 지음, 이해원 옮김, 뿌리깊은나무, 2006.

『삼국지 경영학』, 최우석, 을유문화사, 2008.

『소설이 아닌 삼국지』, 최명, 조선일보사, 1993.

『삼국지 사실과 허구를 말하다』, 뤄지푸 지음, 양성희 외 옮김, 아리샘, 2009.

『삼국지 100년 전쟁』, 세토 타츠마 지음, 임희선 옮김, 애니북스, 2003.

『삼국지가 웃고 있네』, 리동혁 지음, 금토, 2003.

『삼국지강의』, 이중텐 지음, 김성배 외 옮김, 김영사, 2007.

『고사성어대사전』, 임종욱 엮음, 고려원, 1996.

『삼국지를 보다』, 김상엽, 루비박스, 2005.

『三國志』, 入澤宣幸, 西東社, 2015.

『三國志3000人』, 渡邊義浩 監修, 世界文化社, 2013.

성어 찾아보기

* 대괄호 [00/00] 속의 숫자는 이 책의 절 번호와 삼국지 전체 120회 가운데 기록된 회(回)를 의미한다.

삼국지 성어명구

초판 발행 1쇄 2020년 2월 27일

지은이 이해원
펴낸곳 고려대학교출판문화원
www.kupress.com
kupress@korea.ac.kr
(02841) 서울특별시 성북구 안암로 145
Tel 02-3290-4230, 4232
Fax 923-6311
찍은곳 (주)동화인쇄

ISBN 979-11-90205-17-7 93820

값 31,000원
※ 잘못 만들어진 책은 바꿔드립니다.